◎ 杨奎松 著

西安事变新探

张学良与中共关系之谜

山西人民出版社

图书在版编目（CIP）数据

西安事变新探/杨奎松著. —太原：山西人民出版社，2012.3
ISBN 978-7-203-07593-6

Ⅰ.①西… Ⅱ.①杨… Ⅲ.①西安事变—研究 Ⅳ.①K264.807

中国版本图书馆 CIP 数据核字（2012）第 014601 号

西安事变新探

著　　者	杨奎松
责任编辑	蒙莉莉
装帧设计	老陆工作室
出 版 者	山西出版集团·山西人民出版社
地　　址	太原市建设南路 21 号
邮　　编	030012
发行营销	0351-4922220　4955996　4956039
	0351-4922127　（传真）　4956038（邮购）
E-mail	sxskcb@163.com　发行部
	sxskcb@126.com　总编室
网　　址	www.sxskcb.com
经 销 者	山西出版集团·山西人民出版社
承 印 者	固安兰星球彩色印刷有限公司
开　　本	655 mm×965 mm　1/32
印　　张	29.25
字　　数	408 千字
版　　次	2012 年 3 月　第 1 版
印　　次	2024 年 3 月　第 6 次印刷
书　　号	ISBN 978-7-203-07593-6
定　　价	78.00 元

如有印装质量问题请与本社联系调换

目 录

蒋序 …………………………………… 1
大陆版代序：张学良入党之谜 …………………………………… 1
前言 …………………………………… 1

第一章　由战争走向妥协
一、西征北上 …………………………………… 3
二、陕北称雄 …………………………………… 24
三、洛川谅解 …………………………………… 41
四、延安拨雾 …………………………………… 60

第二章　"西北大联合"计划
一、反蒋酝酿 …………………………………… 85
二、入党初衷 …………………………………… 101
三、八面来风 …………………………………… 118
四、引弦待发 …………………………………… 143

第三章 "打通国际路线"

- 一、"逼蒋抗日"? ⋯⋯⋯⋯⋯⋯⋯⋯ 169
- 二、艰难交涉 ⋯⋯⋯⋯⋯⋯⋯⋯⋯ 191
- 三、兵败黄河 ⋯⋯⋯⋯⋯⋯⋯⋯⋯ 212
- 四、暗渡陈仓 ⋯⋯⋯⋯⋯⋯⋯⋯⋯ 236

第四章 "一二·一二革命"

- 一、山雨欲来 ⋯⋯⋯⋯⋯⋯⋯⋯⋯ 261
- 二、破釜沉舟 ⋯⋯⋯⋯⋯⋯⋯⋯⋯ 283
- 三、战耶和耶? ⋯⋯⋯⋯⋯⋯⋯⋯⋯ 306
- 四、孰进孰退? ⋯⋯⋯⋯⋯⋯⋯⋯⋯ 322

第五章 从"革命"到"兵谏"

- 一、皆大欢喜 ⋯⋯⋯⋯⋯⋯⋯⋯⋯ 355
- 二、风云突变 ⋯⋯⋯⋯⋯⋯⋯⋯⋯ 380
- 三、福兮祸兮? ⋯⋯⋯⋯⋯⋯⋯⋯⋯ 401
- 四、柳暗花明 ⋯⋯⋯⋯⋯⋯⋯⋯⋯ 418

附：张学良与中共领导人约定的通电通信
　　代号表 ⋯⋯⋯⋯⋯⋯⋯⋯⋯⋯ 441
参考文献 ⋯⋯⋯⋯⋯⋯⋯⋯⋯⋯⋯ 442

蒋　序

发动西安事变的主角张学良将军，发动事变的原因为何？或其事变前与中共之关系如何？为何终于演成"劫蒋"的一幕？过去的研究或著作，多以有关人士的回忆录及一些公开的文件为其重要资料的依据；特别是张氏本人的回忆录（一般通称《西安事变忏悔录》）。因此，对此事变有些问题的解释，往往受到一些回忆录的影响。

近年由于大陆方面档案资料的刊布和利用，以及在台私人遗留日记的公开，使吾人对此事变的原因及其过程的曲折变化，渐有新的了解。一年以前，笔者应"中央研究院"近代史研究所所长陈三井先生之约，为该所集刊纪念郭廷以先生九十冥寿专号撰有《张学良、周恩来延安会谈与西安事变之前因》一文，利用了上述一些资料。认为张学良自延安会谈（1936年4月9日）后，随着中共统战策略的演变，由"抗日反蒋"而至"逼蒋抗日"，终至演成西安事变（即"劫蒋"）。此一观点的由来，起于1997年7月在《传记文学》发表的《有关西安事变的新资料》一文，介绍杨奎松新著《"中间地带"的革命——中国革命的策略在国际背景下的演变》（中共中央党校出版社1992年出版），及《徐永昌日记》（"中央研究院"近代史研究所1992年出版）中有关西安事变的新资料。

在笔者对西安事变的新资料继续追求中，深感上述张、周"延安会谈"一文仍多有缺失须补充和修正。适因去年（1994年）国民党创党百周年学术讨论会提出《西安事变前张学良与中共之关系》一文，借以补正前文之缺失。本文撰写期间，复承杨奎松先生以其最近新著《西安事变新探》稿相示，并嘱为撰序。笔者有幸，得以先睹杨先生的原稿，认为此一新著不仅运用了大量的档案资料而有新的发现，同时对于西安事变若干史实作了新的探索。书名定为《西安事变新探》可谓名副其实。

极为难得的是，杨先生允许笔者引用其新著稿中一些珍贵资料，对拙稿《西安事变前张学良与中共之关系》的补充，助益良多。笔者谨以此文的提要，权充杨先生新著的"代序"，用是"以文会友"，非敢掠美也。

拙稿《西安事变前张学良与中共之关系》的要旨在说明大陆方面近年有关西安事变档案资料的刊布和利用之概况，并举张学良、周恩来两当事人对其延安会谈内容的陈述作对比，以示回忆录与档案资料的差异。次就张与中共代表李克农洛川会谈的协议及其未能解决之歧见，因有延安会谈的举行，略有说明。在双方满意的情况下，使张由原来主张"拥蒋"而迈向中共的"抗日反蒋"之路，加以张之"抗日"情切，在中共的"俄援"与"西北大联合"的引诱下，使张决心追随中共"拼干"下去，甚至要求加入中共，但受到共产国际的批驳。盖莫斯科方面所需求的，显为中国全国性的"抗日"力量，因有"联蒋（介石）弃张（学良）"之指示。中共则以"务实"的作法，一面与南京方面进行谈判，一面继续联络"各派反蒋军阀"，以"双管齐下"之法，来"逼蒋抗日"。如此，张与杨虎城等不仅成为中共与南京谈判的筹码，也就成了"逼蒋抗日"的追随者。

蒋既不愿对共妥协，张亦走上"逼蒋"的不归路，两人之间势成骑虎。其最后结局，只是决裂的方式之选择而已。结果张却采取了兵变的方式，发动了西安事变。此为笔者读杨奎松先生新著稿之后，对西安事变原因的一点看法。

蒋永敬
1995 年 5 月于政治大学

大陆版代序
张学良入党之谜

十五年前，当我在《"中间地带"的革命——中国革命的策略在国际背景下的演变》（中共中央党校出版社1992年版）一书中，首次披露张学良曾要求加入中共的问题时，在大陆几乎没有引起过任何特别的关注。一半是因为发行上的原因，一半是因为那个时候气氛有些异样，因此，除了茅海建教授那样对传统的党史说法有颇多疑问的少数学者以外，很少有人注意到那样一本突出强调中国革命外部原因的书。这本书被人重视，反倒是因为蒋永敬教授，他专门写了一篇书评，发表在《传记文学》杂志上。不过，蒋教授是台湾国民党史研究的专家，他重视这本书，其实也不是因为他关心我对中共党史有着怎样新的说法，而是对书中谈到西安事变前张学良试图加入中共，并通过中共接通苏联，发动"西北大联合"的情况深感兴趣。因此，他尽管评的是我的《"中间地带"的革命》，用的标题却是《有关西安事变的新资料》。不仅如此，蒋教授还极力推动并鼓励我把张学良与中共关系的内幕具体地写出来。由此也就有了1995年我在台湾出版的《西安事变新探——张学良与中共关系之研究》一书。

相信凡是对西安事变史研究多少有些了解的读者都知道，在1995年之前，无论是大陆还是海外的西安事变研究，都很少具体讨论到张学良与中共的关系问题，特别是中共和苏联在西安事变发生的过程中所起的作用问题。这并不是大家对此不感兴趣，没有人不知道张学良与周恩来有过延安会谈，也没有人不知道西安事变一发生，中共代表周恩来就亲赴西安，直接参与了张学良、杨虎城与代表蒋介石的宋美龄、宋子文之间的谈判过程，以及莫斯科在西安事变和平解决的问题上可能发生过作用。很多年来，面对蒋介石的《西安半月记》与大陆公布的周恩来在事变期间打给中共中央的电报中的不同说法，人们也都在猜测：究竟在事变期间，在蒋介石和周恩来之间发生过什么，他们两人的说法谁的更真实一些？而读过张学良《西安事变忏悔录》的读者，也会或多或少地对事变前张学良与中共的关系问题，发生强烈的兴趣。然而，因为缺乏足够的研究资料，这一切谜团都无从解答。不仅如此，大陆的学者中间甚至还逐渐开始流行起一种说法，即认为中共不仅对张学良发动西安事变毫无作用，就是当时中共自身的政策，也还是受着张学良影响呢。

不用说，《西安事变新探》一书的出版，全面地回答了这一问题。人们从中可以清楚地了解到，在西安事变之前，在事变期间，以至在事变善后的过程中，张学良和中共之间究竟发生了什么，中共对于整个事变起过怎样不可忽视的作用。而身为十几万东北军统帅，深得蒋介石器重的张学良，何以会冒险与自身尚处于极度危险中，连温饱问题都解决不了的几万红军暗通款曲，甚至于把宝押在中共身上？这里面究竟有着怎样复杂的内幕？自然，这本书也首次全面披露了中俄两国档案中仅存的有关张学良要求入党问题的几份珍贵的档案文献，并且结合相关史料，具体地介绍了张学良提出入党要求的经过，和中共中央及共产国际所做出的不同反应。仅此，已足以否定那种关于中共对于西安事变几乎不起作用的说法。

但是，让笔者意料不到的是，随着张学良先生去世，大陆报纸杂志乃至于网络上却突然刮起一股旋风，将过去那种否定中共作用的说法刮得无影无踪。人们迅速开始走向另一个极端，转而热衷于谈论这样一个惊人的话题：原来"张学良是中共党员"！！由于从原中共中央统战部部长阎明复，到张学良研究专家张友坤等，先后都出来撰文作证[1]，再加上个别纪实文学作家的渲染炒作，此种说法一时间似乎得到了广泛的认同。而海外一些华文报刊和网站也据此纷纷发表评论，宣称："历史即将改写！"以往按照大陆史观对西安事变这一历史事件的一些基本看法和观点，"会发生根本的动摇和改变"。因为，张学良既然是中共党员，那么理所当然西安事变是中共在幕后主导。中共既然推动并主导了事变，自然也就应当与张同进退。然而，当张学良按照与中共的约定发动了事变之后，中共却迫于苏联和共产国际的压力改变了对张所做出的一系列承诺，把张晾了起来。如此才造成张一气之下不辞而别，只身陪蒋介石回南京以领罪，进而惨遭蒋介石软禁半个多世纪的可悲结果。[2]

问题是，能够确定地说，张学良是中共党员吗？

关于张学良是中共党员的最权威的说法，来自于阎明复，张友坤的证词实际上亦来自于阎的说法。而阎明复的这一说法，又来自于另外两人。一为前东北军将领，后来成为中共将领的吕正操。据阎回忆，他受命参加了张学良的葬礼之后去看望同样年事已高的吕正操，是吕说了一句："张汉公是共产党员。"一为前东北籍大学生，后主持过东北军史整理编辑工作的宋黎。据他回忆，宋黎说过，当年宋曾特别就此问题请教过西安事变前和西安事变期间曾经代表中共中央在张学良身边工作过的叶剑英，说"叶帅给予了肯定的答复"。宋说他已把叶帅谈话内容记录下来，装进保险箱，准备死后再拿出来交给中共中央。但是，阎的回忆文章也明显地存在着一些问题。比如，他说他在1995年夏天去过苏共档案馆，偶然发现了1936年12月初共产国际给中共中央的一份电报，电文内容就是关于中共应该从工人、农民和知识分子中的先进分子里去扩大自己的队伍，而不应当靠吸收军阀入党来发展党。他紧接着强调："以后的事态表

---

[1] 阎明复：《忆宋叔》，转见张友坤：《张学良的党籍问题》，《北京日报》，2002年12月22日。

[2] 《历史即将改写！张学良是中共党员》，《人民报消息》，2005年10月20日。（http://www.renminbao.com/rmb/articles/2005/10/20/38018.html）

明，尽管共产国际明确表示反对张学良入党，中共中央仍决定发展他入党。"在这里，阎所"发现"的电文内容，与莫斯科 1986 年就已经公开的共产国际 1936 年 8 月 15 日政治指示电的内容几乎完全相同，共产国际是否在 12 月初又再度就此致电中共中央颇让人怀疑，会不会阎"发现"的就是 8 月 15 日政治指示电？而其后所谓"以后的事态表明"如何如何，逻辑上更不能成立。因为，共产国际 8 月 15 日政治指示电已经明确否定了中共中央关于希望吸收张学良入党的提议，如果中共中央真有"仍决定发展他入党"的措施，也应当是在 8 月政治指示电达到之后，而断不致拖到 12 月初共产国际再来电报反对之后再来采取。何况，此时距离西安事变的发生不过几天时间，叶剑英等有资格将此一决定告知张学良的中共代表也不在西安，如何实现此一"发展"？当然，阎文对于中共中央是否真的发展了张学良，也不能肯定。他的说法是："现在不清楚的是，中共中央吸收张学良入党的决定，有没有通知张学良本人？叶帅同宋黎的谈话记录将会揭开这个'谜'。"

寄希望于当事人之一的叶帅的回忆，固然有一定道理。但是，第一，现在还没有人看到过宋黎的这一记录；第二，我们也很难确保宋黎的转述不会与叶帅叙述的原意有所出入；第三，就证据而言，任何回忆，更不要说经过了几十年的回忆都必须要有相关的文献资料加以印证才比较可靠，而目前无论是在中国，还是在俄国，仅存的三件可以反映张学良入党问题的文献资料，都还不能支持上述说法。1936 年 6 月 30 日刘鼎给中共中央的电报，只提到张学良要求加入中共；7 月 2 日洛甫代表中共中央给共产国际的电报，也只提到我们"将来拟许其入党"；8 月 15 日共产国际政治指示电，也只是说明：对"你们关于接收张学良入党的通知"，"我们感到特别不安"，强调"不能把张学良本人看成是可靠的盟友"等。

有学者说，在共产国际回电之前，张学良与中共中央领导人已有电报开始以"同志"相称，由此可以看出双方关系已进到组织关系的程度，这种说法更不能成立。不错，7 月 3 日张学良有信称周恩来为"同志",强调此间必须有6个月准备工夫;8月9日毛泽东等也有信称张学良为"同志",并肯定"八个月来的政治关系,证明了你我之间的完全一致"。但以"同志"相称,即使在当时也并非就是共产党人之间的一种专利,它充其量只能表明双方之间进一步的信任。何况,双方之间的来往信件,直到西安事变,更多的也还是在使用"兄"的称呼。这和共产党人之间内部通信的习惯也不尽相合。

有位作家推测说,共产国际回电距离中共中央决定吸收张学良入党的7月1日,已过去一个半月。这一个半月中,张学良与中共中央联系密切,商量了许多大事。因此,以当时的境况,是不可能拖到一个半月后再根据共产国际的意见去答复张学良的,也不可能在作决定让张学良入党之后,又劝其退党。因此,他的结论是,张学良肯定已经被正式发展入党。[1] 此说显然不仅读丢了张闻天7月2日电中那个"拟"字,而且对7—8月间张学良与中共中央之间关系复杂微妙的情况毫无了解。而更重要的在于,他甚至不清楚当时中共中央是通过什么样的方式和张学良发生关系的。他不知道,吸收张学良入党问题高度机密,断难通过电报转达,非有专人前往西安向张学良传达中共中央的正式决定并履行适当的形式不可。此时,唯一得到中央指派准备前往西安且能够担此重任者,只有叶剑英,而叶却直到10月初才得以到达西安。至于说张6月30日提出要求入党,7月3日就获知中共决定,然后即对中共领导人改称"同志",在时间上也说不通。这更足以说明,"同志"之称不可以用来证明张与中共的组织关系。

有没有这样一种可能性呢?即中共中央于7月2日告诉共产国际,他们尚未正式决定吸收张学良入党,但"将来拟许其入党";而事实上,他们已经基本上达成了一致,有意接受张学良入党;只是因为张的身份太过特殊,为稳妥起见,才对共产国际把话说得比较

---

[1] 陈益南:《评述"西安事变"中若干鲜为人知的细节》(见 http://www.xtour.cn/2005-6/200561594940.htm)。

委婉，以试探后者的反应。毫无疑问，这种可能性是存在的。甚至，我们也可以猜测，因为叶剑英还不具有参加中共中央政治局会议的资格，共产国际来电前，他已受命前往西安，已经了解了中共中央对此事的态度，然而中共中央在接到共产国际政治指示电后，因为担心拒绝吸收张入党可能对红军与东北军的统战关系造成十分不利的后果，故未能就拒绝吸收张学良入党问题达成完全一致的意见，叶因此在由陕北动身前往西安时也并未得到确切的拒绝吸收张入党的指示。就我而言，我相信这种可能性未必一定是不存在的。但问题是，我们也不能否认还存在着另外一种可能性，即由于共产国际是中共中央的上级指导机关，且这时的中共中央和红军要想根本改变自身危险处境和取得苏联援助，也必须要指望共产国际的支持与援助。在这种情况下，当共产国际明确表态反对吸收张学良入党时，以留苏学生为主的中共中央领导层很难阳奉阴违，抗命不遵，擅自秘密接受张学良入党。可为有力佐证的如中共中央此后发展新疆统治者盛世才的例子。与张学良不同的是，盛世才因为治疆以来即奉行亲苏政策，一直颇得苏方好感。故当其向中共中央提出入党要求时，中共中央自然认为莫斯科同意的可能性较大，故准备接受盛世才的要求。不意，在征求共产国际意见时，共产国际同样表示反对。尽管中共中央领导人对此并不十分理解，他们还是派任弼时当面向盛世才婉转地表示了拒绝的态度。

  当然，不论张学良入党问题之谜能否彻底揭开，我都不认为"历史即将改写"的说法可以成立。这是因为，即使中共中央具体实施了吸收张学良入党的行动，张学良也得知了这一决定，它也不能改变张学良与中共关系的实质。即张学良至多不过是一个所谓的"特殊党员"，而非一般意义的共产党员。换言之，两者无论就政治标准、思想意识、组织关系，还是就相互地位而言，其实与决定吸收张学良入党前，都没有也不可能有重要的改变。事实上，西安事变发生后，中共中央依旧采取的是毛泽东2月间"依据实力原则"提出的，一旦双方共同行动，"国防政府首席及抗日联军总司令可推张汉卿担任"的方针，公开奉行以张为首的政策。在整个西安事变策划和实行的过程中，张学良也依旧是我行我素，一切以自我的意志行事，并不受中共中央的指挥。这也正是为什么，当事变结束，张学良被囚之后，尽管身陷囹圄，命运未卜，他第一位考虑的仍旧是东北军的前途问题，生恐东北军继续与红军保持统战关系，会造成难以预测的严重后果。故他明确建议蒋介石把东北军尽快调离陕甘地区，脱离中共与红军。由上不难了解，不论是从中共中央的角度，还是从张学良的角度，张学良入党与否，都不可能改变这一时期双方关系的本质。

至于此说是否能够言之成理，相信读过本书之后，读者自会得出自己的答案来的。

杨奎松
2006年4月29日
于日本京都大学国际交流会馆

前　言

　　还在上大学的时候，多半是在 1980 年，至迟不超过 1981 年，一次很偶然的机会，使我有幸在一位同学那里看到了一些有关西安事变的相当珍贵的文献资料。其中的几件资料给我留下了很深的印象。这就是 1936 年 4 月 27 日和 30 日刘鼎给李克农的报告，以及 5 月初朱理治和曾钟圣两人给中共中央的电报。这几件资料清楚地表明，还在 1936 年 4 月底 5 月初，张学良就已经开始做反蒋的准备了。不过，那个时候西安事变对于我还是一个相当陌生的课题，这些资料还不可能使我对研究西安事变发生兴趣。

　　毕业以后，由于从事编辑工作的关系，我开始较多地接触到近代历史的研究成果，其中自然也包括西安事变的研究。像吴天威先生的《中国现代历史的转折点》，申伯纯先生的《西安事变纪实》，李云峰先生的《西安事变史实》，乃至李云汉先生的《西安事变始末之研究》等，大致都是在 1980 年代中期陆续拜读的。使我感到好生奇怪的是，包括海外的著作在内，几乎所有的研究者在谈到张学良与周恩来那次颇为著名的延安会谈时，都一口咬定：张学良当时力主"联蒋抗日"（或称"逼蒋抗日"），并且说得周恩来口服心服，最后就连中共中央也确信张学良是对的，因此在延安会谈结束后不久，即 4 月底 5 月初，中共就改行了"逼蒋抗日"的策略。

　　同是一个 4 月底 5 月初，我们的研究者们竟得出了如此不同的结论！

　　也许，这些西安事变的研究者都没有看到我几年前就已经看到的那几件资料？1987年，我试着帮助两位同事利用有关的资料写了一篇论文，刊登在1988年《近代史研究》第三期上，对上述看法提出了不同的意见。也许是人微言轻，或者还有别的什么原因，总之这篇文章没有引起多少反应，唯一一位提到这篇文章的学者，还在他的论文里把这个观点好好地批评了一通。可想而知，在1989、1990、1991年西安事变研究硕果累累的几年里，我们众多的研究者们照旧人云亦云，把过去那个说法抄来抄去。但最让我惊讶的，还是刘鼎先生自己：他竟然也支持这样的说法！

刘鼎先生的说法公开发表在1989年。这一年中共中央文献研究室编辑出版的《党的文献》杂志连载了一篇题为《刘鼎在张学良那里工作的时候》的长文。传主刘鼎1936年西安事变期间始终作为中共联络员驻在张学良身边，并且亲身参加过延安会谈等一系列当时发生在张学良与中共之间的重大事件，以后并作过全国政协西安事变史写作组的组长。这篇文章的基本资料，恰恰就是刘鼎先生自己在1975年所做的追忆笔记。而介绍刘鼎这段经历的这篇文章的作者，又是继刘鼎之后担任过西安事变史写作组组长，在西安事变研究上颇有成就的张魁堂先生。其分量可见一斑。

既然是刘鼎先生自己所做的追忆笔记，按道理刘鼎先生应当对当时事情的大致经过有所记忆，更应当记得自己当年所写的报告。即使是忘了，他也应该看过留存下来的那几份已经不再神秘的历史资料。可是，在这篇文章中，或者毋宁说在刘鼎的笔记里，不仅对于他自己当年的密报及当时朱理治、曾钟圣两人的电报内容一句也没有提到，而且竟然也人云亦云地大谈张学良在延安是怎样说服周恩来赞成联蒋抗日的。文章中居然把周恩来在延安会谈后写给张学良的信里的一句主张反蒋的话，即"为抗日固足惜蒋氏，但不能以抗日殉蒋氏"，也说成是中共"主张有条件联蒋"的表示。唯一值得庆幸的是，刘鼎先生的回忆并不否认张学良曾经有过准备反蒋的事实，可是，照文章中所记，这段史实被安排到1936年7月去了。结果事情的经过就变成了一个怪圈：即在4月间延安会谈期间刚刚劝说中共联蒋的张学良转而反蒋，而刚刚在延安会谈时劝说张学良反蒋的中共中央，这时却又倒过来劝说张学良应当联蒋。呜呼哀哉！堂堂当事人，又是西安事变史写作组的组长都这样记述历史，难怪在此之后陆续出版的《西安事变简史》、《东北军传》、《张学良将军传略》、《张学良传》，包括海外学者所作的《张学良的政治生涯》，也都异口同声地如此说。但是，我相信，这不是事实。

在以往的西安事变研究中，究竟还有多少这种不是事实，或者似是而非的说法呢？有一位资深的张学良问题研究专家明确地告诉我说，有关西安事变的基本史实都已经写清楚了。言外之意，在有了如此之多的研究成果，而众多成果已经大同小异的情况下，重新再来系统讨论西安事变的史实经过是没有太多意义的。可是，时至今日，在我仔细地研究过有关的著作之后，我发觉，尽管不少关心西安事变历史的人同意这样的看法，即西安事变的发生同中国共产党有关系，但却没有一本书对中共与西安事变，或者说与张学良的关系问题做过系统而深入的研究。甚至，当许多读者从近几年公开发表的报纸杂志上已经知道张学良曾经有过加入共产党的要求，但却很少有人进一步就此提出疑问：那个打算加入共产党的张学良，与我们通常在西安事变史书上所看到的那个力主联蒋抗日的张学良之间，是否存在着矛盾？当然，尽管这些年来人们已经听说了太多的有关"西北国防政府"、"西北抗日联军"、"西北大联合"……这些曾经风行于当年大西北的明显地带有反蒋色彩的政治词汇，可是又有谁具体地研究过它们同张学良，特别是同西安事变之间，究竟存在怎样的关系呢？

有关西安事变的研究无疑已经取得了非常重要的成就，但是，说以往的研究已经完全解开了西安事变留存于人们心中的种种谜团，怕是言过其实。自张学良先生完全实现了人身自由之后，新闻界以及历史学界之所以频频重提西安事变的问题，正好说明了有关西安事变还有许多疑问没有解决。至少，在笔者看来，在西安事变研究当中，一个最薄弱的环节，就是关于张学良与中共关系问题还没有深入地进行研究。而前此关于西安事变的研究，更多的还只是围绕着张学良个人经历以及他和东北军同蒋介石之间的矛盾形成过程来进行的，多数研究者只是用很少的篇幅来描写有关张学良与共产党的关系问题，而且这些描写往往还是简单地建立在诸多当事人真假难辨的回忆录的基础上的。

西安事变研究的一个重要优势就在于它的回忆史料十分丰富。在整个中国近现代史上，大概还没有哪一次事件有过像西安事变这么多的回忆资料。但多半也正因为如此，过多地依靠回忆史料来描述史实，也成了西安事变研究中的一个十分明显的缺陷。翻开有关西安事变史的著作，把回忆录当成判断史实唯一根据的情况可以说司空见惯。回忆录（或者用时髦的字眼儿：口述历史）与第一手的文献资料相比，有其特殊的功用。其最大优点，就在于它比文字档案资料更具有直观性，可以提供独特的个人视角，告诉人们那些发生在文献资料背后的东西，给人以较强的立体感。但人所共知，如果回忆资料没有当事时的日记、笔记或文献作为依据，它们通常并不是那么很可靠的。而在我们今天可以看到的与西安事变有关的回忆录中，又有多少是以当年的日记、笔记或文献为依据的呢？甚至，即使是对那些有足够的历史文献可供参考的众多当事人来讲，由于几十年之后种种因素的影响，他们回忆中的许多事情也难免走样。像刘鼎先生关于延安会谈内容的回忆，就是很典型的例子。显而易见，如果我们的研究多半只是建立在众多这些回忆的基础上，而不是更多地依靠第一手的历史文献，由此得出的许多说法必然是大可怀疑的。

当然，以前的研究者之所以不得不更多地依靠回忆材料来进行有关西安事变的研究，确曾有其不得已的苦衷。记得在十二年前（1983年），当时我刚刚开始做编辑，我的上司曾经提示过我有关的宣传纪律，其中就包括西安事变的问题。据说此前上面曾经就西安事变问题的宣传与研究打过招呼，提醒有关部门在发表涉及张学良和西安事变的文章时，要注意到张学良先生还没有恢复自由的情况，不要给张学良先生带来意外的麻烦。因此，在张学良先生恢复自由之前，我们曾经很小心地回避那些在西安事变研究上有任何新的说法的文章。但事实上，还在1985年以后，这种情况就已经发生了很大的改变。

从 1985 年《文献和研究》公布"中共中央和毛泽东等同志关于'联蒋抗日'方针的一组文电"和"中共中央和毛泽东同志关于促成第二次国共合作共同抗日的一组文电"开始，直到 1994 年《毛泽东文集》（第一、二卷）和《毛泽东年谱》相继出版，中共中央文献研究室陆续公布了大批与西安事变有关的历史文献。被公布的文献不仅涉及中共中央这一时期的策略方针的演变、国共两党秘密接触谈判、红军打通国际路线问题、西北大联合计划、对东北军的统战工作，以及与张、杨谈判交涉（包括张学良与李克农的洛川会谈、张学良与周恩来的延安会谈以及杨虎城与张文彬的西安会谈等）的大量报告，而且还包括了西安事变发生期间中共中央与西安中共代表周恩来及张学良之间的各种来往电报。在这些文献中间，有些资料在过去无疑是属于高度保密的。比如像关于张学良要求入党及被共产国际拒绝的文件；中共中央在西安事变期间曾经主张一旦西安被围，就应对蒋"行最后手段"，张学良也表示赞同的电报；以及中共中央在西安事变期间讨论如何处置蒋介石的会议记录和共产国际电报指示等。值得注意的是，在大约五年左右的时间里，中共历史档案公布得最多的，正是 1936 年西安事变发生前后这段时期的档案。粗略计算下来，光是这一年前后的文件，至少就公布了近两百件之多。这还不算那些尚未正式公开，但已经在有关论文中直接引用的数量更多的与西安事变相关的文件。

事实昭然，如果说在 1980 年代中期以前，我们的研究者还没有足够的条件利用第一手的文献资料研究西安事变，这也许不错。但如果说在 1980 年代中期以后，我们的研究者还没有足够的条件利用第一手的文献资料来研究西安事变，那就大谬不然了。可是，令人十分不解的是，即使在张学良先生已经完全恢复自由多年之后，我们至今还是看不到这样的研究著作，它更多地利用的是这些已经公开或半公开的文件，而不是那些明显地不那么可靠的回忆录。

也许，有些研究者会解释说，所有这些档案文献的公布当时还只是"内部"的。但我看不出这有什么太多的区别。不要说这些所谓"限制国内发行"的刊物大量流传国外,为外国学者所引用,即使是在国内,利用这些已经在"内部"公开的文献进行研究的文章和著作也俯拾皆是,为什么偏偏研究西安事变的学者不能或很少利用它们呢?(况且,从两年前开始,《党的文献》,即《文献和研究》,和《中共党史资料》等过去限制国内发行的刊物已经公开发行,前此的刊物也因此全部对外公开出售。)其实,说到底,真正的理由只有一个,即人们对于过去的说法已经习以为常,因而多半严重地忽略了那些新公布的文献中所揭示的各种新的事实。甚至,一方面有关中共与张学良关系的档案大量公开,另一方面诸多西安事变和张学良研究的著作文章却越来越多地开始否定中共曾经直接对张学良发生过重要影响。有人公开宣称,中共当时充其量只是一个配角,不仅在整个事变中,过去有关周恩来的作用的说法是夸大其辞,而且在整个事变的形成过程中,张学良也始终是居于支配的、决定的地位,完全凭据自我意志行事,与其说是中共影响了张学良,倒不如说是张学良帮了中共的忙。因为,张学良不仅帮助中共制定了唯一正确的"逼蒋抗日"的政策,而且还在关键时刻救了中共的命。

很可惜,我从来不是研究西安事变的专家,也很少对西安事变的问题作个案的研究,因此,长时间以来,我只是站在旁观的角度来评头品足。我希望有这样的人来做这样的工作,他将解开许多仍旧是谜一样的问题,并且告诉那些关心西安事变问题及其相关研究的读者,过去写在书里面的哪些是可信的,哪些则需要重新去了解。在这方面,我曾一直寄希望于我的一位同学。但是,在过去了几年之后,特别是在莫斯科看到了俄国人已经解密的一些相当重要的档案以后,我相信我不应当再等下去了。虽然这本书最后没有交广西师范大学出版社出版,我还是很感谢侯样祥先生和广西师大出版社的编辑们约我来写一部有关西安事变的书。尽管我很清楚,这在我本人很可能是"越俎代庖",但我仍旧相信,我所选择的区别于前人的独特角度,将使我能够做得比以前的一些研究者要好些。因为,我始终认为,在我们现在的条件下,主要利用第一手资料来进行研究,其结果通常总是更可靠的和更重要的。

不论我在这本书里提供的新的解释能否为多数读者所承认，在西安事变的研究中缺少了这种角度的研究无论如何都是一种缺陷。我唯一的希望就是要使那些关心西安事变历史的读者注意到我书中所介绍的那些极为重要的新的史实。关于这些情况，我曾经在1992年出版的《"中间地带"的革命》一书中勾勒出一个大致的轮廓。而在今天的这本书里，我终于有机会把它完整地并且是相当细致地描绘出来了。我唯一想请读者原谅的只是，为了使那些十分珍贵，却长期被人忽视的历史文献重新为人所重视，我在书中对于某些我认为有助于说明历史事实的文献资料，作了较详尽的引证。当然，它们的数量并不是很多，而且我相信，无论我的这本书的读者是否愿意详细地研究这些资料，在读过这本书之后，都会对当年张学良与中国共产党的关系留下与前不同的印象。

为了这本书，我当然必须首先感谢我的那位同学。最早让我开始对西安事变的历史发生兴趣的，就是他。没有他，我不可能写这本书。我深感抱歉的是，我没有等到他继续完成他的研究。但我希望他知道，如果我的这本书揭示了某些历史的真实的话，很大程度上是得益于他当初帮助的结果。

为了这本书，我尤其要感谢台北的蒋永敬教授。我们虽然相识的时间并不很长，但蒋教授对我的研究所给予的关心使我深为感动。本来，我对于写这本书一直相当犹豫，正是蒋教授的鼓励和他为我的《"中间地带"的革命》一书所写的书评，促使我下决心完成这样一本书。

在这里，我还要感谢挪威诺贝尔研究所韦斯塔博士和俄国社会科学院远东研究所的舍维廖夫教授。由于韦斯塔博士的帮助，使我有机会前往莫斯科查阅有关文献；而舍维廖夫教授则帮助我克服了我在阅读资料方面所遇到的许多语言上的困难。

杨奎松

1995年5月于北京翠微园

第一章 由战争走向妥协

一、西征北上

如果当年蒋介石不曾千方百计地把红军从中国南方地区赶走，红军能够在中国南部或西南地区立足而用不着到西北地区去；如果蒋介石当年调去西北"剿共"的不是东北军，而是中央军；如果不是 1935 年夏共产国际召开了转变统战政策的第七次代表大会，中共中央没有及时改行抗日民族统一战线的政策，而是继续他们过去那种视一切国民党上层势力为仇雠的作法……那么，西安事变很可能不会发生。

但反过来，只要蒋介石当时的政策是先安内后攘外，先统一后御侮，他就注定要以消灭红军和清除各种地方势力为首要目的。为此，他不仅不得不暂时牺牲中国东北等地的领土主权，而且很难不把东北军或其他地方军队派去"剿共"，因此也就很难不使东北军的张学良或其他地方势力的领导人因力量损失而对蒋产生反感。只要存在这种情况，而中共又改行了统一战线政策，那么，不论它在哪里，它都会注意到这一矛盾，并且会不遗余力地利用来削弱坚持"剿共"政策的蒋介石。结果，西安事变，或者其他什么类似的事变的发生，多半就很难避免了。

历史有时候就是这么复杂和矛盾。

不管历史现象的本身有多么复杂和矛盾，也不管西安事变的发生具有多少偶然的或必然的因素，通过以上所举的事实与逻辑，不难发现，西安事变不仅仅是张学良与蒋介石之间的事情，它在很大程度上是受到中共的影响并有中共的作用在其中的。因此,要谈论西安事变,不能不谈论中共,不能不注意中共对张学良和蒋介石的政策及其变化。然而,人们过去对中共在西安事变问题上的作用谈得很少。事实上,可以确信不疑的是,张学良走向西安事变所有步骤,都是从他和红军在陕北接触以后开始的。所以,要了解西安事变的由来,或许用不着从张学良东北军如何丢掉东三省说起,却不能不从中共为什么会到西北地区来,又是怎样和张学良发生关系并相互影响的情况说起。

中共和红军为什么会到西北来呢?简单地说,是因为两点。第一,中共和红军所以会从比较富庶的中国南方辗转退至贫瘠荒芜的西北地区,主要是因为蒋介石实施"安内攘外"的政策,必欲消灭中共和红军,至少也是要把红军赶出靠近中国心脏地带的南方地区,频频围剿和进攻,使得力量本来就弱小的红军难以在南方安身。第二,中共和红军所以非离开南方根据地不可,也与它当时所实行"孤家寡人"的政策有关。[1] 这也就是说,即使那个时候中共与张学良有所接触,事情也搞不成后来那个样子。因为,在1933—1934年间,中共和红军仍在南方根据地时,它们至少曾经有过两次十分类似的机会,可以和国民党反蒋派结成较大规模的反蒋联盟,结果却一事无成。

第一次发生在1933年,冯玉祥在共产党的推动下发起了察哈尔抗日同盟军,其中吸收的中共人员远比后来张学良在西北时吸收的还多;另一次是在稍微晚些的时候,在1933年底至1934年初,受命参加围剿江西红军的十九路军将领揭旗反蒋并发动成立了反蒋的"福建人民政府",与之毗邻的中央苏区的红军将领曾和他们达成了反蒋协定。但是,这两次机会都白白地浪费掉了。因为当时的中共临时中央和共产国际在中国的代表奉行的是泾渭分明的阶级路线,反对与国民党任何上层人物建立统战关系,只想暂时利用与这些上层人物的协议,合法地深入到对方的下层中去,以便争取对方的士兵以为己用。这种作法导致的结果,就像毛泽东后来总结的那样,

---

[1] 毛泽东:《论反对日本帝国主义的策略》,1935年12月25日,《毛泽东选集》(合订本),北京,人民出版社,1964年,第150页。

成了"为渊驱鱼，为丛驱雀"，不仅便利了蒋介石的中央军各个击破这些反蒋派，更葬送了可能缓解中共和红军军事困境的重要机会。蒋介石中央军在分别解决了这些反蒋事变之后，转而集中了更加强大的兵力来进攻红军。原本就弱小的红军，在损兵折将、孤立无援、陷于生死关头之际，不得不下决心放弃了经营多年的南方根据地，开始了史称二万五千里"长征"的军事大转移。[1]

长征，是中共此前政策、观念及其军事路线诸多错误的结果，但它恰恰是我们了解西安事变来龙去脉的一个必要的出发点。这是因为，导致西安事变一切主观和客观条件都是从长征开始生长起来的。表面看起来，长征以后的国共力量对比越来越对中共不利，红军的生存常常危在旦夕，然而，正是由于中共为了解决生存问题忽而西，忽而南，忽而北，最后选择转向靠近苏联的西北地区，使中共和红军获得了生机。他们不仅意外地得到了共产国际关于改变统战政策的指示，又恰巧与对蒋心存不满的张学良东北军相逢。两相结合，这才造成了石破天惊的大举动，迫使看上去已经胜券在握的蒋介石最终放弃了"安内攘外"政策，并且使历史的天平由此开始渐渐转向了有利于共产党的一边。

中共中央和中央红军被迫退出江西中央苏区，是1934年10月的事情。当时，在经过多年的鏖战之后，势力越来越强大的南京国民党集团终于占领了共产党在中国南方的最后一块根据地，迫使共产党的军队从此远离中国的心脏地区，向西南偏远地区转移。

不过，率先退向中国西南地区的，是中共鄂豫皖中央分局书记张国焘领导的中国红军第四方面军。共产党的这支军队原先经营着鄂豫皖三省之交的一块重要根据地，北临淮河，西抵京汉铁路，战略上具有重要意义。但该部还在1932年就因反"围剿"战争失败而辗转退入四川北部地区，在那里建立了自己的新的根据地。几乎同时退向西南地区的是曾经经营着湘鄂西根据地的红军第三军，它在被迫离开湘鄂西之后，转战将近两年之久，也在贵州东部建立起一

---

[1] 有关红军长征的实际距离，近十多年海内外陆续有不少具体的考证和说法，这里仅沿用习惯性的说法而已。

小块根据地。随后进一步退向西南的是曾经长期坚持湘赣边根据地的红军第六军团,它于1934年按照中共中央军委的命令实行"西征",一方面为中央红军向西退却探索道路,另一方面准备会合红三军后回师接应中央红军的战略转移。

所谓西南地区,主要指的是云、贵、桂、川、康五省区。这一带不仅山多路险、交通不便,而且多数地区物质条件差,少数民族多。因为地形恶劣和交通不便,西南地区地方势力向来盘根错节,故近代以来历届中央政府几乎都不能对这些地区实行有效统治,红军之所以纷纷退向西南地区,也是注意到了这样一些条件。既然红军在靠近中国政治、经济、文化中心的南方各省中再也无法坚持下去,而国民党南京政府又同历届中央政府一样,尚无迅速实现一统天下的能力,跑到远离南京政府统治圈以外的地区去,自然是保存中共和红军实力的一种好办法。

早在1930年,斯大林就已经在高度重视中国红军这一特殊的革命形式了。从军事角度来考虑红军在中国生存发展的条件问题,使他在充分肯定红军是中国革命最重要的因素,必须大力发展和全力经营的同时,特别注意到根据地进可攻、退可守的问题。他明确提出,中共应当找到一块远离中国心脏地区,同时物资及人力资源又比较充足的地区,来作为自己的战略根据地。据此,他并不看好中国红军在靠近沿海和靠近南京中央政府的中国心脏地区发展起来的几块南方根据地,而是看重了中国西南的四川省。他特地通过周恩来告诉中共中央,要他们注意向中国西南的四川省发展,说:"有四川这样大的一块地方就有办法。"[1]

1933年3月,共产国际在给中共中央的指示当中,针对鄂豫皖根据地的陷落和鄂豫皖红军的出路问题,再度明确强调了向四川发展的意义。指示宣称:"我们对四方面军主力转入四川的评价是肯定的。"[2]

---

[1]《周恩来在中共中央临时政治局会议上的报告》,1930年8月22日。
[2] 见《共产国际执委会致中国共产党中央委员会电》,1933年3月,《中共党史研究》,1988年第2期,第83页。

四川地处西南，四面环山，其中心却是一块大约16万平方公里的巨大盆地，人口众多，物产丰富，向有"天府之国"的说法。由于这里与外界的交通，除了翻越秦岭与大巴山让人望而生畏的险关隘路之外，就是遍布急流险滩的滚滚长江，因此一旦占领了四川，就可能获得进可攻、退可守的稳固根据地。而且，因四川远离南京，红军不致成年累月地陷于战争之中，也容易实现长期稳定的割据局面。

但是，中共其实并不具备夺取四川的条件。它以往在四川投入的力量较少，影响甚微，红军长期在鄂、赣、闽几省活动，又过于分散，战事不断，为保卫原有的各个根据地自顾尚且不暇，也从无可能向西南四川来发展。更主要的是，由于中共中央领导人始终没有完全解决急于按照欧洲革命的模式，通过夺取或占领中心城市来迅速取得中国革命胜利的观念，因此，他们始终把远去西南，看成是远离中国革命的中心，是政治上的一种退缩逃跑行为。故即使到1934年夏天，中共中央被迫决定退出江西苏区，转向西南，最初也只是把目的地锁定在靠近黔东的湘西山区，并没有长驱四川的打算。

中央红军转去四川，实属不得已之举。在离开江西中央苏区一个多月之后，红军在西渡湘江的作战过程中遭遇了难以想象的惨重损失，8万中央红军一战后竟只剩下3万多人，器材物资散失殆尽，过江后又受到湖南国民党地方武装何湘所部的攻击，西去会合已改编成红军第二、六军团的湘西红军的计划无从实现，中共中央这才决定转向川、黔边发展，由此也才有了在四川附近建立根据地的计划。但是，即使在这种情况下，中共中央政治局当时也还是坚持：无论如何不能再向西或西南方向撤退了。[1]

退向西南，本来就是逼不得已之举，因此是否继续西去，并不取决于红军本身的愿望如何，而要看国民党的力量如何。国民党的力量这时分两方面，一方面是西南，特别是四川等地那些表面上也承认南京政府为正统的地方军阀武装，一方面就是南京政府及其中

---

[1]《中央政治局关于战略方针之决定》，1934年12月18日，《中共中央文件选集》第10卷，北京，中共中央党校出版社，1991年，第441—442页。

央军。红军一向相信对付地方军阀武装有把握,但对付中央军则无把握。问题是,南京政府过去兵不及西南无非囿于二因:一是中心地区尚未巩固,战事频仍,无多兵可调;二是西南各省军阀名义上均已归顺南京,南京虽鞭长不及马腹,却也师出无名。如今,中共南方根据地被全面拔除,国民党中心地区基本统一,红军又大举西去,正好给了国民党中央军尾随西进的口实。因此,红军长征不仅为蒋介石南京政府借机统一中国西南地区提供了重要机遇,而且熟悉红军作战的国民党中央军与熟悉本地民情地形的地方军队合为一气,也使中央红军处境变得更加危险,四川或西南其他各省并不像斯大林当年所设想的那样容易立足。

1934年12月18日,中共中央首次发布指令,决定在川黔边建立根据地。进至贵州遵义县城后,红军一度取得了歇脚的时间,中共中央还在1935年1月中旬在遵义县城里召开了一次政治局扩大会议,重新改组了中共中央领导机构,解除了对丢失中央苏区负有指挥责任的中央书记博古和德国籍军事顾问李德的军事指挥权力,周恩来成为军事指挥上的总负责人,毛泽东以周的助手的身份参与军事指挥工作。红军在遵义只停留了一周左右的时间,国民党军就四面包围上来了。根据遵义会议的决定,红军改向四川西北部挺进,准备与川北地区已经改编成红军第四方面军的鄂豫皖红军会合,建立新的根据地。半个月后,即2月初,红军进入四川的计划受阻,为了打破国民党军的围追堵截,中共中央不得不"决定停止向川北发展,而最后决定在云贵川三省地区中创立根据地",亦即准备"以川滇黔边境为发展地区"。[1] 然而,紧随红军之后的国民党中央军和与之配合的川军步步追堵挤压,中央红军不得不在贵州赤水河两边跳过来跳过去,虽没有遭受到更大的损失,却根本无法完成落脚川滇黔边、建立游击根据地的设想。

3月初,中共中央再度被迫放弃建立川滇黔边根据地的计划,宣

---

[1]《军委关于我军向川滇黔边境发展的指示》,1935年2月7日;《共产党中央委员会与中央革命军事委员会告全体红色指战员书》,1935年2月16日,《文献和研究》,1985年第1期(中共中央遵义会议前后有关战略方针的七个文件)。

布准备坚持黔北地区，争取下一步"赤化全贵州"。而一个多月后，即 4 月下旬，中共中央发现，在黔北也无法立足。因此，它再度决定，放弃入川计划，大步西去，四渡赤水，争取转进云南东北部"消灭敌人取得新的发展局面"。[1]但此一命令发出不过几天，跃进至滇东北的红军就发现，他们找到了川军防守的薄弱之处，完全可以由这里转进四川。因此，中央军委[2]当机立断，于 4 月底指挥红军迅速离开云南东北地区，横渡金沙江，宣布将"转入川西消灭敌人，建立起苏区根据地"。[3]

1935 年 5 月，中央红军渡过金沙江后，很快又渡过了大渡河，进入到川西北地区。这时，红军四方面军与中央红军取得了联系，放弃了原来的川北根据地，也西来与中央红军会合了。双方会合后，于 6 月下旬召开了两河口会议，反复研究了当前的局面，决定主力进入甘肃南部地区，努力"创造川陕甘苏区根据地"。[4]这样一来，红军前此努力在西南地区创建根据地的战略方针实际上已经在悄然改变了。

很明显，红军转进西南地区，在贵州、四川及其周围地区长途跋涉、东奔西突，军事上固然机动灵活，实际上却是逼不得已，而且困难重重，生存问题仍未解决。中共中央清楚地了解，部队长期处于游击状态，没有根据地，是极端危险的。他们始终在要求部队为创造新的根据地而战，但每一次这样的努力最终都没有成功。

总结起来，红军在西南地区建立根据地的努力的失败，根本上

---

[1]《动员全体红色政治工作人员争取新的胜利》，1935 年 3 月 5 日；《党中央为粉碎敌人新的围攻赤化全贵州告全党同志书》，1935 年 3 月 8 日；《中央军委关于消灭白水曲靖等地敌军的指示》，1935 年 4 月 25 日，《中共中央文件选集》第 10 卷，第 495－498 页；《文献和研究》，1985 年第 1 期。
[2] 有关"中央军委"与"中苏军委"名称的由来、两者关系及其演变经过，可参见土健英：《中苏军委的由来与演变》（《党史文苑》1995 年第 4 期）一文，本书依长征以后指挥关系统称"中央军委"。
[3]《中央军委关于野战军速渡金沙江转入川西建立苏区的指示》，1935 年 4 月 29 日，《中共中央文件选集》第 10 卷，第 499 页。
[4]《中央政治局决定——关于一、四方面军会合后的战略方针》，1935 年 6 月 28 日，《中共中央文件选集》第 10 卷，第 516 页。

不外两个原因：一是敌人力量较强；二是群众基础薄弱。这是因为，西南虽然偏远，却仍旧是人口密集地区，地方军阀各霸一方，养兵甚多，除贵州军队不大能打以外，川军、滇军都有一定战斗力。加上蒋介石刻意经营西南，派遣大军跟入，迫使矛盾甚深的西南各地军阀联合起来，异常积极地对红军作战，从而使红军几乎处于无日不战、无处不战的困难境地。

与此同时，红军兵力有限，非战斗人员较多，又在长途征战中损失连连，物资和人员补充都极为艰难，因此战斗力愈渐减弱，自不能不避实就虚，尽力避免与强敌交战。在这种情况下，红军更是只好转战于川黔滇三省交界处和四川西部这些高原山区，力图在敌人力量薄弱之处寻找立足点。可是，这些地区的群众，往往又以少数民族居多，民情方言处处隔膜。何况，这些地区少数民族与汉民族关系一向较为紧张，红军不仅立足困难，给养、兵源也完全不能解决。中共中央很快就意识到这一问题的严重性，说："我们过去对于少数民族不大清楚，现在经过许多少数民族的地区是清楚了"，要在这些地区建立根据地根本没有可能。这也是为什么，中共中央从1934年12月决定西征进入西南地区创造根据地，在云贵川转战半年之久，一直想在西南建立根据地，但到1935年6月却不得不改变西征计划，决定北上甘南的原因。中共中央这时设想，到甘肃南部去，当可进一步"背靠甘（肃）青（海）新（疆）宁（夏）四省的广大地区"来建立有更大纵深和范围的战略根据地。[1]

关于红军北上方针的提出，在张国焘《我的回忆》一书中是这样说的：在红军一、四方面军会合后，双方领导于1935年6月间举行了一次会议。在这次会议上——

> 首先由毛泽东提出了向甘北宁夏北进的军事计划。他说明共产国际曾来电指示，要我们靠近外蒙古，现在根据我们自身的一切情况，也只有这样做。我即发问："共产国际何时有这个

---

[1]《两河口会议结论》，1935年6月26日；《中共中央政治局决定——关于一、四方面军会合后的战略方针》，1935年6月28日，《中共中央文件选集》第10卷，第516页。

指示?"张闻天起而答复:在他们没有离开瑞金以前(约十个月前),共产国际在一个指示的电报中,曾说到中国红军在不得已时可以靠近外蒙古。[1]

张国焘记述的这个会议,从时间、内容及事后决议看,显然是中共目前史书所记的 6 月 26 日在懋功附近召开的"两河口会议"。但张所回忆的内容与目前中共保存的会议记录却颇多出入。

首先,会议并非由毛泽东提出军事报告和北进计划。毛在江西中央苏区期间曾备受排挤,直到中共中央政治局于 1935 年 1 月间在遵义召开的扩大会议上,才当选为中央常委,开始参与中共中央核心领导工作。3 月以后成为中共中央军事三人团(周恩来、毛泽东和王稼祥)的成员之一,并担任了红军前敌政治委员一职。因此,可以说毛泽东这时在军事上已开始大权在握,但这时中共中央还没有完全改变遵义会议的规定,即党内在军事上负总责者,仍是周恩来,不是毛泽东。故至少在这次会议上作军事报告的,还是周恩来,而不是毛泽东。

其次,会议上无论毛泽东、还是周恩来,或者是这时实际上充任总书记的张闻天(即洛甫),都未曾提到共产国际的这一指示,并且也没有人提到过向甘北、宁夏北进的任何想法。可想而知,张国焘在回忆如此不准确的情况下所说的这个共产国际的指示是否存在,值得怀疑。至少,中共中央撤出江西苏区后的行动方向也表明,他们并没有执行这样一个指示的任何计划,在上述中央红军一度所争取过的重新建立根据地的目标中,有川黔边、川西北、川滇黔、黔北、滇东北、川西,却丝毫没有向北部边界地区发展的影子。[2]

---

[1] 见张国焘:《我的回忆》第 3 册,北京,中国现代史料编刊社,1980 年,第 226 页。
[2] 分别见陈云:《遵义政治局扩大会议传达提纲》,《遵义会议文献》,北京,人民出版社,1985 年,第 4 页;《中央军委总政治部关于我军渡乌江的作战计划》,1935 年 1 月 20 日;《中央军委关于在川黔滇创造苏区的指示》,1935 年 2 月 16 日;《动员全体红色政治工作人员争取新的胜利》,1935 年 3 月 5 日;《中央军委关于消灭白水曲靖等地敌军的指示》,1935 年 4 月 25 日;《中央军委关于野战军速渡金沙江转入川西建立苏区的指示》,1935 年 4 月 29 日,《中共中央文件选集》第 10 卷,第 499—501 页。

北上的方针其实是在中共中央注意到在西南地区没有建立根据地的可能之后才提出的。问题在于，考虑到中共与联共（布）之间的秘密关系，中共中央为什么当初从江西撤退时不提出北上方针，非要到西征失利之后才转而北上呢？

从地理上来看，北上应该远比西征对中国红军更具有吸引力。早在1920年代初，苏俄的势力刚刚达到远东地区，孙中山就接二连三地提出过从北部边界接通苏俄的战略设想，后来的苏联政府也一度批准过孙中山的提议，曾准备利用中国西北地区帮助孙中山训练军队。此后，苏联政府虽因了解到国民党在中国西北省份缺少影响，不愿意国民党利用外蒙古的库伦来作进攻北京政府的军事基地，拒绝了孙中山提出的西北军事计划，而是转道海参崴由海路来援助广州政府，但是，当冯玉祥的国民军参加了反对北京政府的战争后，它很快就通过外蒙边境对冯的军队提供了大量的军事援助。这说明，利用中苏蒙边界来援助中共是完全可能的。

当然，当年援助国民党是一回事，这个时候援助共产党则是另一回事。要中共红军这时来接通甚至靠近苏蒙边界，无论在苏共中央，还是在中共中央看来，都远比当年援助国民党要复杂得多。这是因为，第一，在中国共产党人的观念上，"打通国际路线"的想法并不是一个值得肯定的军事主张。早在1927年4月，当国民革命陷于困境时，苏联顾问鲍罗廷就曾提出接通苏联与外蒙以取得援助的所谓"西北路线"，结果这一设想很快就成了"逃跑主义"的代名词。没有哪个中共领导人愿意再去背负这样一个罪名。第二，作为共产国际下属支部之一，中共一向把"保卫苏联"看成是自己最重要的责任。而苏联这时正受到高唱反对共产主义的德国和日本两个方面的战争威胁，中共中央显然担心，在这个时候公开靠近苏蒙边境，难免会给苏联带来外交上的严重压力，甚至为日本进攻外蒙和苏联制造口实。冯玉祥1933年在察哈尔组织抗日同盟军，揭旗抗日，通过北方共产党组织试图再度接通苏联，取得援助，却遭到苏方严拒，就是证明。因此，在从南方根据地撤出来的时候，中共中央不仅不会设法去靠近苏蒙边界，就是连向北发展的想法都是难以提出来讨论的。

据有记载可查的历史文献，中共最早提出接通与苏联的联系，是在1935年的5月份。这时，中共中央了解到新疆盛世才实行亲苏反帝政策，苏联已公开卷入新疆事务。这一情况使深陷困难境地的部分中共领导人敏感地意识到，红军向西北靠近新疆和外蒙方向发展，未必是完全不可能的。也正是这样一种考量，推动了中共中央向北发展，而不是向南发展的方向选择。考虑到在西南四川一带无法立足，东西南三个方向均无发展可能，而北方国民党军事力量最为空虚，向北发展又可以接近苏联、外蒙，故中共中央才下决心提出了向北发展的方针。用周恩来后来在两河口会议上的话来说，就是：当时中央的"决定是到岷江东岸，在这地区派支队到新疆"，争取从那里取得同苏联的联络与援助。[1]

6月中旬，红军一、四方面军在川西会合，中共中央又更进一步提出了"占领川陕甘三省，建立三省苏维埃政权"的战略设想，并准备设法与苏联接通。在6月16日中央红军前敌司令员朱德等人给张国焘的电报中更明确提出：应准备"适当时期以一部组织远征军，占领新疆"，打通国际路线。[2] 但这些显然都不是源自于共产国际的指示。

张国焘自1920年代以来，一直与共产国际有着密切的关系。1930年前后还曾作为中共代表之一长驻莫斯科，他很清楚上述历史。因此，得知中共中央一些领导人的想法之后，他明确地表示了不赞同的态度。

6月17日，他专门致电中共中央，说明川北地区地形不利，给养又断，红军意图已为敌悉，目前不宜再过岷江东进和北上。他主张，红军应迅速西进经阿坝进入甘青，或南出雅安、名山、邛崃、大邑地区。

---

[1]《周恩来关于目前战略方针的报告》，1935年6月26日，《周恩来年谱》，北京，中央文献出版社，1989年，第282—283页。
[2]《朱毛周张为建立以川陕甘三省苏维埃政权问题给张徐陈等电》，1935年6月16日，《文献和研究》，1985年第5期（关于红军长征北上的三篇文电）。

6月18日和20日，中共中央接连两电回复张，表示不同意他的主张，并建议张国焘来中共中央所在地懋功"商决一切"。这就是两河口会议的由来。

值得注意的是，两河口会议上周恩来代表中共中央提出的向川西北的松潘地区前进的北上计划，并没有遇到像一些中共党史著作中所形容的来自张国焘的反对，当然也不存在像张国焘在回忆中提到的那种争论不休和议而不决的情况。相反，由于张国焘此时的目的在于取得中央常委和军委的领导地位，因此他表现得十分随和圆通。他表示：目前向西通过草原，夏天雨季长途行军会有很大的减员；向南往成都打虽不成问题，但敌人会很容易调集兵力，故"发展条件是甘南与我有利"，"政（治）局应决定在甘南建立根据地。至于怎样打，军委应做具体计划"，"政局应赶快决定迅速的定下"。[1]

由上可知，张国焘在这次会上不仅没有反对中央的北上计划，而且还肯定了向西、向南发展都不行，只有向北去"甘南与我有利"的方针。因此，会议"全体通过恩来的战略方针"，并迅速安排相关人员制定具体的行动计划。

两天后，中共中央和中央军委先后拟定了《关于一、四方面军会合后战略方针的决定》、《关于向松潘前进的部署》和《关于松潘战役计划》，各部队由此开始了具体的北上作战行动。

两河口会议没有引起争论，也在于会上没有具体提出接通苏联的问题，只是这一北上方针中明显地包含着力图把甘肃西部乃至新疆"控制在我手里，背靠西北"，退可依托苏联，进可逐鹿中原的战略设想。要想实现这一战略设想在这时对于许多人来说还是一件可望而不可即的事情。苏联军事顾问李德就明确认为这样做会给苏联造成麻烦，以至危及苏联安全。更多的人仍旧担心"打通国际路线"的想法有退却畏缩之嫌，因此希望强调说明，北上计划"不是打通苏联，而是向前"，是进攻。张国焘考虑更多，经过多年的战争之

---

[1]《张国焘在两河口会议上的发言》，1935年6月26日。

后，他明显地对红军在鄂豫皖苏区与国民党中央军作战的失利心有余悸，因此他对打地方军阀的部队似乎很有信心，会后了解到北上会直接与正在赶来的蒋介石中央军胡宗南部交战时，又开始顾虑重重。故在同意了两河口会议决定的战略方针之后，他又开始拖延部队行动，不想北上了。

7月10日，一方面军已经进至岷江西岸的毛儿盖地区，开始逼近松潘，四方面军主力却迟迟不进。朱德、毛泽东等不得不急电张国焘，称：分路迅速北上原则，早经确定，后忽延迟致无后续部队跟进，切盼各部真能速进，勿再延迟，坐令敌占先机。[1]

为促使张国焘能确实执行北上计划，而且考虑到四方面军人多枪多，军力远较一方面军强得多，中共中央于7月12日通过了张闻天的提议，在中央军委设总司令及总政治委员之职。由朱德任总司令，张国焘任总政治委员，张并取代周恩来为军委的总负责者。同时，由四方面军总指挥徐向前和政治委员陈昌浩兼前敌部队总指挥和政治委员。[2] 这种安排终于促使张国焘又开始与中共中央协调行动，实行北上进攻松潘的计划了。

然而，事不凑巧，各部队很快出现了严重缺粮的情况，原定7月28日各部队到达预定位置的计划再度被打乱。时间稍一耽搁，敌情也发生了变化，松潘战役计划因此被迫取消了。

松潘战役计划取消后，张国焘再度对是否继续北上发生动摇。加以四方面军与一方面军之间的团结接连出现问题，中共中央不得不重新开会统一思想。

8月6日，中共中央政治局再度举行会议，讨论由张闻天提出的《关于一、四方面军会合后形势与任务的报告》。张在报告中进一步重申了两河口会议所作的北上决定的必要性，并明确地强调了争取

---

[1]《四方面军应迅速北上》，1935年7月10日，《毛泽东军事文集》第1卷，北京，军事科学出版社等，1993年，第362页。
[2]《中央军委关于朱德仍兼红军总司令张国焘为总政委通知》，1935年7月18日；《朱张周王关于一、四方面军会合后组织前敌指挥部决定》，1935年7月21日，《周恩来年谱》，第285—286页。

西北地区、背靠苏联的意义。显然,中共中央经过在川滇黔半年多的征战,已经再清楚不过地了解到红军不适宜在这一地区创造根据地。特别是在红军的力量已经极大削弱,国际联络中断将近一年,而苏联影响已进入新疆的情况下,迅速北上创造根据地,努力取得国际的指导与援助,对于中共是再需要不过的了。

为了说明北上所包含的重大战略意义,力主北上的毛泽东也在发言中特别强调了一定要靠近苏联的问题。他在解释了西北地区具有"统治阶级最薄弱的一环"、"帝国主义势力最弱的地方"等特点之后,特别说明:"苏联在这地区影响大"。他说:

> 地理上靠近苏联,政治上物质上能得到帮助,军事上飞机大炮,对我国内战争有很大意义。五次"围剿"开始堡垒主义,我们对技术方面应很大的作准备。……我们基本上靠自己,但(应)得到国际的帮助。……因此要用全力达到战略方针,首先是甘肃这区域,但要派支队到新疆,造飞机场、修兵工厂。[1]

张闻天、毛泽东的主张,张国焘和四方面军领导人陈昌浩、傅钟等虽未直接反对,但话里话外却明显地表示出不那么赞成。比如说什么不管苏联援助我们的态度如何,我们中国共产党应把责任放在自己身上,不要以为与苏联接近就是要从苏联得到技术帮助;说同志们对西北方向讲了很多,但不要把少数民族问题看成是一个困难;说从西北发展到东南是可能的,但政治局决定整个革命问题不能偏向一边,不应限于一种因素,如此等等。

很显然,张国焘等人刚刚从川北苏区出来,人多枪多,数倍于中央红军,还没有经历过中央红军所遇到的各种令人难以想象的艰难困苦,甚至不了解在少数民族区域建立根据地之困难。他们既不理解中央红军对向少数民族地区发展的顾忌与恐惧,也不接受把向

---

[1]《毛泽东在政治局会议上的发言》,1935年8月6日,《毛泽东年谱》(上),北京,中央文献出版社,1993年,第465-466页;丁之:《中央红军北上方针的演变过程》,《文献和研究》,1985年第5期。

北发展与取得苏援联系起来的想法，认为这是逃跑主义的表现。他们的中心想法其实是应该尽量避免直接和中央军打起来。由于他们在政治局中不占多数，有些话又不便说出口，因此他们有意见却讲得不明不白，故会议最后还是通过了张闻天的报告。

由于张国焘等对会议的结果不满意，又不想北上去碰胡宗南，故会后不久就把意见摊开了，提出了一个避开北面胡宗南部，直接西去青海、宁夏和新疆的新建议。但如此直接地开去新疆的行动，苏联方面赞同与否尚且不论，西去边远的少数民族区域，更是中共中央一直在竭力避免的，因此毛泽东等断然表示反对。

8月20日，中共中央根据毛泽东的提议，制定了新的《关于目前战略方针之补充决定》和《夏洮战役计划》，明确提出："在目前将我们主力西渡黄河，深入青宁新僻地是不适当的，是极不利的"，不仅将红军全部长期深入少数民族地区必然会在粮食和民族关系等方面造成严重困难，而且国民党军正以全力压迫我们去不利地区，以便于他们可沿着黄河构筑封锁线与堡垒，这种作法"客观上正适合于敌人的要求"。故"政治局认为目前采取这种方针是错误的，是一个危险的退却方针"，坚持并再度部署了新的北上战役行动。计划要求部队全部进至甘南，并以主力出洮河东岸，占领岷州天水间地区，打破敌人兰州、松潘封锁计划，并依据岷州为中心的洮河区域，有计划地向东进攻，以便取得甘陕两省广大区域。[1]

但是，由于张国焘领导下的四方面军人多势众，张在名义上又取得了军委总负责者的资格，中共中央实施部队调动、指挥及具体军事行动不免备受掣肘。

8月31日，张国焘电告和中共中央及一方面军一同在右路军的前敌总指挥徐向前等，认为甘南西固敌已有备，以一方面军单独夺取不仅不能制敌，反会为敌所制。鉴于左路军主力须3天后才能赶到班佑，其余部队至少要到14日才能跟上，他要求右路军就地休

---

[1]《关于目前战略方针之补充决定》，1935年8月20日；《中央给朱张二同志电》，1935年8月24日。

整,等待左路军,以免被敌截为数段。[1]

中共中央得电后当即复电张国焘,说明:根据情报,目前文县、武都、西固、岷州一带甚空虚,无多敌,从左路军所在下包座去西固不过5天,去岷州也仅6天,且"路大房多粮足,罗达以东即完全汉人区域",故右路军仍将以主力向前推进,以不突出西固、岷州为度,望左路军控制白骨寺及包座,如此控制两条平行东向路线,随时可与正在赶来的中央军胡宗南部做有把握的作战,决不会被敌截断。只要左路到达,即可从武都、西固、岷州间打出去,争取更大胜利。[2]

不料,9月2日,张国焘电告徐向前、陈昌浩称:"葛曲河水涨大,不易消退,侦察上下卅里,均无徒涉点,架桥材料困难,各部队粮食只有四天",故部队只能在原地不动。电报要求右路军派一二团兵力带工兵连赶至葛曲河右岸,利用那里的树林伐木造桥。[3]但次日,张再电徐、陈说明:"上游侦察七十里,亦不能徒涉和架桥,各部粮只能吃三天,二十五师只二天,电台已绝粮,茫茫草地,前进不能,坐待自毙,无向导结果痛苦如此,决于明晨分三天全部赶回阿坝。"他建议:"右路军即乘胜回击松潘敌,左路备粮后亦向松潘进"。[4]

这时,右路军前锋一军团已离开巴西,进抵俄界。双方反复电商,就连徐向前、陈昌浩也致电张国焘,说明"我们意以不分散主力为原则,左路速来北进为上策,右路南进为下策"[5]。

但是,反复协商无结果后,张国焘不仅坚持不愿北上,而且于9月8日直接下令给前敌总指挥徐向前、政治委员陈昌浩,要求他们率右路军回头南下。其意图十分明显,就是要胁迫中共中央听从他的指挥。

面对这种情况,如果中共中央委曲求全,则地位全失,张国焘从此可以颐指气使,为所欲为。反之,如果中共中央拒绝南下,徐、

---

[1]《朱张致徐陈电》,1935年8月31日。
[2]《向前昌浩泽东致朱张二同志电》,1935年9月1日。
[3]《朱张致徐陈电》,1935年9月2日。
[4] 转见于吉楠:《张国焘和〈我的回忆〉》,成都,四川人民出版社,1982年,第218页。徐向前亦分析张国焘关于葛曲河涨水无法渡河和部队缺粮等,均是借口。见徐向前:《历史的回顾》(中),北京,解放军出版社,1985年,第447页。
[5] 转见于吉楠:《张国焘和〈我的回忆〉》,第219页。

陈因在张国焘指挥之下，很难抗命不遵，而中共中央手中能使用的部队这时只有三军团，两部兵力悬殊，情况变得异常复杂。

由于参谋长叶剑英先得到张电，中共中央得以预先对陈、徐做说服工作。陈昌浩与徐向前于讨论中也对张国焘的命令表示疑问，故毛泽东、周恩来、张闻天、博古、王稼祥与徐向前、陈昌浩等联名致电张国焘，说明"左路军如果向南行动，则前途将极端不利"，要求左路军在阿坝、卓克基补充粮食后，改道北进。并说明："行军中即有较大减员，然甘南富庶之区，补充有望。在地形上，经济上，居民上，战略退路上，均有胜利前途。即以往青、宁、新说，亦远胜西康地区。"电报要求张国焘"从大局前途及利害关系上着想"。[1]

9日，张国焘再度来电，坚持原令，陈昌浩随之改变了态度，决定执行南下命令。毛泽东听说后，马上找到徐向前询问徐的态度，徐亦表示只能遵命。[2] 不得已，毛泽东紧急召集在右路军的几个中共中央常委讨论对策。

据张闻天回忆：当大家一筹莫展之际，"如果没有毛泽东同志拿'非布尔什维克'的态度来应付（张国焘）这位野心家，中国党与中国革命必然又会遭受严重的损失。"[3] 这种"非布尔什维克"的态度是什么呢？就是不和徐向前、陈昌浩他们打招呼，中共中央连夜单独带领一方面军的部队悄悄开拔北上，脱离四方面军。因为这一行动极其仓促，中共中央及所率三军团竟连数百伤病员也未及带走。[4]

第二天凌晨，刚刚脱离了徐、陈率领的四方面军第四、卅军两军的中共中央，马上致电张国焘，强硬指出："阅致徐陈调右路军南下电令，中央认为完全不适宜的。中央现在恳切的指出，目前方针只有向北才是出路，向南则敌情、地形、居民、给养都对我们极端不利，将使红军陷于空前未有之困难环境。中央认为北上方针绝对

---

[1]《恩来、洛甫、博古、向前、昌浩、泽东、稼蔷致朱张刘三同志电》，1935年9月8日，《毛泽东军事文集》第1卷，第364—365页。
[2] 徐向前：《历史的回顾》（中），第452页。
[3] 洛甫：《整风笔记》，1943年12月。
[4] 见《徐陈给林聂彭电》，1935年10月11日。

不应该改变,左路军应速即北上。在东出不利时,可以西渡黄河,占领甘青宁新地区,再行向东发展。望你速复。"[1]

同时,中共中央更直接以中央名义电令徐向前、陈昌浩说:

(一)目前战略方针之唯一正确的决定,为向北急进,其多方考虑之理由已详屡次决定及电文。

(二)八日朱张电令你们南下,显系违背中央累次之决定及电文,中央已另电朱张取消该电。

(三)为不失时机的实现自己的战略计划,中央已令一方面军主力向罗达拉界前进,四、卅军归你们指挥,应于日内尾一、三军后前进,有策应一、三军之任务。以后右路军统归军委副主席周恩来同志指挥之。

(四)本指令因张总政委不能实行政治委员之责任,违背中央战略方针,中央为贯彻自己之决定,特直接指令前敌指挥员(党员)及其政委并责成实现之。[2]

在同一天发布的《为执行北上方针告同志书》中,中共中央再度公开断言:"南下草地雪山老林,南下人口稀少粮食缺乏。南下是少数民族的地区,红军只有减员没有补充,敌人在那里的堡垒线已经完成,我们无法突破。南下不能到四川去,南下只能到西藏西康。南下只能是挨饿挨冻,白白的牺牲生命,对革命没有一点利益,对于红军,南下是没有出路的,南下是绝路。"[3]

---

[1]《中央致国焘同志电》,1935年9月10日。
[2]《中央政治局指令——给陈昌浩、徐向前同志》,1935年9月10日。
[3] 关于中共中央决定独自率领一方面军主力脱离四方面军紧急北上的原因,有各种不同的说法,但较为流行的是多数中共党史书上关于张国焘密令陈昌浩等以武力胁迫中共中央南下,被叶剑英发觉报告毛泽东,毛迅即决心采取此一行动的说法。但考虑到9月10日后中共中央与张国焘来往电报一度十分频繁,双方各抒己见,说明原因,却均未提到密电一事。而后中共中央召开的讨论这一事件专门会议也丝毫未提及此一密电,故笔者对上述说法表示怀疑。参见《中央政治局指令——给陈昌浩、徐向前同志》,1935年9月10日;《中共中央为执行北上方针告同志书》,1935年9月10日;《中央致国焘同志电》,1935年9月11日,《毛泽东年谱》(上),第471—472页。

身为四方面军的指挥员，陈昌浩、徐向前不能听命于中央。不仅如此，陈昌浩还忿然致电一方面军的林彪、聂荣臻与彭德怀等，谴责中央是在毛、周、张会议包办之下，企图用数千战士来掩护各个中央委员跑到蒙古、苏联去找出路。他预言，不出两三个月，一、三两军必然会在冰天雪地中力量不保。[1] 而张国焘随后更警告称："若欲从外蒙取得与苏联关系，将成为日本进攻外蒙苏联的藉口，成为罪恶行为。"[2]

事实上，中共中央摆脱张国焘四方面军的掣肘，率一方面军主力一、三两军单独北上，情形确实极不乐观。这时整个一方面军和中共中央，作战部队已很少，全部加起来也不过五六千人。重新编制后的部队只有6个团的战斗部队，而它还要负责保护和运送上千的干部和伤病人员。以这样少的兵力和这样重的负担，要想实现原定的北上在川陕甘或者在甘南建立根据地的设想，完全没有可能性。尽管李德建议看个把月结果再定方针，不一定要到蒙古去，但9月12日在俄界举行的中共中央政治局会议上，与会者显然都同意毛泽东所提出的行动方针。这就是：

> 目前应经过游击战争打到苏联边界去，这个方针是目前的基本方针。过去中央曾反对这个方针，（因为）一、四方面军会合后，应该在陕甘川创造苏区。但现在不同了，现在只有一方面军主力——一、三军，所以应该明白指出这个问题，经过游击战争，打通国际联系，得到国际的指导与帮助，整顿休养兵力，扩大队伍。[3]

这个新的方针的中心之点，就是"打通国际联系"，背靠苏联和外蒙，取得苏联和共产国际的直接指导与援助，整顿休养兵力，扩大队伍，更新装备，再"更大规模更大力量打过来"。可以肯定，在

---

[1]《徐陈给林聂彭电》，1935年10月11日。
[2]《朱张致林聂彭李徐刘程吴并转张毛周王博等电》，1935年11月4日。
[3] 丁之：《中央红军北上方针的演变过程》，《文献和研究》，1985年第5期。

过去提出这样一种方针,是注定要被人指责为"退缩逃跑"路线的,但如今的情况完全不同了。现有的数千军队和几百名干部几乎成为中国革命的全部依靠和基础,任何进一步的重大损失都是不可想象的。只要能够"保持(存)数百干部、若干千的战士……就是很大的胜利"。因此,毛泽东明确解释说:在这个时候——

> 我们完全拒绝求人是不对的,我想是可以求人的,我们不是独立的共党,我们是国际的一个支部,我们中国革命是世界革命的一部分。我们可以首先在苏联边界创造一个根据地,来向东发展。[1]

在从最初撤出江西苏区时的8万多人锐减到几千人之后,每一个中共中央和一方面军的领导人都明白,现在这种形势对于他们将意味着什么。彭德怀估计:改编后的部队,在进攻作战中一个团只可以对付国民党中央军的一个营。这也就是说,对付国民党中央军,全部红军力量这时多半一次只能与其两个团的兵力作战。故人们一致强调:红军今后一定"要谨慎,不能冒险"。因为根据毛泽东的估计,红军周围的敌人至少有30个团左右,在通往苏联边境大约5000里路上,国民党不仅可以集中70多个团的兵力,而且可能再度实行以红军现有技术手段所难以击破的"堡垒主义"。面对这种情况,红军不仅不可能像过去那样,"一下子消灭几师敌人",而且"有可能打败仗,有可能较大减员",甚至可能"成为瓮中之鳖,直至被打散"。所以,即使"为了保存(干部),我们也要打通国际联系",即使是为了"准备这些阵地战、堡垒战的工具——飞机、大炮",我们也应当取得苏联的援助。[2] 这样做并不等于什么"退缩逃跑",张闻天解释说:既然依靠红军自己的力量"在陕甘创造根据地,建立全国革命中心,在目前较少可能",打通国际路线就是一种必要的选择。这不等于说不得到国际的帮助,我们就没有办法,问题在于,

---

[1] 丁之:《中央红军北上方针的演变过程》,《文献和研究》,1985年第5期。
[2] 丁之:《中央红军北上方针的演变过程》,《文献和研究》,1985年第5期。

"中国革命应得到国际的指示、政治上的领导,最近一时期,与国际失去联系,这是我们很大的损失"。接通国际联系,不仅是生存的需要,也是党的政治生命的需要。[1]

这几乎是唯一的出路了。因此,9月12日,中共中央最终于俄界会议上确定了"打通国际路线"的方针,并开始具体实施了。他们不再等待张国焘的第四方面军,当即将红一方面军改编为陕甘支队,由俄界兼程北上,于6天后突破天险腊子口,进占哈达铺,进而抢渡渭河,锋芒指向苏蒙边界。可是,几乎是再巧没有了。红军刚刚渡过渭河,就意外地从缴获的国民党区域的报纸中得到了新的消息,并很快在同中共陕西地方党部的联系中证实了这一惊人的消息,即在陕北一带还存在一块根据地和一支有相当实力的红军部队。

这个消息确实让人大喜过望。于是,中共中央所率领的这个陕甘支队再度改变前定计划,转而向陕北苏区开去了。或者可以想象,正是这一过去几乎连想都未曾想过的带有极大偶然性的决定,开始改变了中共和红军的命运。

---

[1]《洛甫在中央政治局会议上的发言》,1935年9月12日。

二、陕北称雄

中共中央是 9 月下旬在甘南榜罗镇一次只有少数中央常委参加的临时会议上，决定改变前定的"打通国际路线"的方针的。作出这样的决定，是因为 9 月 12 日在俄界会议作出打到外蒙边界去的决定时，他们还不清楚路经之处会有一块可以立足的根据地。既然打到苏蒙边境去，是为了保存剩下的这数百干部和几千战士，有了这样一块根据地自然也就达到了当初决定的目的，改变原先的决定是很自然的。

从另外的角度考虑，北上苏蒙边境寻求帮助，尽管是万不得之举，总是没有得到共产国际批准的贸然行动，张国焘所谓可能危及苏联外交的说法并非虚言恫吓，能不去自然也就暂时不去了。而且，在 1932 年底中苏复交，苏联政府与南京政府之间的关系日渐恢复的情况下，苏联是否能够像当年支持冯玉祥和如今支持盛世才那样，毫无顾忌地援助与南京政府完全处于对立地位的中国红军，也没有人能够说得明白。因此，基于种种考量，作出这样的决定纯属情理中的事情。当然，在已经顺利进抵西北地区后，中共中央绝不会放弃"打通国际路线"的想法。在这次中央常委会上，人们一致决定，一方面以陕北苏区为自己的立脚点，一方面得机会时还要再派支队去打通国际路线，争取国际援助。[1]

---

[1]《毛泽东关于目前行动方针的报告》，1935 年 10 月。

能够在陕北找到一处立脚点，这对于中共中央和中央红军来说，确实可以说是喜从天降。自西征以来，中共中央虽然知道红二十五、二十六两军在陕甘活动，却始终不知道在陕北有着这样一块根据地。经过一年时间，长途跋涉两万余里，抛头洒血，饥餐露宿，一路鏖战之后，中央红军已经从 8 万余人战至数千人，百分之九十以上的部队损失殆尽，此时之红军可谓精疲力竭已至极点。腊子口一役后，仅有的数千红军减员竟又"超过一千五百人"，使中共领导人深感震惊。就连毛泽东也叹息道：损失比例如此严重，就是过雪山草地也未曾有过。[1]由此可见红军疲劳之甚。再向前去，特别是要通过人烟稀少，寨堡林立，少数民族较多的甘西或宁夏，结果如何更难预料。因此，就军事领导人而言，迅速找到一处立脚点歇下来，远比去打通苏蒙更迫切、更重要。当他们意外得知陕北有一根据地之后，可以想象他们会有多么惊喜。红军实在太需要休整了！10 月中旬，中共中央当机立断，迅速带领中央红军摆脱追兵，抵达陕北吴起镇，开进了陕北苏区，停下来不走了。

但是，陕北苏区是否真的能够成为中共中央的立脚点呢？它会不会又成为第二个江西苏区呢？这一切归根结底仍旧取决于国共两军之间具体的力量对比。而这时中央红军，即陕甘支队只剩下大约四五千人，加上刚从陕南苏区转进陕北的红二十五军与原在陕北苏区的红二十六军组成的红十五军团，合起来也只有一万人之谱。而国民党方面，仅驻扎在陕甘一带的由张学良率领的东北军，就有十几万人。连同杨虎城的十七路军和其他杂色部队，及已经尾随追至甘肃北部的蒋系王均及毛炳文部的几个师，少说也有二三十万人。双方力量极为悬殊。

不过，这时有两个条件对红军是有利的。

第一，蒋介石和南京政府已经不把北上红军视为追剿重点。蒋介石这时明确认为："由毛泽东、彭德怀等率领向甘肃逃窜"的红军只是"一小部分"，"其余大部分仍旧留在川北和川甘边境"，国民党

---

[1]《毛泽东关于目前行动方针的报告》，1935 年 10 月。

军队需要重点对付的应当是这支红军。至于对毛泽东所率领的小部分红军，目前只是要留意不要让他们"回窜出来"。[1]因此，蒋介石虽于10月1日宣布兼任西北"剿匪"总司令，实际上一切军事均交给代总司令张学良处理，自己则亲往成都指挥"围剿"红四方面军的作战行动。故中共中央这时注意到，国民党对红军的围追堵截已经"告一段落"，特别是国民党中央军已经不再积极跟进，"现进攻我们的主力是张学良，指挥亦是张学良"。其次则是原来属于西北军的杨虎城的十七路军，也是杂牌。而对付张学良、杨虎城这样的地方军阀武装，在红军看来要容易得多。

第二，由于红军武器落后，弹药匮乏，在江西苏区反"围剿"战争中吃了国民党堡垒阵的大亏，中共中央最担心的就是国民党的"堡垒主义"。他们之所以急于取得苏联援助，一个很重要的原因也就是因为他们相信，必须取得先进的"技术工具"，比如飞机、大炮，才能"粉碎堡垒主义"。如今，要保卫和扩大陕北苏区，能否粉碎国民党的"堡垒主义"又成一大难题。但毛泽东很快就注意到：陕北、甘北地处黄土高原，既少树木，又少石头，故"敌人要想像中（央苏）区那样依靠垒堡垒是比较困难"的。既然国民党很难实行堡垒战术，作战部队主力又是战斗力不太强的国民党杂牌军，中共中央和红军将领自然胸有成竹。他们不仅不担心自己的力量过于弱小，相反，毛泽东还雄心勃勃地提出：目前时期以吴起镇为中心向西在甘北发展，整顿部队，扩大红军；然后向南进攻张学良、杨虎城，连接仍旧存在于陕南的另一块苏区，因为"杨、张是好对手"，容易对付；待黄河结冰后，再进一步向东进攻山西的阎锡山，使陕北苏区成为跨越陕甘晋三省的大根据地。[2]

这时，还在中央红军进入陕北苏区之前，由红二十五、二十六军改编而成的红十五军团就已数度与张学良和杨虎城的军队交手，

---

[1] 蒋介石：《在成都行辕对四川各高级将领讲：四川治乱为国家兴亡之关键》，1935年10月6日，《总统蒋公思想言论总集》卷十三，台北，中国国民党中央委员会党史委员会，1984年，第476—477页。
[2] 《毛泽东关于目前行动方针的报告》，1935年10月。

并两次大败东北军，充分显示红军比东北军具有强得多的战斗力。

像10月1日，红十五军团于陕北劳山一带设伏，几乎全歼尾随进剿的东北军一一〇师，甚至击毙了该师师长何立中和参谋长范驭州。

只过了20多天，红十五军团又在富县榆林桥全歼东北军一〇七师之六一九团，外带六二一团一个营，生俘六一九团团长高福源。

要知道，这时有数以万计的东北军正在陕北一带四处"围剿"红军，一个红十五军团就打得东北军不亦乐乎，再加上几千身经百战的中央红军到来，东北军更加不是对手。

果不其然，11月初，中央红军和红十五军团会师后，围点打援，中央红军在直罗镇一带仅以数连兵力即一举全歼东北军一〇九师一个整师，外带一〇六师一个团，一〇九师师长牛元峰自杀身亡，红军光是俘虏就捉了2000余人。红军战斗力可想而知。

直罗镇战役后，红军已经稳稳地在陕北站住了脚。到陕北不过一个多月，已经扩红2500人，俘虏3000余人，中央红军和红十五军团总数已经接近于1.5万人。加上在陕北苏区周围还有5000人的游击队，和3万人的赤卫军及赤少队，整个红军的实力较前已经得到极大的加强。

更为重要的是，中共军事领导人发现，国民党军队在短时期内根本不可能对陕北苏区实行有效的包围。他们并且相信，在苏区南面东北军在进攻红军方面起不到多大作用，北面的井岳秀和高桂滋的两个杂牌师始终行动迟缓动摇，更是不足为惧。苏区的东西两面虽有东北军、马鸿逵和阎锡山的几个师，但其防线背后都很空虚，不难将其打破。

在经过了长达一年时间的长途征战之后，能够让部队得到充分的休整与补充，使部队从长期的被动应战转为主动进攻，这正是中共多数军事领导人所求之不得的。因此，他们显然更加坚定了要全力巩固和发展陕北苏区的决心，至于对两个月前提出的"打通国际路线"的计划，则明显地感到不那么迫切了。

不过，1935年11月18日左右，原在莫斯科的中共党员林育英为传达共产国际的关于"抗日反蒋"策略方针的重要指示，由中共驻共产国际代表团派遣，经外蒙辗转来到陕北苏区，让中共中央得知了一个既令人吃惊又让人振奋的更为重要的信息。这就是，斯大林建议：

> 主力红军可向西北及北方发展，并不反对靠近苏联。[1]

斯大林同意中国红军在可能的情况下打通国际路线。这对于将近一年来极端渴望得到苏联援助，但又对打通苏联犹豫不决的中共领导人来说，不能不是一个令人高度兴奋的消息。中共中央这时的总负责人张闻天当即于11月20日和25日接连写信给在前线的这时在党内负责军事指挥的最高领导人毛泽东，主张根据斯大林的建议，迅速准备经宁夏靠近外蒙，以取得技术援助并建立更加巩固的战略根据地。[2]

这时的陕北苏区严格说来，其实只有安塞、保安、瓦窑堡三个县的中心区，其余都是与敌犬牙交错的游击区，并且陕北甘北地区地薄人稀，物质条件对于熟悉南方自然地理条件的红军来说，可谓相当困难。况且不论东北军、十七路军等战力如何，其部队毕竟源源而来，加上有消息称张学良等部也已开始仿照国民党中央军在南方的战法，在苏区周围地区修筑堡垒，有重新推行"堡垒主义"的企图，张闻天等对长期坚持陕北根据地自然不十分乐观。他们相信，既然斯大林已经批准，迅速取得苏联援助将不再是一件十分困难的事情，此举对红军的生存和发展较之继续坚持陕北根据地，无疑具有更加重大的意义。

但作为军事领导人，毛泽东、彭德怀等人却有另外的看法。他们显然对红军突破腊子口以后人数锐减记忆犹新。因此，他们极端重视前此之长途跋涉给部队带来的严重损害，更加看重根据地在士兵心理上的重要意义。同时，他们对当前的战争前途十分乐观，故毛泽东明确认为，目前最紧要的是发展与巩固根据地和扩大红军，

---

[1] 转见《林育英、张闻天二同志致四方面军电》，1936年2月14日。
[2] 《洛甫致毛泽东电》，1935年11月20、25日。

仍应坚持他前此在政治局会议上关于红军下一步军事行动的主张，即"目前不宜即向宁夏，根本方针仍应是南征与东讨，东讨之利益是很大的"。[1] 毛泽东在12月1日给张闻天的复信中明白解释了他的看法。他写道：

> 关于红军靠近外蒙的根本方针，我是完全同意的。因为这个方针是使中国革命战争，尤其不久就要到来的反日民族战争，取得更加有力量与更加迅速发展的正确方针。我不同意的是时间与经路问题。第一，红军目前必须增加一万人，在四个月内我们必须依据陕北苏区用空前努力达此目的；第二，最好是走山西与绥远的道路，这是用战争、用开展、用不使陕北苏区同我们脱离的方针与外蒙靠近。为完成上述两种任务，我想有六个月左右的时间就够了。所以，我们应在明年夏天或秋天与外蒙靠近。[2]

要用4个月的时间完成扩军1万的任务，就此时的情况而言，也许并不十分困难，但要想在6个月之内把陕北苏区扩大到山西、绥远，接通外蒙，却颇难想象。仅为了保卫陕北苏区一地，红军就要应付大约20万国民党军队的围攻，再加上山西阎锡山部、绥远傅作义部的十几万人，它即使扩大一倍，达到3万人之众，要对付数十倍于己的敌人，保卫如此之长的防线，无论如何都是难以想象的。然而毛泽东却敢于如此设想。

促使毛泽东有如此大胆设想的原因，无非有二，一是北方的这些国民党杂牌军不经打，并且红军窃听电话和破译电报工作相当成功，对于敌人军事行动部署几乎了如指掌；二是边区周围的国民党军队在东北军连遭重创之后，明显地更加动摇和畏缩，并且正在通过各种方式表示不想与红军作战。这说明，红军完全可以通过统战策略分化各路敌军，使相当部分国民党军队与红军结成秘密的统一

---

[1]《毛泽东致洛甫电》，1935年11月30日，《毛泽东军事文集》第1卷，第396页。
[2]《毛泽东给洛甫的信》，1935年12月1日，《毛泽东军事文集》第1卷，第408—409页。

战线,至少是在战争中保持中立。

统一战线的政策,共产党早在1920年代就有过成功的尝试。可是,在与国民党的第一次合作破裂之后,统一战线的政策也被共产国际明令取消了。在红军抵抗国民党军事"围剿"的历次战争中,红军曾有过许多机会可以通过统一战线的方式来瓦解国民党军队的进攻,都因为中共中央拘泥于共产国际的指示,未能利用,这也是中共南方根据地损失殆尽的最为重要的原因之一。

如今,情形已大不相同了。还在中央红军尚未进入陕北苏区之前,中共中央就已经得到来自滇黔边红二、六军团转来的电报。该电称,国际屡有指示,要求中共中央务必依据目前国际国内形势需要和敌我力量对比,注意利用敌人内部矛盾,实行反日反蒋的统一战线政策。[1] 中共中央进入陕北苏区后,林育英11月中旬抵达,又传达了共产国际第七次代表大会关于实行统一战线新政策的有关指示。其中关于中共应当实行的统一战线新政策的基本内容是:

(1) 基本的方针是统一战线;
(2) 国防政府与抗日联军,这是统一战线之最广泛和最高的表现;
(3) 工农苏维埃改变为人民苏维埃;
(4) 改变富农政策。[2]

这一政策的基本精神在于,中共从此之后可以在"抗日反蒋"的基础上,联合一切可以联合的力量,集中火力来反对最主要的敌人日本帝国主义和蒋介石。和前此政策上和观念上的种种束缚相比,中共和红军显然获得了相当大的活动空间。毛泽东等更是盼此久矣。

---

[1] 《任贺关致中共中央电》,1935年10月14日。
[2] 关于林育英传达的国际指示内容,目前仅见于《林育英、张闻天二同志致四方面军电》,1936年2月14日。该电关于国际指示问题说明原文如此:"国际指示都是原则上的,即是:(1)统一战线这是基本策略方针;(2)国防政府与抗日联军,这是统一战线之最广泛与最高的表现;(3)工农苏维埃之改变为人民苏维埃;(4)富农政策。以上这些均已电达。"

因此，他们刚一得知这一指示，就立即对周围的国民党地方势力展开了积极的统战工作。

其实，还在林育英尚未到达之前，因红军主力必须南去与东北军作战，毛泽东等军事领导人就已经开始做国民党军队的分化工作了。鉴于红军南移后边区北面空虚，在边区东北绥德地区之高桂滋部最具威胁，毛泽东等派马志明前往高部做统战工作。此举立即收到立竿见影之成效。高桂滋亲自接见了马志明，对马所述在"抗日反蒋"基础上组织国防政府和抗日联军的主张颇感兴趣，对与红军订立互不侵犯之秘密协约尤其赞同。

得此消息后，毛泽东等很快致信高桂滋，提出了中共方面关于双方合作的具体设想，提供双方谈判。中共方面提议之要点为：

（一）两军各守原防，互不相犯；

（二）抗日讨卖国贼大计，从长计议，务出尽善，并使贵军处于安全地位，有任何卖国贼加贵军以危害者，敝方愿以实力共击之；

（三）在贵军尚未至能取公开行动之时机，敝方愿将双方关系及一切信使往还保守绝对秘密；

（四）贵军未至公开行动之时机，当敝方攻击卖国贼军队（如井岳秀）时，务望采取消极态度，即对敝方之敌不作任何援助举动；

（五）清涧贵部粮秣柴火既属友军，自当尽力接济，但请阁下对敝方所需之物（如西药布疋等），亦量为接济；

（六）互派代表在共同基础上订立初步的抗日讨卖国贼协定；

（七）互相建立最机密之通讯连络（交换密码）；

（八）保证双方代表及来往人员之安全。[1]

---

[1]《中国抗日红军西北革命军事委员会主席毛泽东、副主席周恩来、彭德怀致培吾师长阁下函》，1935年11月，《毛泽东书信选集》，北京，人民出版社，1983年，第30—32页。

11月下旬,双方代表很快通过谈判达成草约,后经双方上级正式批准,实现了两军之间的和平共处。

与高桂滋谈判的成功,使中共领导人更加看重统一战线工作。此时,红军直罗镇一役虽然大获全胜,东北军正面之师纷纷后撤,但其兵力毕竟相当之多,非各个击破不能解决问题。为尽可能地对东北军实施分化瓦解工作,红军这时甚至不惜放弃可能的歼敌机会。就在红军准备再度围歼太白镇之东北军一〇六师时,前受中共中央北方局派遣潜入一〇六师工作的董彦文与前线红军接通了关系,向毛泽东等通了报一〇六师师长沈克对于围剿红军颇多动摇的情况。毛泽东等当即决定释放被俘之一〇六师军官数名,向沈克办交涉,转达红军愿意与之谈判的意愿。毛泽东决定:"用积极诚恳方法争取其反日反蒋",只要沈克"同意反蒋反日则允许日后人枪如数退还"。不仅如此,红军甚至不等沈克表明态度,就主动撤去了对一〇六师的包围,以示其诚意。[1]

对东北军的统战工作,由此开始提上议事日程。11月26日,张闻天致电毛泽东,提议:"为了扩大我们抗日反蒋的影响与同盟者,此次所俘东北军军官中师长亦在内,应给以优待,晓以抗日反蒋大义后大部分释放,同时表示红军不但不杀白军士兵,而且也不杀军官,以进一步瓦解白军上层。"[2]

考虑到扩大红军之需要,前方军事领导人对上述提议略作修改后,开始大量散发据此制作的传单,以宣传红军对国民党官兵的政策。传单内容包括:

"日本强盗占领咱们东三省后,又占领热河、察哈尔、河北,并吞整个华北,并且进一步要并吞全中国,使全中国人民都变成亡国奴!"

"卖国贼蒋介石张学良欺骗压迫你们来打抗日红军。同胞们!是

---

[1] 参见《彭、毛致聂并致林电》,1935年11月25日;《彭、毛致聂政委并致林电》,1935年11月26日,《毛泽东年谱》(上),490—491页。
[2] 《洛甫致毛泽东电》,1935年11月26日。

与红军联合去打日本,还是帮助卖国贼来打红军,为日本作走狗,使咱们中国亡国灭种呢?"

"同胞们!你们难道甘心让你们的家乡与父母妻子,受日本强盗的摧残与屠杀,使自己亡国灭种吗?"

"你们抛了自己的父母妻子,帮卖国贼蒋介石张学良等来打抗日红军,得到了什么好处?"

"要去打日本,就要大家团结起来,不替卖国贼蒋介石张学良等作炮灰!"

"要去打日本,就要和红军联合,组织国防政府与抗日联军,并立即派代表与红军苏维埃共商救国大计!"

"要去打日本,就不打中国人民自己的红军,在与红军作战时,缴枪给红军,与红军打日本与卖国贼去!"

"你们缴枪给红军们,无论是官长与士兵,红军一律不杀,要回家的发钱回去,愿留红军的按级任用,并享受一切同等红军的权利,自动哗变或拖枪到红军中重重奖赏,红军留心医治白军伤病官兵!"[1]

自1931年"九一八"事变之后,日本侵略中国日甚一日,不仅整个东北三省被日本占领,热河、察哈尔也先后落入日本人之手。到1935年,日本更进一步公然制造了震惊全国的"华北事变",逼迫南京政府放弃对华北地区的统治权,蓄意吞并整个华北。抗日救亡,无疑已经成为全中国各政党、各军队、各阶级、各阶层的当务之急。在这种时刻,高举抗日救亡的大旗自然具有极大的号召力。更何况,红军此时面对的国民党军主力,正是当年不放一枪就仓皇丢掉东北老家,以后长期受到国人啐骂和良心谴责的东北军。

中央红军在陕北同东北军第一次交手时就发现了东北军的这一特点。当时,红军前卫部队击溃了东北军骑兵一部,俘虏数十人,按照规定每人发两块大洋礼送回家时,俘虏们竟痛哭流涕,表示自

---

[1] 中央政治局:《告白军官兵书》,1935年11月;《中国红军总司令部命令》,1935年11月;中国工农红军第一方面军司令员彭德怀、政治委员毛泽东等:《告围攻陕甘苏区的各部队官长与士兵书》,1935年11月。

己早已无家可归。这种情况清楚地表明，东北军的官兵是很容易接受这种宣传影响的。正是利用这一心理特点，毛泽东这时甚至开始尝试着对东北军的高层将领做统战工作了。

这时东北军调入陕甘参加"剿共"的部队共有4个军，即第五十一军（军长于学忠），驻守甘肃兰州天水一带，下辖一一三、一一四、一一八3个师；第五十七军（代军长董英斌），担任陕北苏区西南一线之攻守任务，下辖一一一、一〇八、一〇九、一〇六、一二〇5个师，其中一〇九师已被歼；第六十七军（军长王以哲），担任陕北苏区正南方向之攻守任务，下辖一〇七、一一〇、一一七、一二九4个师，其中一一〇师被全歼，一〇七师遭重创；骑兵军（军长何柱国），驻守甘肃西锋镇一带，下辖三、六、七、十4个骑兵师。另外还有一个独立师（一〇五师）和两个直属师（一一二、一一五师）。

鉴于第五十七军之一〇九师被歼，沈克之一〇六师动摇，毛泽东遂于11月26日径直写信给第五十七军代军长董英斌，委托释放的该军军官带往，劝其"勒马悬崖"，速与红军议和。这封信很能反映中共领导人这时对敌我力量对比和统战工作的看法，因此颇值得详细引述。该信称：

> 红军为打倒帝国主义而战，为打倒投降帝国主义之卖国贼而战，全国民众为红军之是赖，是以江西一军转战二万里，纵横十一省，红旗所向，当者披靡。既达陕甘，便可东进，不意张学良卖国贼之不足，又从而牵制抗日红军，进兵苏区，恣其蹂躏。敢告足下，此乃最大罪恶行为，环球之所共愤，通国之所不容，即东北军言，不但一切士兵不以为然，即中级下级干部亦多不以为然。不信请看劳山、榆林桥两役，百零七师、百十一师所剩几何？然此犹谓非足下所亲见者。十一月二十一日直罗镇之役，足下亲率四师之众，葫芦河边老人山上望远镜中自当历历在目。百零九师一上战场，全军覆没，贵军长亦不得不星夜潜逃。不逃则已，一逃二百里，暂借陇坂聊定惊魂，险

哉此役！贵军长有生以来未有之也。此其故何也？须知决不仅属红军之英勇善战，何立中、刘翰东之部属叛何立中、刘翰东而投红军，贵军长之部属叛贵军长而投红军，人人不愿打仗而愿缴枪，不愿打同胞而愿打日本，何立中努力挣扎，终究身伤命绝；刘翰东逃入鄜县再也不敢出城；牛元峰固守直罗土寨三日，士兵恨之入骨，终不得不束手就缚。此中消息，何不深长思之？劳山、榆林桥、直罗镇三战，只当对足下及东北军各军师长一个严重警告，警告之不听，灾必及其身矣。古人云，见兔顾犬未为晚也，亡羊补牢未为迟也。及此改图，犹可以盖晚节，犹可见谅于国人，何况当此日本帝国主义并吞中国全土，蒋介石、张学良继续卖国到底之日，举国痛愤达于极点，稍有人心，决不应自残同类而任四万万同胞鱼肉于日本帝国主义之手。东北军将领虽铸九一八之大错，然而今日者固犹是，食中华之粟，践中华之土，东北军之与红军固犹属中国境内之人，何嫌何仇而自相斫？今与贵军长约：（一）东北军不打红军，红军亦不打东北军；（二）贵军或任何其他东北军部队，凡愿抗日反蒋者，不论过去打过红军与否，红军愿与订立条约，一同打日本，打蒋介石；（三）红军优待东北军官兵，不但一律不杀，且分别任职或资遣回队，负伤官兵均照红军伤员一体医治。上述各条红军历来均如此宣言，如此实行，今再为东北军重言，以申明之。深望贵军长顾全民族大义，立即决策，接受鄙人提议，遣派代表前来苏区商洽一切。届时鄙人亦当遣代表到贵军接洽。时危祸急，率意直陈，勒马悬崖，是在明哲。[1]

毛泽东的这封信，因董英斌很快被张学良撤职，当时未能发生作用。但中共中央与西北地区国民党高层将领发生关系却是由此而开其端的。只是，我们从信的内容可以看出，这时中共中央基于"抗日反蒋"的方针，不仅不相信蒋介石有联合的可能，而且对西北

---

[1]《毛泽东致董英斌书》，1935年11月26日，并见《毛泽东年谱》（上），第490页。

"剿总"代总司令张学良也丝毫不抱希望。很显然,从抗日和反卖国贼的角度,张学良当年统帅东北军不放一枪丢掉东北三省,如今又指挥大军"围剿"红军,在共产党人的眼里,其"卖国"、"反共"比蒋介石只是五十步与百步的区别,当然没有联合的可能。因此,中共中央这个时候的策略明显的是尽可能联合一切可以联合的力量,最大限度地孤立蒋介石和张学良。在上述毛泽东给董英斌的信中,以及在12月5日给原陕西省政府主席、时任陕西绥靖主任杨虎城及其密友杜斌丞的信中,这种策略都表现得十分明显。

毛泽东在致董英斌的信中就直截了当地劝说东北军爱国将领和士兵与张学良分道扬镳。信中说:

> 昔在报纸屡识台名,辽沈整军俨然重镇,居常窃念,以为董英斌者,或亦爱国健儿之亚。岂知沈阳变作,曾无卫国之人,一枪不放,空国而逃千里,关山惨然变色。人民欲战,军队不欲战;士兵欲战,官长不欲战;下级官中级官欲战,上级官不欲战。亡国罪魁、败兵祸首张学良等肉其足食乎?夫张学良为保存自己及其奸党数十条性命,竟不惜令十余万英勇士兵与中下级干部尽变为无家可归之亡国奴,竟不惜三十万同胞尽变为日本帝国主义之俎上肉。自古亡国之君,败军之将,有更可耻如此者乎?从此卖国贼之徽号有口皆碑,逃将军之头衔无人不知。丑声洋溢,秽德彰闻。张学良不足惜,足惜者下辈青年将校乃亦随风而靡,良可欢也?[1]

毛泽东在致杜斌丞的信中,也告诫杨虎城说,陕甘地方势力,非与红军合作则必完全受蒋、张之宰制,以致尽失容身之所。信称:

> 蒋、张势力布满陕甘,杨虎臣先生如处瓮中,举手投足受其宰制,危险情形不可言论。为今之计,诚宜急与敝方取一致

---

[1]《毛泽东致董英斌书》,1935年11月26日。

行动，组成联合战线。敝方愿在互不攻击的初步条件下，与虎臣先生商洽一切救亡图存之根本大计。日本军力现已发动平津，控制之后，转瞬即及山陕。蒋虽让出陕甘地方政权于张学良，但蒋之四十余团兵力仍实际的控制陕甘。张学良主力入陕，一面固为对付红军，一面实欲对付虎臣先生。卧榻之侧，势洶然也。如得先生居中策划，以共同作战对付公敌为目标，则敝军甚愿与虎臣先生谅解，逐渐进到共组抗日联军、国防政府之步骤。先生为西北领袖人物，投袂而起，挺身而干。是在今日东北军中如沈克等（此次敝军追击董英斌消灭沈师一个团，非所愿也），均应与之联合。甘肃邓宝珊亦为绝无出路之人，敝军亦愿与发生关系。闻先生与之有旧，能为先容，曷胜祷企。[1]

当然，中共此时的统战政策尚在初步尝试之中，其对士兵乃至下级军官的争取工作历时已久，较有把握，但要争取中上层军官，特别是要争取联合那些高层将领和地方军阀，却尚无成功经验。这时的上层统战工作，在观念上明显地还属于"利用矛盾"、"分化瓦解"的范畴。而且，从信中的语气也可以看出，由于红军"聊一还击"、"略施警告"，就连歼装备精良的东北军近3师之众[2]，再加上一贯不信任这些高官，因而他们思想上对这些国民党杂牌军的将领，也多少表现出某种轻蔑的态度。

中共中央对于上层统战工作的进一步重视，表现在12月下旬在瓦窑堡举行的政治局扩大会议上。无论是会前还是会后，中共领导人在他们的文章和报告当中，都更加强调了这一工作的重要性。当然，他们这时虽然已开始重视统战，但工作重心更多地仍旧是放在军事发展上，而不是统战工作方面。毛泽东即明确提出，当前"我们的总任务"应当是，"开辟我们的苏区到晋陕甘绥宁五个省份去，

---

〔1〕《毛泽东致杜斌丞信》，1935年12月5日，并见《毛泽东年谱》（上），第495页。
〔2〕《毛泽东、彭德怀致杨虎城函》，1935年12月5日，并见《毛泽东年谱》（上），第492页。

完成与外蒙及苏联打成一片的任务。在那时，我们便可以争取更大的力量，给日本帝国主义进攻中国革命（这是必然的而且是不远的）与进攻苏联，国民党各派军阀进攻北方红军与进攻全国红军，以空前未有的大打击，争取苏维埃在北方七八个省内、南方若干个省内的伟大胜利"。而红军目前的主要任务，就是打击张学良与阎锡山，因为阎锡山"同张学良是我们当前两个主要敌人"。[1]

正是基于这样一种情况，12月23日在瓦窑堡举行的中共中央军事会议上，毛泽东在他所作的军事报告中并没有特别强调对敌军的统战工作，他所提出的下一阶段全部工作的内容，就是打通苏联与巩固扩大苏区。他主张："打通苏联是中心口号，（应）与巩固和扩大苏区联系起来。"

根据毛泽东的建议，中共中央决定将此一目标分为三个步骤来实现，即：

第一步，在陕西扩大红军，巩固苏区，准备东征；

第二步，进攻山西西部，击破晋军主力，进一步扩大红军，完成与苏联的通讯联络；

第三步，转进绥远，靠近外蒙和抗日前线。[2]

尽管按照毛泽东的这一计划，打通苏联最初只是计划中的第三步，但在会议上，多数与会者实际上力主把打通苏联放在第一位，至少也应把二者并列起来。因此，在会议决议的行文上，关于打通国际路线与巩固和扩大苏区的先后顺序问题被规定为："拿'打通苏联'作为中心任务，拿'巩固扩大现有苏区'同他密切联系起来。"不论怎样理解，中共中央所设想的1936年的行动计划，都是一个过于乐观的大规模的扩军计划和战争计划。

按照瓦窑堡会议在军事战略方面的设想，红军在1936年2月5日以前至少要再扩充5000人的正规军，2500人游击队；8月以前至少还要扩充2.2万人正规军和4000人游击队。与此同时，向南要夺

---

[1] 毛泽东：《直罗战役同目前的形势与任务》，1935年11月30日，《毛泽东军事文集》第1卷，第401—405页。
[2] 《毛泽东关于军事问题的报告》，1935年12月23日。

取甘泉、宜川两城，赤化宜川、洛川两县；向东要占领黄河西岸五县以上地区，创立山西根据地。[1]即使不考虑而后进军绥远、靠近外蒙问题，要实现它也是极端困难的。李德后来曾反映过类似的担心。他说："我们有一万三千人，其中二分之一是新战士和三千新的俘虏兵"，"敌人阎锡山一个就有八万人"，[2]进兵山西，必然要集中全部主力，结果陕北苏区只有由少量地方武装和游击队来唱空城计。不难想象，一旦陕北苏区周围几十个团的国民党军队发起攻势，原有苏区难免陷落，如此则新苏区也不易建立，建立了也很难巩固。

李德这时的担心，当然不只是他一个人的。只不过，中共中央多数领导人这时对此并无太多顾虑。有人甚至认为"陕北苏区人少物质困难"，主力红军反正也不易久留，去山西进而转进绥远前途可能更有利些。而毛泽东固然清楚："陕西之保护，主要依靠赤少队"，难免会有部分损失，但他仍认为，为了便于扩大红军，为了"靠近苏联"，"部分损失不要紧的"，"应该忍受"。[3]

值得注意的是，和过去一般所说不同，与此后的实际情况比较起来，不仅毛泽东，而且中共其他领导人在考虑整个1936年军事工作之际，最初都还没有把通过加紧开展敌军上层统战工作，减少乃至瓦解陕北苏区周围国民党军队对苏区压力的策略问题，放到一个十分重要的位置上来。这表明，中共中央这时对于上层统战工作更多地还是随机应变，即是在共产国际基本策略的规定之下，根据相关对象和情势的变化而变化的。这一点其实也是可以理解的。1920年代中期的国共合作几乎没有给中共留下多少可以借鉴的统战经验，1930年代前半期强调阶级分野的做法，更使得统战工作几乎不复存在。设想中共中央这时因为有了新的统战政策指导，即能够立即主动地展开对国民党高层将领的统战工作，也未必合乎逻辑。在相当程度上，瓦窑堡会议以后中共在陕北所以能够同张学良交往并取得

---

[1]《中央关于军事战略问题的决议》，1935年12月23日，《中共中央文件选集》第10卷，第589—597页。
[2]《李德关于红军渡过黄河后的行动方针问题的意见书》，1936年1月27日。
[3]《毛泽东关于军事问题的报告》，1935年12月23日。

重大成功，多少也还是带有极为复杂的，甚至是带有某种戏剧性的色彩的。而中共中央也正是从它在陕北的这段颇具戏剧色彩的经历中，才第一次如此深切地了解到，统战工作可能具有怎样神奇的功效。

三、洛川谅解

1935年12月,因陕北苏区南面东北军压力较大,红军主力先后南下对付东北军去了,陕北苏区重心也因此迅速南移。但陕北苏区中心的区域既然是保安、安塞、瓦窑堡三镇,原本靠北,因红军主力南去,中心区的巩固一时又成了问题。还在12月上旬,保安就意外地落到了驻守在靖边一带的国民党井岳秀部的手里,瓦窑堡及安塞也随时有可能为井部所陷。如此一来,本来就很复杂的陕北形势,更是变得极其微妙了。

这时陕北苏区的范围,如果以红军和游击队的自由活动范围而论,则南达洛川,北抵横山,西出太白镇,东至黄河边,方圆不下一万平方公里。但就实际控制区域而言,红军所控制的只有这一带地区的乡村,几乎所有的城镇和主要交通线还都在国民党军队的手里。西面太白镇一带为东北军五十七军沈克之一〇六师,而最具威胁的是沿洛川、鄜县、甘泉、延安一线深入陕北苏区中心地区的东北军六十七军,和驻守宜川、韩城一线的国民党十七路军冯钦哉部。显然,如果不能确保南北两线之巩固,红军进一步的东征山西计划势将难以实现。因此,还在12月17日,即中共中央召开瓦窑堡会议讨论下一步军事行动之前,毛泽东就已经开始部署向北击退井岳秀部,和向南夺取甘泉、宜川的作战行动了。决定调红二十六军北上,会合七十八师消灭井岳秀部,命令一军团以一团兵力夺取甘泉,一军团主力则准备夺取宜川。同时十五军团主力南进,待一军团夺取甘泉、宜川后，一同进一步向南推进，达成赤化洛川、宜川两县之任务。[1]

红军北线反击井岳秀的作战看来十分顺利，前后不过十几天，即刚到1936年1月中旬，井部就遭击退，井岳秀本人竟也意外地被"打死"。[2] 不过，红军南线之军事行动却因为出现意想不到的新情况，最终不得不完全停止下来了。

原来，根据情报，毛泽东等很快即已得知，宜川、洛川同深入陕北中心区的延安城一样，都有较为坚固的城墙。红军不仅装备落后，几乎完全没有重武器，而且土制炸药威力也十分有限，因而红军一向避免作攻城之战，通常围城只是为了便于围点打援。延安城深入陕北苏区中心，威胁甚大，红军久已将其团团围住，却不予夺取，其原因也就在此。如今宜川又是这种情况，夺取宜川的计划自然也难以实现。故毛泽东下令夺取宜川不久就决定：因"延安宜川坚不易攻"，故应放弃原定夺取宜川城之计划。[3]

与宜川相比，甘泉的情况则有些不同，关键在于甘泉的城墙较为残破，守军又只有五个连，看上去较易于攻占，因此负责包围甘泉的红十五军团八十一师开始时对甘泉曾数度采取攻势，大有不下此城不止的势头。但意想不到的是，此时甘泉守军尽管兵力较少，所凭据城墙也较残破，但武器较红军好得多，又全力加固旧城墙，致使红军进攻久无建树。[4] 好在由于红军大军围城，每日利用前东北军俘虏宣传喊话不断，加上甘泉与洛川方向东北军主力之联络完全切断，解围无望，守军军心日渐动摇，不断有士兵携械叛逃出城，

---

[1]《毛泽东致德怀电》，1935年12月17日，《毛泽东军事文集》第1卷，第410—411页。
[2] 井岳秀时任第八十六师师长，据严佐民回忆，井岳秀是在1936年2月1日弯腰到地上拾东西时，装在衣兜里的手枪掉到地下走火把自己打死的。但严这里回忆的时间有误。因彭德怀、毛泽东1936年1月17日就致电聂荣臻等称："井岳秀确打死"。参见李海文整理：《访问严佐民同志记录》，1984年6月22日。
[3]《毛泽东年谱》（上），第501—502页。
[4] 国民党军这时电称：红军无攻城能力，甘泉只驻兵五连，城情溃坏，红军"猛攻数次均未得逞"。参见《二局关于敌情报告》，1935年12月19日。（中共中央军委此时下设四个局，二局为情报局，三局为通讯局）

因此彭德怀很快即下决心采用攻心之策。

彭德怀调来已经归顺红军的前东北军六十七军一○七师六一九团团长高福源，令其前往甘泉进行劝说工作，让守军放弃甘泉乃至实行火线起义。由于东北军多数官兵此时对与红军作战已相当厌恶，久困甘泉的东北军守军又身历险境，深知甘泉之陷落只是时间问题，因此高福源进入甘泉城后，很快就说服了城内守军。只是守军指挥官希望红军务必同意所部如数南撤洛川，以归还其主力。对此，毛泽东等当即表示同意。毛在给前线彭德怀的电报中宣称："只要其加入抗日，一切条件无不可以磋商。"只不过，毛泽东要求前线的谈判代表向对方说明："要抗日须与红军合作，且须影响和组织其他东北军一同抗日。如现在就归还主力，不仅不能抗日，且将为其上级所疑或重驱其进攻红军。故为抗日计，宜先揭义旗，在苏区一时期，并求得延安邻县及其他东北军响应……方济于事。"至于起义后的部队，可以另起名义，"或为抗日人民革命军，或为东北抗日军"，其指挥官亦委以师长或团长名义。[1]

不料，此举尚未付诸实施，又被新的情况打断了。

高福源是东北讲武堂第五期步兵科学生，后升入讲武堂高等军学研究班，颇受张学良和六十七军军长王以哲赏识。毕业后即在王以哲军长手下任职，直至担任六一九团团长。但高早先又曾是北京大学的学生，在校时恰值五四运动之后，深受新思潮影响，因此思想上一向较为激进，被俘后自然很容易就对共产党的主张感到心悦诚服了，自愿回东北军做劝说工作。

高福源到甘泉劝降之事，马上被王以哲军长知道了。王当即经甘泉守军电台转电高福源，令其迅速前往洛川六十七军军部一谈。高得申后当即出城征求彭德怀等红军领导人的意见，同时表示愿意进一步见王以哲说明共产党人的联合抗日主张。彭德怀对此自然表示同意。

1936年1月8日，高福源前往洛川见王。一周之后，即1月15

---

[1]《毛周致彭电》，1936年1月1日，并见《毛泽东年谱》（上），第502—503页。

日，高福源就带着令人吃惊的消息返回了甘泉附近的红一方面军司令部。

据高福源说，他在洛川不仅见到王以哲，而且张学良也亲自驾机飞来与他谈话，结果不仅王以哲对于中共共同抗日的主张深表赞成，而且张学良也表示愿意亲自与中共方面的全权代表就共同抗日问题进行商谈。这种情况确让彭德怀感到意外。如果说王以哲为了避免再度损失部队而有如此表示，彭德怀等还多少可以理解，几乎同为南京国民党头面人物的张学良如此表示，就多少会让中共领导人怀疑其可靠性了。但是，彭德怀仍旧立即致电中共中央，说明了这一新的重要情况。

其电报称：高福源负我们使命赴洛川，去后见过王以哲、张学良，于本周回来，得情形如下：（一）王以哲颇热烈的表示愿与红军共同抗日，并请求与彭见面；（二）张学良表示，我真抗日，愿以实力相助，急请我方派全权代表到洛川与张一谈。[1]

毛泽东接到彭德怀电报后，当即意识到此事意义重大。一旦与东北军实现全线停战，达成抗日反蒋的合作协议，整个西北局面势将根本改观，区区一个甘泉城自然不必斤斤计较。据此，毛泽东立即回电提出：

对张、王提出如下条件：

一、全部军队停战，全力抗日讨蒋；

二、目前各就原防互不攻击，互派代表商定停战办法；

三、提议组织国防政府抗日联军，要求张王意见；

四、请张王表示目前东北军可能采取之抗日讨蒋最低限度之步骤（不论是积极的或消极的）；

五、立即交换密码；

六、欢迎王军长与彭见面，目前亦派周桓去洛川为宜，编

---

[1]《彭致毛周电》，1936年1月15日，并见张魁堂：《挽救危亡的史诗——西安事变》，南宁，广西人民出版社，1994年，第30—31页。

一适当密码带去，来回最好是十天以内。[1]

周桓是红一军团政治部秘书长，其虽负责政治工作，但对谈判及情报工作却未必在行。因此，彭德怀认为派周桓前去进行初步谈判并不适宜。随后毛泽东又接连提出以伍修权为初步谈判代表，而以叶剑英或肖劲光为全权代表的建议，但彭均认为不适宜。此时，恰逢中共中央联络局局长李克农来到甘泉附近的方面军司令部，彭德怀当即决定"改派李克农随高福源去洛川"。[2]

1月16日，李克农随高福源前往洛川。次日王以哲通过电报通知了张学良，并于当晚与李克农见了面，进行了初步的交谈。谈话没有太多涉及实质性的问题，但气氛颇为融洽。李克农当天即通过王以哲军部的电台电告毛泽东和彭德怀称："王对抗日联军、国防政府暗约同情，但需决定于张。"第二天，即18日，张学良亦来电，请王以哲转告李克农，称他将于明后日亲到洛川晤谈。[3]

鉴于两军正式接触已经开始，为促使谈判成功，毛泽东于20日明确指示彭德怀解除甘泉之围，并要彭德怀迅速将此消息通知李克农以便转知张学良与王以哲，显示红军之诚意。彭德怀迅速下令为甘泉解围，并用电报通知了高福源和李克农。电称："在洛川以东地区之我们〔军〕已撤至鄜县以北，甘泉之围已解，城内缺乏柴草，已令动员群众送卖，请转王军长勿念。"[4]

就在毛泽东、彭德怀下令解除甘泉之围的几乎同时，李克农与张学良的会谈也刚刚结束。李克农当晚在电报中具体说明了谈判的情况，称：与张学良谈了三个小时，据张学良说，国民党内同情于国防政府者颇不乏人。如中共果能站在诚意方面，张愿为此奔走。他准备赴甘肃、南京为此进行斡旋，约期两周，如有成绩，则拟约彭德怀在延安或洛川见面，并可另外再约几位中共领导人同来谈话。

---

[1]《毛泽东致彭德怀电》，1936年1月15日，并见《毛泽东年谱》（上），第505页。
[2] 参见王焰等：《彭德怀传》，北京，当代中国出版社，1993年，第159页。
[3]《李克农致彭毛电》，1936年1月18日；《彭致毛周电》，1935年1月18日。
[4]《彭德怀致高李电》，1936年1月20日。

但目前为保守秘密及自身环境起见,他表面仍须采取消极态度。至于东北军和红军两部,目前应各就原防以作疆界,但同意在可能范围内恢复双方区域之经济通商。[1]

21日,李克农返回红军一方面军司令部,进一步详细汇报了与张学良、王以哲谈判的情况,说明张较"滑头",而王较"诚恳"。张学良一面表示赞同中共的某些主张,一面表示对"抗日反蒋"方针不能同意,强调他对蒋有好感。故彭德怀在听了李克农的汇报后其实并不满意,认为张学良找红军谈判,看来仍旧是军阀之间矛盾冲突的一种表现,"企图以抗日不反蒋的口吻来和缓我军"。[2]但是,张学良的一些说法也还是让彭德怀很感兴趣。比如,张谈到国民党中许多人赞同停止内战和组织国防政府的主张,希望尽快对日开战。他并且说他也曾与阎锡山等讨论过同样的想法,得到了阎的赞同。因此,他表示,如果活动成功,两周之内他就可以邀集阎锡山等共同与中共领袖讨论这样的问题。[3]

中共此时的政治方针是"抗日反蒋",其与张学良的合作同样也只能是建立在"抗日反蒋"的基础上。毛泽东一向对"利用矛盾"的策略十分欣赏,在1935年12月向党的干部宣讲党的统一战线政策问题时,他就曾经特别强调过国民党内部矛盾的不可避免性,以及利用这种矛盾的极端必要性。只不过,他断定这种矛盾的背后总是有帝国主义的影响,国民党各派及其军阀都是不同帝国主义的走狗,因而把他们之间的矛盾视为"狗打架",比喻成"大狗小狗饱狗饿狗"之间的斗争。[4]由此可知,毛泽东等中共领导人这时对张学良的认识,在理论上恐怕也不出其右。只是在实际上,毛泽东似乎并非严格地按照其理论上的分析来了解问题。也许是对张学良的地位过于重视,也许是对张突然转变的原因缺少深入的了解,误以为

---

[1]《彭致毛周转克农电》,1936年1月20日,并见《彭德怀传》,第160页。
[2]《彭德怀致洛毛周博王电》,1936年1月26日。
[3]《彭致洛毛周电》,1936年1月22日。
[4] 毛泽东:《论反对日本帝国主义的策略》,1935年12月27日,《毛泽东选集》(合订本),第143页。

张学良来找中共密谈一定是想与蒋介石翻脸。总之,毛泽东这时明显地对联合张学良共同"抗日反蒋"所寄希望过高。他曾专门致电李克农,说明只要张学良同意"抗日反蒋",则一切问题均好商量,甚至未来国防政府和抗日联军的第一把交椅也可以让给张学良坐。

电报称:(甲)向彼方表示在抗日反蒋的基础上,我方愿与东北军联合之诚意,务使进行之交涉克抵于成;(乙)向彼方指出,东北军如不在抗日反蒋基础上求出路,则前途是很危险的;(丙)暗示彼方如诚意抗日反蒋,则我方可助其在西北建立稳固局面,肃清蒋系势力,进一步助其回平津、东三省,军饷、械弹我方亦有办法助其解决。并暗示彼方,如有抗日反蒋诚意,国防政府首席及抗日联军总司令可推张汉卿担任。[1]

据此,彭德怀电告王以哲称:

(一)克农回,手书欣悉。我兄坚贞为国,情见手词。

(二)据报载,日帝在天津举行武官会议,继续增兵华北,并拟推进华中。国民党要求中日在南京会议,日方以为时尚早公开拒绝,证明国事危机益深,将见黄河以北即非我有。皮之不存,毛将焉附?集合全国之力,统一抗日战线,为目前救亡图存唯一策略,务请我兄从各方面鼎力斡旋,以期迅速实现。

(三)全国红军在共产党领导及中央革命委员会统一指挥下,诚意推张副司令出任抗日联军总司令。抗日者需之枪械弹饷,共产党中央和苏维埃可设法接济。此意请转达汉卿先生。

(四)为求得各种问题更进一步了解,深望与兄在延安一晤。如何请复。[2]

毛泽东在中国共产党里这时大概是最重视枪杆子的,其成功的经历中,很大部分也突出地表现在军事上。因此,毛泽东多半也是最了解所谓"实力原则"的中共领导人之一。很显然,谈判不过刚

---

[1]《毛泽东年谱》(上),第507页。
[2]《彭德怀致王军长鼎芳电》,1936年1月23日。

刚进行，毛泽东就主动推举张学良出任未来国防政府和抗日联军的首脑，他所根据的正是所谓"实力原则"。既然红军数量少，装备差，而东北军十倍于红军，又有较好的装备，占有重要的地区，一旦两军共同组织国防政府和抗日联军，作为实力最强一方的张学良，自然没有屈居人下的道理。因此，与其到时候再来谈这种问题，不如预先向张学良交个底，这也可以清楚地表明中共和红军的诚意。同样，关于帮助东北军解决"军饷、械弹"之类的说法，其意虽仅在使张学良放心离蒋，但内中也明白地暗示中共日后定有办法从苏联那里解决经费及装备问题。此言外之意，张学良自然可以清楚了解。事实上，在与李克农谈话中，张学良已经谈到，红军最有利的发展条件，就是夺取宁夏、绥远，背靠外蒙、苏联。

无须说，李克农谈判所得，与毛泽东的期望有相当大的距离。但不管张学良、王以哲的主观动机如何，也不管中共领导人对他们的行动怎样去理解，一个不容争辩的事实是，正是从这时开始，越来越多的国民党人开始来找共产党和红军寻求妥协甚至合作了。就连阎锡山也四处"找国际及（中共）党的关系"，并三次与中共中央北方局代表秘密交换看法。而驻守太白镇的东北军一〇六师师长沈克，这时也背着张学良秘密地与中共和红军达成了妥协，允许中共中央利用一〇六师防地作为与西安及华北地下党联系的交通线，甚至主动借给处于经费困难中的中共中央北方局 1000 元。[1] 而杨虎城这时也在积极寻找中共关系。只不过杨虎城过去长期与中共中央北方局特科系统有联系，因此虽见到汪锋和汪带去的毛泽东的信件，也见到中共西安党组织提出的谈判条件，却都不信任，而是再度派人去把北方局特科系统负责人王世英找来，要求王世英向中共中央说明，他一贯都是革命的，也赞同中共的抗日救国主张，但目前他只能做到：（一）联络东北军中上层将领，要求南京抗日，先由合法运动再变为不合法运动；（二）整顿内部；（三）与中共的关系是：(1)维持原防，互不侵犯；(2)交通运输上在可能范围内可以帮助；

---

[1]《彭致洛甫电》，1936 年 1 月 17 日。

(3) 不哗变他的军队；(4) 绝对保守秘密，包括不给他写信或派人，但可以建立电台联系。[1]

杨虎城的态度，某种程度上也反映出这时乃至此后相当一批试图与共产党保持秘密联系的国民党人的特点。他们大多都不是蒋介石的嫡系，处处受蒋系排挤，与蒋系有明显的矛盾；但他们相互之间为了各自的利益，又很难联合起来，因而根本不是蒋介石的对手，只能臣服于蒋介石南京政府之下并受其宰制。正是这种矛盾屈辱的地位，使得他们往往或多或少地感觉到自己与敢于公开反抗蒋介石，而且生命力极强的中共红军，有着某些共同点。为了生存和地位，他们不得不到处给自己留下后路。因此王世英评价说，这种人"凡事谨慎机警，鬼心眼儿特别多，深恐上当，于己不利或削弱他的力量，把他的摊子搞光，地位弄丢"[2]。杨虎城以及沈克等之所以一方面愿意在某种程度上与中共和红军保持关系，一方面又不愿同中共和红军订立正式协定，明确合作关系，其原因多半也是因为此。相比较而言，开始时真正能够与中共和红军实现合作关系的，也就只有张学良和王以哲了。

自李克农前往洛川与张学良、王以哲会谈之后，双方之间的电台联系就正式建立起来了。彭德怀尽管根据李克农的报告，对张学良不够信任，但统战工作毕竟仍在继续，加上彭对王以哲的印象较好，相信"王对抗日态度诚恳"，只是较"软弱"，因此频频去电加以影响，双方的联系可以说还相当密切。特别是因为彭德怀对前定军事计划要东渡黄河，进攻山西，并转进绥远，颇有异议，因此，彭德怀这时极力想要促成与张学良和王以哲的见面事宜。26日，彭德怀再电王以哲：

> 为秘密迅速完成抗日准备，对于抗日军饷弹药及技术兵种的筹备，抗日兵力在西北的集中，抗日根据地的确立，国防政府的成立，抗日联军总司令部的组织等大计，均须与张总司令

---

[1]《王世英报告》，1936年3月。
[2]《王世英报告》，1936年3月。

及兄等早日见面,否则恐日本帝国主义将阻碍或破坏吾人抗日之实施。请详细考虑及转呈张总司令。[1]

彭德怀这时所以再三致电王以哲,要求迅速合作,并且一再电邀王以哲会面,自然不单纯是出于对王的好感了。因彭此时又进一步得知:洛川会谈后,王以哲表现抗日情绪颇高。据报,王以哲曾召集干部训话,宣称打红军战斗快要结束,三个月后东北军就要去打日本了,因为日本准备大举进攻,我们已无路再退。另外从各种情报可知,不仅王以哲部联合红军打日本空气甚浓厚,其特务连副连长等秘密来与红军接头,像河北地区的抗日义勇军等组织的首领,也派人到洛川王以哲军部来联络抗日。注意到这些情况,彭德怀自然试图对王以哲多做争取工作。可是,王以哲也确如彭德怀所估计,政治上较为"软弱"。由于他是在张学良的命令之下与共产党进行联络,他无论如何不敢越俎代庖,更担心背上一个暗中与红军通款的罪名。因此,他对彭德怀的再三相约始终不敢应允,其复电更明确加以拒绝。称:所商大计均须待张学良先生决定,但张先生尚无回电,殆已离省。如此奔走去矣,预计数日内当有回电及确切决定,为期甚速,弟意可不必单独先与兄晤。[2]

1月27日,为实行前此在瓦窑堡会议决定的1936年第一步东渡黄河,进攻山西的作战计划,中央军委下令十五军团先期北上,开往甘谷驿与延长之间的张家渠。次日,一军团在甘泉以东之临真镇也举行抗日讨贼誓师大会,第二天全军亦遵命北移延长地区。至此,彭德怀也必须要带领原在甘泉附近麻子街的方面军司令部向北移动。29日彭德怀抵达临真镇,30日赶到延长,其与王以哲见面之事自然不了了之。

但红军是否应当东渡,东渡目的应以何者为主,根本上也就是说,当前形势下红军作战究竟是应当以巩固和发展陕北苏区为中心任务,还是应当以"打通苏联"为中心任务,这一点已经在中共领

---

[1]《彭德怀致鼎芳兄电》,1936年1月26日。
[2]《王以哲致彭德怀电》,1936年1月26日。

导层产生了争论。特别是在红军主力南下迫使张学良放弃"剿共"，转而求和，红军与东北军之间的统战工作正在取得重要成效之际，彭德怀深感"立刻东渡，致压力一失，恐国防政府立刻实现之机会也立时失去"。况且在张学良东北军事实上已经与红军停战的情况下，"巩固的向四周发展，很容易扩大现有之苏区人口一倍，并取得与陕东南与外蒙直接的连络，对全国革命领导有极大意义"。而冒险东渡，不仅回防困难，新根据地建立也未必容易，甚至现有根据地也有重新变为游击区的可能。

考虑到以上种种因素，彭德怀等人明确认为目前战略方针"是错误的"，它不仅带有"冒险成分"，而且可能"走到离开苏区的危险"，因而纷纷致电中共中央，请求"重新考虑"。

还在24日和26日，彭德怀就接连两次打电报给中共中央，提出：陕北东侧黄河，北靠沙漠，西面人烟稀少，国民党不易形成对红军的围剿局面，因而是红军活动的好后方，应该全力巩固并发展之。而"向东有与陕北苏区一时隔绝可能，阎张联合压迫我军于察晋边境，则我有过早与日帝接触之不利。同时在客观上缓和了国民党内部某些冲突，并可取得日帝对国民党的暂时的部分的让步，来共同对付我们"。他认为："目前应以不放松威胁张学良，帮助目前交涉的顺利进行，并继续巩固与扩大南面阵线，以主要力量向北发展，恢复神木、府谷、榆林、横山苏区。"东渡只应在宜川、延长、延川、绥德一线渡河容易，阎军防范不严时才是应当的，而其目的也只应限于"求得消灭晋军之一部，调回孙楚、李生达部这一战略上的佯攻"。[1]

究竟如何考虑东征问题，一个月来一直是军队高级领导人议论的话题。好在中共中央在最初考虑1936年军事方针时，并不是单纯从"打通苏联"这一点考虑的。东征也好，"打通苏联"也好，说到底其实都是同红军的生存问题联系在一起的，不过是解决红军生存和发展问题的具体手段而已，其本身并不是目的。之所以这样考虑

---

[1]《彭德怀致洛毛周博王电》，1936年1月26日；并见《彭德怀传》，第147页。

问题,无疑是因为中共中央早已看出,陕北虽可以立足,但从眼前利益考虑,若得不到更好的地境,粮食及兵源都不能解决;从长远利益着想,若要依靠这一地区贫瘠的物资和兵源条件,红军未来进一步的发展壮大势必要受到严重限制。而若要从对日战争和更大规模与国民党军作战的前途考虑,红军就更得设法解决较先进的技术手段和较可靠的后勤补给问题,"打通苏联"是必然的选择。

可是,要依据陕北向北去连接外蒙,则必然要经甘北而入宁夏,结果是越向北人越稀,粮越少。再加上宁夏地区少数民族甚多,往往围寨而居,攻取不易,这更是红军作战之大忌。因此,要解决红军所面临的种种困难,无论从长远还是从眼前的角度考虑,这时最可取的都是向东去山西这条路。一来山西为地方军阀所把守,好打;二来山西物质条件较好,红军可以很快地在粮食和兵源方面得到补充;三来山西既靠近绥远,可接近外蒙,又靠近正受到日本严重威胁的河北平津地区,不仅便利于转进绥远,接通外蒙、苏联,而且政治上更师出有名。故中共中央很快即复电彭德怀,坚持东征作战计划。电报称:常委考虑过你的意见,认为:甲、向北是没有出路的作战,要单纯地打堡垒,则粮食亦无办法;乙、张学良如有同我们联合解决陕境内蒋介石部队的决心,并愿划渭水以北地区给我们,则我们自可不过黄河,而以对蒋作战为目标,但此可能我们认为很少的;丙、除此则只有取得阎锡山为对手,基本的作战方针取稳扎稳打,依据黄河发展,并以调动孙楚,求得陕北残敌的肃清。[1]

不过,对前此以"打通苏联"为中心任务的军事方针表示不同意见的,已不仅仅是彭德怀等在前线的军事领导人和陕西地方党的干部。中共中央内部许多人这时也开始持怀疑态度。最先主张打通国际路线的张闻天,这时明确认为:打通苏联,接取援助,改善红军之技术条件,固然十分重要。但若此举影响到根据地的巩固,则可能适得其反。"长征经验证明,主力红军长期没有根据地时,使我们发生极大困难","因之,将保卫与扩大、巩固根据地放在战略计

---

[1]《张闻天、毛泽东致德怀同志电》,1936年1月25日。

划之第二项,是不适当的"。[1]

曾经力主应以"打通苏联"为中心任务的周恩来等,这时固然不同意将"打通苏联"解释为单纯的技术条件之取得,强调"打通苏联我们认为不是一个单独的技术问题,这包含着整个党的政治任务及战略总方针之实现问题",但他们也认为:就目前阶段而言,"扩大红军、扩大苏区与游击区,更成为急迫万分的事"。[2]

李德这时的态度更明确。他直接上书中共中央,认为在现有力量对比情况下,进一步向山西挺进本身就带有冒险性质,而把靠近外蒙,同苏联联系当做主要战略目标,就更是错误,因此"应当从我们的战略计划中取消向绥远先机接近外蒙的条文"。苏日"战争未发生以前,在我们这方面应当避免能够引起苏—日冲突的行动","没有到绥远去的必要,没有必要接近外蒙古"。[3]

由于党内军内有这样多的不同意见,毛泽东在1月31日于延长召开的军事会议上没有能够说服与会者支持原定向绥远转进的第三步计划。当然,与会者同意不改变原定之第二步计划,即继续实行东征,以便解决兵源、粮食不足的困难,同时扩大苏区到更好些的地境。但强调,1936年的军事方针仅仅为扩大苏区和红军,全部作战着重于巩固的发展,反对冒进与脱离现有根据地的危险。正因为如此,与会者明确认为应当抓紧一切可能,迅速与对苏区南线威胁最大的东北军达成协议。彭德怀据此于2月3日及6日又两电王以哲,提出即刻派李克农再赴洛川就双方共同抗日救国问题进行具体商讨。

在张学良尚未回陕的情况下,王以哲除转电张学良外,无法具体答复彭德怀的电报。2月9日张学良电告王以哲因事耽搁,不能立即返回,王以哲才复电彭德怀加以说明。15日,张学良终于返回了西安。而这次,张学良恰好遇到了持有南京政府财政部调查员公函,

---

[1]《洛甫等对战略计划的意见》,1936年1月31日。
[2]《周博致张毛彭转政治局诸同志电》,1936年1月31日。
[3]《李德关于红军渡过黄河后的行动方针问题的意见书》,1936年1月27日,并见邱路:《红军东征战略方针的提出过程及其演变》,《党史研究》,1986年第3期。

受命接通国共两党中央关系的董健吾（化名周继吾）。[1] 从董健吾的口中，他得知南京方面其实也在秘密联络中共，力图政治解决共产党问题。这件事对张学良产生了不小的刺激。

据张学良后来回忆说，当时董健吾持财政部公函要求赴陕北苏区，"良亲为谈询，彼不吐实，良告以若不露真实任务，难获通过，（彼）被迫无奈，告良负有接洽任务"。张随后即飞南京，亦经蒋证实董健吾确负有使命，"遂以王以哲将该人送入匪区"。十分明显，在张学良看来，南京方面既然可以与中共接触沟通，自己当然也可以如此做。张学良后来曾断言：正是这件事使其下决心与中共谋和，故认为"这是共产党最成功的策略之一"。[2]

事实上，这件事与其说是共产党的策略，不如说是蒋介石的失着。因董健吾赴苏区转达南京和共意向一事，之所以被张学良看得如此重要，并牵动其心弦，其要害之处在于董健吾使命的弦外之音。既然蒋介石也要秘密谋求与共产党之间的和平，他张学良和东北军自然没有必要为"剿共"而卖命。这不可避免地使张学良感到，自己与共产党谋求妥协于情于理都无可非议。

基于这种情况，张学良自然对与中共秘密商谈更加重视。还在张学良由南京返回西安之际，他就迅速指示高福源致电彭德怀，"要李克农去洛川面商大计"。同时，双方正式建立起电台联络，只是为保密起见，双方约定了各自主要联络人物的通电代号。

2月18日，彭德怀得到高福源来电，立即通知仍在陕北的周恩来命李克农速去洛川。鉴于此次谈判需要具体商讨两军停战及合作关系问题，对两天后即将举行的东征山西作战意义重大，为争取最佳结果，毛泽东和彭德怀于次日联名致电王以哲转张学良，明确要求张学良以华北事变为鉴，认清蒋介石卖国嘴脸，切不可心存幻想，

---

[1] 董健吾曾在中共中央上海特科领导下，以圣彼得教堂牧师身份为掩护，秘密从事济难会工作。后专门联系租界巡捕房，负责"警报"工作。此时受宋庆龄之托，持孔祥熙财政部发给的公函秘密赴陕接通与中共中央的关系，转达南京方面的谈判愿望。

[2] 见张学良：《西安事变忏悔录》，毕万闻等编：《张学良文集》第2册，北京，新华出版社，1991年，第1196页。

与虎谋皮。但与此同时，鉴于前次谈判的情况，毛泽东等对张学良的政治态度已多少有所了解，并非真的以为可以轻易劝说张学良赞成"抗日反蒋"。故其虽去电加以劝告，在 2 月 21 日给李克农的谈判训令中则明确主张不要因为张学良暂时不赞同反蒋使谈判破裂。也就是说，对于这次谈判，他们并没有设定过高的目标。训令所规定的谈判原则如下：

（一）处处把张学良与蒋介石分开。

（二）求得互不侵犯协定的订立。

（三）坚持抗日救国代表大会，反对蒋介石召集任何违反民意、欺骗民众、丧权辱国的会议，坚持抗日讨卖国贼不可分离，反对抗日不讨卖国贼。但在此次谈判中不应因这些原则问题与张造成尖锐对立，致妨碍初步协定订立。

（四）张提出取消苏维埃，则克农提出取消南京政府，以政府问题付之，全国人民公决，而在抗日救国代表大会中做取消双方政府，成立全国人民公意之政府为度的初步讨论。

（五）如张提出取消暴动，则克农即提出取消一切国民党的压迫制度、封建剥削，全国抗日，如此则自无暴动之必要，否则以暴动战争对付日本与卖国贼，是中华民族的神圣事业。

（六）要求停止内战，不拦阻全国红军集中河北，不反对红军充任抗日先遣队。

（七）原则不让步，交涉不破裂。[1]

由上述内容不难看出，中共中央此时对张学良的估计相当实际。这就是：张学良之所以愿意与中共谈判订立互不侵犯条约，根本上是因为他惧怕红军的威力，加上东北军以及全国范围抗日情绪高涨，同时他也对蒋介石在军事上和财政上的控制不满。但是，张学良目前还不会马上接受共产党的"抗日反蒋"主张，"同意抗日，但不同

---

[1]《中央及军委给李克农的训令》，1936 年 2 月 21 日，并见《毛泽东年谱》（上），第 514 页。

意讨蒋；不反对国防政府抗日联军，但不同意马上实行这个口号。接受蒋介石的策略，即取消苏维埃红军，纳入三民主义轨道，引进共产党代表于国民大会，在共赴国难口号下取消苏维埃制度与暴动策略，接受南京节制，以最后瓦解红军"。[1]因此，谈判目的，并不在于争取张学良参加反蒋，仅仅是"求得互不侵犯协定的订立"而已。

2月21日，李克农起程经甘泉道草铺前往洛川，于25日抵达。不料张学良因事又突然离开西安，连王以哲也不清楚张此行之目的。但张学良行前显然已经向王以哲布置过与中共谈判事宜，因此，王以哲此次不仅表现出"抗日热情极高"，主动表示愿意向华北宋哲元及韩复榘等处宣传国防政府和抗日联军主张，而且对签订双方协定也相当积极。王以哲还坦率地提出有关六十七军在肤施（延安）、甘泉被围军队及其交通的彻底解围的三项办法。经过磋商，双方于28日初步达成如下"口头谅解"：

（甲）由肤施至甘泉至鄜县沿马路交通左右各五里之内双方均不驻军队，凡经此之一切补充，均不得阻拦，双方并负有互相帮助之责。但双方均不应携带武器，在该地区亦不得有侦察或破坏等行为，该地区政府亦应非武装化。红军过路应予通行，惟红军部队横过马路时，应事先通知东北军。

（乙）为避免双方冲突起见，凡甘泉肤施城周二十里内，东北军得自由出城采办粮食，但不得携带武器，对苏区民众不得强买强卖。

（丙）如苏区民众须至白区采购日用品时，驻城之东北军应给予方便。为避外人耳目，驻鄜县之东北军应予形式上的检查。入城后，苏区民众亦不得有侵犯或破坏东北军的行为。[2]

上述"谅解"，在毛泽东等看来无非就是要红军解围。既然成为

---

[1] 见张友坤、钱进主编：《张学良年谱》（下），社会科学文献出版社，1996年，第963页。
[2] 《李克农致毛彭电》，1936年2月28日。

友军，互不侵犯，这一点自然不成问题，甚至条件还可以再放宽些。毛泽东在28日的复电中进一步提出，可以考虑：

（甲）为巩固两军，团结一致对日，确立互不侵犯，各守原防之原则（包括陕甘边区及关中区）；

（乙）鄜甘肤交通可即恢复来往，使粮服运输及经济通商，携带武器与否不必拘束；

（丙）肤施甘泉两城现驻部队所需粮柴等物，可向当地苏区群众凭价购买，为便利肤甘友军起见，转饬当地苏维埃发动群众运送柴粮等物进城，恢复寻常关系；

（丁）恢复红白两区通商关系，红军采买货物经过鄜县洛川等者，东北军有保护之责，东北军入苏区办货者，红军有保护之责。[1]

王以哲对毛泽东所提方案当然赞成，只是他无权对整个东北军的行动作出许诺，因而他把毛泽东所提方案中有关东北军的字样，统统改成了六十七军。同时，增加了红军进入白区采买货物需着便装的文字。不过，王以哲最关心的还是如何使红军与东北军脱离接触的问题。他"诚恳"地请求毛泽东和彭德怀同意："为保证永久的双方安全，红军围甘部队应退至甘泉十里以外，移出之防地，六十七军不得进驻；另沿鄜甘肤马路双方亦不驻军队，惟苏区政府武装不在规定之内，此又可掩人耳目，对外搪塞。"[2]

对此，毛泽东等答应得十分痛快。他在给李克农的回电中称：抗日救国大计既定，凡属有利友军而无妨大局之事，我方无不乐从。望转告王以哲，以后随事商量，可不拘形迹。[3]

3月5日，中共中央正式通知所属有关部门："关于我方与东北军整个协定尚在磋商，现先与六十七军王军长以哲所部订立……局

---

[1]《毛彭致李克农电》，1936年2月28日，并见《毛泽东年谱》（上），第517页。
[2]《李克农致毛彭电》，1936年3月5日。
[3]《毛彭致李克农电》，1936年3月5日，并见《毛泽东年谱》（上），第519—520页。

部的口头协定,并于三月五日开始执行"。两军确定互不侵犯,各守原防之原则,"红军同意恢复六十七军在鄜县、甘泉、延安马路上之交通运输及经济通商";"延安、甘泉两城现驻六十七军部队所需粮柴等物可向当地苏区群众购买,红军为便利延安、甘泉友军起见,准转饬当地苏维埃发动群众运粮柴等物进城,恢复寻常关系"。陕甘"两省省委及军区应将本协定各项之意旨,向延安、甘泉、鄜县等靠近六十七军防地附近及交通路上之县区乡党部、政府、民众团体、红军、游击队、赤少队,解说明白,并遵照执行,给予六十七军以粮柴之便利,对六十七军人员通过马路者表示好意与欢迎,入苏区办货者加以保护,务使我方军民与六十七军官兵结成亲密之关系,以达成进一步与整个东北军订立抗日讨卖国贼协定之目的"。[1]

仅仅把红军与六十七军的关系保持在一种和平的水平上,自然与中共中央的期望甚远。中共中央的目的是要"与整个东北军订立抗日讨卖国贼协定"。同王以哲如此顺利地达成谅解协定,看来多少使中共领导人争取张学良东北军"抗日反蒋"的信心又有所增强。而3月5日张学良与李克农再度会谈的结果,显然更有理由使他们感到乐观。

张学良是3月3日返回西安的,他当即就通知王以哲,说明他将前来洛川与李克农见面。5日凌晨,张学良驾机飞抵洛川,立刻与李克农见了面。与原先预想的相反,张学良关于抗日应当联蒋一事一字未提,中共中央要李克农准备用来应付张学良在政治上发难的种种答词,几乎完全没有派上用场。张学良当场只是一再表示希望能够尽快与中共中央领导人在延安进行会谈,并派代表常驻西安。同时,张学良特别提出,希望中共能够介绍他的代表前往苏联,与苏联政府商谈合作抗日的问题。这无疑也正是中共中央所想的。

还在3日上午,彭德怀、毛泽东就曾致电李克农,要他转告张

---

[1]《中革军委与王以哲订立口头协定内容之通报》,1936年3月5日,中国人民解放军政治学院中共党史教研室编:《中共党史教学参考资料》第15册,北京,国防大学出版社印行,1986年,第536页。

学良、王以哲："深望张副司令王军长领导东北军完全团结,与我合作到底,并确立联俄政策。当今之世,惟有苏联是真正反侵略者又真正有实力者,英国亦探联俄政策,中国更应速决大计。"[1] 如今,张学良主动提出秘密联苏问题,这意味着,他与共产党更加接近了。

---

[1]《彭毛致李克农电》,1936年3月3日。

四、延安拨雾

李克农与张学良洛川会谈所取得的结果,其实最主要的就是两条。据李克农3月5日报告,其一为双方负责人见面地点已经约定为肤施,时间在一星期内;其二为双方互派代表到友邦,张学良一方人选两三日内即可派定。在这里,格外值得注意的是时间。要求在一周之内立即与中共中央负责人会谈,并保证在两三天之内就可以选定东北军方面赴苏交涉的人选,这再明显不过地反映出张学良对此已早有准备,而且心情显得十分迫切。

张学良决心和共,自然有种种原因。据张学良自己所言,最初是鉴于1935年11月间去南京出席国民党第五次全国代表大会时所得的感慨。概括言之有六点:"(1)朋友之讽劝,如沈钧儒、王造时等之鼓励。(2)少壮同志则责良,不应同所谓亲日者辈,同流合污。(3)刺汪凶手孙凤鸣之行为和言词。(4)党内之纷争,多为私,少为公。(5)良认为中央负责之同志,不热衷抗日,而其反有内心为亲日者,而良个人之观念上认为贤哲者,或在外工作,或无权位。(6)汪兆铭之一面抵抗,一面交涉,良认为非是对外,乃系对内。"[1]所有这些,都使张学良对于理应肩负抗日救国重任的国民党日渐失去信心。

但对国民党有再多的不满,也不意味着张学良会对共产党寄予

---

[1] 张学良:《西安事变忏悔录》。

希望。张对共产党态度转变的最直接的刺激，看来还在东北军三次"剿共"作战严重失利，尤其是11月23日牛元峰师的覆灭。当时，张学良得讯后不得不中断了在南京的活动，于1935年12月初急忙赶回了西安。因为不过两月时间，东北军就连损两师，难免会使身为东北军统帅的张学良"心中倍增痛苦"。他后来说，这件事不仅"更加深良素认为因内战而牺牲优秀将才之可惜，并对共匪之战斗力，不为轻视，遂触动用'和平'办法，解决共匪之念生焉"。[1] 正是在这种情况下他才有了1936年1月赶赴洛川面见被俘部下高福源，密令王以哲负责与中共接洽，21日再赴洛川秘密会见李克农，许诺亲去南京游说抗日等事情发生。

从张学良与李克农第一次交谈的情况看，他当时对游说各方抗日颇有信心，他甚至自信可以拉阎锡山来与中共会谈，力图首倡和共抗日。不料回西安后，他又意外地得知南京当局也在秘密地与中共进行接触，此事更使张学良有所疑惑。这不仅使张学良更加确信和共联共为大势所趋，而且对蒋之作法再添不满：为何一面令东北军在"剿共"战争中消耗，一面却越过东北军去与中共谋和？

既不信任国民党南京当局有抗日之心，又疑心蒋介石有借刀杀人之意，这促使本来就对蒋有所不满的张学良开始与蒋离心离德，而更易接受联共主张。张自述："当是时也，共产党之停止内战，共同抗日，高唱入云，实攻我心，不只对良个人，并已动摇大部分东北将士，至少深入少壮者之心。当进剿再见不能成功，良觉一己主张，自问失败，征询众人意见，遂有联络共产党，同杨虎城合作，停止剿匪，保存实力，共同抗日种种献策……实动我心。"于是，他从此开始放弃原先游说南京的设想，转而与南京以外之各个地方实力派领袖频频联络，甚至与刚刚从新加坡回国的西南反蒋派的领袖胡汉民暗中往来，磋商"大计"。[2]

---

[1] 张学良：《西安事变忏悔录》。
[2] 张学良1月下旬前往南京，原定2月初返陕，因得知胡汉民回到广州，并准备来宁，曾与胡电函来往，相约晤面，以决"大计"。转见《王以哲致司令员电》，1936年2月14日。

仅仅几个月时间,张学良就已经日益明显地与蒋介石分道扬镳了。面对遥遥无期的"剿共"战争,张学良深知以东北军继续硬撑下去只能拼光老本,从而受到所有东北军人,乃至东北人民的啐骂。张学良已再无可想,对东北军而言,唯一的出路和归宿只能是抗日,只有抗日才能免于为他人作嫁衣裳,只有抗日才有可能重回家乡,也只有抗日才能对得起为他东征北战、抛头洒血的十几万东北军人,和许许多多流亡关内的东北人。蒋介石却不作此想,他的原则是"攘外必先安内",要抗日必须先"剿共"。而在张学良看来,这一政策所导致的切身问题却是,如果共产党剿不了,剿不完,岂不是抗日无期?何况,张学良已经注意到,南京政府中人多数"勇于内争,怯于御外"。既然如此,张学良只好另谋出路了。

张学良后来回忆,他数次与这时在上海的东北抗日将领李杜讨论过如何才能收复东北的问题。李杜"曾向良表示,拟返北满招集旧部,再从事抗日工作,良深表赞许"。但李杜明确认为,而今要收复东北或在东北抗日,必须与苏联和中共进行合作,否则将难以进行,故"彼要求数事:(1)去北满时,必须经俄,其次北满已有共党活动势力,故必须向共产党取得联系。(2)路费及活动款项由良供给。(3)请良选派二人帮彼办事,并任联络"。对于李杜所请,张学良后来自称他当时就全然表示同意。[1]可是,张学良没有进一步说明的是,李杜这里所谓"帮彼办事"云云,其实就是代表张学良去与苏联政府联络,请求苏联给予援助。

苏联政府会不会轻易同意援助他张学良呢?关于这一点,张学良内心其实非常清楚。

中国东北一向在俄国与日本的势力范围之内,日俄两国在东北从来势不两立,即使在苏联成立之后,这种矛盾冲突依旧是其远东外交政策最主要的制约因素。苏联政府对中国的一切政策,几乎都要受到这一冲突的直接影响和左右。一切便利于日本扩大其在中国的势力范围的人物和事件,无论如何都是受到苏联政府的坚决反对

---

[1] 张学良:《西安事变忏悔录》。

的。一向为"东北王"的张作霖从来依靠日本，苏联政府最初几度试图施加影响，结果张作霖不仅毫不领情，反而为争取日本及英国对其北京政府的支持，以武装搜查北京苏联大使馆，公布苏联秘密外交文件的极端措施相报，这使得苏联方面对其留有极恶劣的印象。张学良继承其父张作霖的地位之后，很快又在南京政府的怂恿下，旧事重演，轻率地派兵搜查苏联驻哈尔滨领事馆，继而试图以武力收复根据1924年中苏条约仍旧主要由中苏两国共同管理的中东铁路，引发了著名的中东路事件，此举自然更加深深得罪了苏联人。直到东北三省沦陷之后，张学良才渐渐意识到其前此作法之不智。因为从日本入侵东北三省之后整个国际国内形势发展的情形可以十分清楚地看出，在这个世界上，唯独只有与日本积怨甚深，并直接受到日本进攻威胁的苏联才是可能帮助他实现收复东北愿望的强大力量。

因为想要取得苏联的帮助，张学良在1933年夏天旅欧期间曾再三想与苏联方面取得联系。先是通过南京政府驻法公使与苏联大使联络，要求访苏，后又通过东北前抗日将领马占山等私下与苏联有关方面进行交涉，结果全都毫无结果。苏联方面对张学良的不信任是显而易见的。当然，张学良所不了解的是，苏联情报机关这时也曾秘密地派人接近过张学良，以探询张学良与苏联络的真实动机和背景。他们当时曾通过欧洲的共产党组织派了一名叫余斌的华裔英国共产党员，秘密了解张学良的情况。据余报告，他同张学良在一起住了整整一个月，张确实对苏联抱以极大期望。他甚至再三强调余应当到苏联去学习，为此他愿提供一切费用。[1]

要抗日，必须联苏，这一点张学良已确信不移。可是如何能够使苏联政府改变对自己过去的印象，张学良竟一筹莫展。如何才能接通苏联，并使苏联接受自己呢？自欧洲回来之后，张学良只能寄希望于南京政府，如果苏联同意援助南京政府，自然也就是援助了自己。如今，等了几年之后，特别是在与红军交手受挫之后，他对

---

[1]《王明给切尔诺莫尔基克同志的信》，1933年7月23日。

此已深感绝望,相信要等到南京政府真正完成"安内"与统一再来抗日,恐怕是河清无日了。因此,他不能不设想通过另外的途径来推动中国走向抗日。在这种情况下,张学良转而寄希望于中共之帮助,是再合理不过的了。事情明摆着,在中国,中共是苏联唯一的盟友和同志,苏联可以不援助任何人,唯独不能不援助中共。如果中共愿意为其奔走,苏联或者会爱屋及乌,逐渐对他张学良另眼相看的。不过,张学良最初看来并不相信远在陕北穷乡僻壤的中共和红军,会与苏联有什么直接的联系。因此,即使在与陕北红军接上关系之后,他也仍旧把注意力放在上海,利用赴南京的机会,亲自前往上海,请李杜代他寻找共产国际在上海的秘密组织或上海的共产党。很显然,他并不清楚,这时的上海早已不是中共与苏联及共产国际联络的枢纽了。李杜的使命自然难以成功。

不得已,张学良只好又反过头来求助于陕北的红军了。特别是张学良2月下旬外出期间,注意到红军2月20日开始发动东征山西的战役,打出的竟是"打通抗日路线"的旗帜,这更使他多少有些心急。这是因为,一方面,有"山西王"之称的阎锡山与张学良在对蒋介石"安内攘外"政策问题上颇有些共同语言,张正在努力争取得到阎锡山的同情并与之达成共识,以此来形成对蒋介石的政治压力。红军如今一打,自然会逼使阎锡山转而支持蒋介石的"安内"政策,使张学良的劝说工作前功尽弃。另一方面,红军东征山西,势如破竹,轻而易举地击溃了阎锡山5个团,俘虏1200余人,占领了石楼、中阳、孝义、汾西、隰县、永和六县近4000平方公里的地区,如果红军真的照其公开宣传的目的,全力以赴杀上华北抗日前线,难免不会很快与在华北的日军发生接触,结果很可能诱发全面战争。考虑到目前国民党各个实力派别的不同心态,若不能尽快接通与苏联方面的联系,此种作战能否引起全国范围的响应和取得军事上的胜利,颇难预料。那时情况或将变得更为复杂,甚至不利,也说不定。这也是张学良急于在一周之内会晤中共领导人的原因之一。可是,张学良与中共领导人实际上没有能够在3月5日之后的一周时间内见上面,这次会晤的时间因为种种原因竟整整推迟了将近一个月。

在接到李克农的电报之后,毛泽东与彭德怀于 3 月 5 日当天就从山西前线发来回电,说明原可派在陕北后方指挥一切的周恩来与博古二人之一前去会谈,可惜此二人这时均已去山西前线参加重要会议,如果约期迫切,最早也只能于 3 月 17 日左右赶到延安。[1] 不料,张学良由延安飞回西安途中,已发现所乘飞机出现故障,因而不得不送去武汉修理,因此即使 17 日的会晤日期也不能确定。飞机刚刚修好,张学良又突患喉症,医生叮嘱务必小心休息,会谈之说只好再度延期。若等到喉症好了,根据原定日程,张学良又要于 19 日离陕赴沪办事去了。因此,原定及早会谈的设想,自然未能实现。

在另一方面,中共中央得知张学良患病在身,也不再去电催促。因为中共中央早已决定要在山西石楼召开重要会议,讨论和贯彻刚刚得到的共产国际第七次大会的文件,以便统一党内对统战工作的认识。在这种情况下,刚刚赶来山西的负责陕北工作和与东北军谈判的政治局领导人周恩来或博古如果因此不能出席,未免不是一种损失。但到 16 日,关于中共中央谈判代表的人选已经确定了,那就是周恩来。在 16 日这一天毛泽东和彭德怀给王以哲的电报中明确讲:敝中央已决定派周恩来同志为全权负责代表到肤施与张学良先生晤面,共商停止内战、一致抗日之根本大计。时间可在本月底或下月初,具体日期由张学良先生确定后电告即可。[2]

这时,东征山西之红军前锋已经到达文水、交城、介休、灵石、霍县、赵城、洪洞、临汾一线,并占领了同浦路之一段。阎锡山在山西的整个统治因此而严重动摇。山西一向是阎锡山的"独立王国",如今阎却不得不向南京政府求援了。于是,蒋介石的中央军陆续开始进入山西境内。同时为加强陕西"围剿"和牵制的兵力,蒋介石也进一步调派中央军开到陕西来。

这样一来,红军所面临的形势就渐渐变得不那么一帆风顺了。而更加为此而焦虑的,这时其实还不是中共中央,而是那些在陕北

---

[1]《毛彭致李克农电》,1936 年 3 月 5 日。
[2]《毛彭致王以哲电》,1936 年 3 月 16 日,并见《毛泽东年谱》(上),第 522 页。

地区与中共和红军暗通关节的东北军与十七路军的将领们。张学良在与李克农的谈话中就明确认为，打阎锡山政治上未必好，山西不易立足，特别是立刻与日军接触，条件亦不成熟，得不到苏联的援助，靠自己单独来抗日很难成功。杨虎城部负责与红军联络的军官也纷纷对红军的行动表示难以理解。孙蔚如军长更是直截了当地对中共代表说：红军过黄河是不妥的。不仅政治上要受不好的影响，而且必然给蒋介石以增兵陕北进攻红军的借口。另外一些军官甚至断言："红军到处都是帮助蒋介石解决杂牌军队的"，在四川、贵州如此，"现在又是这样"。东北军中了解张学良和共密谋的干部也有同样的看法，他们尤其担心中央军大举开入陕西，那样势必会驱使刚刚停止下来的"剿共"战争重新展开，东北军难免再度成为牺牲品。[1]即使不考虑此点，以红军现有之兵力，与阎锡山作战也未必有决胜的把握，一旦失利，前途亦不堪设想。

但友军的担心看来并没有引起中共中央的同感。此时陕北苏区南线已经分别同东北军之六十七军和杨虎城驻宜川的部队达成了谅解，北面井岳秀部已经被击退，继任师长高双成属下也已经同红军达成默契，其驻周家崄一带的八十六师五一一团甚至与红军签订了一个书面的"互不侵犯协定"。[2]因此，原来关于红军主力东去，陕北苏区将会变成游击区的那种担心，在中共中央内部几乎不复存在。加上红军东征一直相当顺利，这时也还是处于顺境之中，并未

---

[1] 参见《王世英报告》，1936年3月。
[2]《中国陕北省抗日红军、陆军第八十六师五一一团抗日协定》，1936年3月11日。该协定内容如下：（一）立即停止彼此间的军事行动，各守原地，互不侵犯。(1) 红军部队与来往人员在五一一团驻地附近往来时，五一一团所属部队应以友军待遇；如有苏区的公务人员与通商者进入五一一团驻地时，五一一团应切实保护并以友谊招待。(2) 五一一团驻防各碉堡寨垒间往来之交通部队与人员，红军各部队应以友军待遇；如来往苏区的之公务人员与通商者，红军应切实保护并以友谊招待。但在交通线内除现有堡寨外，五一一团不得再增加碉堡。（二）双方必须参加国防政府与抗日联军，实行对日作战。（三）双方负责保障人民之集会、言论、结社自由。（四）双方部队要保护人民春耕。（五）五一一团在苏区的眷属，由红军负责保护并招待，送赴五一一团团部驻地周家崄。在五一一团拘捕苏区之人员，亦须全数交红军代表带回，并保护其安全到苏区。（六）以上各条，由双方代表签字日起实行。红军代表张云逸、五一一团代表王宗山。

遇到严重抵抗，中共中央十分希望能够在山西"创造比陕北更大的根据地"。因此，中共方面还并不认为形势已经有了不利于自己的变化。

当然，为求得友军，特别是东北军高级将领能够对红军的行动多少有所理解，毛泽东与彭德怀于3月22日专门致电张学良、王以哲及"全体东北军官兵同志"，解释说：卖国贼阎锡山勾结日帝侵略华北，危及晋、绥，复受日帝指挥，派兵六旅之众，屠杀陕北苏区民众。国人痛愤，罪不容诛。鉴于日帝之迈进华北之急，特遣抗日先锋军东渡黄河抵抗暴日，阎锡山竟为暴日效命，集中全力拦阻红军……敝军迭次宣言，全国红军白军亟应停止内战，一致抗日，乃阎锡山置若罔闻，不顾民族国家之存亡，甘心依附仇人，而与同胞为敌，诚不识是何居心。诸公深明大义，抗日救国早具同心，应请仗义执言，责阎锡山以叛国之罪，劝其即刻悔悟，撤其拦阻红军之兵，开赴张家口与红军一同执行抗日任务。敝军本民族大义，决不追究其既往。若其甘心卖国，继续执行日本拦阻红军之任务，则红军为贯彻抗日目的计，不得不首先诛此卖国贼。至于陕甘苏区（包括陕甘边区及关中区），为抗日战争之后方，坚决巩固此后方，使我抗日将士安心杀敌，应不独红军与全苏区抗日人民之责，诸公近在接壤，自亦具有爱护维持之心。倘有搅乱此抗日后方者（例如毛炳文辈），愿诸公与敝军联合制止之。[1]

指阎锡山为卖国贼，很大程度上其实是红军这时军事行动的一种需要。至于阎锡山这时对抗日态度如何，其与张学良有何种共鸣，中共方面自然一无所知。

其实，据事后了解，阎锡山此前与张学良一样，也在"找国际（指共产国际）及党（指中共）的关系"。北方党部军委负责人王世英几天之后就有报告说明，阎锡山自年初起就在想方设法与中共方面进行联络，至2月红军东征之前，阎本人至少已经与北方党部的代表有过三次谈话。阎所担心的自然是山西能否继续保持在自己的

---

[1]《毛彭致王以哲转张学良及抗日东北军全体官兵同志电》，1936年3月22日，并见《毛泽东年谱》（上），第523—524页。

控制之下，对于中共代表所称中国唯一出路在组织国防政府和抗日联军，阎锡山明确表示赞同，但声称中共的说法不论站在民族方面、国家方面或民众方面，都是对的，只是在房子里谈可以，站在他的立场，站在国民党的立场却不可以，"因为一谈就是很大乱子"。而对于中共代表所说山西唯一出路在与红军订立协定，阎锡山则表示异议。他也知道山西确在危机之中，东有日本，南有蒋军，西有红军，但他的态度是"对谁也不妥协，保持中立"，坚持继续独立控制山西局面。他声称：他的防共保卫团计划每年训练15万人，三年可训练45万人，到那时他什么都不怕。[1] 可是，不论阎锡山如何嘴硬，他主动地并且是三番五次地找中共代表谈话，清楚地说明他这时已经颇为恐慌和动摇，对阎锡山展开统战工作并非毫无可能。但由于战争已经打响，尽管3月下旬中共中央听取了王世英的口头汇报，但对阎锡山的态度一时也难有改变。

1936年3月20日至27日，中共中央在山西石楼召开了政治局扩大会议，根据共产国际第七次大会的文件精神讨论了统一战线方针与军事行动计划问题。根据讨论情况可知，中共中央这时以"联俄联共"为分水岭，把国民党区分为"民族反革命派"与"民族革命派"两大类，仍旧把阎锡山归为"民族反革命派"一类。认为蒋介石、汪精卫、胡汉民、冯玉祥、阎锡山等为"民族反革命派"，"坚持反革命立场"，"反对联俄联共"。只是，分析承认，这一派内部也并不统一，没有口号，有些甚至可能在民众逼迫下假装抗日，只是"其作用在瓦解抗日战线"。除此之外，一切"联俄联共"者，均可视为"民族革命派"。但他们中间仍可分为三类，右翼不用说，"与蒋无严重区别"，重要的是中间力量，张学良就属于这一派。分析认为，这一派反对日本殖民政策，主张联俄联共，可与我们走一致的路。只是这些人皆是民族改良主义者，都不相信中国自己有力量抗日，不同意苏维埃与土地革命。

由此可知，一方面由于张学良前此谈话中不主张反蒋，一方面

---

[1] 见《王世英报告》，1936年3月。

也因为张学良、马占山、蔡廷锴等军事领袖所具有的特殊身份,中共中央这时对张学良的评价还并不是很高。在中共中央看来,自己真正的同盟者应当是"民族革命派"中的左翼,这就是以宋庆龄为代表的军队中下层、中小工商业者、中小资产阶级势力,他们"坚决联俄联共",故"此为我们与反革命争夺的中心"。至于如何有效地争取同盟者,中共中央的认识很一致。第一,必须要高举抗日的旗帜;第二,必须要高举联苏的旗帜。

对于这时的东征抗日问题,毛泽东也做了专门的解释,说明我们提出"全国红军集中河北"的口号,并非就那么傻,现在就要去河北寻日本开战。他指出,红军固然不怕与日本作战,也不必等到数量大了,新式武器到了手再去打日本。但要想最终彻底战胜日本帝国主义,还是"非有国际无产阶级的帮助不可"。在目前这种国内和国际政治形势下,没有苏联的援助和参加,仅靠红军的力量直接对日作战,是不可能的。要想实现直接对日作战,首先必须实现"红军与苏联接近,苏区与苏联打成一片"。故东征山西,"打通抗日路线","唯一的任务是取消卖国贼的资本,并扩大红军",创造大规模的根据地,为联苏抗日做准备。[1]

李克农这时也赶到山西石楼,详细汇报了与张学良会谈的情况。毛泽东上述的谈话,在一定程度上也是针对张学良的一些说法讲的。把张学良排在"民族革命派"的第二类,反映出共产党人已经明确地把他看成自己的同路人,同时还不满意他革命的不彻底和不坚定。但无论如何,中共中央这时已经把张学良确定为"革命派",对他和东北军的政策自然与对"反革命派"蒋介石的政策截然两样。因此,红军对东北军,特别是与王以哲的六十七军,这时已经建立起十分密切的关系。被困数月之久的甘泉守军,在红军的引导下,终于实现了久已渴望的换防。王以哲电告肤施 2000 守军粮草缺乏,毛泽东等立即致电中共陕甘省苏维埃"扩大群众卖粮草运动,尽量供给",并电王可从鄜、洛大道送粮往肤,"敝方沿途保护,不成问

---

[1]《毛泽东关于外交问题的报告》,1936年3月27日,并见《毛泽东年谱》(上),第527—528页。

题"。于是，几天后，一百余驮给养就顺利地从洛川运送到了延安城。

3月下旬，张学良终于再度回到西安，并如前约邀请周恩来前往延安会谈。王以哲4月5日电告毛泽东和彭德怀称：张代总司令拟于8日晚8时在延安与贵方代表周恩来晤谈，请兄如期至延安城外附近暂驻，待我方派人去取联络。[1]

4月5日晚得电后，毛泽东和彭德怀即电告周恩来。周当即与李克农等按约于4月7日动身，准备8日下午到达延安城外，等待东北军方面派人接引入城。不料，因雨雪将至，天阴电大，双方电报均发不出去。周恩来等于8日下午到达延安城外川口之后，一直等到当晚10时仍未见延安来人接引。张学良、王以哲也停在洛川未动，等待消息。直到9日晨双方电讯接通后，张学良与王以哲二人才于上午由洛川飞延安。9日晚8时许，周恩来、李克农等才由张学良派来的人员接入延安城内。

延安会谈由4月9日晚9时进行至10日凌晨3时许，时间长达将近6个小时之久。关于此次会谈的内容，如今各种记述中比较流行的是两种说法。其一是张学良本人在将近20年之后写的《西安事变忏悔录》里的说法。张学良在里面这样说：

> 某夜，在延安天主堂同周恩来会面，约谈二、三小时，良告彼，中央已实施抗日准备，蒋公宵旰为国，双方辩论多时，……周承认蒋公忠诚为国，要抗日必须拥护蒋公领导之。但左右如何乎？又力言彼等亦蒋公旧属，如中央既决心抗日，为什么非消灭日人最恨而抗日最热诚之共产党不止？在抗日纲领下，共产党决心与国民党恢复旧日关系，重受蒋公领导，进而讨论具体条件：（大致如下）
>
> （1）共党武装部队，接受点编集训，准备抗日。
> （2）担保不欺骗、不缴械。

---

[1]《王以哲致毛彭电》，1936年4月5日。

（3）江西、海南、大别山等地共产党武装同样受点编。

（4）取消红军名称，同国军待遇一律。

（5）共产党不能在军中再事工作。

（6）共党停止一切斗争。

（7）赦放共产党人，除反对政府，攻击领袖外，准自由活动。

（8）准其非军人党员，居住陕北。

（9）待抗日胜利后，共党武装一如国军，复员遣散。

（10）抗日胜利后，准共党为一合法政党。一如英、美各民主国然等等。[1]

依据张学良的这种说法，延安会谈所讨论的，完全不是如何抗日，如何联苏的问题，倒是如何使红军受南京政府改编，与共产党如何服从蒋介石领导的问题。严格地说，蒋介石在一年之后试图做到的也不过如此，结果尚未能完全如愿，而这时张学良却早已替他做了，而且做得比蒋介石还要圆满得多。这样一种说法显然颇难使人相信。

另外一种说法多半来自于刘鼎。直接与延安会谈有关系者只有5个人，即张学良、王以哲、周恩来、李克农和刘鼎。以后由于王以哲死于1937年2月，周恩来、李克农均无关于此次谈判的系统回忆，唯一还有系统回忆的就只有刘鼎了。

刘鼎，原名为阚尊民，1924年赴德国勤工俭学，1925年8月受中共旅欧支部指派，随朱德等60人经莫斯科回国参加工作。但到莫斯科之后，因情况发生变化，刘鼎等22人被中共旅莫支部决定留在莫斯科东方共产主义劳动者大学进行学习，并在东方大学期间成为中共党员。经过几年学习之后，刘返回国内参加工作，直至1934年底被捕，后入九江反省院。1935年10月，刘获保释出狱，并返回上海。十分偶然的是，恰好张学良此前曾用过一位叫潘义郁的留苏学生做秘书，其人曾做过中共总书记向忠发的秘书，虽然已经脱离共产党，但对共产党以及共产党的各种主张，特别是对苏联的情况相当熟悉，能力极强，

---

[1] 张学良：《西安事变忏悔录》。

给张学良留下了深刻的印象。[1] 此时张学良又要联苏,又要联共,身边恰好非常需要像潘文郁这样熟悉苏联和共产党的人。因此张学良要求李杜代为寻找。李几经周折,终于通过一向与上海共产党组织有关系的美国记者史沫特莱找到了刘鼎。刘鼎的情况恰好与潘文郁的情况十分相似,其刚从监狱"经保释放"[2],到张学良处工作政治上也不会引起麻烦。故李杜将刘鼎的情况通知张学良后,张相当满意,很快于3月下旬派参谋赵毅前往上海,将刘鼎接到西安。双方几次晤谈后,张即带刘前往延安了。[3]

刘鼎关于延安会谈内容比较完整的文字回忆,见于其1975年间所记的追记笔记。据刘所记,当时总共讨论了6个方面的问题,分别为"停止内战,一致抗日"问题;抗日救国道路问题;联蒋抗日问题;联苏问题;停战通商等问题,以及培养干部的问题。毫无疑问,刘鼎因为后来曾经长期担任编写《西安事变史》领导小组组长一职,因此对周恩来会谈之后给中央的谈判报告的内容是很清楚的,其笔记中无疑利用了当时周恩来报告中的许多内容。但值得注意的是,根据陪同周恩来前往延安的戴镜元回忆,当时周、张两人是单独在教堂的一个套间秘密会谈的,并无他人参加,故刘恐怕并未直

---

[1] 潘文郁因被南京方面怀疑通"匪",逼迫张学良将其杀害。张学良对此事深以为憾。有关情况可见张德良、周毅主编:《东北军史》,沈阳,辽宁大学出版社,1987年,第298—299页。
[2] 张学良:《西安事变忏悔录》。
[3] 刘鼎回忆自己到西安的时间是3月10日,负责整理刘鼎回忆笔记的张魁堂先生推断刘鼎关于此一时间的回忆有误,认为刘到西安的时间应在3月20日。这两种说法看来都不正确。因为,已知刘鼎行前见过董健吾,而董此前正在陕北,他离开瓦窑堡的时间是3月5日。这时瓦窑堡到西安通常要花4天左右时间,即先花3天到洛川,然后再由洛川坐车或乘飞机去西安。如此再加上董从西安到上海的时间,可以肯定,董最快也要在3月10日以后才能到上海。就是说,刘鼎在3月10日以前的很长一段时间里,是不可能在上海见到董健吾的,因而刘不可能在3月10日到西安。同样,刘也不可能在3月20日到西安。因为刘清楚地记得,他到西安后的第二天,就被带去张公馆见张学良。可是,根据当时电报和公开的报道,张学良在3月19日就已经离开了西安,直到3月26日才返回西安。因此,刘鼎到西安的时间应该是在3月26日张学良回西安之后,和张学良4月初到洛川之前。参见张魁堂:《刘鼎在张学良那里工作的时候(一)》,《党的文献》,1988年第2期;《张学良文集》第2册,第951—959页。

接听到双方会谈时的交谈内容。[1] 同时，刘鼎回忆所谈内容也与周当年的报告内容不同。这就是所谓"联蒋抗日"的问题。因为，这个问题无论是在中共中央为谈判所规定的内容里，还是在会谈后周恩来给中共中央的报告里，都未曾有过。

据刘鼎回忆，会谈中，张学良最关心的就是联蒋问题。因此他力劝中共放弃"抗日反蒋"的方针，实行联蒋抗日。称：

> 张学良认为蒋介石是国内最大的实力派，抗日的力量越大越好，如果抗日统一战线不包括他，他以中央政府名义反对，不好办。张说，蒋有民族情绪，在国民党中领导力量最强，据他回国后两年的观察，蒋可能抗日。……蒋介石是在歧路上，他错在"攘外必先安内"，把这错误政策扭过来，就可以实现"停止内战，一致抗日"。做到这些不容易，要作艰苦工作。共产党在外面逼，他在里面劝，内外夹攻，定能扭转过来。张学良还表示，除非蒋投降日本，否则他不能反蒋。[2]

据刘鼎说，对于张学良的联蒋主张，周恩来的回答是："毛泽东同志也有这样的想法"，"这个问题很重要，我回去报告中央，认真考虑再作答复"。[3]

结果，"张学良提出的联蒋抗日主张促进了中共中央的决策。周恩来向中央反映了张学良的意见后，大多数同志感到如果反蒋口号连张学良这样热心联共抗日的人都不能接受，其他的人就更难了。联蒋抗日的问题就定了下来。五月五日红军回师通电不再提反蒋口号"了。[4]

---

[1] 见吴福章编：《西安事变亲历记》，中国文史出版社，1986年，第42—53页。
[2] 张魁堂：《刘鼎在张学良那里工作的时候（二）》，《党的文献》，1988年第3期。
[3] 此处引号中的话，据说是1961年7月4日周恩来与张学铭夫妇谈话中说的。
[4] 张魁堂：《刘鼎在张学良那里工作的时候（二）》。值得注意的是，中共中央文献研究室编著的《周恩来年谱》也支持这样的说法。在谈到周、张延安会谈时，《周恩来年谱》称："周恩来说：关于对蒋介石的政策中共中央已有考虑，愿将张的意见带回去慎重研究。"

显而易见，张学良和刘鼎两个人的回忆，在对蒋介石的问题颇有些相似之处。只不过一个强调当时说的是"拥蒋"，一个肯定当时说的是"联蒋"；一个说周恩来当场承认必须拥护蒋公领导，一个说还要回去考虑考虑。然而，问题在于，这两份事隔多年的回忆，在这一点上同当年周恩来会谈之后第二天所写的报告内容全然不同。

需要注意的是，周恩来是中共中央派去的代表，中共中央在决定派周前去延安谈判的同时，曾明确规定了此次谈判的内容和原则。关于谈判原则，早在 2 月 21 日中共中央和中央军委给李克农的谈判训令里，就已经写得明明白白，即中共不接受任何有损苏维埃政制与红军利益的要求，但也不要因为张学良不同意反蒋而与其发生争执。至于谈判内容，则具体提出 5 个方面，其中特别回避了对蒋问题的讨论。而有关谈判内容的提议，也已经通知了张学良与王以哲。这就是：

一、停止一切内战，全国军队不分红白一致抗日救国问题；

二、全国红军集中河北，首先抵御日帝迈进问题；

三、组织国防政府抗日联军的具体步骤及其政纲问题；

四、联合苏联及选派代表赴莫斯科问题；

五、贵我双方订立互不侵犯及经济通商初步协定问题。[1]

上面的情况说明，中共中央这时不仅没有像李克农第一次见张时那样，要求周恩来力劝张学良参加"抗日反蒋"，而且干脆主张周恩来适当地考虑回避这个问题的讨论。当然，这并不等于说中共中央不准备再劝张学良另立局面，"抗日反蒋"。但既然中共中央已经了解张学良可能会有与蒋介石类似的要求，并已经在一个半月前指示李克农坚决反对，于 3 月下旬召开的中共中央政治局会议又再次明确肯定了蒋介石是"民族反革命派"，说刚刚出席了这次重要的政治局会议的周恩来会轻易地被张学良说服，并支持张关于改变中共

---

[1]《毛彭致王以哲并转张学良电》，1936 年 4 月 6 日，并见《毛泽东年谱》（上），第 532 页。

政策的提议，这怕是很难想象的。事实上，在周恩来与张学良会谈后的报告当中，确实也不存在任何这方面的内容。

为了便于读者更完整地了解周恩来所报告的谈判内容，我们不妨将如今已经公开的报告做一较为详尽的引证。

此报告主要分为三部分，第一部分是张学良对于周恩来提出的一些具体问题的意见；第二部分是张学良的一些重要观点；第三部分是周恩来对张学良的基本估计。但由于报告较长，又分两次写成，有些问题略有重复，加上当时收报有误，个别字读不出，个别段落被分割颠倒，因此以下引述的报告已略加整理。

对于周恩来说明的有关"停止内战，一致抗日"、红军东征、反蒋抗日、派代表赴苏和保证互不侵犯、和平通商等问题，张学良的意见大要如下：

一、停止内战，一致抗日，他完全同意，但他在公开抗日之先，不能不受蒋令，进驻苏区。他认为，红军与日帝一接触，不打红军，共同抗日的运动便可会起。

二、全国主力红军集中河北，他完全赞助。但他认为方面军在山西恐难立足，出河北太早，最好争取绥远，解决德王，以绥远为根据，靠近外蒙。

三、如我坚决东向，他可通知东北军在直南平汉路西的四师与我联络。四方面军如北上，他可使陕甘部队让路。二、六军团则须取得中央军同意方可，他愿为此事活动。

四、对蒋问题。他的问题部下确有分化，现在歧路上，他现在反蒋做不到，问题如蒋确降日，他定离开他。

五、派代表赴友邦，他由欧洲去，我们的人他可送至新疆，他并派人联络盛世才。

六、他再不听命，无以回答，问题是蒋有电责他，并转阎电报，说他隔岸观火。他原意先取关中，并求直罗鄜县封锁，但蒋坚令其由延安打通清涧、绥德，杨虎城由宜川出延长、延川。

七、国防政府、抗日联军,他认为要抗日只有此路,他愿酝酿此事。十大纲领,他研究后,愿提出意见。

八、最后商定红军在关中积极行动,在韩城、澄城牵制杨部,并派人赴陕南(由张设法送去),令陈先瑞向蓝田、鄠县活动,威胁西安,以便东北军借口而进行洛、鄘、甘、肤间的筑碉修路(彼此交通仍旧)。如此推延一月,看形势变动再定以后行动。

九、经济通商。普通购物由我们在他防地设店自购,无线电、药品他可代购办,并可送弹药。应互派一得力人伪装侦察,保持交通。另派有政治头脑及色彩不浓之人在他处做事活动,克农因公开,不便在他处任事。[1]

周恩来总结谈话中张学良就抗日、联苏、蒋介石国民党各派基本倾向及其前途等问题,所表达的主要看法是:

一、张谈抗日的问题,(1)抗日战争发生后日本将在中国

---

[1]《中共党史资料》公布的周恩来此一报告与原文比,一来内容上似不完整,二来日期上似乎也提前了一天。公布的时间是1936年4月10日,而原文落款时间则为11日。当然,报告起草和发报完成的时间可能为10日及11日两天,但公布者未加任何说明。另报告文字整理似乎也有可疑之处。如原文"对蒋问题"一段,应为"他的问题部下确有分化问题,现在歧路上,他现在反蒋做不到,问题如确降日,他决离开他",公布的文字则修改为:"他认为蒋部下确有变化,蒋现在歧路上。他现在反蒋做不到,蒋如确降日,他决离开他"。从原来的文字看,除最后一个"他"字外,很难认为原文中前半段的"他"字指的一定是蒋介石。实际上,从讨论"对蒋问题"的角度看,"他"多半应该是指张学良自己,所谓"部下确有分化","现在歧路上"等,多半都是指张学良,而非指蒋介石。故这段话的意思可以理解为:张的部下现在已有分化,而他自己现在却还很矛盾,至少"他现在反蒋做不到",但是蒋如真的降日,他定离蒋另干。修改后的文字将前面的"他"改成"蒋"字之后,意思完全改变了。成了"蒋现在歧路上",张因为蒋介石现在还处在抗日与降日之间而不能反蒋。这种修改很难认为是准确的。类似的情况还有一些。见《周恩来关于与张学良商谈各项问题致张闻天、毛泽东、彭德怀电》,1936年4月10日,《中共党史资料》第33辑,北京,中共党史资料出版社,1990年,第3—5页;并见《周恩来年谱》,第305—306页;张魁堂:《张学良传》,北京,东方出版社,1991年,第152—157页。

沿海树立许多御用政府,封锁中国沿海,中国抗日沿海困难。(2) 抗日是否能引起日本内部变化,或日本集兵阻隔,我将如何?

二、苏联是否必帮中国?苏联是否真心助中国?是否为利己?

三、张承认红军是真心抗日,剿共与抗日不能并存,红军东向可与日本接触,有了导火线,东北军即可响应。但他不相信红军进入山西立得住,到河北能胜日,故他希望红军到时由绥出察,可靠外蒙。

四、他认为国民党完了,中国只有两条路,一条共产党,一条法西斯蒂。

五、他相信法西斯方法可以救中国,在国民党要人中只佩服蒋尚有民族情绪,领导大得力,故相信帮蒋能抗日。同时他也知蒋之左右多亲日派,蒋不能下抗日决心,且极矛盾。

六、张之立场,如蒋降日,张即辞职而另干。故现时派人去新疆联络盛世才,为打通西北,自成局面,张有把握。

七、张言他左右有一些研究法西斯主义的人,其中有几个共产党人(脱离党的叛徒)。他的内部有秘密组织,梁干乔在内。国家主义派在张处的已失败,李石曾等已降日。蒋在张周围有侦探,其特务均为蒋的人。

八、张认为阎太保守了,但不要逼之过甚。两三星期后张拟仍往太原,问阎是否有意联红军。同时,张亦认为阎与日人来往要领不得。

九、南京各派蒋系,(1) 蓝衣社(真名复兴社)为蒋信徒。(2) 陈果夫则主联俄,冯、于则主联俄联共,唐生智主抗日,翁、蒋、蔡主抗日联共,陈诚、胡宗南主抗日不再剿共,政学系、安福系、何应钦、张群等均亲日,宋子文与蒋关系未恢复,张主张我们写信给陈、胡,并找CC派。

十、表示不愿打红军,但现在不能停,蒋之政策仍靠剿匪,故现处苦闷。北进想驻清涧绥德大道,道路旁山区可为苏区，亦可让出通黄河交通。同时他承认剿共北进就不能抗日。他承认在东北军中仍要提出红军抗日便是我们朋友、拥护红军抗日口号。他说明东北军北进肤施至少一月，他目前常驻洛川。[1]

从上面周恩来关于张学良谈话重点的报告中，我们看不到在张学良的忏悔录中和刘鼎追忆笔记中所记录的劝告中共联合蒋介石的那些情况。很明显，至少在周恩来看来，会谈中关于蒋介石问题的讨论并不占重要地位。不过，周恩来仍旧明确提出，张学良应该离开蒋介石，和共产党一起实行"抗日反蒋"，而张学良的回答是："他现在反蒋做不到"，以后要看形势发展再做决定。他这时对蒋的看法是，蒋是两面的，既有民族情绪，可能抗日，又为亲日派所包围，可能降日。因此，他对蒋也是两手，现在还想帮蒋，认为帮蒋才能抗日，同时也注意到另一种可能，故暗中准备在西北联俄联共，另立局面。有谁能够想象，处在这样一种将信将疑、连自己都准备另立局面的矛盾态度之中，张学良会力劝中共应当拥蒋、联蒋？其实，周恩来对张学良的这种态度也是心中有数，因此周向张解释抗日之必要与可能，解释苏联援助中国之必然与真心，解释红军在山西站得住，对日军作战有把握，却并不多谈对蒋问题。并非这个问题不重要，而是根据中共中央的指示，避免一切争论而已。因此，说什么周恩来被张学良的拥蒋、联蒋主张所打动，表示要回去劝说中共中央改变政策，恐怕不合逻辑。不仅如此，事实上周恩来仍旧把"抗日反蒋"视为一体。他明确认为，张学良现在之所以还不能"揭旗抗日"，就是因为目前"揭旗抗日"必然要与蒋介石相对抗，而他还不能完全改变对蒋介石的幻想。周恩来于会谈后第三天就在一封电报中说明过此点。电报称：

关于目前行动，彼因对蒋尚幻想及利害关系，反蒋尚不可

---

[1]《周恩来关于与张学良商谈各项问题致张闻天、毛泽东、彭德怀电》，1936年4月10日。

能，但认识蒋真投降，彼即离蒋独干。[1]

这段话清楚地表明，周恩来无论会谈中还是会谈后，仍旧寄希望于张学良能够转而参加抗日反蒋。而周恩来也断定，张学良具备这种转变的基础，只要条件成熟，他肯定会站到共产党一边来。周恩来总结他的印象，估计张：

一、确有抗日联共联俄要求及初步决心，但揭旗抗日，必须情况发展到下列程度：（1）红军与日本直接冲突；（2）国际外交有进一步开展；（3）或蒋介石急他，蒋降日卖国状况益显著时。

二、目前行动，只要我们在关中能打击东北军，杨部在宜川不进，沿潼关到肤施大道发展游击战争，摧毁其沿途工事，并乘其主力回调，击中央军，打通永和关以南两岸交通，判断东北军北进行动可暂停止，以便促进局势开展。

三、张对经济、通商、交通上助我，确有诚意。[2]

从上述报告及相关文件的内容中，我们怕是很难相信延安会谈有所谓张学良力劝中共实行拥蒋、联蒋，周恩来为之心动的情节。

---

[1]《周恩来关于停止内战一致抗日与东北军的谈判问题的电报》，1936年4月13日。此电内容也清楚地表示出延安会谈中并未讨论过所谓联蒋抗日问题。电报说明会谈内容主要为三方面问题，即："一、关于外交谈判的基本问题，彼方同意停止内战，一致抗日，及国防政府抗日联军，并愿酝酿此事，以促成其为（事）。彼方认为红军一与日帝接触，彼即可公开号召抗日，不打红军，对于红军主力集中向北，愿助其成。彼决派代表赴友邦，并助我打通关系。二、关于目前行动，彼因对蒋尚幻想及利害关系，反蒋尚不可能；但认识蒋真投降，彼即离蒋独干。目前受蒋命令进占苏区，势在必行。商谈结果，改为我方在关中加强力量，钳制其东南地区军队，在澄城、韩城、邻县积极行动，阻止杨（虎城）军前进。以陕南红军逼近西潼大道，以陕甘地方部队在耀、铜、宜、中、洛、鄜、甘、肤大道积极行动，以造成后方借口，延缓前进。并保留我方在此大道上之东西交通。三、关于经济通商，彼方已有诚意赞助，但我方派出办货人员须统一。"《中共党史教学参考资料》第15册，第537页。
[2]《周恩来关于与张学良商谈各项问题致张闻天、毛泽东、彭德怀电》，1936年4月10日。

其实，关于周恩来延安会谈后究竟是继续坚持中共中央"抗日反蒋"方针，还是接受了所谓"联蒋抗日"思想的问题，从周恩来回瓦窑堡后写给张学良的亲笔信中，也可以看得很清楚。信称：

> 坐谈竟夜，快慰平生。归语诸同志并电前方，咸服先生肝胆照人，诚抗日大幸。惟别后事变益亟，所得情报，蒋氏出兵山西原为接受广田三原则之具体步骤，而日帝更进一步要求中、日、"满"实行军事协定，同时复以分裂中国与倒蒋为要挟。蒋氏受此挟持，屈服难免，其两次抗议蒙苏协定尤见端倪。为抗日固足惜蒋氏，但不能以抗日殉蒋氏。为抗日战线计，为东北军前途计，先生当有以准备之也。[1]

在这里，周恩来主张张学良反蒋的态度可以说是再明白也没有了。蒋介石为日帝所要挟，屈服难免，其进兵山西、抗议苏蒙互助协定，足以为证。以蒋势力之大，排斥于抗日战线之外，固足可惜，但不能为了要抗日，就替蒋介石这样的人做殉葬品。故真要是为抗日战线计，为东北军前途计，就应当迅速准备联合红军，另立局面，揭旗抗日才对。[2] 这就是周恩来的态度。其中岂有"联蒋"之意？

正因为如此，周恩来回瓦窑堡向留守后方的军政委员会汇报了会谈的全部内容之后，给毛泽东的第一封电报中，就直截了当地称呼蒋介石为"蒋贼"。[3] 他同时起草的向东北军宣传的口号，明确地主张东北军应以蒋介石为敌。主张东北军官兵："反对接受蒋介石命令自相残杀"，提醒他们认识到："强迫东北军捣乱抗日后

---

[1]《周恩来致汉卿先生书》，1936年4月22日，《周恩来书信选集》，北京，中央文献出版社，1988年，第87页。

[2] 由张魁堂整理的《刘鼎在张学良那里工作的时候（三）》称，周恩来信中所谓"为抗日固足惜蒋氏，但不能以抗日殉蒋氏。为抗日战线计，为东北军前途计，先生当有以准备之也"，是"中共主张有条件地联蒋"。此说显然曲解了文意。《党的文献》，1988年第4期。

[3]《周致彭、毛电》，1936年4月13日，《周恩来年谱》，第306页。

方是蒋介石卖国铁证"、"强迫东北军开入苏区分散兵力是蒋介石阴谋"。[1]

由此可想而知,延安会谈如果说促成了什么人对蒋政策的改变的话,那么,至少可以肯定地说,被改变的绝不是周恩来。

---

[1]《周恩来致朱理治、肖劲光并告张浩同志并告毛主席等电》,1936 年 4 月 19 日,《中共党史参考资料》第 6 册,北京,解放军政治学院印行,1987 年第 301 页。

第二章 『西北大联合』计划

一、反蒋酝酿

尽管经过两次洛川会谈,张学良与共产党在许多方面已经相当接近,但颇让人奇怪的是,在延安会谈中,张学良的言谈话语,却并不十分坦白。特别是在对蒋介石的态度问题上,张学良看来还多少留了一个心眼儿。结果,延安会谈并没有使双方关系取得重大突破。对于张学良的种种许诺,共产党方面还多少有些将信将疑。

在得到周恩来11日电报的第二天,毛泽东和彭德怀曾专门就此通知后方军事领导人说:"我们与彼方新的谈判已经成就。此种谈判就全局看对于我们是有利的,虽然就局部看属于不利(彼方进兵甘延并沿路筑堡)。"但毛泽东、彭德怀在电报中仍旧指示部队要保持高度警觉,对东北军仍要严加防范。称:"在我们没有得到彼方通知,因而没有发出可以允许彼方部队通过与建筑防御物的通知给你们时,你们应坚决打击之。在我们将来对外交交涉时,可将此种行动作为你们及地方部队独断行动,并不妨碍大局。"[1]

两天后,毛泽东与彭德怀进一步提出立即设法去西安购买3000支步枪、60万发子弹,以及各种无线电器材、兵工厂器材和中西药材的问题,认为可以以此来验证张学良、王以哲联共是否真有诚意。他们在给周恩来的电报中写道:"关于军用品购买须有一专门组织,有专门负责人去洛川或西安,与王或张专门接洽此事。张、王是否

---

[1]《彭毛致朱肖电》,1936年4月12日。

真有诚意与决心,以其对此事之态度为证。"[1]

严格地说,中共和红军此前确已通过甘泉解围、协助换防和运送粮草给延安城守军等事,表明过自己的诚意,而张学良尚无任何具体表现,毛泽东等有所怀疑也在所难免。不过,不论信任与否,对张学良的统战工作仍旧为全党全军所瞩目,且是关系到红军在陕北成败的一个重要问题。故谈判结束后,中共中央就通报了会谈的成绩。电称:

(一)国防政府抗日联军认为唯一出路,十大政纲张研究后提出意见。

(二)赞助红军集中河北,四方面军出甘肃,张之部队可让路;二、六军则须得中央军同意,彼可任斡旋。

(三)派赴苏联代表,他的由欧洲去,我们的张任保护,由新疆去。

(四)完全同意停止内战,并谓如红军与日军接触,则全国停战运动更有力。

(五)在他未公开表明抗日以前,不能不接受蒋令,进占苏区。彼现准备以王以哲军入肤施,沿路筑堡。双方交通仍旧如此一个月再看形势发展。决定对杨虎臣(城)集中宜川,进占延长,彼要我们派队至韩城阻扰,同时令陕南陈先瑞部北出扰乱西安,令关中区大活动,如此彼有所藉口对蒋。

(六)通商问题,普通办货由我们设店自购,军用品由他代办。子弹可供给。

(七)互派代表常驻。

(八)张云红军出河北恐不利,在山西亦恐难立足。彼主张红军经营绥远,但如红军决定出河北,他可通知万福麟部不打我们。[2]

---

[1]《彭毛致周副主席电》,1936年4月14日。
[2]《彭毛致林聂电》,1936年4月11日。

鉴于山西前方战事日益紧张，且经由山西转电陕北费时误事，毛泽东和彭德怀迅速将陕北一切统战工作及联络任务转交给了周恩来。他们于 14 日为此致电周恩来称："张杨两部关系由你统一接洽并指导之，以其处置随时告我们，我们一般不与发生关系，对外示统一，对内专责成。对王以哲电台仅于你认为有必要时才用彭之名义发生一些交际性质之关系。"同日，毛、彭二人并将此一决定正式通知了张学良和王以哲。[1]

由于周恩来实际上已经直接负责与张学良、杨虎城的交涉工作，因此，周在回瓦窑堡同留守的军政会讨论之后，也已就下一步与张、杨联络和派人赴苏等具体问题进行了安排。他在给毛泽东、彭德怀的电报中提出：（1）决派刘鼎留在张学良处。刘鼎同志与张学良继续开展谈判，增进具体办法，并协助张学良组织其干部（东北军有抗日情绪，但无组织，且求不到得力人材，是张学良最大弱点，故张颇佩服蒋贼之黄埔生，而自己连教导团或随营学校都没有），灌输抗日主张，与张同驻洛川。（2）与张处之联络员，我方派白坚随刘鼎去驻王以哲处，表面任侦察员，来往苏区，可进行下层军官活动。（3）李克农与王以哲保持密切关系。（4）派戴季英经张处去陕南陈先瑞处巡视。（5）邓发同志代表中央偕张派赴新疆代表到迪化后转送苏联。[2]

此时，由于国民党中央军陆续进入山西，阎锡山也已集中起 4 个纵队进行反攻，红军此前占领之大部分重要城镇均已失去，作战之自主性受到极大限制。不仅如此，4 月 13 日周恩来从陕北发来的消息称："目前东北军正以主力围剿关中，以一〇五师、六十七军构筑中、洛、鄜、甘、延大道封锁，并企图配合十七路军北进延长、延川、清涧、绥德，十七路军之孙蔚如师已有一部进至宜川、韩城"，有向北进攻并封锁黄河西岸之势。注意到陕北张学良与杨虎城两部一旦真的沿鄜、甘、肤及延川、延长之线步步深入陕北苏区，

---

[1]《毛彭致王以哲并转张学良先生电》，1936 年 4 月 14 日，并参见《毛泽东年谱》（上），第 535 页。
[2]《周恩来致彭毛电》，1936 年 4 月 13 日，并参见《周恩来年谱》，第 306 页。

不仅红军唯一的战略后方可能受损,而且东征作战主力也将陷于危险中,故毛泽东、彭德怀不能不担心张学良和杨虎城对中共和红军的真实态度。他们为此一方面要求周恩来通过"外交"途径尽可能迟缓东北军的推进,并派来山西前方汇报工作的王世英立即返回西安找杨虎城谈判,一方面则要求东征部队立即做好"向西回击张学良、杨虎城之准备"。[1]

准备向西回师陕北,这在中共中央来说,无疑是一项极其重要的战略方针的改变。还在4月上旬,红军中部分将领就已经开始怀疑在山西是否站得住的问题了,当时中共中央仍坚持认为存在坚持山西的可能性。它的一个主要出发点是认为,如不能设法创造更大的根据地并取得苏联的直接支持,要想在更广泛的基础上建立起自己对全国各反蒋派的影响力,无论如何都是困难的。因此,它明确发布指示说:"中央与军委的极重大的任务,是使第一方面军在数个月内扩大至5万红军以上,在山西与华北取得大胜利,在华北首先然山西经过游击区阶段,创造比较陕北更大的根据地。在此根据地内建立模范的人民政权,成为号召全国革命的中枢,将此根据地与外蒙连接与苏联打通。凡此一切连[联]系于争取迅速对日作战的基本方针,连[联]系于国防政府与抗日联军的形成,也只有如此,才有真正的外交可办。"[2]

然而,毛泽东等人的估计显然太过乐观了。不过半个月之后,即4月20日,形势就已经迫使不能开始考虑回师陕北的问题了。

当然,究竟是回师陕北,还是继续东进,毛泽东等这时还没有拿定主意。从毛泽东4月20日给张闻天、周恩来和邓发的电报中可以看得很清楚,他这时还在考虑转进绥远建立根据地,与外蒙接通,直接取得苏联军事援助的可能性问题。电报要求邓发尽快前往苏联,称:邓发去苏联的任务关于军事者有如下各项:

---

[1]《毛彭致周电》,1936年4月14日。
[2]《彭德怀、毛泽东致林、聂二同志电》,1936年4月2日,并参见《毛泽东年谱》(上),第530—531页。

(1) 对日作战彼此双方之共同步骤问题。
(2) 两军委通信联络问题。
(3) 我军向绥远行动并在绥远创立局面问题。
(4) 技术帮助问题。能否接济步枪、步枪弹、轻重机关枪、高射机关枪、步兵炮、新式架桥设备、无线电器材等。如能接济，我军在秋天全部开赴绥远接运一次至两次。
(5) 人员帮助问题。担任特种技术教育者数人，担任作战者数人。[1]

很明显，毛泽东等这时仍然考虑在山西继续作战和创建根据地，并仍打算照原定计划经山西转进绥远。而几天之后，整个形势已不容红军继续在山西滞留了。国民党中央军汤恩伯部及阎锡山的几路人马节节推进，红军被全部压到黄河东岸永和一带狭小地区，西渡回师已成不可避免之势。

4月28日，毛泽东与彭德怀终于下令班师回陕。命令说：在山西是阎锡山加蒋介石（51个团）再加堡垒主义；在陕西是张学良、杨虎城在蒋令下向陕北进攻，企图封锁黄河；在甘肃是蒋介石之胡宗南部，再加上中央军周岩两部入山西，毛炳文调甘南，王均等在陕南与甘南，张学良原在环水区域之部队调陕西，只有神府区域、三边区域和环水区域及其以西地区较为空虚。"根据上述情况，方面军在山西已无作战的顺利条件，而在陕西、甘肃则产生了顺利条件，容许我们到那边活动，以执行扩大苏区，锻炼红军，培养干部等任务。另一方面，粉碎卖国贼扰乱抗日后方计划，亦是当前的重要任务"。据此，毛泽东与彭德怀向张闻天提议，应立即召开政治局会议，讨论新的行动方针问题。电报称：东面情况已根本的发生变化，丧失了继续作战的可能，为稳固计，红军已决定西渡。为此，提议开政治局会讨论新的行动方向及其他与之关联的问题，地点在延长。[2]

---

[1] 参见《毛泽东年谱》（上），第536页。
[2] 参见《毛泽东年谱》（上），第538—539页。

自 5 月 2 日起，到 5 月 4 日止，在山西境内的红军全部顺利地撤回了陕北。为了宣传上的需要，中共中央于回师之际特别发了一个"回师宣言"，提出停战议和问题，并且不称蒋介石为卖国贼，改称"蒋氏"。但此宣言的目的，正如毛泽东所解释的那样："这是争取白军，推动运动，孤立蒋介石的好策略"，目的就是要"使蒋介石在全国群众面前孤立起来"。谁也知道蒋介石不会与红军握手言和，正好，"不和则是卖国贼，打卖国贼"！[1]

至此，红军自 2 月 20 日开始的东征战役全部结束了。比较 1935 年瓦窑堡会议所规定的作战目标，可以知道此次作战除了在人员、粮食和部分装备方面获得暂时的补充以外，原定的种种任务均没有实现。毛泽东随后总结东征作战时认为问题不在于中央军的加入，而是战术上太过谨慎了。他说："此次失着是太谨慎，未能立即出河北，我们未过黄河前对阎锡山估计太高"，在汾河西岸过于犹豫，没有下决心东进到晋东南去。红旗一旦插到京汉铁路，情况必定大大不同。

不论对东征作战未能达成主要目标的原因如何评估，这个时候红军的处境显然变得很被动。红军虽然在山西"斩获"颇多，粮食、兵员乃至其他军需品都得到了相当程度上的补充，其西撤行动也未受到任何损失，但是，原本不为蒋介石所重视的陕北红军的实力大大曝光，中央军大举开来，结合阎锡山所部，山西境内已有大约 30 个团的国民党军队，其大部势必紧随西渡的红军主力跟进西渡，进入陕北苏区，这自然会令红军和陕北苏区的处境变得极度困难和危险。

值得庆幸的是，失之东隅，收之桑榆。5 月初，负责与张学良联络的中共代表刘鼎，突然送来张学良愿意联合红军，抗日反蒋，在西北另立局面的惊人消息。这一消息显然使中共领导人倍感意外，更深受鼓舞。

关于张学良决心联合中共、另立局面的消息，最早见自于刘鼎 4

---

[1]《毛泽东关于目前形势与今后战略方针的报告》，1936 年 5 月 8 日。

月 27 日给李克农并转周恩来的报告。刘鼎自延安会谈之后随周恩来进入陕北苏区,并到瓦窑堡,向张闻天等留陕中共中央领导人汇报之后,于 23 日持周恩来给张学良的亲笔信离开瓦窑堡,于 26 日返回到洛川。

当晚,张学良即与其谈话,态度与半月前延安会谈时截然两样。根据这次谈话,刘鼎第二天马上以隐语方式写信给周恩来,说明情况。信中说:事情出乎意料,原来人们所想到的太短促了。这位老头儿昨夜同我见面,简短的一段谈话中,除了我预备了要说的都谈了以外,他第一给我一个东西,第二表白他的不小的计划。这两者都可见他一日千里地进步着。

这个"东西"是什么呢?刘鼎解释说:

> 所谓东西,是一本小册子,名叫《活路》,最鲜明的提出了反蒋抗日,联×联×,分土地的旗帜。内容分四篇内容,约二千来字。内中有一些笑话:每士兵打回东北分土地五十亩。内中又有些过于乐观:晋秦绥宁甘新以及河北河南一部都会联成一起。红军就是彻底抗战的主力。内中除讲外蒙、苏联之帮助外,又说及日本内部革命的爆发。……他本人嘱某起草,未经他校阅而书已印成,现在他也只是说:"一口气把我的话都说完了,不大好,不过秘密的,不要紧。"[1]

那么,他那个"不小的计划"又是什么呢?报告称:

> 你看他的计划,大则要把他家这庄大房屋的一角(靠他住的这一边)完全拿过来,东头一条大道他也企图着;小则把他的几个佣人都要练为强干的打手。最近他预备出去大活动,目下还要装得老实些,赶这功夫要向他邻近各房本家以及住在他大门口的爱好老蓝布袍子的几个小伙子和严老老等相好去。他

---

[1]《刘鼎致李克农信》,1936 年 4 月 27 日。

已经开始用了"爱×"、"抗×"话向内向外活动,将使大老板无法公然反对,同时预备着硬干,预备着和大老板打一架也可也。[1]

对于这封信的内容,或许要稍加解释。这里所说的"老头儿"就是指张学良,"大老板"就是指蒋介石;"他家这庄大房屋"即指东北军;"他的几个佣人"即指东北军的某些干部;"各房本家"指陕甘各地方将领;"爱好老蓝布袍子的几个小伙子"指蓝衣社个别骨干;"严老老"指阎锡山;"联×联×"即联俄联共;"爱×"即"爱国";"抗×"即"抗日",如此等等。

从这封信的内容,可以清楚地看出,张学良这时不仅与蒋介石离心离德,而且根本上就是分道扬镳了。奇怪的倒是,为什么延安会谈时张学良还在那里搞"外交",患得患失地谈什么相信蒋有民族情绪,帮蒋能抗日之类?从张学良介绍《活路》一书的出笼过程看,延安会谈之前他其实就已经同《活路》的作者谈过类似联俄、联共、抗日,乃至反蒋的话题,并且同意他们的观点,支持他们印成小册子在东北军中秘密散发。而在延安向周恩来正式表明态度时,他反倒犹豫退缩了。当然,延安会谈时他其实也隐隐地谈到他准备离开蒋介石另起炉灶的想法,只不过他说得不那么明确。如今,他多少有点破釜沉舟的劲儿了。这里的原因,据刘鼎信上说,就是:不久前的谈判和宣传已经发生作用,"此外加上他的大老板越发在他面前现恶,他家大大小小的嘴也利害,很多人逼他,而且他已经感觉到大老板对他开始了恶毒的布置"。[2]

从刘鼎报告的情况可以看出,张学良之突然准备反蒋,大致不外基于两点考虑:一是抗日,二是保存实力,而这两者事实上又密切相关。身为地方实力派人物,像一切地方实力派代表人物一样,张学良深知保持看家本钱不致被人夺去的关键是要保住自己的地盘。东北沦陷,让子承父业做了"东北王"的张学良已历经波折。为了

---

[1] 张友坤、钱进主编:《张学良年谱》(下),第996—997页。
[2] 张友坤、钱进主编:《张学良年谱》(下),第997页。

保住东北军的实力不失，他不惜背上"不抵抗将军"的罪名。但带着东北军流亡关内，寄蒋篱下，从全国陆海空军副司令，降至北平绥靖主任，再被迫下野出洋，差点儿丢了看家的本钱，其间的滋味与苦痛，更让他刻骨铭心，对蒋亦不免心生反感。张1934年从欧洲回国前后，竟至秘密与反蒋派往来呼应，有心倒蒋，其原因也在于此。[1] 虽然蒋介石依旧对张信任有加，继续让他指挥东北军，张也回心转意，继续拥蒋，但是，尝尽背井离乡之苦的张学良，也彻底明白了要保住东北军这支看家的本钱，就非回东北不可的道理。

回东北，不能指望蒋介石和南京中央，这一点张学良心知肚明。但既不能指望蒋介石帮助自己夺回东北，又不能不听从蒋介石的指挥在关内帮蒋打内战，这种情况最让张学良感觉痛苦。因为他已经发现，如果按照蒋"先安内后攘外"的基本国策行事，怕是回不了东北，他的东北军就在内战中消耗得差不多了。张学良所以称赞《活路》作者把他想要讲的话一口气都说完了，很大程度也正是因为对蒋的这种政策及其给东北军带来的严重损失，深感不满。他后来回忆他这时最感沮丧的，就是他的一一〇、一〇九两师在"剿共"作战中全军覆没，而且还死了两个师长。[2] 张学良回忆显示，这时在"剿共"战争中大量损失自己部队的情况，对其内心里早已埋下的"恶缘种种，不啻火上加油"。这样下去，他张学良拿什么去面对那些指着他吃饭，指着他带他们回老家的东北父老乡亲。他对刘鼎所称"大老板越发在他面前现恶"，"对他开始了恶毒的布置"，因而"他家大大小小的嘴也利害，很多人逼他"等，想必即是为此。由此可知，他很容易佩服共产党，很容易接受"联俄联共"宣传的鼓动。

不过，作为一名军事统帅，张学良十分清楚，这时还不是他公然揭旗联共和反蒋的时候。

第一，所谓"要把他家这庄大房屋的一角（靠他住的一边）完全拿过来"，这表明张此时尚无完全把握东北军之力。

---

[1] 参见杨天石：《海外访史录》，北京，社会科学文献出版社，2001年，第341—342页。
[2] 李金洲：《西安事变亲历记》，台北，传记文学出版社，1976年，第11页。

第二,所谓要"把他的几个佣人都练为强干的打手",也证明了前引周恩来电报中的话,张这时还缺少可依靠的、有能力的干部。

第三,大概也是最重要的,即仅以东北军和红军之力,要对付蒋介石的国民党中央军,又要实行抗日,不仅兵力上过于悬殊,而且武器、弹药等各种军事装备的补给也将完全中断。因此,如果没有苏联的直接援助,没有各地反蒋实力派的响应,要想与蒋介石抗衡和实行抗日,无论如何难以想象。这也就是为什么张学良明确表示,"最近他预备出去大活动,目下还要装得老实些,赶这功夫要向他邻近各房本家,以及住在他大门口的爱好老蓝布袍的几个小伙子和严老老等相好去"。当然,这种活动终难逃过蒋介石的耳目,因此,张学良表示,他只是"暂时与大老板周旋,趁此作最低限度的准备,同时还要提防大老板下他的毒手。"刘鼎在4月30日的信中报告说:"老头儿提出'牵延到十一月就起变化。这当中一面对内亲和,对友作抗日的大活动,另一面捧大老板登峰造极。只要有半年功夫,大事可济。我要干就彻底干!"[1]

当然,由于国民党中央军开始大批进入陕甘,形势已相当严重,张学良的表面文章能做多久,实在是个问题。因此,刘鼎一再告诫张学良:"时间太危急了,谁能担保此不生不死之状态到半年之久呢?"可是,即使是从刘鼎的角度,他也不能不承认,张学良有他自己的道理。

刘鼎分析说:张学良本来就在歧路上,又恋新又舍不得旧。这个矛盾变化得虽然快,究竟离终点还远,还有些难关哩!至少他还想最后从南京方面得着一些最后的钱财,以便来同红军度岁月。张学良之所以要牵延到11月才起事,一方面固然是想在这几个月中去从南京方面骗得一些东西,另一方面多半是认为"到十一月可以得到新爱人的老亲们的表示"。[2]

这里所说的"到十一月可以得到新爱人的老亲们的表示",无疑就是指望到时候能够得到苏联愿意援助他的表示。很明显,之所以

---

[1] 张友坤、钱进主编:《张学良年谱》(下),第997、998—999页。
[2] 《刘鼎致李克农信》,1936年5月2日。

要拖到11月才起事,这个考虑实在是再关键没有了。尽管刘鼎一再劝告张学良,联共必然可以得到苏联方面的援助,但为了进一步坚定张学良的信心,刘鼎还是建议:"顶好找那八字算得顶好的胡子和瞎子一同来给她再算一命。"[1]这"胡子"就是指这时蓄着大胡子的周恩来,那"瞎子"则是指戴着眼镜的李克农。

张学良决心反蒋的消息,在共产党人中引起了极大的反响。负责中央联络局电台的曾希圣首先得到消息,并于5月5日电告中共中央,称:近因蒋愈恶,张颇悟,已有抗日反蒋决心,言要干就彻底干。惟为准备计,反蒋事暂不公开,但如何处理各内系统问题,盼有所商定。示张能否见面,定好地点。[2]

5月7日,直接负责与陕甘地方实力派联络工作的中共陕甘省委领导人朱理治也致电中共中央,告之张反蒋决心已定,但要求给他时间准备并保密。电称:他希望我们不要迫他太急,他希望在11月骗到蒋介石一些武器补充后,再约公开。他希望红军不要写红军与东北军联合起来,他将我党口号修改后,一下印了许多。现在外方很怀疑,说东北军的口号为什么和红军一样的。[3]

十几万东北军的统帅张学良突然决定参加革命,这不能不让中共中央感到惊喜。刚刚撤回陕北,正在为应付东、南两面迅速推进的国民党军,确定红军下一步行动方向而焦虑的毛泽东等人,立即感到了极大的安慰。在5月8日的政治局会议上,毛泽东明确提出了联合东北军、接通外蒙、苏联,为西北国防政府而斗争的行动方案。他说:时至今日,中间阶级的态度终于转变过来了,落后分子也一天一天地觉醒了。"其中最明显的是张学良的态度,这是大革命到来的标志。""现张由反日的决心开始进到决心反蒋的程度",这说明民族资产阶级是应该争取也可能争取的。考虑到现在的有利形势,中共中央总的任务"是全国人民统一战线,战胜蒋日",但具体到西

---

[1]《刘鼎致李克农信》,1936年5月2日。
[2]《希圣关于张学良反蒋抗日的态度的报告》,1936年5月5日。
[3]《朱理治关于张学良我在政治上军事上联络问题的意见致中央电》,1936年5月7日,转见《近代史研究》,1988年第3期。

北地区,现在的任务应当是建立西北国防政府,争取中国革命首先在西北胜利。他强调说:为西北国防政府斗争是可能的,因为西北是最薄弱的一环,并且有特殊条件,即中央和红军都在此,同时还有东北军,又接近苏联。而这后一点尤其重要。我们不要"光荣的孤立",我们可以和宁夏、新疆、外蒙联系起来,与苏联结成联盟,从而立于不败之地。毛泽东指出:"三月间订立的苏蒙条约,就是告诉中国革命者,你们可以如此做,我们可以同你联盟。""这是重要的事!"当然,毛泽东说,以西北为根据地,也可以提出最能动员群众的口号。这是因为西北接近华北,处于民族危机的前沿,提出"保卫西北"的口号,并把它与"保卫中国"联系起来,足以号召群众,和"反对贼子日本、蒋介石"。[1]

要在西北成立大局面,决定了红军也必须以西北地区为发展方向。考虑到这一点,毛泽东明确提出,下一步行动方向目前只有陕北、宁夏、陕南、甘肃这四条路可走。陕北"没饭吃,狭小,不能去(留)";宁夏少数民族区域,到处是寨子与堡垒,"从政治军事观点上不应去";陕南条件最好,但蒋介石的力量也最强,如果得到炮兵,最好向南去,"否则就只有把蒋调到甘肃,使其疲而击之,粮食有了,再往东边"。[2]据此,中共中央又拟定了"西征战役计划",提出:为着极力扩大西北抗日根据地并使之巩固,为着扩大抗日阵营,为着更加接近外蒙和苏联,为着一切抗日力量有核心的团聚,西北军委决以红军之一部箝制蒋、阎西渡部队,及陕北、渭北敌人,以主力组织西北野战军活动于陕甘宁广大区域。另以有力支队,进出陕南,与我陈先瑞部会合,活动于陕鄂豫三省,调动并吸引蒋介石主力于该方面,使我主力易于在西方取得胜利。[3]

红军实行西征,自然需要张学良的东北军给予配合。因此,双方领导人之间的再次会谈实属必要。只不过,双方这时所关心的重

---

[1]《毛泽东关于目前形势与今后战略方针的报告》,1936年5月8日。
[2]《毛泽东关于目前形势与今后战略方针的报告》。
[3]《西征战役计划》,1936年5月18日,《文献和研究》,1986年第5期(关于红军北上抗日方针的十八份电报)。

点看来还不完全一致。刚刚下决心参加反蒋行动,但又不敢立即起事的张学良,这时显得格外小心谨慎。他特别告诉中共代表,听说上海及南京风传他与共产党在洛川开会,蒋最近又派了许多政训人员到东北军里来,实则为监视他。他若行动大意,必致引起怀疑。因此,对于蒋介石要他迅速向陕北苏区腹地推进的命令,他已不能不从。结果,当东北军一〇五师沿甘泉向鄜县推进,并企图筑堡时,终与肖劲光指挥下的红二十九军发生冲突。而五十七军常经武师和沈克师这时也向直罗镇方向挺进筑堡,这不能不再度引起红军方面对东北军有否诚意的疑惑。周恩来当即致电刘鼎,要求张学良说明内情。为此,双方反复电商未能解决。

5月1日,六十七军参谋长赵镇藩急电李克农,说明:一〇五师之一部于龙坊西北泊村与贵军之一部发生不幸事件,此事出于一营长之不明情形,弟已告知刘师长转告其部下,以后不可如此行动。[1] 同日,王以哲也致电毛泽东和彭德怀,提出:甘肤间筑碉事与周恩来先生曾面谈过,请即刻通知沿途红军勿生误会为荷。[2]

对此,周恩来则在5月2日的复电中答复说:甘泉与鄜县间筑堡问题,与敝方破坏碉堡事,曾与先生等面约藉掩外人耳目。现为彻底解除误会,已令敝方肖军长停止任何敌对行动,另对鄜肤间东西大道敝方交通,已饬驻军勿生阻碍。但对政训处进入苏区编组保甲、武装掩护地主收租抢粮等事,务请给予制止。另外,近日直罗镇和羊泉间贵方突然集结重兵并深入套通、老人仓各路筑碉,事前即未谈妥,且不明贵方意图。请代询张学良先生,并示以真相。为此我方愿派李克农同志到洛川面商一切。[3]

3日,李克农得到赵镇藩来电并接到赴洛商谈的指示之后,也复电赵镇藩,强调:对在鄜县、甘泉及直罗镇地区筑碉堡一事,事前张学良先生与周恩来并未谈及,事后亦未见电商,真相不明。兄部行动致使兄我两方敌对区域扩大,颇非前途。请向张学良先生、王

---

[1]《赵镇藩致李克农电》,1936年5月1日。
[2]《王以哲致彭毛电》,1936年5月1日。
[3]《周恩来致王以哲电》,1936年5月2日。

以哲先生说明,特别是与六十七军的协定若能扩大范围至五十七军则最好。至于两军冲突事,已电令肖劲光军长就近与一〇七师刘翰东师长妥商解决办法。[1]可是,当肖劲光派人前去一〇七师接洽时,刘翰东师长恰好前往洛川,部下对双方关系一无所知,竟将来人扣押,电询洛川如何处理,此举令张学良十分被动。张不得不让刘鼎电告中共方面:"请令后勿轻派人来,令人难处。"王以哲进而也于4日再电周恩来,就此解释说:一〇七师深入老人仓事,只因刘师长在洛,以环境关系,肖同志不必再来商洽,弟可负责告知。而常、沈师到黑水寺、直罗镇、羊泉镇、鄜县之线筑碉事,前张学良先生在洛川曾与李克农同志议过,故会面时未曾提及。而五十七军一旦到达黑水、羊泉之线后决不再前进,务请放心。[2]

十分明显,双方关系这时非常微妙与复杂,许多具体问题急需详商解决办法。特别是处此进退维谷之境的张学良,更是焦心如焚。尤其是当他得知红军已全部从山西撤回陕北,国民党中央军可能迅速跟进陕北之后,这种担心更加明显。按照刘鼎来信的说法就是,张担心"在自动标扬之先而被人察觉,则我暗彼明,常常会遭受一些意外的损失"[3]。因此,张学良之希望与周恩来见面,甚至比周恩来还要着急。

还在5月4日,刘鼎即代张学良要求与周恩来见面。其电称:此间得知红军西渡,汤恩伯之二师于后跟进。如确,则张求见周,面商对策,见面地点在甘泉旧县。[4]

与此同时,中共上海地下党组织派周建屏前来陕北,路经洛川时,张学良特别约见了周建屏,要求他立即向周恩来说明,蒋介石命令杨虎城由宜川经延长向延安推进,杨则以张部未能前进至临真镇,其左侧缺乏掩护为借口不进。故张学良要求红军允许东北军开两团人到临真镇,十数天内不建碉堡,即行退回。与此同时,张要

---

[1]《李克农致赵镇藩电》,1936年5月3日。
[2]《王以哲致周恩来电》,1936年5月4日。
[3] 邱路:《也谈〈刘鼎在张学良那里工作的时候〉》,《党的文献》,1990年第2期。
[4]《刘鼎致周电》,1936年5月4日。

求周建屏向周恩来进一步转达以下数点：第一，蒋介石有命令给直属4个师的中央军，要求各部立即西渡黄河，会合杨虎城向前推进，张学良要求红军从山西方向加以牵制，防其西渡。第二，张希望红军给中央军以打击，不要回陕北。因回陕北恐有6个师的国民党部队尾随西渡，这对红军与对张均不利。第三，蒋命张部一面由延安进至延川，同时由延安进至瓦窑堡，筑碉构堡。为应付计，张要求红军允许东北军可以由延安至延川，再由延川回至延长之线建筑碉堡。红军如回，东北军可允许通过。

张学良最后再度"要求与恩来见面"[1]。

值得注意的是，张学良这里所担心的问题，中共中央却并不十分重视。既然张学良已经决心反蒋，两军如何协调以应付蒋军，严格地说并不难于解决。中共中央更关心的，显然是红军与东北军之间更进一步的大规模的配合行动问题，实际上也就是在西北建立"抗日反蒋"的国防政府与抗日联军的问题。因此，毛泽东、彭德怀与周恩来接到上述电报和信件之后，当即于5月7日复电刘鼎转张学良与王以哲称：再度会谈极为必要，请张学良先生决定时间，愈快愈好，地点以川口或延安为宜，弟等三人中可来两人。对于张学良担心红军回师西渡问题，电报解释说：我军全师已回渡，现正加紧训练，准备对付大老板大举进攻。大老板在北方之全力，我军力能应付，吸引大老板全力于我军周围，即可保证张学良先生及其他友军在适当时间完成政治军事经济各种准备。关于东北军须受命由延安推进至延川和瓦窑堡的问题，电报主张张学良迅速发布红军有向肤施、甘泉、宜川及韩城方向前进模样之消息，用以搪塞南京方面。另电报强调：张学良非有确实可靠之政治环境条件作保证，万不可轻易离开部队，以防意外。至少在与弟等晤面前勿他往。电报同时还明确提出双方晤面所谈问题如下：

A. 张学良先生准备大举之实际具体步骤，即政治军事经济

---

[1] 张友坤、钱进主编：《张学良年谱》（下），第1002—1003页。

之问题;

B. 杨(虎城)、阎(锡山)、马(占山)、邓(宝珊)、盛(世才)、王(均)、毛(炳文)七部之联合战线问题;

C. 张学良先生所部与弟等所部今后行动方针问题。[1]

接到毛泽东等三人的来电,张学良当即表示同意中共中央的建议,并决定10日晚仍在延安见面。5月8日,王以哲为此复电毛泽东等,请中共中央代表于10日晚仍到延安城外之川口,等待派员往接入城。[2]

由于周恩来此时正在延川参加重要会议,且延川至延安有250里,一时赶不及,故周9日再电王以哲、张学良,提议12日下午到川口,当晚入城晤谈。[3]之后,周恩来等又因事迟至11日晨才动身往延安,但仍于12日下午赶到了延安城外20里之川口。

当晚,张学良派人接引周恩来等一行人入城。双方再度连夜会谈后,张再派人于13日晨将周恩来等送出城外。15日,周恩来返回延川。至此,张学良与周恩来第二次延安会谈亦顺利实现。

---

[1]《周恩来、博古致刘鼎电》,1936年5月7日,并见《毛泽东年谱》(上),第540页;《周恩来年谱》,第308页。
[2]《王以哲致彭毛电》,1936年5月8日。
[3]《周恩来致刘鼎同志电》,1936年5月9日。

二、入党初衷

第二次延安会谈中，周恩来与张学良又谈了些什么呢？由于周恩来会谈之后当即返回延川，只对正在延川的毛泽东、彭德怀等中共领导人做了口头汇报，以至我们今天看不到周恩来留下的文字报告。但会谈的基本内容，根据会谈前后双方来往电报，以及双方之间这时围绕着东北军进入苏区筑碉问题所发生的矛盾，仍旧可以获得大致的了解。

根据会谈之前双方的要求和愿望，我们可以知道，这次会谈至少要涉及以下四个方面的问题：

一、东北军反蒋行动的各项具体准备问题。

二、向各地方实力派进行统战工作问题。

三、东北军与红军今后共同的行动方针问题。

四、东北军为应付蒋令在陕北苏区内筑碉问题。

在会谈后，通过双方的来往电报，我们又可以知道，双方至少在以下几件事情上取得了协议或达成了一致：

第一件事，就是允许东北军进入苏区筑碉。除原定之直罗镇一带、甘肃之线以外，考虑到蒋介石、阎锡山军队即将西渡黄河进入陕北，中共中央还特地要求东北军迅速在靠近黄河西岸的干谷驿、交口镇向延川、清涧一线筑碉，以便阻碍蒋、阎军队进占。

5月15日，即周恩来回到延川的第二天，就有电报给王以哲并转张学良称：据查，蒋、阎6师入陕势在必行，彭德怀、毛泽东诸同志均认为东北军应速作经干谷驿、交口镇入延川、清涧之一切准备，并请将行动日期见告。此间亦拟以一部兵力围困宋家川，迟滞该敌渡河。

同前此双方军队围绕着直罗镇一带筑碉问题发生摩擦的情况相比，这时周恩来的态度有了很大的改变。不仅直罗镇的问题不再提了，而且直截了当地要求东北军到靠近黄河西岸的地区筑堡。这说明，双方在这次会谈中已经就这一问题达成了具体的妥协。

第二件事，则是根据中共中央前此之决定，红军之一部将前往陕南并计划转进河南发展，一面由南面牵制北进之蒋军，一面争取在鄂豫皖三省间取得新的发展条件。为此，周恩来提出请张学良放行并支援红军弹药，张答应由东北军支援红军七九子弹10万发，并将其中6万发可直接运送至延安城，另外4万发将送给出陕南之红军部队。为此，周恩来5月22日曾有电报说明：红军去陕南并准备第二步出河南之部队已准备就绪，依前议，决取最捷道路南下。即经牛武镇及洛川、白水、蒲城附近，直趋临潼下游之交口镇或新丰镇渡河，出蓝田，但必须东北军方面驻临潼部队代为在北岸准备好船只，方能确实无误地迅速渡河，以争取入豫先机。电报要求张学良迅速就此进行准备，并依照前议调拨七九子弹10万发，从中抽3万至4万发于临潼附近交红军去陕南部队，其余子弹则仍依前定办法在肤甘之间转交红军。[1]

周恩来此电表明，他与张学良已经就红军南下河南问题达成协议，并得到张学良愿意为此拨子弹10万发的承诺。不过，这一行动几天后就停止了。因为中共中央这时得到了西南两广可能发生事变的消息，如果西南地区发生事变，整个西北的局势无疑也要发生变化并须积极筹划响应，西北计划有迅速实施的可能。在这种条件下，中共中央原定派部队经陕南下河南的计划自然中止。但前议由张学良拨付子弹的计划并未因此变更，6月1日，张学良仍按约定将6万发子弹送到了延安，随后秘密送给了红军。

---

[1] 周恩来对此曾致电王以哲表示感谢，称"承拨子弹，足征兄等待人如己，不分界限，有如兄弟手足，曷胜感纫"。

第三件事，是双方商定了有关东北军与红军联合行动之"西北大计划"。计划的中心内容就是"以兰州作大本营，建立局面，打通友邦"。这显然是第二次延安会谈所取得的最重要的成果。毛泽东在5月8日政治局会议上提出了"为西北国防政府斗争"的目标，并明确提出了争取实现这一目标的基本步骤，即以抗日为号召，通过红军与东北军的联合行动，夺取宁夏、甘北，接通新疆、外蒙，与苏联结成联盟。周恩来将中共有关此一计划的设想向张学良进行了详细的说明，双方并且进一步商定了发动以"抗日反蒋"为号召的西北国防政府的具体时间表，规定九、十月间为两军共同组成西北抗日联军并成立西北国防政府的时间。而促使张学良对这一大计划全力支持的一个重要原因，自然是中共对于取得苏联援助的信心。关于这种情况，很容易从下面的来往电报中看出来。

5月20日，即第二次延安会谈过去一周之后，中共中央曾有电报给四方面军和二、六军团的领导人，内称：关于"西北国防政府的计划，在目前仅能使高级干部知道，对外应守秘密"。此一计划之中心内容就是："红军与东北军密切合作，以进到西北大联合，建立西北国防政府，打通苏联，与苏联及外蒙订立抗日互助条约。"至于苏联的态度，可以说完全不必担心，因为"国际已三四次派人来找我们，希望我们在西北成立大局面"。[1]

5天之后，即25日，中共中央又再一次去电更具体地解释了这种情况，说明已与张学良商量好，协助陕北红军策应红军四方面军和二、六军团北上，渐次接近外蒙，接取援助，苏联盼望红军靠近外蒙、新疆。电称：

（一）国内及国际的政治局势均取着暴风雨般的姿态向前发

---

[1]《林育英、张闻天、毛泽东、周恩来、博古、邓发、王稼祥、凯丰、彭德怀、林彪、徐海东、程子华致朱德、张国焘、徐向前、陈昌浩、任弼时、贺龙、肖克、关向应、夏曦同志并转各负责同志电》，1936年5月20日，中央统战部、中央档案馆编：《中共中央抗日民族统一战线文件选编》（中），北京，档案出版社，1985年，第147—149页。

展，党的反日统一战线策略有第一步的成就。目前议事日程上的具体任务是建立西北国防政府，争取迅速对日作战，以走向建立全国国防政府，彻底战胜日本帝国主义。

（二）西北的形势是：红军与东北军取得密切合作，与杨虎城、邓宝珊亦有联系。胡宗南由山西向陕南，王均在汉中，毛炳文在甘南，阎锡山受红军重大打击后，现只能出八团入陕，汤恩伯率十八团（四个师）准备入陕，亦颇动摇。于学忠率两师在兰州、天水间，奉军（即指东北军——引者注）主力在洛水、环水、泾水流域，陕军（即指杨虎城之十七路军——引者注）在韩城、宜川线，马鸿宾主力在宁夏境，马麟在青海，一部在兰州以西。红军西渡后，向陕甘宁发展，策应四方面军与二方面军，猛力发展苏区，渐次接近外蒙。外蒙和苏联订立了军事互助条约，国际盼望红军靠近外蒙、新疆。

（三）四方面军与二方面军宜趁此十分有利时机与有利天候，速定大计，或出甘肃，或出青海。在兄等大计决定之后，一方面军适时向天水、兰州出动，进一步策应兄等，使蒋军不能拦阻。至于奉军，已与秘密约定，不加拦阻。[1]

这时，根据预定作战计划，红军主力已经开始进入甘北作战，准备背靠东北军，控制庆阳、镇原之线以北地区，力争转进宁夏，接通外蒙。东北军除照约定应为红军让路外，还应尽快控制兰州及其陕甘大道。为此，中共中央接连致电王以哲及张学良，要求后者务必尽快照原定方案迅速部署部队，便利接通苏联和成立西北大局面的行动，切勿让蒋介石的军队制其先机。其5月26日电称：蒋介石如令王均、毛炳文部进驻，则割断了陕甘大道，对于将来东北军

---

[1]《育英、洛甫、泽东、恩来、博古、德怀、林彪、海东致朱、张、刘、徐、陈并转任、贺、肖、关、夏诸同志电》，1936年5月25日，《毛泽东军事文集》第1卷，第533—534页；《文献和研究》，1986年第5期。注：此段文字似有某些错误，如青海马麟应为马步芳；胡宗南由山西入陕一句似为情报错误，其实是汤恩伯；相反，率18个团（4个师）准备入陕的汤恩伯一句，似应为胡宗南。

增向兰州，准备以兰州作大本营，建立局面，打通友邦之计划，大有妨碍。据此，请立时准备以东北军一部进驻镇原、隆德等地，以制先机"。[1] 5月底6月初，红军西征作战开始后，中共中央更多次通知张学良、王以哲，强调"兰州为西北大计划之最重要战略根据地，兄部务以适当兵力预先控制"，并将部队保持于庆阳、镇原之线，以便于红军"向固原、预旺、盐池、灵武求得确定的胜利，接近黄河，有利于尔后打通友邦之步骤"。[2]

通过上述资料可以很清楚地看出，这时中共中央与张学良之间已经在西北大联合计划问题上达成了具体的协议，双方在关于计划内容、行动步骤、大致的实施时间乃至东北军与红军公开联合起事后在西北的经营范围，也都有了重要的默契。

第四件事，则是双方商定立即由张学良负责送中共代表邓发（化名杨鼎华），经甘肃、新疆前往苏联汇报一切，安排援助事宜。其实，此事之商谈早在第一次延安会谈中就已经有所商定。这次不过是更进一步将其具体化而已。而张学良为此积极筹划和帮助的情况，也可以看出张确实对此做出了明确的承诺并很快就落实了。

邓发去苏联行前经过一段时间的准备。因此，在第二次延安会谈过了20天时间，邓发才开始动身。根据约定，刘鼎于6月3日前往延安城外之川口与周恩来等见面并带邓发经洛川前往西安转去新疆。

值得一提的是，周恩来此行并非仅仅为了送邓发转去苏联，和听取刘鼎近期工作的汇报，根据中共中央这时的布置，周恩来此行还负有十分重要的任务，这就是向刘鼎说明中共中央关于推动张学良响应西南两广事变，递交中共中央为此起草的具体行动计划书。

原来，这时已有消息说明西南不稳，两广之陈济棠和李宗仁已开始揭旗反蒋，因此中共中央极力主张东北军与红军迅速做好在西北发动事变的一切准备。为此，中共中央专门拟定了行动计划书，由周恩来当面交代邓发与刘鼎转交张学良。计划书中除具体分析了

---

[1]《周恩来致王以哲即转张学良电》，1936年5月26日。
[2]《周恩来致张学良电》，1936年5月30日、6月4日。

当前的西北政治、军事、经济状况,敌我两军态势等综合情况之外,"并将彼我两军关系,西北国防政府与苏联、外蒙关系及缩短准备时间等,均具体开列给张,坚定其信心并促其实现"。[1] 在具体布置了这一工作之后,刘鼎与邓发即一同于5日返回延安,致电王以哲派车接引,然后于8日抵达洛川,9日中午飞到西安,10日即面见张学良。据刘鼎事后电称,双方"纵谈良久,彼此称快"。可见张对于中共中央的这一计划也颇为动心。随后,张学良当天就亲自驾机飞至兰州,前往兰州民政厅为邓发办好护照,再派飞机送邓发到兰州,又打电报并写信给盛世才,其热心程度尤为引人注目。[2]

6月初,中共中央得知两广发生事变的情况,即转告王以哲称:"据报粤桂军揭抗日反蒋旗帜,组抗日革命军,陈济棠总司令,李宗仁副司令,桂军夏威部未遭湘军抵抗,七日进占衡阳,粤军张达部将与夏会合,继续北进"。"此间拟派代表南下联络"。[3] 王以哲对此也表示关切,乐见中共方面派人与各方反蒋派联络。

西南两广事变的爆发特别让中共中央感到振奋。中共中央除迅速选派联络人员经王以哲秘密送出,分别派往两广及河北宋哲元等处进行联络外,立即开始筹划和部署西北发动的实施步骤。毫无疑问,对于西北国防政府计划的发动来说,西南的反蒋发动是最有力的支持。一旦西南、西北乃至华北同时举起"抗日反蒋"的义旗,南京政府必将难以招架甚至分崩离析。因此,中共中央专门通电二、四两个方面军的领导人称:中国革命已经开始进入"抗日讨逆的大规模的民族革命战争的阶段",西南的发动就是这一新阶段开始的标志,它"可以得到最广大的最复杂的各种抗日反蒋的力量的拥护,从共产党起一直到帝国主义,可以发展到最广泛的抗日讨逆的统一战线的创立"。"我们的策略是在使这次发动持久扩大,充实而转变

---

[1]《洛甫致王明、康生、陈云同志电》,1936年7月2日,莫斯科俄罗斯当代历史文献保管与研究中心档案(以下简称中心档案),全宗号495,目录号74,卷宗号281(以下简写为495/74/281)。
[2]《洛甫致王明、康生、陈云同志电》,1936年7月2日。
[3]《周恩来致王以哲电》,1936年6月9日。

为全中国人民武装抗日的神圣的民族革命战争"，而共产党在目前阶段最重要的任务，"首先是加速西北的发动来响应与配合这一发动"。[1]

在6月12日举行的中共中央政治局会议上，中共领导人更进一步提到了以西北发动响应西南事变的问题，有人明确主张：推动张学良加快发展，加强对两广的工作，同时还要加强加速西北抗日反蒋运动的发展，事情很清楚，"西南若恶化，对西北发动有困难"，因此"战略方针要适当的考虑"。毛泽东也认为：西南事变已经成为中国革命的一大推动力，已经成为目前中心的一环，对西北发动有大的作用。在这种情况下，"西北发动可提早时间"，当然要选择适当的时机，并以胜利为前提。[2]

据此，中共中央决定提前西北发动的时间，并将前此与张学良的商定和进一步向张学良提交的计划书内容，于6月16日详细上报共产国际请求批准。电称：

> 我们与东北军间的统一战线上层方面，业已坚定了张学良抗日反蒋的决心。……西北国防政府的局面，目前因两广的发动，华北宋哲元与四川刘湘等的酝酿，西北发动有加快的必要。……宁夏、青海方面是打通我们与苏联地理关系的重要关键，目前还没有有利的情况，然而以红军与东北军两个西北主力起而举事，西北局面已能控制，西北国防政府已有他坚定的基础了。……为了策应两广及华北的局面，西北的发动决定提早。发动的时机拟在两个月内。发动的部署以接近苏联与解决西北蒋介石力量为原则，大体以红军一方面军经于甘北，二、四方面军经于甘南，以东北军一部入兰州，解决朱绍良，并控制兰州到哈密要道。因黄河的障碍，在结冰以前红军没有办法出至黄河以西或以北，因此只能使用东北军。西北国防政府应

---

[1]《育英、泽东、恩来、博古、德怀、凯丰、洛甫致国焘、朱德、弼时、贺龙、向前等同志电》，1936年6月18日。
[2]《毛泽东在政治局会议上的讲话》，1936年6月12日。

以兰州为中心，此政府主席及抗日联军总司令推张学良，我们则任其副。[1]

在上述报告中，中共中央提出的主要困难就是经费和装备问题。因为这不仅是中共中央担心的问题，也是历次谈判中张学良最关心的问题。两广事变发生后，张学良始终没有对中共中央的行动计划作出明确的响应，只是积极送邓发前往苏联，同时更主动派出自己的代表分别经上海和新疆与苏联进行联络，其目的也正是关心苏联的态度，担心事变发动后若无苏联的援助，几十万大军粮草弹药将无以为继。中共中央自然深知此种情况，因此其报告明确提出：东北军一旦脱离南京政府，则财政来源完全断绝，加上红军，每月至少应得到国际300万元的资助。同时，东北军脱离南京后，武器装备的来源也完全断绝，故飞机、重炮、各类步枪、机枪、架桥设备以及各种弹药，都需要来自国际的援助。[2]

6月16日，是中共中央在接近两年时间与共产国际中断了电讯联系之后，正式恢复直接电讯联络的第一天。上述电报也是中共中央恢复电讯后给共产国际和苏联党发去的第一封电报。在第一封电报中就详细解释迅速建立西北国防政府，实现西北大联合的计划，可见它这时已经成了中共一切工作的中心，并成为当务之急。

其实，尽管此时中共中央在发动的时机方面还在要求共产国际给予指示，它已经就西北发动问题做出了明确的决定。其决定说：

甲、时局已起重大变化，这使中国革命走上了一个新阶段，党的任务是使抗日反蒋的统一战线进到高度具体化，即实行国防政府与抗日联军的组织。

乙、西北国防政府已经有了迅速组织的可能与必要，我们应以西北的发动去配合两广的发动。

丙、西北发动的时机与部署，须以争取胜利为原则，依此

---

[1]《中央书记处致王明、康生电》，1936年6月16日，中心档案495/74/281。
[2]《中央书记处致王明、康生电》，1936年6月16日，中心档案495/74/281。

原则并顾到各方面的条件。[1]

这时,张学良在送邓发前往兰州后即转去南京,不在西安。但周恩来仍为此致电王以哲,要求王以哲务必加紧准备,并约张学良回来后立即前来协商,以便提早完成西北发动的一切准备工作。其电报明确讲:目前大局,两广发动后,宋哲元有加入说,云贵川湘亦在酝酿,大有造成全国抗日反蒋之可能,东北军发动时机业已成熟,一俟张学良先生回来,即须协商具体办法。西北国防政府之树立,此其时矣。吾兄乃东北军之柱石,务望对内部组织方面十分加紧。时局要求我们提早时间,大约一个月内即须完成一切准备工作,张学良归后,务请将以此意转告之。[2]

但这时不仅张学良不在西安,而且王以哲也不在洛川。由于中共中央与张学良东北军的电报联系,仅由洛川六十七军军部一部电台负责传递,因此王以哲不在洛川,使得双方联络上不免出现时间差。再加上连天雨阻,不仅电报有时联络不畅,并且汽车也通行困难,结果这边中共中央急盼尽快发动东北军一起来响应两广事变,创立西北抗日反蒋的新局面,那边东北军为应付南京之军令,军事上仍在不断向陕北苏区推进,转眼间竟兵临"红都"瓦窑堡,使前线之红军与东北军随时可能爆发新的战争。形势一度还变得十分严峻。双方又不得不为此而频频交涉。

还在6月11日,即张学良离开西安的第二天,东北军六十七军一〇七师(师长刘翰东)、一一七师(师长吴克仁)及一〇五师第三旅(旅长高鹏云)根据西北"剿总"发布的命令,分三路向蟠龙和安塞方向前进。这一带中共党政机关较多,后勤补给也多集中于此,红军和东北军和解后部队的警戒和防务均已相当放松。加上主力部队已全部西去作战,而东北军推进之前又未打招呼,中共方面自然十分被动。

周恩来得知情况后马上电告王以哲,说明:东北军此次行动对

---

[1]《育英、洛甫、恩来、博古、泽东、德怀致朱、张二同志并转弼时同志电》,1936年6月19日,《毛泽东军事文集》第1卷,第549页。
[2]《周恩来致王以哲电》,1936年6月16日。

中共党政后勤机关威胁极大，我"党政贸易机关均不及准备，群众方面亦不无疑惧"，望"以后行动希能早日电知，俾得一致"。[1]他同时急调正在苏区东北方向准备对付汤恩伯中央军进攻的二十九、三十两军紧急增援瓦窑堡。但是，由于王以哲不在洛川军部，西北"剿总"又是直接督令六十七军各师，王事实上也难加干预，故该两师仍继续前推。一○七师轻易就占领了苏区后方之蟠龙镇，中共大批机关后勤机构和伤病人员均未及撤退和疏散以至受到不小的损失。此事给整个苏区后方造成极大的震动，中共中央自然颇为愤慨。周恩来13日再电王以哲称："贵军此次前进事先既未通知，仓卒之间我方医院工厂党校迁移不易。且此种举动亦非双方捐诚之道。值此西南举兴，西北前途正须加巩团结，力谋抗日，如果重见干戈，决非大局之福。除电请贵军长刘停止行动外，务请我兄暂停前进，并请电告贵军请示行止。"[2]

此时红军主力集中甘北作战，陕北后方空虚已极，东北军大举推进，特别是直捣红色首都瓦窑堡，不可避免地会在红军及苏区群众心理上造成极大损伤。因此，中共中央将这件事看得相当严重和急迫。然而，周恩来的几封电报却未能使局势出现转机。12日，只有正在洛川的刘鼎来电说明王以哲部向苏区推进事实为西北"剿总"命令，现已通知停止，军部允许暂待二三日张学良返归再定下一步如何行动。可是，13日，与红军有过接触的一○七师司令部，仍派何东升副官送来公函，声称该部"奉命向蟠龙镇及永坪镇、瓦窑堡各地前进"，要求红军"予以方便"。[3]

在整个形势极端有利于发动东北军参加抗日反蒋的西北大联合计划之际，公开与东北军重开战火，自然不是中共中央所情愿的。何况二十九军和三十军因距离较远，来不及回防，故周恩来等不得不委曲求全，努力争取和平解决此一事件。为此，周特派联络局局

---

[1]《周恩来致王以哲电》，1936年6月12日。李克农此时负责直接与刘翰东师长等联络，并进行交涉。

[2]《周恩来致王以哲电》，1936年6月13日。

[3]《陆军第一百零七师司令部函》，1936年6月13日。

长李克农直接与一〇七师师长刘翰东联系，说明与张学良、王以哲前此约定之双方地域范围，要求该军停止继续向前推进。为了能够证明双方高层已建立统战关系，阻止对方推进，李克农这时不惜将王以哲与周恩来的通电直接出示给了刘翰东等人。此举为王以哲得知后，又不免引起王极度不满。事实上刘翰东因直接受命于"剿总"，也并不因见到周、王通电即停止部队的推进。他表示，无论从执行"剿总"命令角度，还是从指挥部下角度，他都难以取消此次行动，不如红军适当配置兵力，迟滞东北军前进，"以释群疑"。[1] 李克农虽亲自跑去蟠龙镇面见刘说明情况，刘还是坚持非进不可。他强调，中央军汤恩伯部正从山西渡河大举西来，瓦窑堡终不可守，红军不如干脆放弃，这也便于东北军用以宣传，消除南京方面的怀疑。李克农使命所在，也只能坚不退让，解释说，东线之敌并无进占瓦市企图，"我军奉命决在官路坡、杨高坡、涧山地进行顽强防御，巩固瓦市"。[2] 这意味着，刘师其实并不真的打算停止不进，红军亦不愿放弃瓦市，东北军和红军之间停熄了几个月的战火，难免还会重新点燃。

直到6月15日，王以哲有电来解释原委，并致歉，形势才又出现转机。据王说，此次东北军北进，纯粹是因为西北"剿总"中蒋介石亲派的晏道刚参谋长等乘张学良不在西安和王以哲不在洛川之机，发布的进剿命令，并急催前进，致使前方东北军将领只得听令而行。王以哲此时才得以在西安电令六十七军所属前进各师停止原地不动，并将此一情况通报给了周恩来。

17日，刘翰东果然也收到新令并发来信函，通知李克农一〇七师已经收到王军长电令，并于现地停止前进。而后，刘翰东、吴克仁两师终于分别退出了进占的永坪、蟠龙两镇，使眼看就要发生的冲突终于得到化解。

然而事情却并未能因此了结。这是因为，瓦窑堡这时事实上已经成为战区，不仅南面的东北军，而且北面的高双成部，特别是东

---

[1]《刘翰东致李克农函》，1936年6月15日。
[2]《李克农致刘翰东师长函》，1936年6月17日。

面西渡而来的中央军汤恩伯部都已距瓦窑堡不远,红军此时在陕北后方之兵力只有由地方独立团扩编而成的二十九、三十两个军,两部即使撤回瓦窑堡驻防,不仅兵员少,战斗力也不强,要抵抗国民党军几方面的进攻也是不可能的。故瓦窑堡要确保不失是没有可能的,毛泽东等也已看得很清楚,故还在15日中央军委就已经做出了中央机关全部随主力西撤的具体部署。命令称:"甲、东北军现三路向瓦窑堡前进,昨日其左中两路已抵安塞、蟠龙,右路达下步塔,今日可到永坪。清绥敌人亦有配合前进可能。乙、估计到瓦窑堡迟早必失,我军决搬空瓦市,准备作战。中央及军委各机关准备移至洪德城河连湾一带,其辎重先行,并以杨家园子及吴起镇附近为转运休息地点。丙、军委决定:(1)恩来留守东线,指挥东面各军及地方部队抗击进攻敌人,并布置中央及军委转移。(2)德怀负责布置洪德城河连湾一带机关(红校在内)期于本月底完成。(3)林彪负责指挥沿途搬迁的机关部队并定十六日开始。"〔1〕

多亏15日有了这一决定,并且没有因为东北军的后撤而停止执行此一决定,否则中共方面的损失不知将有何等严重。这是因为,瓦窑堡仅仅4天之后就在猝不及防中被国民党军占领了。

事情是这样的。本来,根据王以哲通报,中共中央已经得知,由山西西渡黄河的国民党中央军汤恩伯部将于20日开始由绥德方向向瓦窑堡推进。王以哲同时还明确表示,希望红军在瓦市不保时能够首先让东北军进占,以便东北军可以借此来向南京表功,显示东北军并未搪塞南京命令,以此掩南京耳目。而在红军方面,既然已经估计到瓦窑堡必失无疑,把它交给东北军而不是交给汤恩伯,也是最好的选择。因此,中共中央也很快答应了王以哲的这一要求。负责瓦窑堡防务的周恩来虽寄希望汤恩伯部不会倾巢而来,这时也不能不做相应准备,明确通知东北军不要远撤,以便必要时能让东北军而不是让汤恩伯进占瓦窑堡。双方并且约定,一旦两军靠近时,应各自向天放枪,以资掩饰。至于东北军进入瓦市时间,则视红军

---

〔1〕《军委关于东北军活动情况和中央机关转移的部署》,1936年6月15日,《毛泽东军事文集》第1卷,第546页。

东线情形具体商定。[1]

可是，意想不到的是，因发现汤恩伯部仅派两团兵力西进，中共方面当天动员全部瓦市兵力"决心抗阻之"。故电告王以哲："兄部是否须要进入瓦市，俟弟与张先生见面时再定。十日内兄部在蟠龙、肤施间集结修路筹粮为便。"[2] 而当天王以哲因已得到周恩来前报，即照中共中央的建议向西北"剿总"谎报六十七军已占领瓦窑堡。结果，东北方向从山西西渡而来的中央军汤恩伯两团虽小心翼翼进展缓慢，而位于瓦窑堡以北最近的石湾镇守军高双成第八十六师所属炮兵第二营和步兵营两个营，却在一个叫张云衢的营长的率领下，倾巢而出，打算乘机截击从瓦窑堡撤退出来的中共机关，捡些便宜。当这两个营的国民党军进到瓦窑堡附近时，得知瓦窑堡并不在东北军手里，防守瓦窑堡的红军主力又在东北方向设防抗击中央军，城内十分空虚，故当即攻入城内，致使这个"红都"转瞬间不明不白地落到了高双成部队的手中。[3]

等周恩来急调二十九、三十两军及警卫营星夜回援之后，张部已经据城固守，红军攻城乏术，只好转而围城，再请东北军刘翰东师以救援为名于23日开入瓦市。可是，在刘翰东想要占领瓦窑堡以向南京"表功"之际，未让其进占，如今再让刘翰东从高双成部队手中接防，其作用显然大不相同。尽管李克农这时去信建议刘不妨"夸大解张围之功，以坚宁方之信"，而刘翰东却对红军此举极端不满。

刘函称："敝军虽入瓦市，以张营获得机先的关系，于政治上毫无号召价值。关于此点，不能不谓贵方之失信！！！弟在蟠龙与兄见面时，曾再三声明：'要送人情，必须干脆！'而贵方一再延迟，竟将良好机会，坐送他人！吾兄函谓：'贵军此次入瓦，应夸解围之功，以坚宁方之信'。弟以为不夸尚佳，夸则实彰其丑而坚其不信！此事乃贵我两方最大之损失也！！！"[4]

---

[1]《周恩来致王以哲电》，1936年6月20日。
[2]《周恩来致王以哲电》，1936年6月20日。
[3] 参见《访问严佐民同志记录》。另高双成是继井岳秀死后接任第八十六师师长的。
[4]《刘翰东致李克农函》，1936年6月27日。

红军与东北军两方关系此时之复杂与微妙，由此可见一斑。

瓦窑堡一事深刻地暴露出红军和东北军两军联合之事在东北军内部上下之间太不通气，不仅许多高级干部不明就里，而且与红军保持密切联络的王以哲等高层将领，也对两军联合之前途及意义缺乏深刻了解，因此只能更多地为东北军自身的利益着想，两方人员并没有形成真正的盟友关系，思想上更是相当隔膜，东北军将领对红军的严重困难毫无同情与理解。甚至，在东北军上层，这时也仍不乏愿意贯彻南京旨意之人。中共中央计划联合并改造东北军，远不像原来想象的那样简单。事实上，这样一种统战关系，根本上只是双方高层，特别是基于张学良一人态度而存在的，张地位之关键再明显不过了。为此，中共中央一面去电王以哲，强调："兄我两方关系似应详告兄部各师长及团长中之优秀者，以厚团结，以便联络"，一面急盼张学良能速回西安，"速定西北发动大计及其具体步骤"，担心久无联络，"是否发生意外"？[1] 同时，中共中央还多次电召刘鼎回陕北苏区开会商量如何加速在一月之内完成发动准备的重要问题，甚至想请王以哲一并来安塞相见。

让中共中央意想不到的是，张学良对中共的态度又有了突飞猛进的变化。

张学良6月10日离开西安，先去兰州为邓发办前往新疆之各种手续，又于11日转去南京，至20日才返回西安。而回西安后的第三天，即22日，他就前往刚刚在长安县王曲镇开办的长安军官训练团，前所未见地发表了抗日讲演，开始实践他关于训练"佣人"的计划。他在讲演中大谈："中华民族的生死关头已经到了！抗战是中华民族唯一的出路，抗日是东北军最大的使命，时间已不容我们谈准备了！我们要马上将准备与行动联系起来！""宁肯因斗争致死，决不束手待毙！"[2] 其意无疑是想要激励他的军官们内心深处的抗日热情，改变过去执行的"攘外必先安内，统一方能御侮"的方针

---

[1]《周恩来致王以哲电》，1936年6月27日。

[2] 张学良：《中国的出路唯有抗日》，1936年6月22日，毕万闻主编：《张学良文集》第2册，第968—980页。

和信条，要求他的部下要以抗日求统一，以抗日求生存，把抗日工作摆在一切工作的首位。

紧接着，张学良回到西安，再度与刘鼎密谈，询问有关共产党的各种知识，甚至提出了加入共产党的要求，请求中共中央考虑和接纳。

关于张学良要求加入共产党的情况，还在1986年苏联出版的《共产国际与中国》的文件汇编里，就已经被披露出来了。在那里公布了一封共产国际1936年8月15日给中共中央的电报，其中就提到了这件事。电报明确提到了共产国际对这件事情的态度，即不同意中共中央根据张学良要求计划发展其入党的提议。[1] 这份文件因为在1988年《中共党史研究》第2期上被专门译成了中文发表，故已为中国许多读者所知。只是，许多年来一直相信关于张学良不同意反蒋而主张"逼蒋"、"联蒋"的众多读者仅仅看到这条信息，还不大相信：张学良怎么可能会提出这样的要求？

张学良要求入党的最初文献，见之于刘鼎6月30日给中共中央的电报。这封电报由于当时发电和译电的技术上的原因，译文上存在着许多明显的错误。可以读懂的内容大致是：第一，说明刘已收到中央关于要其立即回苏区汇报的电报，因连天阴雨，汽车不通，故暂不能返。第二，说明西南事变起后，北方韩复榘和宋哲元暗中商量响应，韩并试图拉张学良入伙，张打算让刘鼎与韩复榘派来的代表接谈，刘因急于返回陕北已婉拒。第三，说明张学良要中共帮助训练干部，刘并要求中央为其准备发报员等。第四，也是最关键的，即是"日要求入我党耳，求专人训练"一句。这里的"日"就是张学良这时在与中共中央通电时的代号。这句话的意思应该是很明白的，那就是说：张学良主动提出要求加入中国共产党，并要求派专人加以训练。[2]

---

〔1〕 转见《中共党史研究》，1988年第2期。

〔2〕 原件无抬头，亦未注明月份，但文末有"中央：（刘）卅日"字样。据判断，文末"中央："字样应为收电人；"刘"应为发电人。"卅日"即为发电日期，年代自然应为1936年。鉴于6月16日中共中央书记处给共产国际的电报中报告对张学良及东北军统战工作，并未提及此事；而在7月2日电报中则明确提到此事的情况，可以判断此电的月份应为6月。

要证实这封电报的确实性是再容易不过的了。除了上述共产国际 8 月 15 日电报内容外，目前保存在莫斯科的另一封中共中央的电报中也提到了这件事。共产国际 8 月 15 日电所答复的，也正是中共中央的这封电报。在落款时间注明为 7 月 2 日的这封电报中，中共中央负总责的张闻天在电报中专门汇报了这件事。他明确认为可以允许张学良入党。电报说：

> 张在欧洲时，因苏联拒绝他到莫斯科，他便认为苏联记旧恨，无助他意。经我们解释，特别因我们在会议上，在军事行动上，在经济互助上，对他表示了诚意，他即转而十分信赖苏联，多方设法帮助我们打通国际连络。……（张自宁）回来后，即要求加派领导人才去为其策划，并要求加入我们的党。我们拟派叶剑英、朱理治去，并将来拟许其入党，因为这是有益无损的。

同时，该电对东北军的特殊性进行了详尽的分析，称：

> 东北军是被日本帝国主义驱逐，亡国亡家的一个军队，他背后没有任何帝国主义。且直到现在仍为日本帝国主义所嫉视。他已经与一般军阀军队有很大的不同，虽附属于蒋介石，并未给他地盘，且在待遇上歧视他。但仍保持东北军的整个系统。

电报特别要求苏联方面对张学良和东北军给予信任，强调与东北军的联合以及苏联对张学良的支持，苏联对西北发动的援助，对即将付诸行动的西北大联合计划有决定性的意义。电报称：

> 目前我们与蒋介石争夺东北军到了最后决斗的时期，我们客观与主观的条件虽都好过蒋介石，但还要用一把很大的力量，国际的援助是一个重要条件。……西南发动已二十余日……华北韩复榘、宋哲元酝酿响应，已经发出双方不得进行内战的宣

言,但尚无军事行动。近日有代表到西安,约张共同举事。……东北军在西北的发动决不容缓,我们计划至迟到八月应该发动。八月上旬二、四方面军可到甘南,那时实是最好时机。你们意见如何,即行见告。[1]

"至迟八月应该发动"西北国防政府计划,现在已只剩下一个月左右时间,各种重要准备工作尚未完成,难怪中共中央这时要三番五次地急着找刘鼎前来安塞开会呢!7月1日,周恩来再度致电刘鼎,要其"即日动身由肤施到安塞相见"。当刘鼎同日来电表示准备后日动身时,毛泽东2日又再电刘鼎,叮嘱他"务到安塞见面,有重要事开会讨论,千万勿误"[2]。不仅如此,中共中央主要负责人张闻天、毛泽东、周恩来等均早早就专门前往安塞,等候了将近一周时间,可见中共中央这时心情之急迫和事情重要之程度了。

---

[1]《洛甫致王明、康生、陈云同志电》,1936年7月2日,中心档案495/74/281。
[2]《毛泽东致刘鼎电》,1936年7月2日。

三、八面来风

6月份的形势变化对于中共和张学良都实在是太令人兴奋了。先是有一个轰轰烈烈的两广事变,与西北方面正在密谋的西北大联合计划不谋而合;紧接着华北宋哲元、韩复榘,四川刘湘等地方实力派也在暗中积极串联,密谋响应,其代表都先后来到西安,对张学良展开游说;与此同时,远在川滇黔之交的红二、六军团和进入西康地区红四方面军这时也开始根据中共中央提议挥师北上,前来与陕北红军会合了。如此这些令人振奋的新情况,使得中共与张学良6月初刚刚商定的西北发动时间,不得不大幅度提前。可是,恰恰在这个时候,张学良不在西安,这着实让中共领导人很是着了一番急。好在,毛泽东和周恩来等这时最关心的,其实还不是发动的时间问题。因为只要时机适宜,准备成熟,张学良对于何时发动不会有所异议。关键在于,从瓦窑堡事件所暴露出来的东北军与红军统战关系极其脆弱的严重情况,使中共中央深感整个东北军的改造与争取工作必须立即提上议事日程,否则,一切军事发动都可能因为东北军内部的不稳定和政治目标的不统一而前功尽弃。

这时,西北大联合计划还仅仅存在于张学良与中共中央的头脑之中,一切准备刚刚开始,大量的具体工作尚无着落,特别是对整个东北军的内部动员和争取工作,正处于起步阶段,张学良、王以哲与共产党的一切秘密联络即使在东北军的高级将领里面,都还必须严格保密,否则难免不被泄露给蒋介石,甚至引起东北军内部的分化。

其实，从李克农潜入洛川六十七军军部与王以哲、张学良密谈并通电之日起，南京方面就已经有所发现了。3月5日张学良与李克农再度秘密会谈的当天，驻洛川的六十七军副官处副官、复兴社分子刘宗汉就将李克农来洛情况及达成的协议内容密报了戴笠。报告除对张学良两次见李的情况似不大了解之外，其他内容十分详尽，对照相关的中共档案，可知所说十分准确。内称："现在陕北之匪已大部窜山西中阳、石楼、隰（县）等县，张学良氏有与匪合作消息。1. 六十七军前三日曾接匪电令购大批书报。2. 匪中央曾派来伪外交部部长李克农来洛川与王军长协立多项口头协定，宗汉窃视伪李部长发与匪中央之电，内云'略有协定，彼此不相攻打，采买给养可随意，但我军（匪自称）可着便服，以掩外人耳目。大体须俟张来后，始决定'等语。3. 该伪部长李克农于本（五）日回伪中央部，携去大批文电与地图。4. 此次匪与张部之接近谈判，系壹零柒师陆壹玖团被俘团长高福源所为。5. 李匪皖人，目力不佳，谈锋极健，对外界活动力颇强，常有函致沪平两地学校，其来洛川已三次矣。6. 现六十七军一般人对剿匪颇黯淡，处处表示一种反领袖与中央之意态。"[1]

戴笠得此报告，"除急电饬西北工作人员严密侦查，随时报告外"，马上向蒋作了报告。戴的报告同时还"附呈六十七军张贴之赤匪宣传品一纸"，内容是"铅印新闻纸单面《中国苏维埃政府中国共产党为抗日救国告全体同胞书》"。在洛川军部附近公开张贴"八一宣言"，亦可见当时红军对东北军工作之深入。

俗话说，没有不透风的墙。张学良暗中与中共联络的消息，听到的人已经很多了。3月29日，即红军东征山西一个多月之后，时在山西辅助阎锡山的徐永昌就在日记中写道："晚八时张汗卿来电云拟助晋剿匪，如以来晋为妥者，可否上风陵渡过河云云。阎先生大怒，以为必无好意，且悔恨运城之部不该北调。（杨）星如谓共匪渡

---

[1] 见台北"国史馆"藏蒋中正档案，特交档案－特件－政治卷，第51579号。

河决为张主使。阎先生亦言曾闻之郭增恺（杨虎臣亲信），张汗卿去冬某日在陕北与毛彭约晤等等，举室惶扰。"[1] 这里所称张与毛彭约晤，虽然不是事实，但阎锡山在这里所讲的"去冬"指的是阴历，1936年阴历年为1月24日，可知阎锡山这里所提到的应当是张学良与李克农1月20日第一次在陕北洛川的会谈。只是中间人大概也是听闻，不清楚中共方面来的什么人罢了。但杨虎城的人既然都已经探得消息，并广为传播，可知张学良暗通中共的情况在当时国民党高层里面就不是什么秘密。

地方军阀为保存实力而暗中与红军妥协，对此无论蒋介石，还是阎锡山都是见惯不惊。蒋因张学良曾几度相助，又是东北军统帅，就更是睁一眼闭一眼。他见到戴笠报告后，虽对张的作法深感担心，表面上却仍佯装不知，一切只以军令行之。[2] 当然，他也不忘时时靠晓以道理。如红军东征受挫，正迅速回撤陕北，开始回渡黄河之际，眼见张学良按兵不动，蒋之批评也是苦口婆心。电谓："兄与虎城犹互相推诿，彼此观望，不敢前进，未知革命究为何事，国家养兵之多，人民痛苦之深，而对区区残匪保持实力不敢前进，吾人何以为人表率。以理论之，东北军在陕省多过杨部数倍，而杨军之力有限，如责其能保持宜川及其以南地区，于心已足，再欲其前进，不但其心不愿，而对此计划与命令必不诚服也。中以为延长延川任务只有东北军独立负责收复，表示不推诿、不避难之革命精神，否则不但陕省军事无了期，而国亦必亡。何以示众，何以对人言，念陕省匪情与军事不禁心裂矣。兹再展半月之期限，兄负责收复延长延川勿得再误。"[3]

与此同时，蒋介石对张学良通共问题采取的策略，是"清君侧"，发现一例清除一例，绝不手软。不过他做的时候会显出丝毫不

---

[1]《徐永昌日记》第3册，台北，"中研院"近代研究所，1991年，第378—379页。
[2] 蒋在3月27日日记中曾专门记述道："汉卿对匪态度可虑"，"严令（其）封锁黄河西岸及封锁陇东"。《蒋介石日记手稿》，1936年3月24日，美国斯坦福大学胡佛研究中心藏。
[3]《蒋介石致西张代总司令电》，1936年5月1日，台北"国史馆"藏蒋中正档案，特交档案—265册，第250338号。

怀疑主事人的样子来，目的是既要解决问题，又不致破坏了与张的关系。

比如张学良与中共密商如何进占延川等地的几乎同时，蒋介石就得到了西北不稳的密报。只是当时这个消息主要是冲着杨虎城去的。据西北"剿总"参谋长晏道刚5月8日密报称："西北情形极为复杂，共匪、汉奸、野心军人彼此勾结利用，乘机图逞，此时若不清理，一旦有事将必败坏大局。职于今昨两日，督饬特务人员，破获西安之共匪伪省府，捕获要犯二十七人，并抄出反动刊物甚多，均系力诋中央，反对剿匪。获犯中以教育界人最多，陕省教育极为不良，而绥靖公署所属部队之内，潜伏共党及汉奸甚多，恐为将来之害。而其中为杨谋主者，为全国经济委员会所派之西北专员郭增恺，蒙蔽虎城阴结汉奸共匪，以为大局变动时个人势力发展。最近抄获《活路》之反动刊物，力诋中央，煽惑东北军联共抗日，即在绥署参谋处印刷。拟恳请钧座饬委会将郭增恺调开，如罢免，必须限制其不来西北。"[1]

其实，《活路》的编印，主谋乃东北籍激进分子，并非杨虎城部所为，更与郭增恺无甚关联。故事发后，张学良亦颇为紧张，一度急忙飞回西安与杨虎城商量应对办法。好在此事并未牵涉到张学良。蒋所以必须对《活路》一事采取严厉措施，就是因为它对东北军煽惑甚力，非加遏止不行。故蒋虽明知郭为杨虎城的座上客，连晏道刚都无足够证据，却依旧批复："郭增恺应即在陕直接逮捕解京可也。"郭也因此于5月6日被西北"剿总"调查科逮捕并押送到南京陆军监狱去了。自然，郭被解京之后，经有关当局反复讯问，结果丝毫通共的证据也没有查出来，几个月后又不得不将其释放出来。[2]

有关张学良或东北军"通共"的问题，在蒋处置两广事变过程

---

[1]《晏道刚致南京军事委员会侍从室汪秘书日章先生转呈蒋委员长电》，1936年5月8日，台北"国史馆"藏蒋中正档案，特交档案－265册，第25013299号。

[2] 郭增恺：《一个历史问题的交代》，《西安事变三忆》，澳门，大地出版社，1962年，第45—46页。

中，也有新的情报出现。当时，中央新闻检查处处长贺衷寒的报告送来，所述东北军内部情形也让蒋担心不已。报告说："据西北政训分处科长周保黎面报称，长安军官训练团自王以哲军长主办以来，以联俄容共相号召，对称呼总理及委员长均不立正而规定称呼副司令则应立正。又行营少将参议张翼即前江西匪区逃出投诚之师长，现亦在该团工作。其言论颇多荒谬。"[1] 如果说，过去有关张学良或东北军有"通共"行为的情报，真假不清，且鉴于东北军战力较弱，可以想象其主要是出于避战之目的，如今在东北军军官训练团中公然有"以联俄容共相号召"者，自然远较一般"通共"更为可怕。蒋对此自然要采取必要的措施。于是便有 8 月 29 日所谓"艳晚事件"的发生。当晚，省党部便衣队奉命秘密逮捕了在东北军中颇有影响力的有中共嫌疑的宋黎等人。

尽管蒋介石并未抓住张学良与中共串通的切实证据，但种种情况仍旧使张学良不能不十分小心。他一面与中共秘密联络，暗商联合苏联共举西北抗日义旗之举，一面对蒋还要继续表现出忠心不贰的样子，一切唯命是从。像对蒋介石上述电报，张通常也是一一贯彻落实，从不公开违令不遵。包括在 5 月 12 日与周恩来第二次延安会谈时，虽然确定了两军共同行动的大计划，他还是特别将蒋之命令提出，要求红军尽量予以配合，使他能演好自己的角色。故双方这次会谈的一个重要内容，就是商量让东北军依据蒋令按时进占延川等地的具体安排。对此，考虑到当时红军已经回渡，东北军进占黄河西岸，正好可以在红军回撤的背后筑起一道防波堤，以防蒋、阎两军乘势大举跟进陕北，周恩来也很痛快地予以同意。等到蒋介石意识到这种形势，估计红军可能转而向西，力求在甘北和宁夏有所发展时，其命令自然又有改变。他于是要求张学良"以现在陕甘宁兵力制成整个计划"，确保不让红军向甘北宁夏转进，以利晋西追剿部队渡河进剿。对此，张学良也照样做出计划，一面陆续将东北军主力西调去甘北防守，一面继续要求中共配合其演戏。而中共方

---

[1]《贺衷寒致蒋委员长电》，1936 年 8 月 5 日，台北"国史馆"藏蒋中正档案，特交档案－265 册，第 25035860 号。

面也处处迁就，尽量提供方便。

这也就是为什么，张学良从一开始就表示，他与共产党合作的第一步，首先并不是如何与蒋对抗的问题，而是如何把东北军的大部分争取过来的问题。因为，尽管张学良在东北军中有极高的威信，但在涉及联合谁，反对谁，最终走哪条路的重大问题上，"他家这庄大房屋的一角（靠他住的这一边）"，还并不很多。而要在西北发动事变，对西北和全国形成重大影响，建立足以号召西北甚至全国的西北国防政府和抗日联军，使苏联能够另眼相看，施以援助，如果不能把东北军整个的，至少是大部分争取过来，这一发动就很难达成目的。甚至连西北其他有反蒋倾向的地方实力派，包括杨虎城等，也难以争取过来。毛泽东等人对此也是一清二楚，故他也曾一再强调，西北的发动固然要提前，但必须以能够确保成功为前提的原因。而这样的前提在这个时候还远不具备。

自6月12日起，毛泽东、周恩来就不断打电报给刘鼎，要其立即来苏区讨论重要事情。这次之所以特别叫刘鼎来，其目的主要也就是要具体部署中共在东北军中的工作。随后，中共中央迅速组成了东北军工作委员会，以周恩来为书记，其成员包括叶剑英、朱理治和边章伍。同时由这个东北工作委员会具体拟定了一份题为《中央关于东北军工作的指导原则》的工作文件，经中共中央于6月20日批准实施。该文件非常详细地说明了中共中央争取东北军的具体作法。

该文件强调，争取东北军的关键，在于使东北军自动脱离蒋介石的控制与影响，拒绝执行蒋介石的命令并且公开反对蒋介石。其方法主要靠耐心的说服与解释，集中攻击蒋介石的政训处和个别忠实于蒋介石的分子，对整个东北军不搞阴谋诡计，以争取整个东北军为目的。即使是万不得已的军事行动，也要以自卫为限度，以政治争取为目的，不能采取消灭的和瓦解的方法。因此，上层统一战线工作有特别重要的意义，必须与共产党所惯用的下层统一战线工作同时并进与互相配合。而为了便于争取整个东北军，尤其要设法在东北军内部物色并引导东北军中勇敢积极的军官，使他们能够在东北军中形成领导核心。同时，为了便于争取东北军的工作能够有指导的进行和顺利的开展，有必要在东北军内部建立中共党的组织，并派最好的干部去东北军里开展工作。[1]

由于中共中央这时内定的西北发动时间至迟为8月，争取整个东北军的工作最多也只有两个月的时间了，中共中央自然不能不几次三番地电召刘鼎前来商量这一工作。不料，因种种原因，刘鼎迟至7月5日才来到安塞，剩下的时间竟连两个月也没有了。何况，即使有两个月的时间，要想顺利完成上述争取工作，也是难乎其难的。故实际上，只有大力加强上层统战工作，分别派人前去接近、劝说、影响东北军高级将领和中层军官，从政治上感化他们中的大多数人，才是唯一可行的捷径。毫无疑问，毛泽东已经清楚地看出了这一点。

在7月5日举行的，有张闻天、毛泽东、周恩来亲自参加的安塞会议究竟谈了些什么，至今尚无文献能够直接说明。但通过这次会议前后中共中央领导人的电报，仍旧不难看出其讨论的大致内容是什么。

就在刘鼎到来的前几天，毛泽东即有电报给彭德怀谈到大力争取东北军，以便早日发动西北大联合的问题。电报在指出"我们与东北军关系现有进一步发展，可能二、四方面军北上后局面当有变化，也许就在此时发动西北政府"后，特别说明目前必须采取的工作方法。电称：

> 为准备在二、四方面军北上后不久时间东北军能作政治军事上的发动（为策应西南甚宜早动），七、八两月须注大力于该部军师团三级。目前分工，甘肃境内完全由你任之；陕西境内周与我任之。办法须派较得力人分途去见军师团长，根据他们的思想程度与接受可能，向他们解释"抗日"、"反蒋"、"联俄"、"联共"、"东北军本身问题"、"组织问题"等五六个根本而且具体的问题。现请先在前方征集干部（如邓小平、黄克诚等），经过你的训练找适当线索派遣出去往来于彼我之间。我们

---

[1]《中央关于东北军工作的指导原则》，1936年6月20日，《中共中央抗日民族统一战线文件选编》（中），第171—181页。

于若干天后或派克农、云逸二人来加强之。此事请大大注意。这边正动员剑英、克农、章五三人向王、刘两部三师三旅十八个团分途突击。这个中层乃是枢纽，目前最为重要。至于上层及在东北军中建立党的基础，此间正在加力，并且大有希望。[1]

其实，这时在东北军上层，如对张学良、王以哲的工作，已经很有成绩，吸收张学良入党的工作甚至已经提上议事日程。在东北军内部建立党的基础的工作，同样也有成绩，无论是中共中央北方局前此派来的刘澜波、宋黎等人，还是这时在前线从事统战工作的李克农、朱理治等人，也都已经陆续在东北军内部发展党员，甚至还建立起个别共产党的秘密支部。但这时最困难的是争取军师旅团一级的军官。中共和红军与东北军的关系，多半还只是建立在与张学良、王以哲个人关系的基础上，更多的只是一种上层统一战线关系。几个月来，中共中央对整个东北军的内部状况、主要干部情况，以及政治动态，不仅无从把握，而且不甚了了。显然，要开展对东北军中上层的全面争取工作，深入了解并把握东北军的情况是绝对重要的。这正是中共中央急于找刘鼎回来的原因之一。与此同时，由于东北军军师旅团一级军官是整个东北军的枢纽，他们又直接掌握部队，一旦政见分歧，即使是张学良、王以哲也将奈何不得，因此要突击争取整个东北军，争取或影响这些军官，"目前最为重要"。考虑到这种情况，中共中央一方面决定组织干部分途去见东北军各军师团长，做政治宣传工作，同时根据红军多年政治工作的经验，决定召刘鼎来告之以红军政治工作优点，要其设法劝说张学良能够在东北军各级军事单位设置政治工作系统，中共并愿意为东北军配备政治工作干部。

从刘鼎来后毛泽东给彭德怀的电报看，中共中央对刘鼎汇报的东北军状况及中共在东北军内部的工作，大体上还是满意的。值得注意

---

[1]《毛泽东致彭德怀电》，1936年7月1日，参见《毛泽东年谱》（上），第555—556页。

的是，在刘鼎来安塞之前，中共驻共产国际代表团团长王明曾有电报来，对刘鼎在被捕期间的表现提出怀疑，要求中共中央"严重注意"。但中共中央这时对此不以为然。毛泽东7月6日致彭德怀电称："刘鼎来，布置了那边的工作，那边的工作大有希望。"[1] 这明显地反映出中共中央对刘鼎这时所担负的工作基本上还是重视与信任的。

7月7日，刘鼎从安塞经洛川返回西安。但这一天，张学良恰好同于学忠以及邵力子、朱绍良等一道从西安启程前往南京出席国民党五届二中全会。刘鼎没有能够见到张学良，直到7月24日张从南京回来，此事才得以提出，结果张学良因担心为蒋所知，同时也不愿中共直接接触其各级将领和军官，未能同意。

但是，无论张愿意与否，中共确定的"突击"做东北军各级军官工作的计划，并未完全停顿。在这方面，可以看到的最为典型的，就是叶剑英、朱理治领导下针对东北军一○七师的工作。

原本，中共中央计划在张学良同意在东北军中建立政治工作系统时，派叶剑英、朱理治等到西安去，因此一计划搁浅，二人遂留在陕北专门从事东北军六十七军前线部队的"突击"宣传计划。他们明确分配了工作任务，派刘仲明专门做一○七师的工作，马文瑞专门做一二九师的工作，刘培植专门做一一七师的工作，另一人专门做一○五师的工作，并且一律设法随军行动。同时，他们也注意利用各种宣传手段来影响东北军士兵，专门请苏区的"人民剧社"在安塞与延安间的杨家湾集市进行抗日救亡的宣传演出，以便针对赶集市的东北军官兵进行政治宣传，此举收到极大效果。很快，东北军六十七军下辖的几个师里都发展了共产党员，并建立了秘密的党组织。最好的如一○七师，发展共产党员有20人之多，还成立了以六三○团陶翊周营长为书记，王昌奎、李瑾玉为委员的中共一○七师党委会。[2]

确切地说，像在一○七师那样，成功地发展起党的组织，并能

---

[1]《毛泽东致彭德怀电》，1936年7月6日，《毛泽东年谱》（上），第556页。
[2]《中央工委代表叶剑英致陶同志函》，1936年8月23日，《党的文献》，1990年第2期（叶剑英同志的三份文电）。

够公开宣传的情况毕竟太个别了。中共在东北军其他部队里进行的突击宣传活动并不很成功。这一时期共产党人在东北军中工作者不可谓不多，但由于分属上海党、北方局和苏区几个系统，各系统间又因为早期建立的地下交通线和以上海为中心的中枢指挥系统被国民党所破坏，以致相互之间多年没有直接的工作联系，中共中央对其他系统的工作情况也不甚了了。故它在前线一时间并不能利用上海及北方局系统前此在西北的工作成就，全要靠自己重新开展工作局面，也因此，仅靠两个月左右的时间，自难取得重大进展。像六十七军里工作成绩最好的一〇七师也不过就发展了20多名党员，其中绝大多数还是士兵，军官中，特别是团长以上的军官中不仅没有一个党员，就连接近和影响他们都很困难。除了师长刘翰东以外，绝大多数团以上军官都畏惧政训处的监视，而刘翰东以及其他个别高级军官之所以与红军保持较好的关系，一方面是因为张学良和王以哲与中共友好，另一方面则是长时间和平共处双方不免互有所求，而且也不免使双方指挥官之间滋生某些好感。同时，还有一个重要原因就是，在东北军内部，负责军官要避免因失枪而受罚。特别是这后一条，在东北军中这时有严格的规定，凡丢失枪支，不论何种原因，不仅不予补充，并且负责军官还要受到严厉处罚。而这时，因受共产党宣传的影响，东北军士兵携枪投奔红军的事又屡有发生，因此，这时一〇七师高级军官，包括刘翰东师长与中共代表的交往，很大程度上都与这件事有关，即请红军方面能够将叛逃者的枪支返还给自己。这种情况表明，在一个短时间内要想争取东北军军官普遍接受中共"抗日反蒋"、"联俄联共"的政治主张，无论如何都是困难的。

当然，争取了张学良，就已经成功了一半，进一步争取其军队，所缺的不过是时间而已。而立足陕甘，联合张学良，极大地便利了中共面向全国的统战工作。让中共领导人感到欣慰的是，刘鼎、王世英以及随后由莫斯科经香港、广州、南京来到陕北的潘汉年，这时都相继送来了中共地下组织争取其他地方实力派已经取得重要收获的消息。这里，最突出的就是，广西、四川、华北几方面的地方实力派领袖都积极与中共联络,赞成共同抗日反蒋。

还在6月上旬,广西方面李宗仁、白崇禧就专门派代表刘仲容、王公度等分别前往上海、平津地区寻找共产党的关系,王公度已经在6月20日与中共中央派驻上海的代表李允生(即冯雪峰)进行了初步接触。该代表保证:"李、白此次反蒋坚决,粤陈此次亦不致动摇,望各界各派特别是CP和他们合作",他们非常渴望与中共合作。双方因此商定,在以下几个方面,即(一)舆论与宣传;(二)群众团体之策动与配合;(三)军队上之联络;(四)浙赣线、粤汉线、平汉线等路交通工人群众之影响;(五)浙、赣、闽、湘、皖、鄂等省红军游击队等方面,"一致行动"。[1] 刘仲容随后也经中共中央北方局介绍来到西安,要求与中共中央谈判。

这时,两广事变虽因主要发动的广东方面被南京政府瓦解而告失败[2],但受此事变刺激急着找中共联络的各派势力却不少。除广西方面有代表前来外,前东北抗日名将马占山,前十九路军将领陈铭枢、蔡廷锴、蒋光鼐,以及华北宋哲元及韩复榘的代表刘子青等,也都通过各种关系和中共进行了秘密的联络。中共中央这时也陆续派出张云清、张金吾、彭雪枫、张云逸等作为中共中央正式代表,四出活动。毛泽东并有信致身居抗日最前线的宋哲元与傅作义等,突出强调红军实力的强大,特别是取得苏联援助的保证,宣传自己奉行的抗日民族统一战线方针,以影响这些地方实力派向自己靠拢。

毛泽东致宋哲元信称:

> 刘子青先生来,知先生殷情抗日,曷胜仰佩。曩者日寇入关,先生奋力边陲,慨然御侮,义声所播,中外同钦。况今日寇,得寸进尺,军事政治经济,同时进攻。先生独力支撑,不

---

[1]《李允生给中央的报告》,1936年6月25日,并见《毛泽东年谱》(上),第556页。
[2] 7月4日粤空军首先飞离广东,宣布拥护南京中央。紧接着粤军第一军军长余汉谋等亦公开宣布拥护南京。13日,南京国民政府发布命令免除陈济棠本兼各职,任命余汉谋为广东绥靖主任兼四路军总司令。18日,陈济棠被迫离穗赴港。19日,广西将领通电南京,表示拥护和平统一,服从中央命令。

为强寇与汉奸之环迫而丧所守,对华北民众运动,亦不复继续去冬之政策。果然确立抗日决心,一面联合华北人民群众,作实力之准备,一面恢复一九二五至一九二七年西北军光荣历史时期曾经实行之联俄联共政策。一俟时机成熟,实行发动大规模之抗日战争,则不但苏维埃红军愿以全力为先生及廿九军助,全国民众及一切抗日力量均将拥护先生及贵军全体为真正之抗日英雄。目前日寇图绥甚急,德王蠢蠢欲动,蒙古第二傀儡国之出现,大抵为时不远。冀察政委会汉奸成分之增加,着着向先生进逼。然弟等甚望先生能于艰难困苦之中坚持初志,弟等及全国人民,必不让先生独当其难,誓竭全力,以为后援。近者国内统一战线大有进步,红军主力渐次集中,国际联系,已有把握。凡此均非徒托空言,而有实际力量,足以资为抗日之用者也。惟具体实施步骤必须规划周详,方免贻误。兹遣张金吾同志前来就教,请予接谈。[1]

毛泽东给傅作义的信称:

涿州之战,久耳英名,况处比邻,实深驰系。迩者李守信卓什海向绥进迫,德王不甯溥仪,蒙古傀儡国之出演,咄咄逼人。日本帝国主义卧榻之侧,岂容他人鼾睡。先生北方领袖,爱国宁肯后人?保卫绥远,保卫西北,保卫华北,先生之责,亦红军及全国人民之责也。今之大计,退则亡,抗则存;自相煎艾则亡,举国奋战则存。弟等频年呼吁,要求全国各界一致联合,共同抗日,组织国防政府、抗日联军。幸人心未死,应者日多,抗日图存,光明渐启。近日红军渐次集中,力量加厚,先生如能毅然抗战,弟等决为后援。亟望互派代表,速定大计,为救亡图存而努力,知先生必有同心也。[2]

---

[1]《毛泽东致明轩先生主席函》,1936年8月14日,《毛泽东书信集》,第40—42页。
[2]《毛泽东致作义先生主席函》,1936年8月14日,《毛泽东书信集》,第43—44页。

中共与苏联的特殊关系，在这时无疑是吸引诸多对蒋介石及南京政府不满的地方实力派的关键所在。不少地方实力派这时跑来找军事上严重受挫的中共来合作，看重的都是这一点。比如陈铭枢等人，这时就是直接向莫斯科的中共代表寻求支持的。陈曾专程前往莫斯科，代表由诸多反蒋国民党将领组成的中华民族革命行动委员会与中共代表团达成合作协议，经过共产国际的批准，中共代表团即开始向这一反蒋组织提供支持，帮助其在香港进行抗日反蒋的宣传工作。[1] 而后，在中共代表团的支持下，陈铭枢、蔡廷锴、蒋光鼐等人更相继回国，开展活动，并开始与广西李宗仁等携手，准备在广西重组十九路军，直接参加抗日反蒋。中共驻莫斯科的代表团团长王明曾就此向中共中央做了具体的说明，并特别通知中共中央说，陈铭枢要求与中共中央签订抗日救国合作协定，而代表团方面已经决定支持其为重组十九路军训练干部，并决定在干部上和物质上为其提供援助。[2]

---

[1] 陈铭枢等试图在中共帮助下重建十九路军，其计划用10万中国元训练1000军事干部；20万中国元购买枪支；5万中国元秘密军事开支；10万中国元用于宣传（办《大美晚报》）；3万中国元用于行动委员会的开支。故陈希望中共代表团能提供10万－15万中国元的财政援助，双方就此达成了相应的协定。见 Principles of the "National—Revolutionary League" for Negotiations with the Communist Party Regarding the Anti—Japanese United Front, 1935 (Draft); Resolution of the Secretariat of the ECCI Concering Negotiations between the CCP Representative and Chen Mingshu, Jun 19, 1936 (Draft); Political Agreement between the Chinese Communist Party and the Chinese National—Revolutionary League about Collaboration in the Struggle for Resistance against Japan and for Salvation of the Fatherland, July 13, 1936 (Draft), *Chinese Law and Government*. Vol. 30, no. 1, Janury—February 1997, pp. 41－53。

[2] 王明电报内称："陈铭枢于四月来莫，不久前离去，王明、康生曾与之晤谈。陈提议与我党签订抗日救国的合作协定，我们赞成陈的意见，但同时向陈解释关于具体合作形式，尤其是组织抗日救国联军与总的抗日领导机关等问题，只有在国内与中央特派员代表签订协定。我们现在只与陈在关于下列问题上达成了口头协议，即（一）在《大众日报》、《前驱报》及《大美晚报》之间合作；（二）在香港共同组织培养民族革命干部训练班；（三）在英法等国共同进行华侨工作；（四）派我党干部去进行干部工作。虽然为进行报纸及训练工作而派去的干部是由我们从此地派出的，但我们向陈说是由中央派去的。我们决定根据实际需要今年逐渐为此支出两万美金。"中心档案495/74/281。

这个时候格外注重中共同苏联的关系,甚至明确表示愿意为此而尽力的,还有占据新疆统治地位的盛世才。以盛世才在新疆的地位,他对中共与苏联的态度,无论对于他自己的统治,还是对于中共和红军,都是极其重要的。盛世才对此显然早就明白。正是因为这样,盛世才在公开联苏之后,又主动要求实行联共,他也像张学良一样提出了加入中共的要求。盛世才原本就是东北人,早年在东北军著名年轻将领郭松龄的资助下赴日本学习军事,回国后曾在南京任职,而后经人介绍转入新疆担任当时新疆统治者金树仁的军事顾问,于1933年登上新疆统治者的宝座,并在苏联军队的支持下巩固了自己的统治,因此,盛世才公开在新疆实行"反帝"、"亲苏"、"民平"、"清廉"、"和平"、"建设"六大政策,并引进大批苏联顾问,表现十分激进。

中共中央及中央红军转来西北之后,盛世才更看出新疆在中共联苏问题上具有重要战略地位,因而开始积极靠拢共产党。3月15日,盛世才写了一封热情洋溢的信给中共代表团团长王明,声称:

> 我拥护中国共产党提出的统一战线政策,但您知道,国民党并不是一个革命的政党,蒋介石也不是一个诚实的革命家,而是一个投机的军阀。与蒋介石国民党相反,我和(苏联顾问)阿波列索夫同志搞的新疆工作,却是中国革命和世界革命的大的组成部分之一。我希望我的工作能够受到您的领导。我知道,过去蒋介石和冯玉祥欺骗和利用了苏联,欺骗和利用了中国共产党,谁能够保证我不是另一个蒋介石或冯玉祥?对这种疑问我的回答如下:
>
> 第一,不论是蒋介石还是冯玉祥,他们都从没有学习过马克思列宁斯大林主义,他们与苏联和共产党保持友好关系,不是因为他们相信共产主义,而是为了他们自己的利益和他们自己的成功,而我却是(共产主义的)真正的信仰者。我对于苏联和共产党的友谊,是真诚的。
>
> 第二,蒋介石和冯玉祥早已形成政治势力,他们利用苏联

和中共来增强自己的地位。而我在还没有到新疆之前,还没有成为督办的时候,就已经相信并且希望加入共产党了。在我成为新疆边疆地区的督办之后,我更有机会利用我现在的地位,公开实行与苏联和中共友好(的政策)……

第三,蒋介石、冯玉祥与苏联和共产党搞好关系,是因为他们没有选择;而一旦他们不再需要对苏联和共产党友好的时候,他们就会用仇恨的态度对待苏联,残酷地屠杀共产党。但我是可以选择的,由于我对苏联的友谊和我反对帝国主义的斗争,引起了蒋介石、汪精卫及其南京政府对我的敌视。如果我不相信共产主义,放弃对苏友好和反对帝国主义的斗争,毫无疑问我能够与南京政府建立起密切的关系。除此之外,任何人都清楚,要保持督办的位置,最好的办法就是让自己无条件地服从于南京政府和成为蒋介石、汪精卫的奴仆,直至成为帝国主义的走狗。但是,我却敢于以督办的身份与苏联合作,并且公开反对南京政府,而不顾我的督办地位。这是因为,我信仰共产主义并且反对南京政府的叛卖行径。

第四,蒋介石和汪精卫与苏联和共产党的友好关系是暂时的和短暂的。而我与苏联及共产党的友谊是永恒的、不变的。我在新疆三年来所做的工作,可以证实我确实是站在反帝阵营一边的。

第五,蒋介石和冯玉祥为了自身的利益而利用他们的政治地位,他们是军阀,干卑鄙的事情。而我,自从就任督办以来,就始终是诚实的。最近八十年以来,在中国高层军政领导人当中,从没有象我这样无私的人。这是因为我信仰共产主义。[1]

在这封信的结尾,盛世才用的是"马克思主义-列宁主义-斯大林主义的信徒盛世才"的落款。

---

[1] Sheng Shicai's letter to Wang Ming (Received by the Soviet People's Commissariat of Foreign Affairs on March 15, 1936), *Chinese Law and Government*, vol. 30, no. 1, January—February 1997, pp. 57—66。

第二章 "西北大联合"计划

说盛世才是马列主义信徒，信仰共产主义，自然不可信。但无论他出于何种目的，即使是为了彻底摆脱来自南京政府将来可能的威胁和取得未来西北政治领袖的地位，他这时愿意与中共合作是肯定的。在其上面的信中，他就已经明确地提议苏联应当援助陕北的红军，并且表示他可以负责将军事装备神不知鬼不觉地秘密运送到甘肃，交给红军。[1] 随后不久，他更进一步向苏联国防部提交了军事问题建议书，并再度给王明写信，具体提出了苏联应该经过新疆大规模援助红军的问题。他在给王明的信里声称：

> 中国红军现在最好的发展条件就是中国西北，因此应当把陕、甘、青、宁、新五省变成中国革命的可靠根据地。现在最迫切的就是占领甘肃省。一旦甘肃占领之后，中国红军就能够秘密地从新疆、外蒙古接受苏联的援助。如果红军能够把这几省变成他们的根据地，那么，在第二次世界大战爆发之前，他们就能够非常便利地向中国北方和南方扩展。即使发生第二次世界大战，西北根据地也可以保持与苏联和外蒙古的密切联系。……你们应当利用已有的便利条件尽可能地帮助中国红军，向红军提供军事装备，包括军用飞机，特别应当建设飞机场，发展自己的空军。我已请国防部长元帅除了卖给我们军事装备外，还要准备大批装备以便秘密地援助中国红军。[2]

不论盛世才的建议究竟出于何种动机，在中共西北大联合的计划中，新疆这一关可以肯定已经顺利地打通了。有了盛世才的支持与合作，再加上张学良东北军在陕西和甘肃的势力，红军只要设法征服拦阻在陕甘两省之间的敌对的国民党军队，西北大联合计划就不难实现。

---

[1] Sheng Shicai's letter to Wang Ming (Received by the Soviet People's Commissariat of Foreign Affairs on March 15, 1936), *Chinese Law and Government*, vol. 30, no.1, January—February 1997, pp.57—66。
[2] 《盛世才给绍禹先生的信》，1936年10月4日，中心档案495/74/278。

然而，对于这时的中共中央来说，在陕西还有一部最重要的力量需要争取过来。这就是杨虎城的第十七路军。在陕西的国民党军队中，除了张学良的东北军以外，整个非蒋系部队中，就属杨虎城的十七路军最强了。特别是因为十七路军在陕西土生土长，与蒋介石又有着深刻的矛盾冲突，因此中共领导人自打到陕北来，就注意到对十七路军的争取工作。对杨虎城的统战争取工作早在1935年底毛泽东派汪峰见杨虎城时，就订立过有关通商和交通问题的口头协定。然而，与对东北军的统战工作相比，中共对十七路军的统战工作却一直进展困难，甚至可以说是步履维艰。这是因为，与东北军的关系毕竟是建立在与张学良个人的大体相似的政治倾向和密切协商的关系基础上的，而与十七路军的关系几个月来却更多地只能依靠少数中下层军官来维系，杨虎城只是采取默认的方法一般不加干预，他个人则有意与中共中央不发生任何关系，甚至在4月间和杨在大革命期间就往来较多的中共北方特科领导人王世英去找他谈判，他都表现得非常冷淡。这些情况不能不使中共领导人对争取杨虎城的工作产生怀疑。在4月中旬毛泽东派王世英去西安找杨虎城商谈拖延向苏区进兵事，被杨虎城"推诿不见"之后，毛泽东就断定："杨虎臣怕蒋特甚，一时当难与我们建立积极关系。"[1]

不过，杨虎城其实也并非不想与中共和红军建立秘密的合作关系。6月间，因为发现"部下几个团长被蒋收买"，杨虎城意识到蒋介石对自己包藏祸心，于是一方面赶紧派人于6月下旬找上海黑社会关系设法活动阻止，一方面则秘密派人主动找中共组织，"表示极迫切与我方联合及求助"。在对十七路军统战工作几经挫折之后，中共方面对于杨虎城能否像张学良那样真下决心与自己合作，却十分怀疑，包括一直在负责十七路军交通线、对十七路军情况很了解的中共工作人员梁明德都提醒说："对杨不要估计过高。"因为杨找红军看上去也"还不是十分需要的，不过作一种不要断的声势"。

杨虎城原为冯玉祥西北军系统的一个师长，1929年背冯倾蒋，

---

[1]《毛泽东致彭德怀电》，1936年6月28日，《毛泽东年谱》（上），第554页。

1930年蒋、冯、阎大战中从一个第十七师迅速扩编为第七军乃至第十七路军。由于杨在这场战争中助蒋有功，战争结束后得到陕西省政府主席之高位。然而"兔死狗烹"，当冯玉祥的西北军再不能在陕西对南京政府构成威胁后，蒋介石为控制陕西，转而又频频对杨虎城下手，削其兵，夺其权。杨虎城扩编的三个师被蒋撤销了一个师，剩下的两个师，其中一个师长冯钦哉又被蒋所收买。到了1933年5月，蒋介石连招呼也不打一声，就免了杨虎城的陕西省政府主席一职，改派其亲信邵力子来做。1935年东北军又大兵入境，杨的地位更是一落千丈。如今，蒋介石竟连他最后所有的几个团也不放过，这不可避免地要把杨虎城逼上梁山了。

杨虎城要上"梁山"，自然得找共产党。而杨虎城在1920年代也确实同共产党人打过不少交道，不仅深知共产党里有不少人才，而且其本身思想也颇有些激进。[1] 特别是考虑到部队自身的发展，几年来杨城虎利用共产党陷于严重困难的机会，在他的部队中也搜罗了不少因各种原因与共产党组织失去关系或者脱党的共产党人。以致从1936年春天起，以中共党员谢兹山（谢华）为首，徐彬如、李木奄、宋绮云、金闰生、童陆生等竟得以在十七路军里面组织了一个中共西北特别支部，用杨虎城拨给《西北文化日报》的经费开展自己的工作。7月以后，这个"西北特支"更进一步在西北军原有的救国会的基础上，组织了一个公开的"西北各界救国联合会"（简称"西救"），大张旗鼓地在西安展开了抗日救国的宣传。对此，杨虎城都是睁一眼闭一眼，加以默认的。只不过，这并不表明杨虎城这时真的信任共产党。据另一长期在十七路军中工作的中共工作人员谢兹山于7月30日第一次给中共中央军委的报告说：

> 今年二月初，上海中央派我到西南（北）来发动西北抗日工作。在这（半）年当中，与十七路军谈判很多，直至现在还在继续讨论。……他们态度还好，但缺乏勇气，不敢发动。他

---

[1] 根据现在已经查证的档案资料，可知还在1928年前后，杨虎城就与共产党的秘密组织来往密切，中共党组织甚至曾经考虑过发展杨虎城入党的问题。

们对我们说：只要川康红军向北集中，中央红军能把汤（恩伯）部解决，我们一定配合行动起来。我们现在还是耐心地进行讨论的工作，我们认为不到绝望的时候决不放弃这种谈判。[1]

上述报告表明，杨虎城固然允许并同情共产党人在他的军队和辖区活动和宣传，但即使是对像谢兹山这种在十七路军上中层中"信仰很好"，"关系很多"的共产党员，也不能使杨扫除对共产党的疑虑并决心与红军秘密结盟。这既是因为杨担心和红军走得太近会导致与蒋撕破脸，军事上没把握，亦是由于他对中共也颇难信任。这在很大程度上是因为自杨靠蒋之后，共产党方面曾一再破坏其部队，并屡屡发动兵变。其部下骑兵团团长王泰吉组织的一次兵变，几乎把他的骑兵团整个端走了。而1933年6月24日，杨为自保，秘密地与刚刚在陕西邻界的川北建立了根据地的红军第四方面军达成过一项口头协议，约定以巴山为界，红军不来攻陕南，杨虎城的部队也不去打川北苏区。一年之后，因蒋发现了双方的秘密妥协，杨被迫停止了与红军的往来，并遵命开始向川北苏区推进，红四方面军马上毫不留情地大举进攻陕南，歼灭十七路军达4个团之众，仅俘虏就捉了4000余人。[2]

更让杨不信任共产党的是1935年红二十五军消灭其警备三旅，并杀害旅长张汉民。当时红二十五军刚刚进入陕西不久，杨的部队连吃败仗。为自保，杨派曾为共产党员的张汉民率警备三旅去与红二十五军保持接触，试图与红军实现互不侵犯。没想到不仅警备三旅被消灭，被俘的张汉民也不免一死。所有这些，都让杨虎城对中共实行统一战线的诚意深感怀疑。杨之所以几个月来一方面愿意在前线与红军实现妥协，一方面却又极力避免与中共有任何联系，很

---

[1]《谢兹山致中央军委的信》，1936年7月30日。
[2] 关于这一情况的是非曲直至今尚有不同看法。原四方面军总指挥徐向前回忆称，红军进攻陕南是因为十七路军孙蔚如部出兵攻打红军，并任凭胡宗南的势力伸向川陕边威胁红军，同时也是为了吸引四川敌人向北，便于红军突破嘉陵江。但也有人认为杨虎城的进攻只是一种对蒋的敷衍，是虚张声势做给蒋看，并非有意破坏双方的协定，而红军的大举进攻则有违协议。

大程度上也正是这种既怕蒋介石，又怕共产党的心理在起作用。只不过，这种若即若离的态度到底不可能保持太久。

在整个中国都受到日本进一步大举侵略的严重威胁面前，杨虎城像张学良一样，也对蒋介石南京政府的"安内攘外"政策极为反感，认为这是蒋借刀杀人之术。因此，他在政治上很显然是中共抗日反蒋主张的同情者。但和所有地方实力派人物一样，杨虎城最看重的还是自己的军队和地盘。他不满于蒋介石的关键，也正在于立志一统天下的蒋介石总是千方百计地要取消他们这些地方实力派手里的兵权，甚至抢夺他们赖以生存的地盘。这时，再清楚不过的一点是，蒋介石中央军已经大举进至陕西，其下一步势必会要进据西安及陕西所有重要战略要地和交通线，杨眼看再不能保全自己的军队和地盘了，他也只有一条路好走，这就是冒险联合中共，取得中共的合作与支持，像两广事变的领导人一样，打出抗日反蒋的旗号来谋求生存的机会。

杨虎城一向较为谨慎，这次却敢于下此决心，这根本上固然是蒋介石所逼，同时却也是由于他注意到张学良与共产党的秘密关系发展顺利，相信中共不致像过去那样把眼睛盯着他的军队。并且，他也清楚，只要联合了中共，利用西北接壤苏蒙的地理条件，有可能得到苏联的帮助，因而对抗蒋及南京不致太过危险。

当然，即使到这时，为了保险起见，杨虎城也还是为自己留了一手。关于这种情况，在8月下旬潘汉年经张学良介绍见杨时，杨虎城曾有过明白的说法。据潘汉年报告说，在他特意说明了毛泽东希望与他建立直接合作关系的意思之后，杨当场提出三个条件：

（一）十七路军暂不能一一转变为红军，目前只能政治上加紧准备；

（二）合作途径必跟张某走，毋须另起炉灶；

（三）军事上先打通国际路线。

对于潘汉年关于杨虎城应该直接与中共中央建立电台联系，以便及时联络的提议,杨仍旧"极力表示他的电台不能用",要联络只要通过张学良就好。[1]

杨虎城虽然一直小心地不与中共建立一种直接的关系,但中共中央仍旧始终在为此努力。事实上,由于陕北苏区受到十七路军的直接威胁,东北军的调动又破坏了原有的交通线,中共方面为了打通十七路军方面的关系不知花了多少力气。由于无法与杨虎城直接联络,周恩来甚至不能不致电张学良,请其设法劝说杨与中共直接发生关系。[2]因此,当杨虎城要求与中共联合的信息传达到陕北之后,不论人们对杨前此行为是否理解,毛泽东还是很快写信给杨虎城,表明了中共方面的欢迎态度,并派自己的秘书张文彬作为中共中央正式代表,专程前往西安与杨虎城谈判双方合作问题。但从毛泽东的信中还是可以很清楚地看出中共方面对杨很不满意的态度。他在信中写道:

> 先生同意联合战线,盛情可感。九个月来,敝方未曾视先生为敌人,良以先生在理,在势,在历史,均有参加抗日战线之可能。故敝方坚持联合政策,不以先生之迟疑态度而稍变自己之方针。然为友为敌,在先生不可无明确之表示,虚与委蛇的办法,当非先生之本意。目前日本进攻绥远,陕甘受其威胁,覆巢之下,将无完卵。蒋氏向西南求出路,欲保其半壁山河,倚靠英国,西北已非其注意之重心。全国各派联合抗日渐次成熟,而先生反持冷静态度——若秘密之联系,暗中之准备,皆所不取,甚非敝方同志所望于先生者也。兹派张文彬同志奉诚拜谒,望确实表示先生之意向,以便敝方做全盘之策划。先生如以诚意参加联合战线,则先生之一切顾虑与困难,敝方均愿代为设计,务使先生及贵军全部立于无损有益之地位。[3]

---

[1]《张文彬致毛主席、周副主席信》,1936年9月1日,《中共党史资料》第33辑,第5—8页。
[2]《毛泽东致潘汉年告张学良电》,1936年8月25日。
[3]《毛泽东致杨虎城函》,1936年8月13日,《毛泽东书信选集》,第38—39页。

毛泽东同时还有信致与杨虎城关系密切的西北社会名流杜斌丞，请其"加速推动"，以使杨虎城联合中共愿望能够切实付诸行动。[1]

即使这样，中共与杨虎城之间的统一战线关系开始真正形成，还是到了9月以后了。

张文彬于8月26日到达西安，31日晚与杨虎城的机要秘书王菊人开始正式会谈。王一上来就明确表示，杨虎城认为目前政治形势十分紧迫，绥远方面有日本人的进攻，广西方面李宗仁等因拒绝南京政府命令另立政府，再树反蒋旗帜。因此，杨认为抗日反蒋都已到关键时刻，有必要"立即在西北发动军事行动，杨并有军事计划意见"，希望能够在中共、张学良与杨虎城的三方会议上进行讨论。

王菊人初次会谈就开门见山地代表杨虎城提出如此大胆果决的谋反计划，这不仅再清楚不过地反映出杨虎城此时的急迫心情，而且也表现出杨虎城这时在反蒋问题上甚至比张学良还来得坚决。这回轮到张文彬犹豫不决了。他出发前做了各种应对的准备，却明显地没有预料到杨会突然变得如此激进，以致他竟怀疑杨虎城可能是"欲以此试探我方军事行动及张与我关系，和有无背他之处"。因此，张文彬的答复避重就轻，显得含糊其辞。张称：

> 杨主任能以救西北首先提议发动，我方甚为欣喜，愿杨能提出具体意见。但第一，我杨双方尚无合作前提……与共同意志在事实上的表征，希能脚踏实地地真诚做去，不徒空（言）。第二，对张方情形我不清楚，对关系第三者情事似非单方面可以解决。如真有此种情势与发展到此必要时，当由各方共同会议筹划。届时或有四五六七方面亦未可知。但我均无事实根据。尤在此时我杨双方尚未有初步明确协定前提，似觉尚谈不到，而不便作徒言推测。[2]

---

[1]《毛泽东年谱》（上），第569页。
[2]《张文彬致毛主席、周副主席信》，1936年9月1日。

不过，坦率言之，张文彬此次前来的主要目的，就是接通双方之交通联络，就双方互不侵犯和自由通商问题达成协议。在张文彬等看来，既然杨虎城连联络及通商这样的小事情都不敢做，他又如何有胆量做大举动呢？这也难怪张文彬不相信杨虎城有反蒋决心呢！

张文彬在与王菊人见面之后，仍旧见不到杨虎城。且杨虎城连着六天推托不露面，说是有病，这更让张文彬对杨虎城的态度感到不能信任。他在给毛泽东的信中明确说：杨虎城之所以有这种态度，显"系因害怕与我建立合作后其部队群众为我争取，及害怕蒋之发觉而迟缓"。

直到9月6日晚，杨虎城终于出面接见张文彬了。双方谈了大约两个小时。张文彬代表中共中央提出了抗日合作口头协议的草案，其内容为：

一、互不侵犯：
（1）双方各驻原防地，在实际行动上取消敌对行动。
（2）杨负责抑制民团行动，不在苏区及原有革命组织的地方组织保甲。
（3）不摧残革命组织，改善军队纪律，密切与群众的关系。
二、取消经济封锁：
（1）设专门贸易站在十七路军掩护下保障苏方国家贸易的流通。
（2）不禁止群众的自由通商。
（3）苏方不禁止群众供给十七路驻军的食料等必需品的购买。
三、建立军事连络：
（1）双方军事行动事先通报，杨方除将本部属行动通报外，并供给南京等各方情报。
（2）有关双方纠纷问题均经双方磋商解决。[1]

---

[1]《张文彬致毛主席的信》，1936年9月8日，《中共党史资料》第33辑，第11—17页。

上述提议与前此汪锋及王世英等过去的提议，没有多大的区别，因此，杨虎城当即表示原则同意。他甚至第一次在原则上同意中共派代表驻西安，并在西安设立一部电台以与陕北联络的主张。当然，杨虎城显然更关心共产党对十七路军的策略及态度。张文彬报告称，第一，他表示，因为十七路军的力量与现处环境的关系，目前尚不能离开南京政府。第二，他强调，因为十七路军的基础关系，目前不能与红军走一条路，但可以走"人"字路，将来再会合。第三，杨宣称，红军除非接取国际援助，不应继续游击战争，红军的根据地最好设在甘肃、宁夏与陕西交界地区。第四，他担心国际援助一时来不了，更担心国际援助只给红军不给十七路军。第五，他再次强调西北发动要由张学良来领导，但担心张部复杂，且担心因张继承父业，未经艰苦经营，关键时可能靠不住。

对此，张文彬做出的答复是：第一，应付南京是必要的，但必须努力做实际的抗日准备，防备和打击蒋介石的破坏阴谋。第二，对十七路军，红军从未有过挖墙脚的企图，不过希望十七路军能够建立自己的政治组织，成为坚强的抗日友军。第三，红军发展的方向及根据地的建立，需要根据与友军的联络情况以及敌人方面的情况来决定。第四，"国际援助不成问题"，并且"一切抗日友军，一切联俄联共武装都可援助，方式与方法则按具体情形决定"。第五，对张学良及其军队的情况虽不十分清楚，但以其特殊的亡国情形，应该是可以改变自身的弱点的，并希望杨虎城能够根据本人的革命历史和意志及共处西北利害相关的缘故，对张学良给以全力推动。[1]

张文彬对杨虎城的看法很明确，他仍旧相信杨的谈话突出地反映出其必欲保全自己军队和地盘的愿望。当然，通过随后与杜斌丞的谈话，张也注意到杨虎城的过分谨慎，是与前此与红军交往的教训有关。他在给毛泽东的一封信中提醒中共中央说："据杜谈，张汉明（民）原是十七路内认为最左倾的份子，终为红军所杀。又曾一

---

[1]《张文彬致毛主席的信》，1936年9月8日。

次渠亲自派一学生到汉中与张、徐（向前）交涉，亦被杀。此等事在十七路中有很不好印象，杨、孙等现在犹怨我方不能遵守信义。深望我方注意。"[1]

7日，张文彬根据与杨虎城6日晚谈得的结果，与王菊人等具体商订了红军与十七路军合作协议的具体条文。最终达成协议。协议共三条，内容如下：

一、十七路军现尚未接防，准备以十七师王旅驻最前线，旅部将在鄜州，肤施及其以北到蟠龙止，均以最少数部队营连分驻（蟠龙是否驻不一定）。十七路军主力均在鄜州（县）以南，以备有事。整个部署俟决定后当再电告。

二、民团将以消极的集中训练，统一指挥名义，严密纪律等抑制其活动。积极的方式是改造其个别不听从指挥者。保甲组织，以目前部队无政训处是完全可以做到的。将来如有政训处也不致成大问题，至少可以采用东北军所用过的方法去抑制。

三、交通地点决在肤施及到甘泉的侧翼，由十七路军、红军各派二人以副官名义前后各驻一个办理货物转运，至于人员的来往另外由人负责，以更谨慎。

四、电台可立即设立。[2]

时至于此，共产党人在成功地争取了张学良之后，终于又成功地使一向摇摆的杨虎城比较肯定地到了自己的一边。再加上西北地区的小军阀邓宝珊、高桂滋这时也已经表示赞同与红军妥协，而在接通苏联问题上最关键的新疆盛世才也明确支持中共和红军的大西北计划，西北发动的整个准备工作看上去前景似颇为光明了。

---

[1]《张文彬致毛主席的信》，1936年9月8日。
[2]《张文彬致毛主席的信》，1936年9月8日。

四、引弦待发

随着1936年秋季的日渐到来，发动西北大联合的诸多条件都已经开始成熟起来了。但在另一方面，中共在陕北的物质条件却是极端困难的，它也直接影响到红军的军事发展，限制着中共力量的进一步壮大，因而不利于中共在它所倡导的统一战线中成为主导的力量。

中共这时在西北的条件究竟如何呢？在莫斯科保存的一份相当详细的报告对此有具体的说明。根据这份制定于1936年8月的报告，我们可以清楚地知道，红军当时确实极其需要来自苏联的援助。

报告首先说明了"陕甘宁苏区状况"，称：

苏区版图北以盐池、定边、靖边三县与绥远蒙地为界，安边、宁条梁、新城堡在敌手。横山南部、米脂西部为苏区，惟绥德至石湾封锁线区划在其间。东抵黄河，吴堡、清涧东部、延川、延长及宜川一部，原均为苏区，现则为清剿部队隔成数块。南则沿肤施、甘泉、鄜县大道两侧以外尚为苏区。入甘境，合水、庆阳、固原以北均为苏区，西则以豫旺堡及其南北之线内与宁马为界。中间环县、保安、安塞、安定4县则属全县。县城在我手中者为盐池、定边、靖边、安定、延川、安塞、保安、环县、豫旺九城。除定边外，余为均不足两百户人口之城市。苏区东西最长处有1200余里，南北600余里。行政区域分陕北及陕甘宁两省，陕甘特区及中央直辖保安县。

整个苏区的特点是：一、地形则山多沟深，林稀水缺，土质松，人户少，交通运输极不便。北部靠近蒙地，更多沙地，均不宜大部队运动。二、人口极稀，总计不过40余万，除沿黄河西岸外，一般村庄少超过四五十家以上的。即在大道上亦常四十里无人家。陕甘苏区内红军已超过3万，红属与人口比例超过江西苏区。三、物产一般贫乏，农产除小米外，麦及杂粮均缺，不能供给大军久驻。特产除沿河西产煤及煤油（现入敌手），盐池产盐，一般的畜羊外，无其他大宗出口。由于国民党对苏区实行封锁的原因，这里的商业更加萧条，只有东北军防线及内蒙古等少数地区尚有些商业来往，然而它也只能部分地满足红军及机关需要，并且还需要现洋及白票交易，而苏区目前现款已经告罄。

报告接着说明了"现时西北方面的红军状况"，这是目前所知最详尽的关于这一时期陕北红军兵力及其配备的档案资料。报告称：

甲、一军团现辖三个师，计第一、第二、第四师，另一骑兵团，一炮兵连，一工兵连，一教导营，共约八千人。

乙、十五军团辖第七十三、第七十五、第七十八三个师，另一骑兵团，一炮兵连，一工兵连，共约六千人。

丙、各直属部队计有二十八军，辖三个团，一炮兵排，共约一千四百人。二十九军辖三个团，一炮兵排，共约一千二百人。三十军辖三个团，一炮兵排，共约七百人。第一独立师辖两个团，一炮兵排，约五百人。两个独立步兵团，共约八百人。一个骑兵团约四百人马。一个山炮连一百五十人。其余通信、警卫等部队约八百人。总计约七千二百人。以上正规红军三项共两万一千余人。

丁、地方部队陕北省有三个独立团，五个独立营及各县区游击队，共约三千人。陕甘宁省有两个独立团，一个独立营及各县游击队，共约一千三百人。陕甘特区有游击队约三百五十人。中央直属队有二百人。关中苏区有游击队约四百人。神府苏区有一个独立团及各县游击队，共约八百人。总计六千余人。

戊、武器在正规红军中,步枪约及全部人数之半。在地方部队中约超过五分之二。步枪总数在一万以上。重机枪约一百余挺,轻机枪约二百五十余挺(另存有二百数十挺)。迫击炮十六门(另有二十余门)。山炮两门。子弹一般缺乏,正规红军每枪平均不及四十发,地方部队仅十余发或二十余发不等。[1]

由上不难看出,这时,西北的红军,饷弹匮乏,人枪有限,根据地又贫瘠偏僻,并且已被国民党军切割得七零八落,其自身就已经困难万分了。但即使在这种情况下,雄踞各地之反蒋实力派仍旧纷纷前来相邀入盟,这不能不是一件十分引人注目的事情。很显然,各地反蒋派之所以看重力量并不强大的西北红军,除了对红军的战斗力有足够印象以外,最重要的原因之一,恐怕就是在中共和红军背后毗邻的强国苏联的号召力了。无论是张学良、杨虎城,还是陈铭枢、马占山、宋哲元、李宗仁以及刘湘等等,不管他们各自的真实目的是什么,他们所以纷纷试图联合红军,自然不是指望可以靠红军的力量来左右开弓,挫蒋阻日,而是因为他们知道,无论是要对付强敌日本,还是要对抗正在变得不可一世,可能成就大一统局面的蒋介石南京政府,非有强国的介入不可,而如今也只有苏联才能帮上这个忙。而在中国,要想取得苏联的帮助,就非联合中共和红军不可。因为在中国,苏联唯一肯于援助也必定会援助的,大概也只有中共和红军了。因此,联合红军,是争取苏联承认与支持,进而取得苏联援助的几乎唯一的途径。

那么,这时苏联又是否准备援助中共呢?

在今天莫斯科的档案馆里可以看到一些曾经是高度机密的文件。这些文件表明,早在1933年初,共产国际就已经开始提出中国红军向西北边境地区发展,以便于接取苏联援助的设想了。到1934年以后,这一设想实际上已经开始提上苏联和共产国际中国政策的议事日程,并日渐成为他们为中国革命计划好的战略发展方向。

---

[1] 中心档案495/74/281。

目前所见最早的一份有关共产国际提出红军向西北发展的文件，是共产国际执委会1933年初给中共中央的指示电，该电肯定了鄂豫皖红军主力转入四川是正确的。电报提出："我们认为，在四川，在陕南和有可能的话向新疆方向扩大苏维埃根据地，具有很大意义。"[1]

在一年多以后，另一份文献所提出的主张就更加明确了。这是共产国际派驻上海的远东局负责人弗雷德1934年9月16日给共产国际副总书记兼联络局局长皮亚特尼茨基的一封信，信中建议立即在苏联中亚西亚的阿拉木图组织由中共军政领导人和共产国际联络部人员联合组成的中共西北局，立即调查通过新疆、外蒙等地派遣人员到中国西北各省发展游击战争的可能性，直接援助陕北的红军，并通过他们接通四川红军。为此不仅应当从莫斯科派遣一些中国干部，而且应当考虑派遣一些在苏联远东地区工作的干部，包括一些从东北来的游击队成员，通过新疆到中国的西北地区去。为此应当在苏联的中亚细亚地区组织一个秘密的军政学校，并建立一个至少足够装备5万人的秘密武器库，以便训练这些人员，并随时准备向西北地区的红军提供军事援助。

同一天，另外一份文件也提到了这一主张。这是王明、康生当天写给中共中央政治局的信，其中明确提出中共中央应当加强陕甘宁三省的政治军事领导，努力将川陕苏区连成一片，进一步"打通川陕苏区与新疆的联系"，并断言此举为"中国革命有伟大意义的工作"。[2]

另外还有1934年11月3日皮亚特尼茨基给苏联红军情报局长皮尔金的信，请他设法尽快协助调查中国西北边疆地区的情况，以便考虑经过中国的西北边界具体援助中国红军的可能性。

多半是根据类似的建议，我们还可以看到一些有关中国西北边疆地区的调查报告。这样的调查报告在1935年已经被提交给共产

---

[1]《共产国际执委会致中共中央电》，1933年3月，转见《中共党史研究》，1988年第2期。
[2]《王明、康生二同志致中央政治局诸同志的信》，1934年9月16日。

国际，它们中有《关于中国西北边疆情况的报告》，和《关于内蒙古一般情况的报告》等。这些报告说明，从中国西北地区接通苏联至少有两条道路可供选择：一条是经过新疆的哈密进入甘肃西部地区，一条是经过外蒙进入定远营[1]，接通宁夏。后者要比前者对红军更为方便，但暴露的可能性也大得多；前者距离较远，道路困难，费时较长，但由于新疆掌握在盛世才的手中，保密性却好得多。[2]

从1935年共产国际执委会东方书记处关于红军行动的一份报告来看，共产国际在这一年的4月间已经决定要红军在靠近苏联和外蒙的西北地区创立战略根据地了。该报告宣称："现在，不仅四川地区的西北边界已经不存在任何严重的威胁，而且今后红军向陕西、甘肃方向发展具有非常远大的前景，因为这些地方的游击队已经建立起一些重要的根据地，并且建立起独立的苏维埃政权。"红军"向西北发展的道路事实上已经打通"。苏联国防部、苏军情报局和共产国际联络局三家甚至联合组织了一个三人组，特别研究了中国红军未来在中国西北地区的发展计划及苏联方面的援助问题，这个小组的一份报告明确肯定红军在西北发展以及接受援助是可能的。[3]

由此不难看出，斯大林1935年夏天所以明确表示希望中国红军能够向中国西北地区发展，并不反对靠近苏联及外蒙，是早就有所计划的。共产国际和苏联有关方面也确实在密切注意中国红军的发展动向，并努力与红军取得直接的联络，以便指导红军同苏联外蒙接通。为此，仅在1935年下半年至1936年上半年，它就接连六次

---

[1] 定远营，宁夏境内，又称王爷府，即今阿拉善左旗巴彦浩特镇。
[2] 分别见《弗雷德的建议》，1934年9月16日；《皮亚特尼茨基给皮尔金同志的信》，1934年11月3日；《关于中国西北边疆情况的报告》，1935年；《关于内蒙古一般情况的报告》，1935年，中心档案495/19/575。另外，这时陈铭枢、蔡廷锴等也明确提出了一个准备武装割据中国西北甘、宁、青、新四省的"民族革命行动方案"，要求中共代表团代为向苏联和共产国际请求援助。此计划于1935年10月由王明上报季米特洛夫，后由季米特洛夫转送苏联军事当局。中心档案495/74/278。
[3] 东方书记处：《中国红军前线的新形势》，1935年4月；《有关军事问题的报告（绝密）》，1935年，中心档案495/19/574、575。

派人潜入中国西北地区，试图重新接通与中共中央的联系。[1]

同时，他们也开始具体筹划经过西北边界对中国红军的援助工作。毫无疑问，毛泽东和中共中央之所以一再宣布："国际盼望红军靠近外蒙、新疆"，国际"已三四次派人来找我们，希望我们在西北成立大局面"，也正是根据于此。只不过，特别是在被迫从山西退出来的情况下，考虑到在西北红军生存越来越困难，而发动西北大联合必须要以苏联为后援的情况，他们寻求苏联援助的心情多半比苏联想要援助他们更要迫切得多。

还在提前发动西北国防政府的计划紧锣密鼓的酝酿过程中，毛泽东就再度开始提出尽快实现打通苏联、接取援助的主张了，他甚至考虑过不等红军四方面军和红二、六军团到来就迅速就此采取行动。毛泽东提出：

> 甲、从总的战略上看，无论站在红军的观点上，站在红军与其他友军联合成立国防政府的观点上，打通苏联，解决技术条件，是全军今年必须完成的任务，而这一任务是必须一及十五军团担负者。
>
> 乙、红军接近苏联的道路有二，一是宁夏及绥远西这一条路。这条路距离较近，人口经济条件较好；缺点是恐怕不易造

---

[1] 根据已知的情况，可以肯定共产国际这一段时间至少与西北地区的红军联络，派出过六批联络人员。最早派回的是阎红彦。根据阎1942年回忆，他是1934年7月由中共上海局派往莫斯科去的，在莫斯科很短时间即被派回国递送密码电本，并准备接一批军事干部来苏学习。阎由新疆入境，经过甘肃转到绥远，再转北平，最后由山西转陕西进入陕北苏区，时间是1935年底。其次是林育英，即张浩。1935年8月共产国际"七大"召开期间，由共产国际选派经外蒙入境，转经宁夏、甘肃，于1935年11月10日左右到达陕北苏区的"首都"瓦窑堡，除负责传达有关指示外，也带有密码本。随后被派往陕北苏区的刘长胜，化名罗英，1935年3月到达陕北前线，主要任务也是送密码本。1936年2月，当共产国际得知中央红军已到陕北，并向山西发起东征战役之后，又迅速从外蒙送入一个七人小组，负责转送电台及密码本，但在陕北与民团遭遇，六人战死，一人被俘。另外，还有几人于1936年5月被派，准备转经北平前来陕北。7月又有两人经北平要进陕北，北方局曾有电询问与此两人的接头暗号，以确定他们的身份。另外于1936年4月底5月初经欧洲、香港派往中共中央传达苏联方面重要战略意图的还有潘汉年。

成根据地。但如能给马鸿逵主力以打击,一个时期的立足是可能的。二是甘、凉、肃三州。这一条路能够造成巩固根据地,缺点是距离较远,某些区域人口稀少,行军宿营恐怕有些妨碍。

丙、红军出动的时机亦有二,一是夏天或秋天,如能解决渡河船只,这是最好的时机。一是冬天,夏秋不成功,则只好等候结冰。

丁、不论采取哪一条道路与哪一个时机,给马鸿逵以坚决的打击都是决定的条件。因此请你考虑在七月下半月一及十五军团向金积、宁安之间或宁安、中卫之间行动的问题,及在黄河抢夺船只的问题。

戊、如能在东岸解决马鸿逵一部,又能抢到船只时,或东岸虽不能给(马鸿逵以打击)而依据已得材料,我军有在西岸战胜马部之把握时,则均应准备西渡。[1]

对于毛泽东的提议,彭德怀表示同意,只是调查结果显示两条路各有利弊,一时难下决心。同时彭德怀注意到以陕北红军现有的兵力还不能做到两相兼顾,若因贸然渡河使陕北苏区落入敌手,则未必妥当。故他相信仍应花一个月的时间巩固甘北占领地区,西渡黄河,接取援助的作战只能在八月初开始进行。

据此,彭德怀决定暂以打马鸿逵为目的,以十五军团一部围金积或吴忠堡,主力集结石沟堡附近,努力调动马鸿逵打击之。同时以一军团出黄河东岸中宁、靖远之间,相机抢夺船只,赤化黄河东岸并控制中宁、豫旺、同心三角地区,以便随时协同十五军团打击马鸿逵和依据条件渡过黄河。

根据彭德怀的电报可以看出,无论出宁夏或出甘肃,作战及红军生存条件都十分困难。两条路线都有人烟稀少、缺粮少水,不利大部队回旋作战和行军宿营的困难问题,而两条路上有村寨的地方,当地民团又都是深沟高垒、坚壁清野,马鸿逵、马鸿宾、马步芳等

---

[1]《毛泽东军事文集》第1卷,第551—552页。

部又多是骑兵，速度快，威胁大，围歼难。再加上国民党现在大军压境，以红军现有的两万兵力一方面要保卫苏区，一方面又要完成长途跋涉，搬运大批军事装备和弹药的双重任务，实在分身无术。因此，毛泽东不能不寄希望于"外蒙能出兵策应并解送军械"。对此，彭德怀虽估计很少可能，却也不能不希望国际能够动员新疆出兵，"夺取甘、肃、凉三州，响应两广，推动西北国防政府的组成，援助我们"。

注意到所有这些设想都不是中共中央所能解决的，毛泽东最终不能不很快放弃迅速打通苏联的想法，准备把问题提交共产国际和苏联方面去考虑。但无论如何，在与彭德怀反复通电商量了打通苏联的设想之后，毛泽东已经清楚地了解到，在预计的8月发动开始之前，接取援助的工作不可能提上议事日程。事实上，一切接取援助的工作，都要等到西北国防政府发动之后才能具体考虑。毛致电彭德怀称：现在以我们与东北军关系的进展程度，"可能二、四方面军北上后局面当有变化，也许就在此时发动西北政府，我们方针力争此着。但即能如此，打通苏联取得接济仍是总的战略方针中重要一着，不论为红军为东北军均须如此"。目前，关于接运物资的困难尚须解决，新疆、蒙古出兵策应并解决运输路线，即拟向远方提出交涉，非达到这一层，我们即使到达了宁夏或甘、凉、肃，也是没用的，因我们不能向新、蒙去搬东西。[1]

当然，一旦发动成功，一切又将有所不同，故毛泽东也注意到："彼时行动更有便利条件"，因为那时将不必再为红一方面军和红十五军团兵力不足而苦恼。那时不仅红四方面军和红二、六军团都将到达甘北地区，而且东北军也可以为此助战。那样，无论是向西打通甘、凉、肃三州，还是北上宁夏直出五原，都将有足够的兵力保障。

为争取红军四方面军北上，中共中央此前已经做了大量的劝说工作。还在2月中旬，双方关系十分对立之际，中共中央就曾以林

---

[1]《毛泽东致彭德怀同志电》，1936年7月1日，《毛泽东军事文集》第1卷，第553—554页。

育英的名义，一再打电报给四方面军，说明陕北苏区形势十分有利，主张四方面军立即北上。林育英与张闻天 2 月 14 日电更进一步向其传达了斯大林的意见，称：

> 育英动身时，曾得斯大林同志同意，主力红军可向西北及北方发展，并不反对靠近苏联。四方面军及二、六军如能一过岷江，一过长江，第一步向川北，第二步向陕甘，为在北方建立广大根据地，为使国内战争与民族战争打成一片，为使红军真正成为抗日先遣队，为与苏联红军联合反对共同敌人——日本，为提高红军技术条件，这一方针自是上策。[1]

至 5 月下旬，因为同张学良已经商定西北大联合计划，中共中央再度急电四方面军领导人，力劝后者下决心北上参加此一重大行动。[2]

由于中共中央首先与其上级指导机关共产国际取得了联系，红四方面军却困于偏僻闭塞的西康一带，生存发展十分艰难，因此张国焘此前虽于 1935 年 11 月 5 日已经自行组织新的中共中央、中央政府和中央军委及红军总司令部，要求陕北原中共中央改称西北局，接受其领导，这时也已不得不自动取消，改称中共西南局，表示愿与中共中央"取协商关系"[3]，同时，鉴于西南事变爆发，西北发动成功在望，张国焘等更进一步接受中共中央的劝告，准备带领红四方面军北上与红一方面军会合了。

6 月 10 日，张国焘等来电，表示："拟于六月底出动，向夏洮西北行动，大约七月二十日前后可达夏洮。"

对于张国焘率四方面军等直接出夏洮入青海的方针，中共中央

---

[1]《林育英、张闻天二同志致四方军电》，1936 年 2 月 14 日。
[2]《育英、洛甫、泽东、恩来、博古、德怀、林彪、海东致朱、张、徐、陈并转任、贺、肖、关、夏诸同志电》，1936 年 5 月 25 日，《毛泽东军事文集》第 1 卷，第 533—534 页。
[3] 见《党团中央来电》，1935 年 11 月 5 日；《国焘致育英电》，1936 年 5 月 30 日，转见于吉楠：《张国焘和〈我的回忆〉》，第 115 页。

这时明显地表示异议,为此力劝四方面军等仍以出甘南为有利,不仅"甘南敌情较弱","利于以后出陕南策应时局",且较青海"利于补充",也不致引起马步芳等挑动少数民族与红军对抗。

6月底,张国焘来电,终于同意照中共中央建议,率四方面军等于7月10左右出松潘,向甘东南方向发展。[1]

7月初,红军二、六军团已经到达红军四方面军所在之甘孜,与红四方面军会合一处,并组成红军第二方面军,以贺龙为总指挥,任弼时为政治委员。为此,中共中央专门发出贺电,并再劝二、四两个方面军迅速北上。

其电称:我们以无限的热忱庆祝你们的胜利的会合,欢迎你们继续英勇地进军,北出陕甘与一方面军配合以至会合,在中国的西北建立中国革命的大本营,与苏联、外蒙打成一片,与全国抗日人民、抗日军队、抗日党派建立抗日救国的统一战线,组织人民的国防政府与抗日联军,向着日本帝国主义及其走狗卖国贼开展神圣的民族革命战争,挽救中国之危亡,解放中华民族于日本帝国主义的铁蹄之下。[2]

至8月初,二、四两个方面军终于出至甘南,三个方面军在甘北会合眼看就要实现了。如此,则整个红军在陕甘的兵力将达到近10万之众。形势对中共看起来颇为有利。

8月6日,1935年4月由中共中央派往上海接通共产国际关系,以后曾任驻莫中共代表团成员的潘汉年从香港转经南京、西安到达陕北保安,带来了共产国际有关红军发展战略方向的明确指示。

潘转达的共产国际指示再度重申了中国红军应该在中国西北地

---

[1]《西南局致育英并转北方局同志电》,1936年6月11日;《育英、洛甫、恩来、博古、泽东、德怀致朱、张二同志并转弼时同志电》,1936年6月19日;《朱、张致育、闻、毛、周、彭诸同志电》,1936年6月27日,《中共中央抗日民族统一战线文件选编》(中),第165—166页;《文献和研究》,1986年第5期(关于红军北上抗日方针的十八份电报)。
[2]《林育英、张闻天、毛泽东、周恩来等致朱德、张国焘、徐向前、陈昌浩、任弼时、贺龙、肖克、关向应各同志电》,1936年7月1日,《中共中央文件选集》第11卷,第48—51页。

区发展，设法将陕、甘、宁、青、新打成一片，与苏联、外蒙接通的战略意图。同时，共产国际明确肯定，在中国红军有可能接通外蒙和新疆的条件下，苏联方面可以考虑从外蒙和新疆两个方向为红军提供必要的军事物资的帮助。与此同时，潘汉年7月23日到西安后，张学良恰于24日回到西安，双方进行了具体的商谈，潘汉年说明了共产国际和苏联方面决心援助红军的情况，张学良也表示希望更进一步密切双方关系，准备建立他本人与中共中央之间的直接电台，并且说明了他对西北大联合计划的具体设想。据潘汉年汇报，张学良这时关于行动步骤的基本想法是：

第一，红军应立即开始实施打通苏联，以便推动西北国防政府的建立。

第二，打通苏联及西北发动的时间应考虑在九月日本指使德王进攻绥蒙之际，并将攻击方向指向绥远，如此方能号召时局。

第三，打通苏联的实现暂以红军为主，东北军目前暂做隐蔽的配合。

第四，欢迎二、四方面军到甘肃来。二、四方面军宜先夺岷州，据此出陇西攻击毛炳文，以便调动东北军于学忠部控制兰州；另以一部出夏河攻击马步芳老家河州，威胁青海，吸引西路甘、凉、肃三州马步芳东援，争取使东北军接防河西走廊，如此可便利接通新疆。

第五，为便利西北发动起见，红军一部出河南仍是调动陕西中央军出境，确保陕西于我手中的有效策略。

第六，目前西北发动的最大问题是东北军自身的统率与改造问题，依目前条件，必须尽快物色和训练一批可靠军官，为此请派有力干部前来协助。

对于潘汉年所转达的这两项重要消息，中共中央当然非常重视。8月10日，中共中央政治局专门开会讨论了红军行动的整个战略方针问题，终于再次下决心实施打通苏联的军事行动。会议明确决定："打通苏联的意义是伟大的，应放在第一位"，它是党和红军目前阶段的基本任务，无论是西北国防政府的成立，统一战线的巩固，还是抗日战争的实行,以及对付蒋介石南京政府,党的所有工作均应围绕它来进行,对此"不应有任何的动摇"。甚至,还在会议召开之前,毛泽东就已经下了这样的决心,并希望与张学良具体商定行动步骤。他在8日给刘鼎的电报中明确要求刘鼎转告张学良,说明中共中央已经了解了张学良关于共同行动的基本设想,行动问题原则同意,步骤尚须商酌。故特令潘汉年10日动身来西安与张学良兄商量各种问题,请张兄暂勿他往。

与此同时,毛泽东等中共领导人还联名致函张学良,具体说明了中共中央对张学良行动设想的意见,并派潘汉年迅速携返西安去见张学良。在这封信里,中共中央明确表示同意张学良关于首先实行打通苏联,9月以后再准备发动的意见。

实际上,还在7月25日,中共中央根据两广事变受挫的情况,就已经致电共产国际,说明"在两广失败条件之下,张学良发动恐须略为推迟"[1]。而潘汉年带来的共产国际已确定援助红军的消息,又使得中共中央认识到应该以打通苏联为第一等的任务,因此,中共中央对于张学良所提以9月为西北发动时间的建议,自然比较容易接受。甚至,中共中央考虑,依目前条件,整个西北的发动时间多半要在10月了,因西北的发动应该尽可能与打通苏联同时并举,这样相互配合才较有把握。当然,考虑到打通苏联的工作尚须时日,中共中央相信这一切最迟不应晚过10月份。据此,中共中央在信中向张学良提议的具体步骤如下:

(一)根据二、四方面军北上、西南事变发展、日本对绥蒙进攻等情况,我们认为兄部须立即准备配合红军选定九、十月间有利时机,决定发动抗日局面,而以占领兰州,打通苏联,巩固内部,出兵绥远为基本战略方针。

(二)乘蒋注意西南,无力北顾之际,我们的整个计划须于八、九、十三个月完成其基本部分。

---

[1] 中心档案 495/74/281。

（三）占领兰州是整个计划的枢纽，其方法：用东北军守城，红军二、四方面军攻击城外之毛炳文，胜利后红军一部转向兰州上游给马步芳以打击，然后以一部取甘、凉、肃三州，一部取宁夏，配合东北军之一个军出绥远抵御德王的进攻，树起抗日旗帜，红军之另一部，则在陕甘宁交界控制黄河东岸，并准备南下策应东北军主力抵抗蒋之进攻。

（四）东北军以至少三个师好好地控制兰州，如此着成功，则可在今年秋天三个月内完成打通苏联的任务，我们必须坚信打通苏联是保证西北胜利（更是全国胜利）的最基本点，而要在秋天打通苏联，不使推到冬天气候条件最困难时去做，则必须以占领兰州为枢纽。以战略上巩固内部来说，好好的完全的占领兰州，也是绝对必要的。准备必要时以兰州为中心。

（五）对甘、凉、肃的占领，最好使用东北军之一部，留红军在外面用，但如东北军觉得有困难，便应以红军之一部用于此方面。因为拿打通苏联的意义来说，占领甘、凉、肃比较占领宁夏更为重要，这是不受日本威胁，有永久保障的一条道路，新疆的协助与苏联的接济已不成问题，其详情请问赵年同志（即指潘汉年——引者注）。

（六）战略上与政治上巩固内部，是发动后无论如何不能忽视的一个基本任务，拿战略意义来说，在蒋介石进攻与杨虎城动摇的条件下，我们不但不是进攻河南，也并不是保持陕西，东北军应准备在必要时把陕西交给杨虎城，自己在北上抗日的口号下，把主力缩到甘肃境内，以便一面集结部队，利用政治上组织上改造内部，一面与红军靠近占据战略上巩固的形势，然后待有利时机再打出去，方能操胜算。……

（七）时机问题完全同意我兄意见，即是说不放弃九月以后日本指使德王进攻绥蒙的时机，这是政治上最好机会。同时蒋在此时忙于西南，他要立即顾到西北是很困难的，然而西南一解决他就有极大可能进攻西北，我们必须在他动手之前，完全主动的发动自己的计划，不使自己处在临时应付的被动地位，这是基本的原则。[1]

中共中央强调：目前"关键全在乘蒋注意西南时，我们以突然的姿势占领兰州，打通苏联，那时不管他来打也好，不来打也好，我们都有胜利的把握"。关于张学良所担心的东北军的改造费时费日的问题，中共中央在信中深表赞同，但他们强调：这种改造"需要一个长期的过程，不是几个月所能做到"。目前唯一的方法只能是一面"坚决肃清东北军内部的反革命分子"，一面由张学良亲自与军师团长谈话，或发布书面指示，再经过军师团长们去发动下级。中共中央决定尽快派潘汉年、叶剑英、朱理治三人前往西安协助张学良进行这一工作。

值得注意的是，中共中央这时甚至还向张学良提出了西北大联合成立后的政治导向问题。函称：

> 我们正在讨论西北发动后，共同采取一致的政治纲领与组织形式，如人民政权形式，人民军队形式，最低限度的土地经济政策等，而不采取目前有差别的形式与政策，如此更能保持团结与号召全国。[2]

准备在西北大联合实现之后，与东北军采取统一的人民政权和人民军队形式，实行无差别的政策方针，包括实行统一的土地经济政策等，这充分反映了中共中央这时对张学良所寄希望之深。

中共中央在这封信里第一次亲切地称呼张学良为"同志"，尽管共产国际还没有就他们所提出的吸收张学良入党问题做出表态，但他们无疑对张学良所表现出来的政治上的进步态度深表赞赏，并有意把张当成自己同志来对待了。信中特别说明：

---

[1]《中共中央致张学良函》，1936年8月9日，参见《毛泽东年谱》（上），第566—567页。
[2]《中共中央致张学良函》，1936年8月9日。

八个月来的政治关系,证明了你我之间的完全一致,兄所采取的各种步骤与提出的意见,我们都是基本上同意的。[1]

不过,严格地说,10月的发动期限能否实现,多数中共领导人仍无切实把握。他们很清楚,西北发动最重要的一环就是打通苏联,如果此举看不到切实成就,整个西北发动就难以实现,反蒋派与中共之间的统一战线很可能会破裂、失败。然而,以红军现有的状况,中共中央这时又确实对打通苏联的作战没有太多把握。并且,他们对张学良能否迅速下定决心,并完全掌握部队,东北军到时候能否完成各项准备,切实开始发动,也并无太多信心。因此,在8月12日中共中央内定的"今后战略方针"中,他们不仅没有提到西北发动的具体时间,甚至也没有把西北发动摆在重要位置。整个战略完全是以打通苏联为中心。这其实也不奇怪,只要打通了苏联,还怕西北发动不成功吗?正如毛泽东等人在给张学良的信中所说的:"打通苏联之后,那时跟我们来的还多着哩!"[2]

当然,为了稳操胜券,中共中央实际上也并没有把打通苏联的宝押在8、9、10三个月里。文件明确规定,打通苏联的任务基本上应由红军独立完成,整个过程应分为三个阶段,12月之前为准备阶段,具体开始实施打通苏联的直接作战行动应在12月黄河结冰以后。中共中央在给二、四方面军领导人的电报中关于此一方针的内容具体表述如下:

(一)一、二、四三个方面军有配合甲军(即指东北军——引者注)打通苏联,巩固内部,出兵绥远,建立西北国防政府之任务,由此任务之执行以配合并推动全国各派统一战线,达到大规模抗日战争之目的。

(二)根据一、二、四方面军会合,甲军与我们联盟,日本指挥蒙伪军进攻绥远、内蒙,企图隔断中苏关系,及蒋介石注

---

[1]《中共中央致张学良函》,1936年8月9日。
[2]《中共中央致张学良函》,1936年8月9日。

意西南，暂时无法顾及西北等情况，上述任务可能而且必须在较短时间内实现之。

（三）打通苏联为实现全国抗日战争，首先为实现西北新局面，进行部份抗日战争之重要一环。其步骤为：

甲、二、四方面军尽可能的夺取岷州或其附近，作为临时根据地，控制岷州附近洮河两岸之一段，候部队相当整理后，即以有力一部出陇西攻击毛炳文，相机消灭之，目的在威胁兰州，以便甲军李忠（**即指驻守兰州之东北军五十七军军长于学忠——引者注**）部三个师全部集中于兰州，控制兰州为战略枢纽；另以有力一部出夏河，攻击河州马步芳老家，目的在威胁青海吸引西路甘、凉、肃三州马步芳兵力之东援，以便甲军派出一部接防，使西路三州落于甲军之手。在消灭青马一部后，促其与我讲和，李毅[1]现有代表青马处。以上是李毅与我商定之计划。此处再派较小一部拒止王均于西礼之线，并派员与王进行外交。同时也对毛炳文进行外交。彼时均在极危惧中，外交成功有大的可能。上述计划大概以一个半月时间实现之。……

乙、完成上述任务之后，实行三个方面军在甘北之会合，扩大甘北苏区，准备进攻宁夏。这一步骤约在十月到十一月完成之。

丙、十二月起，三个方面军以一个方面军任保卫陕甘宁苏区并策应甲军对付蒋介石之进攻，以两个方面军乘结冰渡河，消灭马鸿逵，占领宁夏，完成打通苏联任务。[2]

中共中央在上述计划中对张学良和东北军明显地没有寄予太多的指望，这很大程度上是因为他们对东北军的作战能力不抱幻想，他们之所以提出红军和东北军应共同退入甘肃，力争甘、青、宁，

---

[1] 张学良这时在与中共通讯中化名李毅，又写为李宜，或毅、宜。
[2]《洛、育、恩、博、稼、怀、凯、泽致朱、张、任同志电》，1936年8月12日，《文献和研究》，1986年第5期。

也正是出于这种担心。

他们没有想到的是,仅仅过了半个多月,张学良竟又突然变得犹豫不决起来。不仅如此,就是曾经最先支持张学良联共反蒋的王以哲据报这时也表现出了某种动摇。

8月12日下午,潘汉年从安塞出发经延安转往西安。到西安数天,张学良竟未露面。张托辞是说自己生病了,但潘汉年并不相信。

19日,潘写信给中共中央,报告说:来了这么久,尚未见到张学良。他确实患病,但尚能起坐与邵力子对弈,而不急欲见我,未知何故。刘鼎只是顺从,经我多次解释急欲面谈之重要,他依然无甚办法。今晨我会见东北军政治干部孙铭九、应德田二人,除向他们解释应加紧积极准备一切的意义外,并诚恳拜托转达张学良,抽一短时间让我将你们的信交给他,至于长谈可待其痊愈后,未知结果如何。直接电台尚未竣工,一切因为张想到而不动手做。原因是手下无一系统工作组织,而原有军事干部系统,他认为不可靠、不中用,因此什么事除他自己动手外,旁人都无办法。我问刘:如张暴死,我们在东北军中的工作岂非一无所成?他默然无答。另据刘澜波告刘向三,王以哲日内态度不佳,蓝衣社有三人经常包围他。最近拒绝与左翼人物接近。蓝衣社提出"倒张拥王"口号,并声言东北军反蒋无出路,力言张当初拥蒋,今又反蒋,是无信义,他绝不应赞成。王之参谋长赵镇藩亦表示,如苏联无确实把握决不能轻动,并怀疑苏联的帮助是否可靠。我以此事询问刘,他认为这是少数国家主义派活动,王态度闪倏,全因张本身未公开主张云云。真相如何,凭诸猜测,都不可靠。[1]

不难看出,东北军内部的情况确实不那么简单。特别是两广起事的迅速失败,对一部分前此赞同联共反蒋的军官是一个相当大的打击。这些人过去一直就把西北发动的希望寄托在苏联的支持上,如今的态度更是如此。然而,这时张学良派去新疆的代表栗又文、

---

[1]《潘汉年致毛泽东、张闻天信》,1936年8月。

董彦平已经到达，但从新疆联络苏联的工作尚无进展。[1] 张从上海派出的代表李杜虽已获得苏方签证，乘船经欧洲前往近一月，但迄今也尚无任何消息。[2] 在这种情况下，东北军内部一些了解张学良意图的干部明显有些消沉。

不过，张学良的顾虑看来与王以哲等人的顾虑还有某些不同。因为张在参加国民党五届二中全会之间，发现国民党上层联俄呼声甚高，就连蒋介石也明确向他表示决心联俄了。这种情况颇使张感到困惑。刚从南京回来时，张心急如焚，立即接见潘汉年，通知中共中央，决心提早在西北发动，率先联俄。但事过之后，借病静思半月余，思想上又不免十分犹豫。因为，他张学良决心发动西北国防政府，本意原在藉联俄联共举出抗日反蒋旗帜，一来打破蒋借刀杀人的"安内攘外"政策，保存东北军的实力，二来也可以设法借苏联之力，争取有朝一日重回东北。如今若蒋也开始积极联苏，苏联必定更看重蒋而不会帮他张学良。自己若在这个时候去另立局面与南京对立，岂不自找麻烦，还给国人以居心不良之口实？这种情况显然使张学良一下子又变得犹豫起来。

当然，不论如何困惑，张学良还是要听中共的意见才能决定行

---

[1] 栗又文、董彦平九月间到达新疆，并与盛世才及苏联顾问几次面谈，说明张学良决心抗日，要求苏联能够提供必要的援助。此时尚未得到具体的答复。但据栗又文的回忆称，对于张学良提出的请求苏联帮助东北军在平凉地区修建一座兵工厂的要求，后来曾得到斯大林的批准。此说是否可信，值得怀疑。因共产国际8月15日政治指示信等有关电报已经清楚地表明了苏联人对张学良缺乏信任。参见《盛世才致绍禹先生信》，1936年10月4日，中心档案495/74/278；栗又文：《西安事变与张学良将军》，中国社会科学院编：《西安事变资料》第2辑，北京，人民出版社，1980年，第84页。

[2] 李杜这时已经由上海中共党组织发展入党，并于6月26日带着毛泽东的两个孩子和董健吾的儿子，以及张学良的一名副官和另外一人启程前往苏联。据冯雪峰6月25日报告称："李杜系一可靠之人，现为党员。但他党籍的最后批准，我意叫王明同志来决定（我写了一信去），明天即起程赴法转俄。俄亦已有电来促其前往。"《李允生给中央的报告》，1936年6月25日。另据5月29日共产国际执行委员、苏联情报部外情部负责人莫斯柯文关于请求批准李杜来莫给斯大林的信可知，李这时化名王原华，一行6人，3个孩子，要求来莫与苏方商谈援助东北抗日等问题，该信对李杜评价颇高，称李"最近一年来与中国共产党密切合作，积极参加反对日本帝国主义的斗争"。这份申请很快得到斯大林的批准。见中心档案495/74/278。

止。因此，他终于在 21 日和 24 日晚两次接见了潘汉年。潘汉年报告称，张学良在研究了中共中央领导人给他的联名信之后，明确表示"完全同意"信里提出的政治意见。对中共中央向他借款，他问也不问就拿出 5 万元，并表示还愿意多借。但是，在潘看来，张学良许多事情都没有准备，对中共中央提出的战略方针更是吞吞吐吐，似很难主动予以配合。而且，张对蒋介石明显地变得恐惧多了，他甚至表示，宁愿部队与红军作战受损，也不愿因配合红军行动而使秘密外泄。

潘汉年在电报中写道："彼同意原则，但对（为）团结自身仍不敢公开联红，须继续对蒋保持灰色与忠顺。因此对兰州可由彼军设法控制，至固原以北诸地任我攻击取道，听诸少数骑兵牺牲，彼未便明令退出。"

潘这时还在书面报告更进一步解释了两次会见的经过情形。报告说：

（一）我见了两次……他表示完全同意信上所提的一切基本问题，不过他始终不愿意向其干部公开说出联红，目的在对蒋仍抱顺从态度，恐有把柄落在彼手中。因此，兰州城内只要他单独控制已足，我们切勿进城，即固原城以北诸镇，他亦不愿调开，只听我们去打，他愿意牺牲该少数部队云。

（二）他要与我联合干的决心是有，对咱们关系倒也客气，为什么许多事情弄不好呢？我观察，第一，他手下没有可以运用的组织机能。第二，对蒋力量恐慌，因此不肯立即对其干部鲜明他自己政治主张与企图，即对赵哲（**即指王以哲——引者注**）亦是含混其词。如军官团、电台等事，他不放心让干部放手做去。其旧有技术干部，他无一信任，新的没有，因此许多想办的事无从进行。第三，过于夸大其部队传统的一定能服从他个人领导的作用。第四，对缩短防线，先退后进的战略，原则上认为不错，但他……怕退出中心城市引起部队悲观失望。……我们借钱，立刻应许，已交五万元（存刘处），余待沪外行拨付，免令人怀疑，但声明如再有急需，每次数万定可由此地付出。……占领兰州，打通赵联（即指苏联——引者注），确定愿意共同努力。每天前线情报，两次见他都毫不迟疑给我看，并嘱电告我们。哲的动摇，他毫不掩塞，而且他先讲，并商如何争取。……对于与你见面事，他在设法。他说必须找个出巡机会，顺便在盐池落下，很秘密的叙谈，不能让当差的知道，不能让我们部下一人知道，主要是怕蒋介石。……关于对干部解释事，已得如此结论：他认为可靠的必开诚布公的讲，其余的他不能深信的立刻进行调查，坏蛋赶走，中立的争取，至于大规模的用组织化的方式去做改造工作，此刻他还不愿干。[1]

从上述潘汉年的报告中不难看出，张学良基本态度并未改变。甚至从8月25日起，由于早先负责与中共通电的王以哲台要随六十七军西调甘肃，张学良已经自建一部电台准备直接与中共中央通电。而张学良与毛泽东第一次直接通报，就明确表示决心一切仍照原定战略计划行事。即当毛泽东转述四方面军"朱德同志来电询问，李毅部队是否有进一步进占隆德、静宁、会宁、定西、庄浪、秦安、天水、甘谷、武山等县，反对二四方面军前进之意"时，张学良明确复电表示："我部决无反对贵部前进之意，近向西兰路出动乃按双方协定战略，控制彼路各据点，以配合贵部前进。""我据点请勿强攻，避之为妥。彼等亦不敢积极出动，因已属彼等守城保实力。万一贵部必须路经某据点时，请兄通知，我当设法调济。"惟天水、甘谷为王均部，渭原、陇西、武山线为毛炳文部，可攻之。

由此可见，张学良这时本意仍在继续实行前此与中共约定之行动计划。只不过，他这时对蒋的恐惧是明显增加了，一切均"从避免落证据给蒋"出发，故"对准备着对付工作犹豫不决"，甚至早先提出的要求中共派干部来帮助工作的事，其态度也变了。在潘看来，

---

[1]《潘汉年致毛泽东、张闻天信》，1936年8月。

"这是目前最严重的问题"。如何才能使其对整个西北发动充满信心,彻底扫除对蒋介石的恐惧呢?潘汉年一时也想不出任何好的办法。

就在这个时候,一件意想不到的事情使情况再度发生重要的变化。

1936年8月29日,张学良意外得知中央军3个师及一补充旅由郑州西开西安三原一线。作为西北"剿总"代总司令,中央军突然大举开进其辖区而不打招呼,这使张深感不安。当夜,忽又得知国民党陕西省党部便衣侦探密捕东北籍大学生宋黎、马绍周等,这更使张学良深受刺激。一怒之下,张当夜调集卫队及手枪营,一举抄了省党部,并把捕人的便衣侦探统统捉到"剿总"审问。张同时打电话给邵力子及省党部负责人处,警告他们务必取消便衣侦探,今后不得擅捕东北军势力范围内的任何人,如确有证据,必须先经过他批准方可逮捕。次日,张又得知有关中央军秘密西进消息是误传,并且宪兵团将南京方面指令逮捕刘澜波、孙达文二人的正式公文交给张看,于是张又不得不一面致电蒋介石请求处分,一面下令逮捕刘、孙二人交军法处审问。不过,张私下叮嘱军法处不得用刑,并告刘澜波"要理直气壮,慷慨陈词,说明自己是抗日分子,并无罪状"。

张学良在这一人称"艳晚事件"中的表现,明显地反映出其内心的恐慌与不安。鉴于此,潘汉年于30晚再与张学良密谈数小时。潘明确告诫张说:

> 据我观察,蒋对你与红军妥协实已洞悉,正因为你正面没有提出反蒋口号和反蒋的军事行动计划,他又忙于桂事,现在无法过问。因此你要放胆的在准备抗日口号下,在利用蒋的统一对外名义下,迅速进行整理部队,加强政治工作,可以在干部中提出联俄联共口号,只要对蒋在表面上仍拥护他,而且利用南京派人找红军的事实,解释蒋预备联俄联共,因此东北军真要抗日,更应当积极做去。对于一些蓝衣社汉奸,可以用他们行动言论是违反蒋要抗日的倾向来打击他们,可以用他们破

坏蒋委员长的威信驱逐他们。总之，不要怕蒋知道你在做联俄联共，只要表面文章使他不难堪。相反，如包围党部事，对蒋不甚好看。而你硬说刘澜波不是共党，只是抗日分子，不能捕，蒋对你今天还是没有办法。如你希望做到蒋完全不知道你的真相，这是不可能的事。何况过去许多事情，据你说的材料，蒋已完全知道，现在要争的是真实的预备工作，不是怕蒋知道与否。……即如桂事被他解决，回头要来对付你，你早已预备妥当，已无可虞。如为着要欺骗他，而真的不动手做准备工作，那么你的危机很难克服。[1]

潘汉年所说，在张听来，确有道理。其实，张学良及东北军秘密和共的大致情况，南京方面早已知道，只是蒋始终腾不出手来处理罢了。对此，张也十分清楚。如今确像潘汉年所说的，即使张亲自对部下说，我们今天不能打红军，这消息传到蒋的耳朵里也毫无关系，不仅蒋对此已经了解，而且蒋自己也与中共有联系，目的也不外是和平。问题是，张的顾虑更为复杂。这里最重要的当然是张担心他与中共密谋反蒋的事情不小心即可能败露，但这时张实际上还多了另外一层担忧。张学良于这天晚上终于说出了他这时的主要担心所在。据张说：一件过去未曾料到的事最近始终在困扰着他。这是因为，

他赴二全会时，蒋向他表示过要联俄，而俄态度不明。毅提出要抗日又要打红是不行，问蒋有无办法，蒋向他看看，蒋说不用着急，将来有办法。同时蒋廷黻曾找过他二次，要他向蒋提出联俄容共，他问蒋：你为甚不提？他答：我提出，恐无效力。这次蒋发表为驻苏大使，他认为南京对外政策是有新变动。他正是因为蒋有可能与我们妥协，所以怕做得太难看，使得蒋说他投机而不满意他，或者误会他要与蒋争一日之

---

[1]《潘汉年致毛泽东、张闻天信》，1936年8月。

长短。[1]

事情明摆着，如果蒋真的决心联俄，那么很显然蒋是想要抗日，同时蒋若真心联俄，势必也要实行联共。如果蒋介石真的这么做，他张学良又如何还有理由另树异帜？对此，潘汉年当然不以为然。他认为：张"缺乏一种进步的政治斗争认识，他父亲遗留给他一些军阀办法尚未刷洗干净，恰巧这一付旧本事与蒋去斗，正是必败之数"。潘解释说，如蒋真的联俄联共，你准备之事对蒋并无损害；如果蒋像他半年多来所做的那样，只是做做表面文章，继续坚持"剿共"战争，那么无论你准备与否，他到头来也不会原谅你"通共"的行为，那时不仅抗日不成，反蒋不成，而东北军也将成为其俎上肉。

在潘汉年的反复劝说之后，张学良终于又开始下决心了。据潘报告说：目前他对我们计划的了解程度，已较前十天好一些了。直接与中共中央通报的电台建立起来了，具体准备行动也已决定陆续开始了。十天前对要叶剑英、朱理治来西安犹犹豫豫，现在也痛痛快快地欢迎其来了。

> 毅与我现能每晚见面，对巩固干部，统一内部的工作，原做得很迟缓，现决定由他普遍的提高抗日呼声，（宣传）要抗日就要保存实力。他认为可靠之士，便进一步提出与他联合……他对整个计划的争取时间，迅速准备的原则是很了解。现在对于缩短防地，开始注意。他自己说，必要时把洛阳新兵师调回，除增加西安守卫兵力外，整个中心放在平凉。[2]

终于，经过一番周折，"西北大联合"的车轮又重新开始按照中共中央的部署按部就班地运转起来了。红军与东北军公开成立抗日反蒋的西北国防政府的日子，一天比一天地逼近了。

---

[1]《潘汉年致毛泽东、张闻天信》，1936年8月。
[2]《潘汉年致毛泽东、张闻天信》，1936年8月。

第三章 "打通国际路线"

一、"逼蒋抗日"？

就在潘汉年根据中共中央8月10日政治局会议的决定，和毛泽东等8月9日信，劝说张学良加紧实施西北大联合计划，同时与已经进入甘南之红四方面军、红二方面军相配合，开始共同为实现打通苏联的战略计划展开军事行动的最关键时候，情况突然又发生了重要变化。这一变化几乎使中共中央完全改变了前此的计划。

造成中共中央突然改变原定计划的原因，是共产国际8月15日的一封电报。这封电报传达了共产国际的"政治指示"。这一指示的核心内容在于以下三点：

第一，批评中共中央继续实行"抗日反蒋"的策略方针。指示称：

> 把蒋介石与日寇等量齐观是不对的，这个方针在政治上是错误的，因为中国人民的主要敌人是日本帝国主义，在现阶段，一切都应服从抗日。此外，不能同时有效地进行既反对日寇又反对蒋介石的斗争。也不能认为整个国民党和整个蒋介石的军队都是日寇的同盟者。为了切实有效地进行武装抗日，还需要有蒋介石的军队参加，或者其绝大部分军队参加。鉴于以上情况，必须采取停止红军同蒋介石军队之间的军事行动并同蒋介石军队协同抗日的方针。……为此，我们认为中国共产党和红军司令部必须正式向国民党和蒋介石提出建议，立即就停止军

事行动和签订共同抗日具体协议进行谈判。共产党和红军司令部应该宣布他们准备马上派出代表团，或者在苏区接待国民党和蒋介石的代表团。

第二，批评中共中央支持国内军阀的反蒋行动，强调不能信任张学良，指示称：

使我们特别感到不安的，是你们关于一切愿意入党的人，不论其社会出身如何，均可接受入党和党不怕某些野心家钻进党内的决定，以及你们甚至打算接收张学良入党的通知。……我们认为，你们号召支持西南集团反蒋行动的声明是错误的……必须保持同张学良的接触，利用这种接触来开展我们对张学良军队的工作，加强我们在他的各个部队中的地位，并在士兵群众和军官中广泛宣传抗日民族统一战线的思想。但是，不能把张学良本人看成是可靠的盟友，特别是在西南失败之后，张学良很有可能再次动摇，甚至直接出卖我们。

第三，要求中共中央提出民主共和国的主张，准备停止推行苏维埃制度，谋求在中国建立全国统一的国防政府和抗日联军。指示称：

在政治方面，抗日民族统一战线应该是中国共产党、国民党和其他组织在完全保持它们在政治上组织上的独立性的情况下，在共同的抗日立场上的协调一致，而这些力量当中的每一支力量都保持自己的独立性，都对自己的作战地段负责，在完成共同的作战计划任务时都服从统一的指挥。国防政府应该是参加抗日民族统一战线的各个党派和组织的真正代表机构……因此，最好由中国共产党发表声明，主张建立统一的中华全国民主共和国，主张在普选基础上召开中华全国议会和成立中华全国国防政府。这是在目前条件下联合中国人民一切民主力量保卫祖国抵御日寇的最好手段。中国共产党还可以声明,一旦建立中华全国民主共和国,苏区将纳入统一的中华民主共和国,将参加中华全国议会,并在自己的区域实行整个中国确定的民主制度。[1]

在发布这样一个态度颇不寻常的"政治指示"之前,共产国际总书记季米特洛夫曾经在共产国际执委会书记处讨论中国问题的一次会议上宣称:中国共产党人很年轻,他们很会打仗,但他们在政治方面却不够成熟,没有能够很好地应付他们所遇到的复杂局面,以致在对待南京政府和蒋介石的问题上犯了错误,使得政策转变晚了两三年的时间。他并非不知道,"蒋介石本人不想搞统一战线",也不是他所希望看到的那种民族"斗士",但他认为,在蒋介石"已经把全民族的四分之三组织起来"以后,共产党对蒋介石没有其他的选择可能,必须主动提出统一战线的口号,不能让蒋介石把民族统一的资本都捞到手,要想方设法迫使蒋介石承认共产党所发起的抗日统一战线运动的既成事实。因此,继续在事实上同蒋介石对抗,支持甚至鼓动国内反蒋运动,在抗日统一问题上排除蒋介石和南京政府,这都是共产国际所不能同意的。[2]

共产国际究竟从什么时候开始主张联合蒋介石,这是一个容易引起争论的问题。但无论如何,说在联合蒋介石的问题上,中国共产党的政策转变晚了两三年时间是由于中共自己在政治上不够成熟造成的,是不准确的。因为众所周知,共产国际自己提出统一战线政策的转变问题,到这时也不过就是刚刚一年之久。而且一年之前,即 1935 年 7—8 月共产国际召开第七次代表大会期间,几乎所有的与会代表在讨论中国问题的过程中,没有不骂南京政府和蒋介石的,就是季米特洛夫也不例外。而在季米特洛夫直接领导之下的中共代

---

[1]《共产国际执委会书记处致中共中央书记处电》,1936 年 8 月 15 日,《中共党史研究》,1988 年第 2 期。
[2]《季米特洛夫在共产国际执委会书记处讨论中国问题会议上的发言》,1936 年 7 月 23 日,《中共党史研究》,1988 年第 2 期。

表团团长王明,甚至直到季米特洛夫讲话批评中共中央的前10天,还在发表文章公开支持西南事变和反蒋运动。[1]这种情况表明,关于联蒋的问题,共产国际在很长一段时间里,至少是没有比较明确的说法。至于在两三年以前,恐怕连想也没有想过。

当然,在1935年11月以后,通过王明的文章可以看出,共产国际对蒋介石的政策多少有了一些改变。在1935年11月7日的一篇文章中,王明当时曾经破天荒地第一次表示可以给蒋介石一条"向人民和国家赎罪的自新之路"。[2]措辞虽然不中听,但弦外之音不难辨别。此后,王明曾经又主持过与南京政府派驻莫斯科的武官邓文仪的谈判工作,其目的自然是愿意与南京政府共同找到一种妥协的方法,但在这一谈判被南京政府毫无道理地中断之后,王明及其中共代表团又重新回到"抗日反蒋"的宣传上来了。中共代表团机关报《救国时报》从1936年2月起几乎是连篇累牍地刊登反蒋评论,宣布"蒋介石已成为全国人民团结最大的障碍,抗日救国的最大障碍","实为害国害民的最主要的蟊贼"。直到4月19日,人们才又可以在中共代表团的会议记录中看到了对蒋态度的某种改变。这就是,中共代表团已一致同意:"反日必先讨蒋不正确",决定将"反日讨蒋"的口号,改为"反日讨贼"。这一字之改,反映出他们这时注意到对蒋应当保持某种比较灵活的态度。可是,这种转变并不彻底。[3]

在1936年4—5月间,中共代表团先后派潘汉年、王炳南等回

---

[1] 王明:《目前中国政局的出路——停止内战,一致抗日》,《救国时报》,1936年7月12日。王明在这篇文章里不点名地批评苏联《消息报》这时关于中国的西南事变多半有日本人在背后指使的报道,声称:"两广抗日反蒋事变,绝非受日寇指使","新内战之主要发动者为蒋介石,并非西南","西南派与南京派今天之斗争,至少客观上代表着人民的抗日意志与卖国贼的降日行为之间斗争底一部分",因此,"中国人民应群起反对新内战的祸首——蒋介石"。
[2] 王明:《驳反帝统一战线底反对者》,《救国时报》,1935年11月7日。
[3] 这次会议所表现出来的态度颇为矛盾。一方面肯定"反蒋必先讨蒋不正确",一方面又强调"不要放松每件具体事实揭破他们(即指南京政府——引者注)"。同时在规定"将来要做"的事情中,特别提出了"反蒋统一战线"一项。可见会议并没有根本改变反蒋的态度。并见《蒋介石自绝于国人》、《除三害》等,《救国时报》(社论),1936年2月24、29日。

国对西南、西北地方势力进行统战工作。从代表团首先将联合重点放在西南、西北反蒋派身上的情况，可以很清楚地看出他们仍旧对联合蒋介石及南京政府缺乏信心。直到7月初，王明才有信给潘汉年，明确要求潘汉年将谈判重点转移到南京方面去。这大概是来自莫斯科的最明确的也是最早的要求加强对南京进行统战工作的指示了。

据北方军委系统负责人王世英7月21日根据所得消息报告称，苏联认为蒋介石可以抗日，因此最近要潘汉年去南京直接找陈立夫谈判，潘汉年说他是"奉王明及国际之命令来商合作问题，提出条件是：1. 不压迫爱国运动；2. 肃清内部官僚；3. 对日表示明确态度。实行这三条即可取消××（反蒋）"[1]。当然，潘汉年得到消息时季米特洛夫还没有在莫斯科发表他那通批评中共统战工作的讲话，共产国际也还未发出8月15日那封著名的"政治指示"，故潘对王明要他前去南京谈判的信，事实上也并未高度重视，仍旧多少把它视为一种策略手段。潘汉年7月中旬就与国民党CC系骨干张冲接上关系，进而专程赶到南京，准备与陈立夫见面，不想陈立夫却因为潘汉年不能证实自己的身份，坚持要潘先同陕北中共中央取得正式约定后再来谈。面对这种情况，潘汉年明显地对争取这一谈判的成功不抱太多希望了。[2] 不仅如此，潘汉年在此之后虽然到了陕北，也不再强调来自莫斯科的这一新的统战精神。他于8月上旬向中共中央领导人传达了共产国际和王明信的意图，中共中央也为此于8月10日召开会议加以贯彻，引人注目的是，他们所决定的政治军事方针与此前相比并没有发生重要的改变，潘汉年也不再负担与南京谈判的任务，反倒转而去做要张学良反蒋的工作了。

很难想象，如果共产国际此前对蒋有过明确和肯定的政策，潘汉年乃至整个中共代表团对于联合蒋介石的问题，会如此的不重视

---

[1]《王世英致中央的信》，1936年7月21日。
[2] 关于潘汉年7月间与张冲接上关系，并由张冲引至南京见陈立夫，而陈立夫却以潘汉年没有取得中共中央和红军方面负责方面正式代表资格等理由拒绝与他见面的情况，潘自己在1970年6月曾有过回忆材料。

和左右摇摆。实际上,共产国际对中共在西北地区的发展一直相当重视。因此,中共代表团制定近远期工作计划时,就曾明确规定,近期以争取东北军、晋军与红军停战为主,以后则要争取"组织抗日联军,以西北为中心",建立"反蒋统一战线"。[1] 直到7月中旬,共产国际已经开始下决心确定联蒋政策之际,它也仍旧专门发来电报询问红军与反蒋派共同发动西北大联合计划的把握如何。电报称:

> 请你们立即告诉我们以下的情况:(一)宋哲元、韩复榘的发动,是只反蒋,还是同时也反日呢?如果宋哲元、韩复榘是日本走狗,而我们与他们一起反蒋,是不是会使我们在人民面前丧失威信,进而在客观上反倒使蒋介石巩固其地位呢?(二)红军和东北军在抗日救国统一战线口号之下发动时,蒋介石的军队有没有可能部分的被吸收参加呢?我们认为,必须把停止一切内战和建立红军与中国各军队,包括蒋介石的军队在内的抗日救国统一战线的口号,特别强调地提出来,同时真正按照这个方向进行实际工作,只是在不得已的情况下,自卫地进行反对蒋介石军队的行动。我们非常想知道,党在全中国蒋介石军队中的工作,特别是在西北蒋系军队中的工作达到怎样的程度。(三)应设法取得与东北军共同进行抗日的发动,但对张学良必须格外小心,因为在环境改变的情况下,张学良很可能会背叛我们。[2]

共产国际何尝不希望中共通过联合中国各种地方势力来使自己成为中国抗日统一战线的组织者和领导者呢?特别是对于争取东北军,无论是共产国际还是苏联方面,从来都抱着一种积极的态度。苏联曾不止一次地帮助难以坚持的东北义勇军和游击队退入苏联境内,其文件中也不止一次地提出有必要援助中国东北的抗日战争,

---

[1]《中共代表团会议记录》,1936年4月19日,中心档案495/74/282。
[2]《共产国际执委会书记处致中共中央书记处电》,1936年7月,中心档案495/74/278。

包括帮助东北的游击队回到东北去。前面提到过的共产国际远东局负责人的报告书，甚至明确主张，应当训练和帮助这些东北人转入中国西北地区，一旦日本敢于进攻苏联，"我们即可大规模地提供武器和干部的帮助"，使他们能够重新在中国发动武装抗日运动。因此，即使在共产国际已经决定了联合蒋介石的方针之后，他们对中共联合东北军发动西北大联合的计划，仍旧不能不表现出一种矛盾的心态。一方面肯定必须联合蒋介石的军队，尽可能停止与蒋介石军队的战争，一方面却仍旧对红军与东北军发动西北大联合计划的前景抱以某种期盼，希望这种发动能够进行下去。一方面担心这种发动能否争取到部分蒋介石军队的参加，一方面却又直截了当地要求中共"应设法取得与东北军共同进行抗日的发动"，而并不介意蒋系军队能否整个地响应。

很明显，直至季米特洛夫讲话批评中共政策一周前，共产国际事实上仍旧在对中共所提议的西北发动计划抱以相当的兴趣。问题是，它明确认为这种发动只有在能够争取到相当部分蒋系军队参加时，才是可能的。而这也就是说，如果中共这时在蒋系军队里也已经有了相当的工作基础，或者，如果中共中央告诉共产国际领导人，他们有绝对把握可以吸引部分蒋系军队参加西北的发动，情况很可能向着完全不同的方向发展。当然，中共中央如实地回答了共产国际希望了解的问题，而这种回答看上去不能让共产国际感到满意。结果，一切就迅速朝着中共中央意料之外的方向发展了下去。

中共中央告诉共产国际，"目前无疑应以国民党为主要对象，在西西派、兰衣社、英美派中进行实际的工作"，"但我们工作可以说还未真正的开始"。目前的工作主要的仍集中于两广、华北及西北方面。不过，它相信：

> 停止内战一致抗日的号召与实行，已成为实现统战的重要政策。蒋介石之崩溃主要依靠这一口号的实行，而不是反蒋战争。不但宋、韩我们不能赞助其不抗日的反蒋，即张学良发动

时，对于陕甘境内蒋系部队，依现在情况看，亦不宜采取攻击态度。并红军对蒋系军队作战亦在同样原则之下，应该在反对拦阻抗日去路与反对扰乱抗日后方的口号之下执行。从去年十二月以来，我们就这样做了。但蒋系部队参加西北发动目前尚无此可能。在两广失败条件下，张学良发动恐须略为推迟，时间当容许我们进行工作。[1]

既然中共没有能力将蒋系军队吸引过来，而蒋介石又已经将三分之二的中国统一了起来，那么共产国际，或者说斯大林也就只好下决心要中共中央改变既定的一心要让蒋介石"崩溃"的"抗日反蒋"方针，改行"联蒋抗日"的方针了。既然要千方百计地联合蒋介石，那么，那种以"抗日反蒋"为旗帜的西北大联合或曰西北国防政府计划，理论上也就应当随之取消。但值得注意的是，无论在季米特洛夫7月23日的讲话里，还是在共产国际8月15日的电报指示里，没有一个字提到中共与张学良的西北发动计划是否应当完全放弃的问题。结果，无论是中共代表团，还是中共中央，这时都只能作这样的理解，即既然共产国际直截了当地提出联合蒋介石的方针，自然也就否定了西北大联合计划了。

王明在8月21日的一次代表团会议上对此有过一个明确的解释。他讲：过去我们估计国防政府有三种可能，一种是与南京共同组织，南京、西南、苏维埃统统取消；一种是部分的国防政府，西南、西北和南京分别组织；再有一种就是以苏维埃政府为中心，加以外力的武装发动，即将苏维埃变成唯一的国防政府。当时估计第二种可能性大一些。根据国际现在的指示，现在看来不是三种可能的问题，只有一种前途，即争取成立全中国统一的国防政府，"若只组织一部分国防政府，则变为内战政府"。而要组织国防政府，"没有南京参加，则不行的"。这也就是说，今后的统战目标，必须主要放在蒋介石南京政府身上。[2]

---

[1]《中共中央书记处致共产国际书记处电》，1936年7月25日，中心档案495/74/282。
[2]《王明在代表团会议上的报告》，1936年8月21日，中心档案495/74/282。

不过，这种理解未必完全准确，苏联人和共产国际这时对西北大联合计划的态度，至少是含混不清的。而这种含混不清，归根到底，其实仍旧是他们不愿意立即放弃这一计划的表现。换言之，季米特洛夫7月23日的讲话和共产国际8月15日的电报中之所以没有提到中共中央正在积极准备的西北发动问题，并不是偶然的。从共产国际电报特别担心张学良的政治态度这一点就可以看出，他们并非不关心红军与东北军的共同发动问题。在7月中旬来电之后，共产国际第二次告诫中共中央张学良不可靠，有背叛共产党的可能，这表明他们仍在担心红军通过张学良联合东北军和实行西北发动的计划，存在着严重的缺陷。当然，关于所有这一切，苏联方面和共产国际领导人看来还没有太大的把握，因此，他们在讲话和指示中都明确表示：前此中共中央提出的关于西北发动和国际援助等问题，需要等待中共中央的代表邓发到达莫斯科作过全面汇报之后才能作全面答复。[1] 但问题在于，中共中央似乎并不了解这种情况。因为他们始终是把西北发动的计划同"抗日反蒋"方针联系在一起的。在实行联合蒋介石及南京政府的方针提出之后，至少在中共中央看来，继续西北发动的计划，已经很少可能了。

目前没有足够的资料可以证明中共中央是在哪一天接到共产国际的这一"政治指示"的。但多半可以确定的是，它应该在8月15日或16日之间，因为根据中共中央9月政治局会议中张闻天的报告，在16日中共中央已经就此作出了一个"决定"。从此后中共白军工作部及红军总政治部均根据这一决定所做的改变方针的一致部署看，这个决定是比较简单的。它的中心内容如下：

今后一切宣传应以联红抗日为中心，对蒋介石及其南京政府应改变过去抗日必须讨蒋的口号，表示希望与欢迎蒋及南京政府参加和领导抗日战争，要求停止内战，实行抗日自由，而

---

[1] 见《共产国际执委会书记处致中共中央书记处电》，1936年8月15日；《季米特洛夫在共产国际执委会书记处讨论中国问题会议上的发言》，1936年7月22日，《中共党史研究》，1988年第2期。

反对和揭露每一妥协欺骗和投降的具体步骤，宣传南京内部分化与蒋系左派找我的事实。对西北各部则以日使伪蒙攻绥，主力红军会合，要求大家停战，一致准备抗日战争来保西北、保华北、保中国、恢复东北失地。[1]

这一决定的中心之点就是要改"抗日反蒋"为"联蒋抗日"。结果，既然对蒋介石及南京政府应改变过去方针，要争取蒋介石及南京政府参加甚至领导抗日战争，那么，张学良此时希望继续保持"灰色"与对蒋之"忠顺"，当然也就是必要的。因此，毛泽东很快于8月25日打电报给潘汉年，要求潘汉年立即向张学良说明此种情况，并立即返回陕北根据新的方针受领新的任务，然后前往南京进行谈判。

毛泽东在电报中说：向南京进行具体的、进一步的谈判，期在短期内成立统一战线，是我们进行整个统一战线的重心。兄应在接电后7天内回到保安，受领新的方针，再以7天至10天到达南京开始谈判。请立即向张学良说明，这种谈判的成功对于东北军和红军两军合作有大的帮助，将使两军合作更加密切，而不是不利于合作。并要求张学良于外出活动时注意督促南京与我们迅速达成谅解。[2]

希望通过上述内容简单的电报来使张学良了解中共对蒋方针的突然变化，当然是不可能的。但中共中央这时对共产国际指示尚无具体讨论，也没有系统的政策指示，因此不要说对张学良，就是对潘汉年也不能具体说明这种政策转变的细节。但为了让张学良了解这种转变是有理由的，毛泽东还是急忙于上述电报发出的第二天，即8月26日又再打电报给潘汉年，请他向张学良解释中共这一政策转变的原因。

毛泽东说，中共方面之所以会有如此重要的政策变动，关键在

---

[1]《总政治部关于召开白军工作会议规定今后工作方针的建议给彭德怀等电》，1936年8月20日。周恩来在与此同时的另一封电报中几乎是一字不落地重复了这里引述的话。这说明，总政治部和周恩来所表述的这段话都是从中共中央的一份正式决定中引用的。

[2]《毛泽东年谱》（上），第574页。

于南京在对日政策上已经开始了切实的转变,因此我们的政策重心应当是联蒋抗日,张学良也应当继续保持与南京的统一。至于南京怎样突然间开始了切实的转变,中共因何突然决定改行联蒋抗日的方针,毛泽东的电报仍旧没有能够具体说明。

潘汉年 27 日就接到了毛泽东 25 日的电报指示,但他看来并没有向张学良去传达这一新的突然的变化。这多半是因为 29 日晚在西安发生了张学良因陕西省党部乱捕东北军范围里的人而查抄省党部的事件,张学良这时对南京的态度正在火头上,他前几天又一直在争取张学良下决心实行反蒋的西北大联合计划,突然改口多有不便。更何况,即使是潘汉年本身,这时也对中共新方针的具体内容不甚了了。因此,潘汉年在 8 月 30 日晚与张学良的谈话中,完全不曾谈到要张学良继续与蒋介石保持统一的问题。

其实,共产国际的指示来得如此突然,这时就是中共中央或毛泽东本人,恐怕对联合蒋介石的可能性也仍旧多少有所怀疑。共产国际的指示当然要坚决贯彻,问题是在蒋仍未停止进攻红军的情况下,对蒋能否完全信任呢?

从总政治部与周恩来 8 月 20 日前后给有关各方面的政策转变的指示中,可以清楚地看出中共中央的这种态度。电报一面提出必须改变前此抗日必须讨蒋的方针,欢迎蒋介石与南京政府参加并领导抗日战争,一面又紧接着提出:对于蒋介石及其南京政府,仍要"反对和揭露(他们)每一妥协欺骗和投降的具体步骤,宣传南京内部分化与蒋系左派找我的事实"[1]。

在 9 月 1 日发布的政策转变的正式指示当中,中共中央更明确地肯定了坚持此种态度的必要性,并将此一态度称之为"逼蒋抗日的方针"。该指示之要点如下:

(一)目前中国的主要敌人,是日帝,所以把日帝与蒋介石同等看待是错误的,"抗日反蒋"的口号,也是不适当的。

---

〔1〕《总政治部关于召开白军工作会议规定今后工作方针的建议给彭德怀等电》,1936 年 8 月 20 日。

（二）在日帝继续进攻，全国民族革命运动继续发展的条件之下蒋军全部或其大部有参加抗日的可能。我们的总方针，应是逼蒋抗日。一方面继续揭破他们的每一退让、丧权辱国的言论与行动，另一方面要向他们提议与要求建立抗日的统一战线，订立抗日的协定。……

　　（三）……我们的主张同全国人民的要求，是完全一致的。我们并宣布赞助他建立全中国统一的民主共和国，赞助召集由普选权选出的全国的国会，拥护全中国统一的国防政府与抗日联军，在全中国民主共和国建立时，苏区可成为统一民主国的一个组成部分，苏区代表将参加全中国的国会，红军将服从统一的军事指挥。指出"攘外必先安内"的方针是破坏和平统一的。南京的国防会议与国民大会是不能集中统一全中国抗日力量的。

　　（四）在逼蒋抗日的方针下并不放弃同各派反蒋军阀进行抗日的联合。我们愈能组织南京以外各派军阀走向抗日，我们愈能实现这一方针。[1]

上述方针同共产国际指示的唯一区别之点，就在于强调了要继续揭破南京政府每一退让及丧权辱国的言论与行动，这也就是说，共产党固然主张蒋介石南京政府参加并领导抗日战争，但在政治上仍旧应当保持一种进攻的态势，用以逼迫蒋放弃现存的国民党一党领导之下的南京政府、国防会议与国民大会等政权组织形式，从而接受共产党所提出的关于通过实行普选制，首先选举国会，进而由国会产生全国国防政府，最后在此国防政府下建立抗日联军的政治变革过程。

很难认为这种态度不是共产国际所要求的。事实上，这样一种政治变革过程恰恰是共产国际自己提出来的。季米特洛夫在7月讲话中也清楚地了解："蒋介石本人不想搞统一战线，害怕统一战线，因此需要在中国创造这样一种局面，在蒋介石的军队中，在国民党

---

〔1〕《中共中央关于逼蒋抗日的指示》，1936年9月1日，《中共中央文件选集》第11卷，第89—90页。

中造成这样一种运动，使蒋介石不得不同意建立这种抗日统一战线。"[1]在有共产国际东方部领导人米夫参加的中共代表团关于共产国际政治指示的讨论过程中，王明及米夫也都坚持：共产国际的指示所要求的是，政府必须是从全中国普选出来的国会中产生的，这种国会必须是普选的，"要有真正的权力，要通过宪法，并且不是国民党一党专政的宪法，而是真正能代表全中国人民利益的宪法"。必须在此基础上组织全中国统一的抗日联军，组织共同的司令部，制定共同的作战计划，但"红军政治上与组织上的独立性必须保持，决不能接受蒋介石的'改编'，否则就是破坏分裂红军内部组织，这是绝对不允许的"。

可以想见，要想达到这样一些目的，特别是要否定南京政府及其附属的军事政治权力机关，仅仅靠提出联合蒋介石的口号，靠政治上的劝说和呼吁是不可能做到的。提出"逼蒋"方针，这在中共中央是唯一可能的选择。

关于中共中央实行"逼蒋"方针的时间问题，也是一个容易引起争论的问题。这在很大程度上是因为中共中央 9 月 8 日的一封电报引起的。在这封由"洛、恩、博、泽"四人署名给朱德、张国焘、任弼时的电报中，在传达共产国际的政治指示时，对中共中央的政策转变过程作了如下的解释，说：

> 中国最大的敌人是日本帝国主义，抗日反蒋并提是错误的。我们从二月起开始改变此口号……八月上旬政治局讨论了对南京的方针，大体见之前给你们的电报。然而我们的估计还是不足的。八月下旬国际有进一步指示，目前我们的连络代表又已出去向南京接洽双方正式负责代表进行具体谈判问题。依情势看有成就之希望。[2]

---

[1]《季米特洛夫在共产国际执委会书记处讨论中国问题会议上的发言》，1936 年 7 月 23 日。
[2]《洛、恩、博、泽致朱、张、任同志电》，1936 年 9 月 8 日，中共中央文献研究室编：《毛泽东文集》第 1 卷，北京，人民出版社，1993 年，第 438 页。

这里所说的"从二月起开始改变此口号",无疑就是要肯定中共中央从2月开始就已经在改变"抗日反蒋"的口号了。这种说法自然容易使人误以为,中共中央从2月份开始就已经在实行"逼蒋抗日"的方针了。事实上,直到4月底5月初之前,中共中央从没有放弃过"抗日反蒋"的口号。最明显的就是中共中央在2月初就当前形势与党的策略路线问题所发出的文件。这一文件再清楚不过地表明,中共中央这时对"日本帝国主义、卖国汉奸蒋介石成为灭亡中国的主要敌人"这一点是确信不移的。因此,他们明确规定:目前党的策略路线乃至反日统一战线的意义,都只是"集中全国所有抗日反蒋的力量,去反对当前的主要敌人日本帝国主义和卖国汉奸蒋介石,在最广泛的下层的各阶层的统一战线(基础上),去夺取最大多数的群众,利用敌人的每一间隙和矛盾,去分散与削弱敌人的力量,去孤立反革命派别"。[1]

在3月下旬进一步讨论统一战线政策的政治局会议上,中共中央的领导人仍旧明确地肯定蒋介石是"民族反革命"的代表,这一派人坚持反革命立场,其阶级基础是地主买办资产阶级,而且会议相信,对于蒋介石的这一估计"现在与将来暂不改变"。只不过,他们这时已经开始注意到,鉴于抗日的问题已经成为一个最急迫的和最具有全民族性的政治诉求,在宣传策略上把蒋介石作为"卖国贼"来打,"是最聪明的一个办法"。也就是说,将抗日反蒋在宣传上改为抗日反贼,对外不强调革命与内战,而是主张"停止一切内战,一致对外",这样更容易揭破蒋介石和争取落后群众。正因为如此,当4月上旬末,即周恩来与张学良第一次延安会谈的当天,毛泽东等人在得知张闻天准备发布一个"讨蒋令"的文件时,曾当即提出不同意见。他在这一天给张闻天的电报中说:在此时机发布讨蒋令,策略上把我们自己最高的政治旗帜弄模糊了。我们的旗帜是讨日令,在停止内战旗帜下实行一致抗日,在讨日令的旗帜下实行讨蒋。这是最便利于实行国内战争与实行讨蒋的政治旗帜,中心口号在停止

---

[1] 《中央宣传部关于目前形势与党的策略路线的问答》,1936年2月3日,《中共中央抗日民族统一战线文件选编》(中),第86—103页。

内战。在这口号之外，同时发布主张内战的讨蒋令在今天是不适当的。我们提议用党与苏维埃政权名义，立即发出告国人书与通电，在停止内战一致抗日的大题目下，号召全国人民、蒋系官兵一致反对蒋介石接受广田三原则、反对拦阻红军抗日与捣乱抗日后方，申明我们愿与一切受蒋氏命令来执行阻拦红军之任务之部队订立抗日讨逆协定。此种立场，最能争取落后人民与蒋系军队，最能取消蒋介石之政治资本。……至于将来可以而且应用国防政府发布讨蒋令，那是建筑在更多的人民与军队拥护之下必须的策略行动。此刻则为争取国防政府之成立，需要坚持"停止内战"之宣传鼓动口号。[1]

正是根据毛泽东等人的建议，中共中央于4月25日和5月5日，接连发布了《中国共产党中央委员会为创立全国各党各派的抗日人民阵线宣言》以及《停战议和一致抗日通电》两个公开文件，第一次不再公开辱骂蒋介石为"卖国贼"，称之为"蒋介石氏"，表示愿意"促进蒋介石氏及其部下爱国军人们的最后觉悟"。[2]

此种作法，并不意味着他们准备改变"抗日反蒋"的方针。正像此后毛泽东于6月两广事变爆发后，主张配合两广反蒋派，提出"请蒋出兵，以便扫除障碍，促蒋内部起变化"一样，它只是毛泽东所强调的一种策略手段，目的是在于用停止内战一致抗日的口号来"便利于实行国内战争与实行讨蒋"，因为正如毛泽东所说，它比"抗日"与"反蒋"并提，"最能争取落后人民与蒋系军队，最能取消蒋介石之政治资本"。

这多半也就是上述"洛、恩、博、泽"9月8日电报中所说的"开始改变此口号"的本来意思。因此，他们承认，这种"在讨日令旗帜下实行讨蒋"的口号改变，事实上是不彻底的，即所谓"估计还是不足的"。这也就是为什么直到7月间，中共中央在各种内部的政策性文件和来往电报中，特别是在针对张学良东北军的工作中，始终还在大谈"抗日反蒋"的宣传及准备问题。这也就是为什么，

---

[1]《毛泽东、彭德怀致洛甫电》，1936年4月9日，《文献和研究》，1985年第3期（中共中央和毛泽东等同志关于联蒋抗日的一组电文）。

[2] 见《中共中央文件选集》第11卷，第17—22页。

尽管潘汉年带着共产国际关于应当以南京为主要的和必要的谈判对手的进一步的指示来到陕北之后,"八月上旬政治局讨论了对南京的方针",中共中央却肯定直到这时"我们的估计还是不足的"。因为事实很清楚,在8月12日中共中央给二、四方面军关于今后战略方针的电报中,他们尽管一面主张"认定南京为进行统一战线之必要与重要的对手,应与南京及南京以外之国民党各派同时的分别的进行谈判",强调"一切统一战线的谈判以忠诚态度出之";一面却仍旧特别告诫党内负责同志:"不可忘记对于真正敌人之革命的警觉性",宣称"所有以上对南京的策略,都是为着分化南京,揭破其欺骗,孤立其首领,争取其群众"。[1]

上述中共中央策略口号的变化,很显然同共产国际8月15日政治指示到来之后中共中央所提出的"逼蒋"方针,有着本质的区别。前者不论有无"逼蒋"的形式,归根到底还是以"反蒋"为目的的。如果说这一政策在2月,或者在4月间有过什么口号的改变,那也只是从"抗日"与"反蒋"并提,从讨日令和讨蒋令并举,改变到以"停止内战一致抗日"为口号,"在讨日旗帜下实行讨蒋"而已。

在共产国际8月15日指示到达以后,情况就完全不同了。因为这时中共中央所提出的策略方针,不论形式如何,根本上是以"联蒋"为目的的了。只不过,中共这时并不具备让蒋介石南京政府重视自己,并不得不联合自己的力量条件。因为力量对比上难与蒋介石国民党相提并论,它只能设法继续运用与各反蒋派联合的办法,一方面设法牵制蒋,以保存好自身的实力,一方面用对蒋介石施压的办法,设法取消南京政府的独裁形式,以迫使蒋根本放弃其必欲取消一切异己势力的所谓"安内统一"政策,承认和接受与各派的联合。结果,这一策略方针如果能够实现,事实上必定只能回到过去取消包括南京政府在内的中央政府,共同组织"国防政府"的思路和理想前途上去。因为既然是用力量逼迫蒋做出承认各派力量的

---

[1]《洛、育、恩、博、稼、怀、凯、泽致朱、张、任同志电》,1936年8月12日,《文献和研究》,1986年第5期。

妥协,各派力量自然也就不可能接受蒋及南京的正统与独裁地位,非成立联合政府不可了。不难看出,这一策略方针的提出,不免会引出许多复杂的情况。

当然,实行"逼蒋"策略,对中共来说,最大的好处就是不用改变对张学良及东北军的既定方针与策略,中共领导人显然并不在意共产国际关于必须保持阶级警惕性的告诫,仍旧给予张学良以高度的重视和信任。这时的突出例证就是当毛泽东得知王以哲有些动摇,并有国民党蓝衣社分子在旁鼓动以王取代张之地位后,他一方面担心消息不确,故并不立即转知张学良或即视王为异己;但另一方面他迅速专函王以哲,苦口婆心地加以警喻与劝告,以为预防之策。其维护张学良之地位及东北军之团结,可谓用心良苦。

其函称:

近日外间谣传蒋氏将于西南问题解决之后,进攻东北军,谓将用分化政策,不利于张副司令。此讯如确,是蒋氏尚未放弃其挑拨离间、排除异己之阴贼险狠的政策。其政策果欲见之实行,弟等可断言蒋氏必归于最后的失败。因为张副司令及我兄联俄联共抗日救亡之主张,并非少数人的主张,实全国爱国同胞的主张;非陈济棠等之不真实、不纯洁之主张,乃真心实意为国家为民族的主张,谁要反对张副司令及我兄,不但弟等所率领的红军必以全力出而声讨蒋氏及东北军中叛逆分子之罪恶行为,即全国爱国人民及国际革命势力亦决不容蒋氏等胡干于此。东北军最大多数官兵抗日复土之决心,及其坚固的团体,亦必不容东北军中极少数无气节之分子,逞其私欲而任其作叛国叛乡叛团体之万恶的勾当。目前蒋氏及其一派亦正在开始进行联俄联共政策,我兄与张副司令实此政策之首先提倡与首先实行者,安得以为有罪而排斥之?由此以观,弟则深望此说之止于谣言,或为蒋氏左右之一部分汉奸分子谋划,而非现正开始若干转变之蒋氏及国民党多数有良心分子的意见。但兄等仍宜严密警戒,十分团结自己的团体,预先防止东北团体中某些居心不正分子的乘机捣乱,则以全国与西北的有利形势,以东北军与红军的联合力量,决不怕外间若何之风波也。[1]

张学良这时对中共中央新方针的转变,尚不明就里。得知潘汉年应中共中央的要求必须返回陕北,他特别告诉潘汉年要快去快回,并带中共重要干部出来,特别是要尽快带叶剑英来西安工作,因东北军这时与陕北苏区的唯一通道由于一〇七师即将调防会被迫关闭,晚了恐出不来。

果然,潘汉年于9月11日再进苏区后,未能及时出来,因一〇七师调走,一时间竟不能出来。这时,虽然张文彬与杨虎城谈判成功,与十七路军的通商问题得到解决,但通过十七路军转送东北军的人或中共的代表进出苏区,仍旧没有可能。不得已,张学良不得不暗示驻守羊泉张村驿一带的一一二师师长霍守义可以与红军方面"接洽一切",再由红军派人接谈,改善关系。这样,一直弄到10月4日,潘汉年才与叶剑英一同经过一一二师的防地,又辗转回到了西安。

潘汉年在陕北保安期间,参加了中共中央关于具体讨论落实共产国际"政治指示"的政治局扩大会议。这次会议召开的时间为9月15日至17日,参加人数是中共中央到达陕北后最多的,达到34人。因此,会议的讨论及决定颇能反映党的整个高层的意见。

报告人张闻天首先承认:"从前把抗日与反蒋是并提的,这是错误的。过去我们对南京政府的估计,完全说他是与冀东政权一样的,这也是错误的。说蒋力量的削弱,但没有估计到蒋仍是抗日的大的力量,也是错误的。过去我们对南京的策略,虽有些修改,但基本上是没有转变的,并没有明显的指出'抗日反蒋'的口号并提(的错误)。后来接到国际的电报,才有完全转变过来。"他表示,如今,"我们要联合蒋介石抗日,要指出认为反蒋战争有进步性质的看法是错误的"。当然,对蒋介石仍要看到他动摇妥协的一面,要看到他镇

---

[1]《毛泽东致王以哲函》,1936年8月30日,《毛泽东文集》第1卷,第434—435页。

压民众和进攻红军的一面。

毛泽东在发言中也补充说明：对于蒋介石，要看到"他和我们联合是可能的，但那天可实现联合是说不定的"，因此"我们的警戒是不能放松的"。他强调："要用各种方法逼蒋抗日"，"改倒蒋为批蒋，对他们要严格批评"，因为只有这样才能迫使蒋介石接受民主共和国的主张，放弃收编红军的幻想，并争取实现自己在未来统一战线中的领导权。至于与南京政府建立统一战线的基本政策，会议决定原则如下：

（一）在政治方面，是中共与国民党及其他党派订立共同反日的纲领上的协定，同时各党派均保存其政治上的完全独立性，绝不是使中共与中国某种政治组织混合。

（二）在军事方面，是红军与其他武装力量关于组织抗日联军的协定，同时每个参加的力量保存其独立性和担任一定的战线，但在执行总的军事计划时，服从统一的指挥，绝不是使红军与其他的一切抗日军队混合。

（三）尽力巩固党和红军是抗日战线最主要的正确路线，现在保障队伍的纯洁和党的团结一致，比任何时候都更加重要。

（四）要利用上层的统一战线进行下层群众的统一战线，要用巩固的下层的统一战线巩固上层的统一战线。

（五）在服从抗日战争的利益条件下，尽量拥护群众的利益，领导群众斗争。〔1〕

会议对于中共与张学良的关系，以及实行西北大联合计划的问题，完全没有提及。但可以看出的是，根据张闻天所宣布的，今后应当反对反蒋战争，不应当如过去那样同情反蒋战争的观点，西北发动的计划事实上是不能继续了。

---

〔1〕 见《林育英为统一战线之实质给四方面军的指示》，1936年9月15日；《中央关于抗日救亡运动的新形势与民主共和国的决议》，1936年9月17日，《中共中央文件选集》第11卷，第92—99页。

与此同时，会议还根据共产国际的批评，否定了 1935 年 12 月瓦窑堡政治决议中关于"不问他的社会出身如何，都可以加入共产党"的决定，尽管会议对共产国际反对吸收张学良入党一事未置一词，但突出强调这一入党规定的重新更改表明，中共中央实际上也已放弃了吸收张学良入党的初衷。[1] 所有这一切政策性的重要变更，都使中共与张学良之间的关系一下子变得较前更加微妙和复杂了。

中共突然转而以蒋介石及南京政府为主要统战对象，并且迅速开始全力展开对南京上层的统战工作，前此积极准备与红军同举义旗、共谋反蒋的张学良怎么办？中共中央又如何去向一度准备推举为西北国防政府首脑和西北抗日联军总司令的张学良作解释？特别是从西安回来的潘汉年更是担心，他刚刚把张学良同蒋介石斗争的意志鼓动起来，现在又要去告诉张学良应当放弃与蒋介石决裂的准备，重新去向蒋介石表示"忠顺"，这会不会引起张学良的不满？

让潘汉年没有想到的是，情况远不像中共中央这时所顾虑的那样困难。恰恰相反，张学良刚一得知中共中央准备实行联蒋方针的消息，立即要求刘鼎转告中共中央，表示完全理解和支持，并希望能就此再与周恩来一晤。据刘鼎 9 月 20 日"十万火急"的电报转达张学良的话称：对中共新方针极表赞成，并愿进京面蒋，力主和平统一，结力抗日，请为蒋使，冒险说和，不论成绩如何。亟愿为此与周一晤。但不知中共中央对实行联蒋政策让步之极限如何，并不知中共中央是否同意自己为此前去南京。

张学良这样说，也或多或少地这样去做了。"九一八"事变五周年之际，张学良特地转托冯庸向陈诚表达其决心抗日之意。声称："东北军自南来豫鄂、西开陕甘剿匪以来，损失甚重，迄未得到中央补充"。东北军不怕牺牲，惟"与其剿匪损失，不如抗日覆没"，故

---

[1] 参见《中央关于抗日救亡运动的新形势与民主共和国的决议》，1936 年 9 月 7 日。

他"决意统率所部，抗日图存"。[1]

22日，张学良又借否认有人传说他托陈诚向蒋说明抗日心迹的谣传，亲自致电蒋介石，宣称："就各方言，欲救亡必须抗日，欲抗日必须全国力量之集中。良此时在钧座指挥下尽剿匪之职责，尤愿早日在钧座领导下为抗日之牺牲。惟冀钧座于国防会议内确定整个计划，实行抗日，良决负弩前驱，惟命是从。"[2]

出于种种考虑，张学良并没有贸然出面代红军向蒋"冒险说和"，但向蒋介石直接提出"欲救亡必须抗日，欲抗日必须全国力量之集中"，这在张学良也已经是破天荒了。由于蒋介石已经平息了两广之变，各派势力基本上都已臣服于国民党南京政府之下，唯有中共与红军尚在敌对位置，故张在这里说什么必须集中全国力量云云，非常明显地就是暗指应当把共产党也集中起来之意。

关于这一点在几天后张学良给陈诚的电报中表露得更明显一些。电报称："至于抗日之实际行动，非有整个计划，齐一步骤不可。局部行动，失败之前车，则皆弟所深悉。在弟固当谓欲图救亡，必须抗日，欲谋抗日，必须统一。但统一力量，不应偏重军事，统一全民力量，乃是坚固之武力。"[3] 这里所说的"统一力量，不应偏重军事"，所指为何，显然更加明显。

张学良陆续向南京方面提出统一全国力量一致抗日主张之议的时候，潘汉年还没有回到西安，因此，张学良并不曾与中共中央具体商量中共和平条件之极限，甚至不知中共是否同意以其为说客，这多少也是张学良此时未能直截了当地代为转述共产党要求的原因之一。但无论如何，自得知中共赞同联蒋之后，张学良接二连三地主动向当局表露抗日心迹和委婉要求停止"剿共"的情况，也能反映出他此时的心情。这从一个侧面或可看出，西北发动对于张学良

---

[1]《陈诚为转报冯庸所述之张学良抗日主张呈蒋介石电》，1936年9月19日，《张学良文集》第2册，第1022—1023页。

[2] 张学良：《为陈明抗日主张致蒋介石电》，1936年9月22日，《张学良文集》第2册，第1021—1022页。

[3]《陈诚致蒋介石电所述之张学良致陈诚"养"机电》，1936年9月26日，《张学良文集》第2册，第1024—1025页。

来说，仍属不得已之举。如果蒋介石及南京政府能够实现停止内战，将举国之力用到抗日上，使他得以保存东北军的实力，并有重回东北的可能，他张学良应当并不想去冒挑动国内战争、谋取西北一隅政府首席地位的风险。

二、艰难交涉

还在 9 月 20 日刘鼎给中共中央的电报中，曾专门提到张学良已经看过中共中央的一封信，说张对"那个信"极表赞成。张学良这时看到的"那个信"，其实指的就是著名的《中国共产党致中国国民党书》。

《中国共产党致中国国民党书》的完成大致应在 8 月 25 日之后，9 月 1 日之前。[1] 9 月上旬已通过交通经刘鼎转送张学良，请其提出意见。该文件一面对国民党对日妥协退让大加批评，一面则详细地说明了中共这时的政治主张。这些主张在主要方面与共产国际的指示没有太多区别，但没有完全照搬共产国际提议的通过普选国会来产生国防政府的主张。它参照共产国际的主张，提出："赞助建立全中国统一的民主共和国，赞助召集由普选权选举出来的国会，拥护全国人民和抗日军队的抗日救国代表大会，拥护全国统一的国防政府。"所以不坚持必须要经普选产生新政府，一是因为现实条件不许可，二也是自己影响地区及人口过少，直接普选的办法也不利。它的核心主张只是，可先行成立由各党各派各武装队伍的代表构成、并且真正能够决定抗日救国大计的抗日救国代表会议（或国防会议），直接从这一会议中产生全国统一的国防政府即可。他们显然希

---

[1] 根据文件标明的日期，发表应为 1936 年 8 月 25 日。但当时最早提到此一文件的时间其实是在 9 月 1 日。因此，多半可以认为，这一文件的起草日期为 8 月 25 日，实际确定其文字及内容的时间应该稍晚几天。

望,可以在这个基础上与国民党达成妥协。[1]

问题是,南京政府是否愿意与共产党通过谈判达成妥协呢?如果愿意,它所开列的条件又是怎样的呢?

可以肯定,蒋介石是愿意与共产党通过谈判达成妥协的。事实上,不论蒋介石如何继续进攻红军,也不论中共中央过去如何坚持"抗日反蒋",国共两党之间的接触与谈判从1936年初开始,始终就在秘密进行当中。而且,这种谈判之得以发生,从一开始就是蒋介石的主动。

蒋介石最早找中共谈判,发生在1935年底。当时共产党已经被迫退入边远的西南和西北地区,南京政府已经将大半个中国统一在自己的权力之下。相反,日本人却在接连侵占了东北三省及热河和察哈尔大部分地区之后,又向绥远、内蒙甚至平津地区推进了。为了设法阻止日本人进一步染指华北乃至全中国,蒋介石这时十分希望能够与苏联政府签订一项军事互助条约。他10月份向苏联大使提出此议,恰好这时苏联极为担心日本可能首先进攻外蒙,进而进攻苏联,因此反应颇为积极,12月中旬苏联政府就明确表示愿意同南京政府讨论军事互助问题。[2]

苏联政府赞同商定两国军事互助协定,这当然最使蒋介石高兴。但蒋介石更感兴奋的,似乎还不是对苏联政府的积极反应,而是透过这种积极态度注意到苏联政府对其地位及南京正统的积极肯定。与苏联人缔结军事互助条约,至少在蒋看来,有一个最重要的问题必须解决,这就是苏联必须切实以他的政府为中国的中央政府。因此,苏联绝不能再以任何形式与中国共产党发生关系。苏联政府的积极反应看起来使蒋介石产生了一个错觉,误以为苏联有可能放弃对中共的同情与支持,他可以利用此点要求苏联政府向中共施加压力,帮助他解决国内的共产党问题,实现中国的完全统一。基于这

---

[1]《中国共产党致中国国民党书》,1936年8月25日,《中共中央文件选集》第11卷,第83—84、87页。

[2]《鲍格莫洛夫致苏联外交人民委员部的电报》,1935年12月19日,转见李玉贞译:《中苏外交文件选辑》,《近代史资料》总七十九号,第225页。

样一种考虑，蒋介石一接到苏联同意讨论军事互助协定的答复，就立即向苏联大使提出了他关于政治解决共产党问题的设想。而他所提出的解决方法，说到底就是要共产党放弃对立的政权与军队，南京政府承认共产党的合法存在。[1]

其实，还在蒋介石正式向苏联政府提出愿意政治解决国内共产党问题之前，为准备与苏联建立更密切的关系，蒋就已经在准备与共产党谈判了。他这时曾委托陈立夫等人秘密寻找共产党的关系，打算开始与中共直接谈判。就在得知苏联政府愿意与之建立密切关系的几乎同时，蒋介石恰好得知在莫斯科的中共代表团在共产国际"七大"以后正在开始改变政策，宣传统一战线与国共合作，这更使蒋介石相信，他可以通过莫斯科来解决共产党问题。因此，蒋当即决定派回国述职的驻苏联大使馆武官邓文仪迅速返回莫斯科，去找中共驻共产国际代表团进行接触与谈判。随后，蒋介石又秘密派陈立夫，化名李融清，携同张冲，化名江淮南，一同赶赴柏林，准备一旦邓文仪与中共代表团的谈判稍有头绪，就立即就近予以指导，并且马上开始与苏联政府具体商谈军事互助协定问题。[2]

邓文仪根据蒋介石的指令，于1936年1月3日赶回莫斯科后，很快找到中共驻共产国际代表团，先是同潘汉年，后是同王明，就国共两党"合作"问题进行了四次秘密的商谈。在1月17日与王明的谈判过程中，邓文仪代表蒋介石明确提出了在苏维埃改制、红军改编的基础上，实行国共合作共同抗日的建议。据邓文仪称，蒋介石的具体条件包括下列四点，即：

---

[1]《鲍格莫洛夫致苏联外交人民委员部的电报》，1935年12月19日，转见李玉贞译：《中苏外交文件选译》，《近代史资料》总七十九号，第225页。
[2] 关于陈立夫和邓文仪奉派分别赴莫斯科和柏林进行中苏军事互助条约谈判与国共关系谈判的情况，在这两位当事人晚年的回忆录中都有过简略的说明。但两人对于这次赴柏林和赴莫斯科的时间、任务的性质、事情的经过与进程中断的原因等等，均已记忆不清。有些重要情况则完全搞错了。邓文仪甚至把他与王明的谈话时间记成了1936年3月，并且已经不清楚他因为什么中断了正在进行的谈判。参见陈立夫：《参加抗战准备工作之回忆》，《传记文学》，第31卷第1期；邓文仪：《冒险犯难记》，台北，学生书局，1973年，第67—70页。

第一，关于政府，取消苏维埃政府，邀请所有苏维埃政府的领导人和工作人员参加南京政府。

第二，关于军队，红军应改编为国民革命军，因为要抗日一定要统一军事领导。当然，红军不能接受南京政府的军事工作人员，但政府和红军可以交换他们的政工人员，政府派政治工作人员到红军中去，红军也可以派政治工作人员到南京军队中去，以表示互相信任和尊重。

第三，关于党的问题，蒋先生考虑了两个办法，或者是恢复一九二四——一九二七年两党合作形式，或者共产党独立存在。这个问题可以以后逐步解决。蒋先生知道红军没有军事装备和食品，南京政府可以提供一批军事装备和食品给红军。

第四，关于防线，可以派一些军队和红军一起到内蒙古去参加抗日斗争，因为南京政府的军队主要的军事行动在长江流域，所以不能派较多的部队到别的地方去。[1]

在这个时候，中共代表团的基本设想还是要建立以自己为中心的国防政府和抗日联军，他们对于这样的条件自然不可能接受，但谈判双方仍就中共代表团派代表前往南京与国民党当局就此进行具体谈判问题达成了一致，并约定中共代表和邓文仪一起，于1月25日从莫斯科出发，前去南京。

不料，就在临行前两天，即1月23日，邓文仪突然告诉王明，声称蒋介石要他立即前往柏林参加另外的谈判，他们商定的前往南京谈判的事情暂时必须向后推延了。[2] 之后，邓文仪一去不返，再未与王明等联系。

蒋介石突然决定停止在莫斯科的谈判，很大程度上是因为受到

---

[1]《王明与邓文仪谈判记录》，1936年1月23日，*Chinese Law and Government*, vol. 30, no. 1, January—February 1997, pp. 98—100。

[2]《王明与邓文仪谈判记录》，1936年1月23日，*Chinese Law and Government*, vol. 30, no. 1, January—February 1997, pp. 98—100。

他与苏联大使鲍格莫洛夫在1936年1月22日谈话的结果的影响。这一天，鲍格莫洛夫代表苏联政府正式拒绝了蒋介石关于请苏联出面帮助他劝说中共向南京政府"输诚"的提议。苏联政府的这一态度，显然使蒋介石极为恼火。蒋无论如何不能理解，既然苏联政府已经表示赞同与南京政府缔结军事互助同盟，这自然也就是承认了南京政府的正统地位，难道它一面承认南京政府的正统地位，一面却还要同以推翻南京政府为目的中共保持特殊关系？

在与苏联人直接打了十几年交道之后，蒋介石始终认为苏联一心想在中国扶植共产党，而对自己和国民党不利，故自20年代末期，他就已经采取了断然的反苏措施，甚至不惜同苏联断绝了一切关系。蒋介石重新打开对苏联关闭的大门，仅仅是因为"九一八"事变后中苏两国在对日政策上存在着共同的利害关系，当今世界上又只有苏联才有强烈的遏制日本侵略的愿望。当然，最重要的，还是他已经在1934年取得了军事上的绝对胜利，从而使红军几乎不再可能对南京政府的地位进行任何直接的挑战了。正是因为如此，蒋介石这时有理由相信苏联人愿意同他谈军事互助的问题，是因为苏联人已经看出，中共已经不行了。想不到，在1月22日蒋介石与鲍格莫洛夫的谈话中，蒋虽再三要求苏联政府在国共两党的冲突问题上表明立场，警告苏联必须通过向中共施加压力，支持南京政府统一中国的方式，来取得他的信任。而鲍格莫洛夫却丝毫不为所动，这位大使甚至明确转达苏联政府的意见说，苏联与中共毫无关系，解决两党冲突是中国内政，苏联政府绝不会充当调解人的角色。在大约两个小时的会见中，蒋介石反复劝说长达80分钟，竟全无结果。[1]

既然苏联政府并不想放弃他们对中共的支持，蒋自然失去了借用苏联压力政治解决共产党问题的可能，他对与苏联缔结军事联盟

---

[1]《鲍格莫洛夫致苏联外交人民副委员斯托尼亚科夫的电报》，1936年1月22日，见李玉贞译：《中苏外交文件选译》，《近代史资料》总七十九号，第227—229页。

的可能也不免心灰意冷了。尽管事实证明，对于南京政府来说，这是与苏联结盟的唯一的一次机会，但事情很明显，在共产党问题没有根本解决之前，蒋介石绝不愿意冒险与苏联缔结军事互助条约。就是因为害怕一旦中日战争爆发，苏联军队依照条约进入中国，中共如因此受益，国民党势必陷入严重困境。这也就是为什么蒋介石此后一再断言："俄非不可联，但须我们清共后。"[1]

显而易见，蒋介石在1月23日突然致电邓文仪，要他立即停止谈判，而后又致电正在柏林准备开始军事谈判的陈立夫，立即改变与苏联政府秘密谈判的计划，转道欧洲回国，多少都与此有些关系。

当然，蒋介石并没有放弃政治解决共产党问题的计划。开始于莫斯科的国共两党谈判虽然告一段落，国民党在国内寻找共产党直接进行谈判的过程却由此而开始了。蒋介石显然相信，他完全可以也必须要撇开苏联自己来解决共产党问题，一旦共产党问题得到解决，他那时或许还可以来同苏联谈判军事互助条约问题。

还在邓文仪在莫斯科与中共代表团进行秘密谈判之际，陈立夫手下的曾养甫已经通过谌小岑与中共中央北方局的代表周小舟和吕振羽接上了关系，并转述了国民党方面关于政治解决的基本条件。据周小舟随后的报告称，当时中共代表所提出的要求就是《八一宣言》（《为抗日救国告全体同胞书》）中所列之"十大纲领"，核心乃在要求组织国防政府与抗日联军。[2]国民党方面明确表示，可以考虑承认共产党在组织上的存在与独立，乃至释放政治犯等，甚至可以划定一个特别区域来供共产党人实验诸如"集体农场"之类的理

---

[1]《徐永昌日记》第3册，第481页。
[2]《中国苏维埃政府、中国共产党中央为抗日救国告全体同胞书》最早形成于1935年7月中旬，经共产国际批准后，最初提出于共产国际第七次代表大会上，核心之点即在于向全国各党派提出了共同组织"国防政府与抗日联军"的提议。王明代表中共提出这一主张的确切时间是8月7日的会议报告中，但作为正式的中文文献发表的日期其实是10月1日，当时发表在中共代表团的机关报《救国时报》上。此一文件很快被简称为《八一宣言》。其中并且提出了未来国防政府应当遵循的"十大纲领"，包括"抗日救国收复失地"、"废除苛捐杂税"、"实行民主自由"，没收日本及其汉奸一切财产等项。《中共中央文件选集》第10卷，第518—525页。

想，但共产党必须同意：（一）协助联苏；（二）红军改编，苏维埃改制；（三）帮助蒋先统一，后抗日。[1]

这里的核心之点，其实就是一句话，即："红军改编，苏维埃改制"。而改编改制的标准，只能是依据国民党的军队和政权的形式，即把共产党的军队和政权统统"统一"到国民党的军队与政权中去。从以后的事实看，南京方面此后条件虽然有这样或那样的改变，但中心要求皆不外于此。

随后奉派前往陕北苏区转达南京政府政治解决中共问题愿望的董健吾、张子华二人，其实转达的也是同样的意思。只不过，他们只用了两个字来概括此意，即所谓"输诚"。他们说：此次使命的主要策划者是宋子文、孔祥熙、孙科等，但实际负责的全是CC系曾养甫及其背后的陈果夫、陈立夫兄弟。目的仅在于了解中共可能"输诚"的条件。若中共肯于向南京政府"输诚"，则蒋可同意："甲、不进攻红军；乙、一致抗日；丙、释放政治犯；丁、武装民众；戊、顷（倾）蒋尚有款"。[2]

尽管中共中央北方局与南京政府接触在先，而董健吾、张子华来陕北后，但因北方局此时与陕北中共中央尚无电报联系，联络十分困难，因此，中共中央只是到董、张二人于2月底到达陕北之后，才第一次了解到南京方面谋求政治解决两党关系的消息。不管中共这时对蒋方针如何，他们显然把这种接触看成是"向全国各方活动，并得与全国群众见面"的"千载一时之机"。[3] 中共中央这时清楚

---

[1]《周小舟给中共中央的报告》，1936年8月29日。这次谈判的当事人吕振羽和谌小岑70年代末均对参与中共中央北方局与国民党CC系主持的谈判有所回忆，但记忆中同样错误甚多，且两人的回忆，在时间、内容等问题上就有许多出入。吕振羽甚至连周小舟参加谈判的情况都已记忆不清。谌小岑更是将几次谈判所提条件完全搞乱了。参见吕振羽：《南京和谈始末》，《群众论丛》，1980年第3期；谌小岑：《西安事变前一年国共两党关于联合抗日问题的一段接触》，《文史资料选辑》第71辑。并见拙作：《关于1936年国共两党秘密接触经过的几个问题》，《近代史研究》，1990年第1期。

[2]《博古关于南京来人谈话结果致洛甫、毛泽东等电》，1936年2月27日。

[3]《周恩来致洛甫、毛泽东等电》，1936年3月2日，见杨奎松：《失去的机会？——战时国共谈判实录》，桂林，广西师范大学出版社，1992年，第9页。

地知道蒋介石关于"输诚"要求的实质在于："取消苏维埃红军，纳入三民主义的轨道，引进共产党代表于国民大会，在共赴国难口号下取消苏维埃制度与暴动策略，接受南京节制，以最后瓦解红军。"[1] 这当然不是他们所能接受的。他们的条件与此则格格不入。这就是：

  甲、停止一切内战，全国武装不分红白一致抗日；
  乙、组织国防政府与抗日联军；
  丙、容许全国主力红军迅速集中河北首先抵御日帝迈进；
  丁、释放政治犯，容许人民政治自由；
  戊、内政与经济上实行初步与必要之改革。[2]

以上条件的中心之点，同样是根据共产国际第七次大会上中共代表团提出的国防政府与抗日联军主张演化而来的。在林育英传达的国际指示中，国防政府和抗日联军被规定为统一战线"最广泛与最高的表现"。因此，坚持这一主张无疑成为中共此一阶段谈判条件的关键要求所在。北方局的最初条件是如此，中共中央的最初条件也不出其右。这里唯一的变通仅仅在于，中共中央已经决定："为了成立国防政府，主张先开国防会议"，亦即"抗日救国代表大会"。即是首先由全国各党派（包括国民党在内）推举代表组成代表大会，在此基础上成立全国统一的国防政府与抗日联军。但这一会议召开的前提在于："在会议前必须实现（一）取消一党专政，容许一切党派的自由活动，释放一切政治犯；（二）取消一切禁止抗日反卖国贼运动的命令，保障一切抗日反卖国贼的言论集会结社的自由；（三）停止内战，一致抗日讨蒋；（四）凡愿意抗日反卖国贼的政治的、社会的、民众的团体与武装队伍，有公开选举自己的代表参加国防会议的权利；（五）确实保障参加国防会议代表言论行动的自由与生命

---

[1]《毛泽东年谱》（上），第514页。
[2]《洛、毛致博古等电》，1936年3月5日，《文献和研究》，1985年第4期（中共中央和毛泽东关于促成第二次国共合作共同抗日的一组电文）。

的安全。"[1]

随后的接触发生在 1936 年 4 月底至 5 月中旬。当时北方局代表周小舟在刚刚到达天津的刘少奇的指令下再度前往南京与国民党方面谈判,要求南京军队停止对山西红军的进攻。经反复商谈之后,国民党方面于 5 月 15 日第一次以书面形式提出了四项条件作为两党进一步谈判的基础。这四项条件是:

一、停战自属目前迫切之要求,最好陕北红军经宁夏趋察绥外蒙之边境。其他游击队,则交由国民革命军改编。

二、国防政府应就现国民政府改组,加入抗日分子,肃清汉奸。

三、对日实行宣战时,全国武装抗日队伍自当统一编制。

四、希望党的领袖来京共负政治上之责任,并促进联俄。[2]

从蒋介石关于苏维埃改制、红军改编的中心要求来看,国民党这四项条件可以说是它此前此后所提条件中,在统一军队和政权的形式问题上让步最多的条件了。这或许是因为红军东征所表现出来的战斗力,使蒋多少有些担心红军仍有重返内地之可能,因此极力想把红军进一步向北引至靠近外蒙边境地区,以远离中国腹地。如能劝说中共和红军进一步北去外蒙边境地区,则在改制、改编的时限上都可推延至抗战发生之后。显然,因国民党这时有情报证明日本既将首先对内蒙甚或对外蒙不利,此举既可使红军进一步远离内地重要省区,又可促使红军以外蒙为依托而与日本冲突,进而引发苏联干涉及参战,结果使日本再也无力南侵,可谓一举多得。

可是,在陕北的中共中央得到辗转送来的这四项条件,已经到了 6 月中旬。当时恰好是西南事变爆发,西北大联合计划紧锣密鼓地筹划准备之际,中共中央对此明显不感兴趣。毛泽东一言以蔽之:

---

[1]《洛甫致周、博、邓电》,1936 年 2 月 2 日;《洛甫致周电》,1936 年 2 月 5 日。
[2]《周小舟给中共中央的报告》,1936 年 8 月 29 日。

曾养甫等人的信件及条件，"满纸联合抗日，实际拒绝我们的条件，希望红军出察绥外蒙边境，导火日苏战争"[1]。

国共双方最为接近的一次谈判是在7月初。这次仍旧是由北方局代表周小舟出面与国民党方面曾养甫、谌小岑具体商谈的。所不同的是，这次北方局提出了一个与前有明显不同的谈判方案。其内容包括下列各点：

一、为求中华民族之生存，C方确认：（1）立即发动抗日战争保卫中国华北、内蒙，并收复东北失地；（2）联合一切愿意抗日的党派及人民，共同奋斗，严厉制裁汉奸；（3）保障人民民主权利并释放一切政治犯；（4）与日本断绝交涉，并废除损害中国领土主权的条约，实行联合苏联及一切反日的外交。

二、在K方承认并确行第一条各项政策时，C方放弃敌对K方的行动，K方停止围剿与封锁红军和苏区。

三、C方确认抗日战争须要有统一的领导与指挥，C方提议在最近期间召集全国各党及人民团体（不论已立案否）共同讨论具体实现抗日联合战线之一切问题，例如国防政府与抗日联军的名称，红军及其一切抗日部队当然要服从这个政府的指挥。在K方决行第一条各项政策时，C方赞成K方在国防政府及抗日联军中占有指导地位。

四、C方在今天无意考虑取消苏维埃组织及红军之提议，C方也不要求K方及愿意抗日的其他各派变更原有的政治军事地位。但在将来，依据抗日战争的需要，C方赞成全中国真正民主的统一。[2]

这个方案的提出看来事先并没有取得中共中央的认可和同意。但它无疑为中共此后的谈判打开了一种新的思路。在这里所提议的在最近期间召集全国各党及一切人民团体共同讨论具体实现抗日联

---

[1]《毛泽东致彭德怀电》，1936年6月28日，并见《毛泽东年谱》（上），第554页。
[2]《失去的机会？》，第14—15页。

合战线之一切问题,例如国防政府和抗日联军的名称,表明中共完全可以放弃他们一向所要求的"国防政府"与"抗日联军"的外在形式;这里所称目前无意考虑取消苏维埃组织及红军,但将来依据抗日战争的需要将会赞成全中国真正民主的统一云云,同样在某种程度上暗示它有可能在一定条件下放弃苏维埃与红军的外在形式,同意改制改编。

更重要的是,这个方案甚至没有再坚持以苏维埃为中心和国共两党必须平等地实现他们之间的合作的想法,第一次率直地表示在将来政府及抗日联军中可以由国民党占指导地位。这些无疑使双方的谈判条件第一次开始有了接近的可能。

经过双方代表的多次商谈,终于达成了这一阶段两党谈判中的第一个被双方代表所接受的书面的"谈话记录草案"。

一、KC双方一致确认,为求得民族之生存,须立即实现民族之联合战线,共同抗日。

二、为使联合战线之巩固与实现,应先消灭国内现有之矛盾,集中力量。

三、C方提议组织国防政府和抗日联军,K方在原则上接受此提议,但C方须承认K方之主导权,C方代表认为K方在原则上接受此提议后,承认K方现形势下应该而且可能成为抗日之主导力量。

四、在上述三原则下,尤其在第三点上相互以文件承认后,K方将在事实上以秘密方式停止围剿红军,红军亦停进攻的军事行动。同时在C方停止反K方之行动与宣传的条件下,K方承认立即停止破坏C方组织,及逮捕C方人员与群众,并于暗中保护爱国运动(指在K方权力范围以内,冀察不在此限度内)。之后C方公开发表宣言要求K方一致抗日。

五、双方于履行第四点要求后,共同组织一混合委员会,讨论具体实现抗日联合战线之政治形势及统一经济、军事、外交等问题(例如在国防政府成立后,C方须改变苏维埃之政治形式而统一于国防政府之下），以及联俄诸问题。[1]

上述文件显然肯定了统一战线成立后苏维埃改制的必要性，但它却没有明确地肯定红军改编的必要性。因此，陈立夫进一步对文件进行了修改，并经过蒋介石的认可，从而形成了第二次国民党方面政治解决中共问题的书面方案。7月4日，陈立夫通过曾养甫和谌小岑正式向周小舟提交了这一方案。该方案内容如下：

一、K方为集中民族革命力量，要求集合愿意参加民族革命之一切武装力量，不论党派，在同一目的下，实现指挥与编制之统一。

二、C方如同意K方上述之主张，应于此时放弃过去政治主张，并以其政治军事全部力量置于统一指挥之下。

三、K方在C方承认全国武装队伍应统一指挥与编制的原则时，即行停止围剿，并商定其武装队伍之驻扎区域，予以其他国军同等待遇。

四、K方在C方决意放弃苏维埃政权的条件下，即以K方为主体，基于民主的原则，改善现政治机构，集中全国人才，充实政府力量，以负担民族革命之任务。[2]

在这里，蒋介石关于苏维埃改制、红军改编的要求表现得再明显不过了。尽管这个方案最终送达陕北中共中央的时候，恰好已经在共产国际"政治指示"到达之后，但要中共在这种条件下与南京政府取得妥协，仍旧是难以想象的。因此，中共中央这时几乎没有对这个方案作出明确的反映。不过，在中共中央根据北方局6月方案制定的《国共两党抗日救国协定草案》中，可以看出他们实际上部分地接受了南京方面的条件。比如统一指挥与编制的问题，以及部分地放弃过去的政治主张等。该草案的主要内容如下：

---

[1]《失去的机会？》，第15—16页。
[2]《失去的机会？》，第17—18页。

甲、从本协定签字之日起，双方立即停止军事敌对行为。

乙、中国国民党方面承认经过国民政府军事委员会下令停止进攻红军与侵犯苏区，取消经济封锁，并承认经过单独协商，一方面调动进攻红军之部队离开现在区域开赴抗日战线，一方面划定红军必须的与适宜的根据地，给必需的军械、军服、军费、粮食与一切军用品供给兵员的补充，以便红军安心进行对日抗战。中国共产党方面承认经过苏维埃政府革命军事委员会下令红军不向国民党部队攻击，承认在抗日作战时在不变更共产党人员在红军中的组织与领导之条件下，全国军队包括红军在内实行统一的指挥与统一的编制，红军担负一定之防线与战线。

丙、中国国民党方面承认改革现行政治制度，撤废一切限制民主权利之法令，允许人民言论、出版、集会、结社等自由，惩办汉奸与亲日分子，释放政治犯，释放已被逮捕之共产党员，并承认以后不再破坏共产党之组织与不再逮捕共产党之人员。中国共产党方面承认停止以武力推翻国民党政权之言论与行动，承认在全国建立民主共和国与召集根据普选权选举的全国国会时，苏维埃区域选举代表参加此国会，苏区实行与全中国一样的民主制度。

丁、中国国民党与中国共产党共同承认，在全中国民主国会未召集与民主政府未建立之前，为着实行真正的对日武装抗战，有召集基于全国各党各派各界各军选举的抗日救国代表大会或国防会议之必要，此种抗日救国代表大会或国防会议有决定一切抗日救国方针与方案之权。

戊、中国国民党与中国共产党共同承认，为着实行真正的对日武装抗战，有迅速建立统一全国的军事指挥机关（军事委员会与总司令部），及由此机关采取真正对日抗战的一切实际军事步骤之必要。中国国民党承认，红军军事委员会及总司令部有选派代表参加全国军事委员会与总司令部之必要，并保证该代表等顺利进行其工作；中国共产党承认，中国国民党人员在此种机关中占主要领导的地位。[1]

从上述国共双方谈判方案的演变来看，可以看出，国民党的方案就其本质而言，大致没有明显的变化，只是其5月条件更容易让中共接受而已。但当时中共还没有得到共产国际关于改变"抗日反蒋"方针的"政治指示"，加上西北计划正在紧张准备之中，因此没有抓住这一机会进行谈判，以致两个月后南京政府初步解决了两广事变，国民党方面的条件再度退了回去。

与国民党相比较，中共的条件变动就比较大些了，特别是九月会议以后的条件，很明显地逐渐接近了国民党的条件。也就是说，中共从最初明确反对苏维埃改制和红军改编，到这时已经承认，在一定的条件下，苏维埃可以改制，红军也可以改编。双方这时的距离在于，蒋介石国民党坚持要以南京政府为正统，而中共中央根据共产国际的提议，形式上仍主张应当首先组织经过普选产生的国会，成立抗日救国代表大会或国防会议，进而产生一个新的政府。而事实上，根据中共中央9月中旬的政治局扩大会议讨论的情况可知，对于放弃苏维埃和红军形式问题，中共中央的条件其实只是要保持政治上的独立性，以及党对政权与红军的领导权而已。换言之，只要国民党同意保证苏区政权及红军在政治上、组织上的独立性，中共中央最终是可以承认以南京为正统，并以此为基础实行改制与改编的。比较邓文仪在莫斯科时所提条件，5月14日曾养甫所提条件，以及7月4日陈立夫所提条件，可以清楚地看出，国共两党之间的立场到9、10月间已经极为接近了，如果以后的情势不发生重大变动，在此基础上通过谈判达成妥协应该是完全可能的。中共中央最初多半也正是这样认为的。因此，当他们决定实行"联蒋"方针之后，就为同南京方面达成全面妥协而展开了猛烈的统战攻势，力争迅速谈判成功。

---

[1]《洛甫、毛泽东二同志致朱、张、徐等同志电——关于国共两党抗日救国协定草案》，1936年10月11日，《中共中央抗日民族统一战线文件选编》(中)，第287—290页。

第三章 "打通国际路线"

从9月1日起,在两个月的时间里,仅毛泽东与周恩来二人就致书国民党及各界军政要人、社会名流近30封之多。由于8月27日,作为国共两党这时联络代表的张子华携国民党电台呼号密码及曾养甫邀请周恩来外出谈判的信件再度前来陕北,中共中央最初还特别决定派周为中共全权代表前去国民党统治区与陈立夫等直接谈判。因此,周恩来9月1日有信给陈立夫、陈果夫二兄弟,称:

> 黄君[1]从金陵来,知养甫先生所策划者,正为贤者所主持,呼高应远,想见京中今日之空气,已非昔比。敝党数年呼吁,得两先生为之振导,使两党重趋合作,国难转机,实在此一举……两先生居贵党中枢,与蒋先生又亲切无间,尚望更进一言,立停军事行动,实行联俄联共,一致抗日,则民族壁垒一新,日寇虽狡,汉奸虽毒,终必为统一战线所击破。此可敢断言者。敝方为贯彻此主张,早已准备随时与贵方负责代表作具体谈判。现养甫先生函邀面叙,极所欢迎。但甚望两先生能直接与会。如果夫先生公冗不克分身,务望立夫先生,不辞劳悴,以便双方迅作负责之商谈。[2]

当然,中共中央这时对蒋介石和南京政府仍旧难于寄予幻想。因而对两党谈判前途的看法,也多少有些矛盾。因此对周恩来外出谈判的安全问题,不能不有许多顾虑。中共中央这时曾有专门电报给国民党方面,它清楚地说明了中共中央的担心所在。电报称:

> 第一,寇进甚急,我方愿以全力为助,希望宁方坚持民族立场,不做任何丧权让步。
>
> 第二,我方首先执行停止对国民党军队攻击,仅取防御方

---

[1] 黄君,即黄续,张子华此时的化名。
[2] 《周恩来致陈果夫、陈立夫信》,1936年9月1日,《中共中央抗日统一战线文件选编》(中),第253—254页。

针,等候和议谈判,集力抗日。

第三,欲图和议谈判早日实现,请蒋暂时以任何适当名义停止军队进攻,以便开始谈判,若一面进攻,一面谈判,似无此理。[1]

中共这时显然不能理解:南京方面既然愿意谈判解决问题,为何不能停止军事进攻?如果继续用军事方式来对付共产党,那么,又有谁能相信国民党确有和平诚意,周恩来外出谈判又岂能保证人身安全?因此,还在8月30日周恩来给曾养甫的复信中,中共方面实际上就已经改变了立即派周前去谈判的立场,提出:弟等外出不易,倘兄及立夫先生能惠临敝土,则弟愿负责保兄等安全。万一有不便之处,则华阴之麓亦作为把晤之所。但弟身外出安全,须贵方代为策划。[2]

进一步延至9月中旬中共中央政治局扩大会议召开,多数与会者更主张对蒋持较严厉的批评态度,并应保持足够的警惕性,故会后周恩来又有专函致蒋,强硬地表示:红军之主张和平谈判,"非不能与先生周旋者,十年战绩,早已昭示国人。特以大敌在前,亟应团结御侮。自相砍伐,非但胜之不武,抑且遗祸无穷。……天下汹汹,为先生一人"。"共产党与红军则亟望先生从过去误国政策抽身而出,进入于重新合作共同抗日之域,愿先生变为民族英雄,而不愿先生为民族罪人。"[3] 同时,周恩来9月22日再给陈立夫二兄弟的信,则一改前约,说明必须首先"委潘汉年同志前来详申弟方诚意,并商双方负责代表谈判之地点与时间"[4]。其态度有了明显的变化。

中共中央转而持更加谨慎态度,同这时的军事形势变化有关。因有情报显示:"蒋决心肃清赤匪,七月为期,命胡宗南主持,共给

---

[1]《毛泽东年谱》(上),第595—596页。
[2]《周恩来致养甫兄函》,1936年8月30日,转见《团结报》,1994年5月10日。
[3]《周恩来致蒋介石函》,1936年9月23日,《周恩来书信选集》,第105—107页。
[4]《周恩来致陈果夫、陈立夫函》,1936年9月22日,《周恩来书信选集》,第103—104页。

十师,现三十个团已陆续入陕,随后十五个团可调动。"而另外的情报也说明:蒋明确表示,对红军仍不变更其抗日剿匪政策,"张杨等急盼红军对中央军关胡等师一重大打击,以减轻对他们之威胁,否则蒋系气焰更高涨,他们环境则更困难"。有鉴于此,中共中央一方面仍旧谋求尽快与南京方面进行具体谈判,但另一方面则更加看重其外围影响工作。周恩来这时亲自写信给胡宗南,力诫胡:在我三个方面军已经联成一气的情况下,"兄率孤军深入,匪特名不正言不顺,即以势言也不利。且兄更不能无视日寇侵入西北之急,相凋则徒损国力,相持则坐使日寇收渔人之利。西北再失,则同陷浩劫,同为奴隶,尚何胜负可言"![1]

毛泽东这时也接连写信给在野之各社会名流宋庆龄、章乃器、沈钧儒等,请他们利用各种名义开始具体实际之活动,以促进南京当局改变其政策。同时他又致书各反蒋派李济深、李宗仁、白崇禧、蒋光鼐、蔡廷锴等,要求他们与中共一道向南京呼吁:"请其将仇恨国人之心移以对外",并对南京错误对外退让、对内苛求之错误政策"督促批判,责其更新"。[2]

此时中共统战工作已经更加开展。成绩最为显著的是对阎锡山的工作,这时除了中共中央的代表彭雪枫外,朱蕴山、张友渔、杨秀峰、李宝森等分别也进行了游说。这些统战工作逐渐打消了阎锡山对中共和红军的恐惧,并鼓动阎锡山利用被捕出狱的中共人员为骨干,于 9 月 18 日公开成立了以"守土抗战"为号召的"牺牲救国同盟会",提出了"铲除汉奸,武装抗敌,牺牲救国,不分党派,不论贫富,不分性别,凡不愿做亡国奴者均可成为会员"的较激进的纲领。阎并且向中共代表明确表示:他赞同中共提出的主张,并愿意"推动南京政府抗日"。他的环境非常恶劣,除非抗日决难生存。

---

[1]《周恩来致胡宗南函》,1936 年 9 月 23 日,《周恩来书信选集》,第 109 页。
[2] 分别见《毛泽东致宋庆龄信》,1936 年 9 月 22 日;《毛泽东致章乃器、沈钧儒、陶行知、邹韬奋信》,1936 年 9 月 22 日;《毛泽东致李济深、李宗仁、白崇禧信》,1936 年 9 月 22 日;《毛泽东致蒋光鼐、蔡廷锴信》,1936 年 9 月 22 日,《毛泽东书信选集》,第 70—75 页。

尽管目前尚非联合红军之时，一旦日军攻绥，即派正式代表与红军联络，"公开提出与红军联合"。那时尤其希望能够得到国际的援助。

这时中共对傅作义也有较为成功的工作。南汉宸、谢晋生等已先后与傅作义及其机要秘书王丹九进行了密谈，据中共中央北方局报称，傅作义明确表示"愿意与我们作亲密合作"。目前因上面有"婆婆"（指蒋介石、阎锡山），外面有日寇，暂时不能公开同情红军，但在日军侵绥时，他必定欢迎红军入绥抗战。甚至，现在如果红军要经过绥远去抗日，只要不深入绥远腹地，走大青山以北地区，他亦可在给养等方面提供帮助。

在与西南地方实力派的联络方面，这时也取得了明显的效果。对刘湘，有李允生（冯雪峰）等数人进行工作，刘湘坚决表示："只要苏联之路可靠，他决加入西北之联盟。"他并提出一个红军、东北军、川军三方面的军事合作协定，主张红军不进入四川，四川的零星游击队归川军收编或遣送出境，红军不得已要入境时须预商区域，三军可为抗日和除奸而共同行动或分担军事任务。而在广西李宗仁处，除中共正式代表云广英外，还有宣侠父、胡鄂公、刘仲容、刘子华等众多中共党员在进行工作。李济深和李宗仁等已先后派刘仲容及钱寿康等前来陕西寻找中共建立密切关系，并带来"广西省政府省党部及第五路军代表与苏维埃共产党及红军代表之协定草案"，要求双方共同签订遵守。经中共中央略加修改后，复交由钱寿康带回广西签字。其要点如下：

一、在抗日救国争取民族生存之共同要求下，中华民国广西省政府、省党部及第五路军代表李济深、李宗仁、白崇禧与苏维埃政府、共产党及红军代表毛泽东、朱德、周恩来互矢最高之诚信与决心，一致努力于下列伟大而艰苦的革命斗争：

甲、对日武装抗战；

乙、实现全国各党各派各界的抗日联合战线；

丙、实现依据民主纲领而建立的中华民主共和国。

二、为力求以上政治任务之完成起见，协定之双方应各在其军事政治所及之区域及全国一切可能范围之内，对于下列诸项斗争作一致之实践：

甲、用一切努力进行全国停止内战（停止进攻红军）之运动，促成全国各党各派各界各军（包括中国国民党及蒋介石军队在内）实行真正之抗日战争；

乙、普遍的组织并发动工农商学兵各界人民群众之抗日救亡运动；

丙、用一切努力推动全国各党各派各界各军为建立真正民主共和国而斗争，迅速召集基于普选权选举的全国国会，组织全国国防政府；

丁、彻底保障人民集会结社言论出版之自由。

三、双方同意在最近将来之适当时机向各党各派各界各军提议，共同发起各党各派各界各军及全国各民众团体之抗日救国代表大会，讨论抗日救国统一战线之总斗争纲领，并产生联合之战斗机构，在召集此种大会之前先开发起人会议，完成大会召集之一切必要准备。

四、在抗日作战时，双方军事力量各担任一定战线，取得互相联系与协同动作，以此去配合全国抗战力量在统一指挥下之一致的坚决的动作，完成驱逐日本帝国主义出中国的任务。

五、双方相互保证不得在各该合作对方政权下及部队中作违反本协定各条之宣传与行动，但双方均保持其政治上组织上之独立性。[1]

中共中央显然对于此一协定相当满意，因此它几乎同时将这一协定定名为《抗日救国协定》，分别送给蒋光鼐和张学良，明确表示愿意听取他们关于此协定内容的意见，并愿意就此与正在重建中的十九路军和张学良的东北军正式签约，共同遵守。[2]

---

[1]《抗日救国协定》，1936年9月；《李允生给中央的报告》，1936年9月12日。
[2] 见《毛泽东致蒋光鼐、蔡廷锴信》，1936年9月22日，《中共中央抗日民族统一战线文件选编》（中），第280—281页。

中共这时的工作甚至已经做到了南京政府内部。因为有情报显示，宋子文和孔祥熙都明确表示赞同中共关于国防政府的主张，不满南京对日本的消极态度。包括李石曾、张静江、吴稚晖等一批老国民党人，这时也向与中共有秘密关系的胡愈之说明，他们希望停止内战，联俄抗日。

当然，在与各派关系当中，中共与张学良的关系仍旧是最为牢固和可靠的。在毛泽东转给张学良的《抗日救国协定》上，毛甚至还没有得到张的答复意见，就直接代表苏维埃政府与红军签上了自己的名字。因此，在劝说南京政府和蒋介石方面，中共中央除对身为国民党中央委员，但始终秘密地支持着共产党的宋庆龄抱以期望以外，真正寄予多少期望的也就是张学良了。在得知张学良愿意代为中共冒险向蒋说和之后，毛泽东立即亲自打电报要刘鼎告诉张学良："毅任斡旋甚好，迅速达成和平统一，（为）国家民族之福。"当张学良来电表示：他决定电蒋说明有要事面商，要叶剑英用毛泽东名义写一信给他"以作根据"时，毛泽东和周恩来立即修书一封并派专人以最快速度送给张学良，以便利张学良向蒋说和。函称：

> 中国共产党建议全国各党各派各界各军的抗日民族统一战线已经一年多了，虽已得到全国人民的赞助，但中国国民党不但至今采取游移不决态度，而且当日寇正在准备新的大举进攻时，反令胡宗南军深入陕甘配合先生所指挥的部队扩大自相残杀的内战。……先生是西北各军的领袖，且是内战与抗战歧途中的重要责任者，如能顾及中国民族历史关头的出路，即祈当机立断，立即停止西北各军向红军的进攻，并祈将敝方意见转达蒋介石先生速即决策，互派正式代表谈判停战抗日的具体条件。拟具国共两党抗日救国协定草案，送呈卓览。寇深祸急，愿先生速起图之。[1]

---

[1]《毛泽东、周恩来致张学良信》，1936年10月5日，《毛泽东书信选集》，第78—79页。

随后，毛泽东又公开发表谈话，表明红军愿意单方面首先停战之意。宣布："一切红军部队停止对国民革命军之任何攻击行动；（二）仅在被攻击时，允许采取必需之自卫手段；（三）凡属国民革命军，因其向我进攻而被我缴获之人员武器，在该军抗日时，一律送还，其愿当红军者欢迎；（四）如国民革命军向抗日阵地转移时，制止任何妨碍举动，并须给以一切可能之援助。"[1] 其意也仍在为张之劝蒋和共助一臂之力。

---

[1]《毛泽东关于停战抗日之谈话》，1936年10月15日，《中共中央抗日民族统一战线文件选编》（中），第291页。

三、兵败黄河

共产国际8月15日"政治指示"很大程度上使中共开始日渐处于一种十分困难的境地。按照中共中央此前的步骤,西北发动已经箭在弦上,各地反蒋派的联络工作也已经取得初步成就。他们估计,一旦西北发动成为事实,红军与东北军相互配合接通外蒙、新疆,取得苏联军事援助,西北国防政府和抗日联军继而宣告成立,揭起抗日旗帜,各地反蒋派势必趋之若鹜,南京政府势将陷于四面楚歌,那时不仅共产党政治军事地位极大巩固与提高,就是蒋介石多半也不得不放弃一党专政,转而与西北达成妥协,最终必不难实现中共关于以西北为中心,召集抗日救国代表大会,建立全国统一的国防政府与抗日联军的设想。但按照共产国际的指示,放弃"抗日反蒋"方针之后,西北发动事实上已失去政治基础,没有人能够想象这种发动可以在不反蒋和不与南京军队发生全面对抗的情况下顺利进行。即使如两广事变一样,打出"请蒋抗日"的旗帜,也必须另立政府以号召军队与群众,结果仍旧是与南京相抗衡,战争仍旧不能避免。可是,放弃西北发动,红军与东北军的公开合作就失去了一切可能性,到头来,如果与蒋介石南京政府不能很快达成妥协,红军就将不得不独自面对越来越多的国民党军队的大举围攻,那时不仅红军会重新变得势孤力单,而且与红军秘密联盟的东北军也将处于极为困难的境地,甚至最终不能不刀枪相对,使前此辛辛苦苦建立起来的统战关系毁于一旦。

在转而实行共产国际新方针之后，摆在中共中央面前一个可能更为紧迫的问题是，二、四两个方面军这时也已经进抵甘南，正向甘北推进，可依据陕北甘北的客观环境，近十万大军不仅生存无靠，而且周旋不易，在国民党重重围困和反复围攻之下，难免不受严重损失。而事实上，中共中央从一开始就对迅速争取蒋介石一着不抱太多幻想。其一切工作，都是从"逼蒋抗日"的角度出发，准备做长期打算。因此，其"逼蒋"的方式，从一开始就分为三手：其一是"造成各种条件使国民党及蒋军不能不与我们妥协"；其二是"紧密地联合东北军，并进行西北其他各部的联合谈判，造成西北新局面"；而最关键的，还要是"准备冬季打通苏联"，取得苏联的军事援助。在中共中央看来，打通苏联，不论是从红军和苏区的保存与发展，不论是从国共两党之间的谈判与联合，还是从联合西北地方势力，包括"保护甲军与李毅，使不受蒋介石可能的打击"，都是最重要的。[1]

自8月下旬开始，中共在一面迅速开始按照共产国际的新的策略展开对南京方面的统战工作，一面继续争取与各反蒋派结盟的同时，就急切地开始考虑和部署打通苏联，争取以苏联为后盾的行动了。中共中央清楚地知道，即使包括张学良在内，与中共联络的各个反蒋派别，真正重视的其实都是中共背后苏联的作用，都寄希望于苏联能够支持自己在中国政治舞台上和抗日战争的行动上扮演角色，想依靠苏联的支持来与蒋介石南京政府相抗衡。相反，如果得不到苏联的支持，即使是与中共的关系发展到相当的深度，他们无论如何也不敢轻易与中共站在一起，来同蒋介石对抗。因此当形势变得对红军严重不利的时候，一切都可能变得像共产国际所预言的那样糟糕。再加上红军所在之陕北及甘北地区，人烟稀少，粮食匮乏，没有苏联的直接援助，红军只好靠不断的扩张和战争来谋求解决之策，结果也仍旧是内战不断。因此，无论是战是和，要想保持中共自身的利益不受损害，寻求苏联的直接帮助都是唯一可行的出

---

[1]《育、洛、恩、博、泽致朱张任同志电》，1936年8月30日，《毛泽东军事文集》第1卷，第574—576页。

路。为此,当共产国际改变统战策略的"政治指示"于8月中旬刚一到达,中共中央当即意识到问题之严重。

8月25日,张闻天、周恩来、博古、毛泽东即联名致电驻共产国际代表团团长王明,陈说利害,叮嘱王明务必恳切要求苏联方面正式给予援助。其电文扼要如下:

一、陕北甘北苏区人口稀少粮食十分困难,非多兵久驻之地,且北不出宁夏,东不出山西,亦无红军活动之余地,目前陕北苏区即已大为缩小,红军之财政粮食已达十分困难程度。

二、为着避免与南京冲突,便利同国民党成立反日,靠近苏联,反对日本截断中苏关系的企图,为着保全现有根据地,红军主力必须占领甘肃西部宁夏绥远一带;依红军现时条件,如果不取得这一地带,则不可避免的要向现时位置之东南方面发展,如此,(甲)将被迫放弃现有陕甘宁苏区;(乙)红军发展方向不是与日本进攻方向迎头,而是相反方向,即不是抗日方向而是内战方向;(丙)日本帝国主义有利用此时机截断中苏关系的可能。

三、我们所希望的地区为青海、甘西、宁夏至绥远一带,我们除在九月以下三个月中加紧与蒋介石进行谈判,求得在一般基础上要求他承认划出红军所希望的防地外,还须解决一个具体的作战问题,因为即使蒋承认红军占领这个地带(这个可能是极大的),也不见得能使这一地带的土著统治者自动的让出其防地(这个可能是很少的)。

四、这一地带的特殊地形条件是为黄河沙漠草地所束缚着的一个狭长地带,而且其中满布着为红军目前技术条件所不能克服的许多坚固的城池堡垒及围寨,在时机上进取这一地带仅能利用冬季黄河结冰之时,但如果苏联方面能答应并且做到及时的确实的替我们解决飞机大炮两项主要的技术问题,则无论如何困难,我们决乘结冰时节以主力西渡接近新疆与外蒙。

五、军事部署大致可定为:(甲)以一方面军约一万五千人攻宁夏，十二月开始渡河，先占领一部分主要的城寨，多数城寨待接取飞机大炮后再夺取之；（乙）以四方面军十二月从兰州以南渡河，首先占领青海之若干地方作为根据地，待明年春暖逐步向甘凉肃三州前进，于夏季达到肃州附近，沿途坚城置之不攻，待从外蒙新疆到来之技术兵种配合攻取之；（丙）以二方面军位于甘南，建立苏区，并使之与陕甘苏区相联系。

六、以上是基于今冬至明年以占领黄河以西为基本方针之作战计划，如此方针为苏联方面所赞同，则请兄代表红军直接向苏联有关方面谈判许多具体准备之问题，主要是援助中国之技术兵种组成输送与按时到达，以及到达后使用的问题；如果苏联不赞成目前直接援助之方针，而我们与南京之谈判不能及时成立协定，或协定中不能达到使宁夏甘西土著统治者自动让防之程度，或红军久攻不克结冰渡河时机又已过去，则我们只好决定作黄河以东之计划，把三个方面军之发展方向放在甘南、陕南、川北、豫西与鄂西，待明年冬天再执行黄河以西的计划。[1]

中共中央的电报十分清楚地说明了他们的担心之所在，形势看起来对红军相当不利，如果没有苏联的援助，那么从生存角度考虑，红军必须要向内地发展，结果自然是内战，共产国际关于建立国共统一战线的要求以及国内和平与一致抗日的局面，统统都将成为泡影。无论是从希望红军保持在苏联、外蒙边界附近的立场出发，还是从希望国共两党能够早日达成妥协、一致抗日的角度出发，苏联方面显然都不希望发生这种情况。

实际上，自从斯大林提出不反对红军靠近外蒙、新疆的建议以来，共产国际和苏联就一直没有停止考虑具体援助中共和红军的问题。因此，当中共中央的援助请求正式到达之后仅两周左右时间，共产国际执委会书记处就已经取得了斯大林和苏联军方等各个方面

---

[1]《洛甫、恩来、博古、泽东关于红军行动方针给王明同志电》，1936年8月21日，参见《毛泽东年谱》（上），第573页；中心档案495/74/283。

的支持,进而于9月11日致电中共中央,明确表示同意援助红军,并批准了中共中央关于夺取宁夏和甘西的行动计划。电报称:

> 同意你们占领宁夏地区和甘肃西部的计划,同时,坚决的指出,不能允许红军再向新疆方面前进,以免红军脱离中国主要区域。[1]

共产国际的来电,无疑是一个让中共盼望已久的鼓舞人心的好消息。很显然,共产国际看来并不特别担心此举会对国共两党谈判产生何种影响,事实上这种谈判也不可能是一个简单的过程,斯大林肯定相信,保存中共和红军的存在是必须的,加强红军的军事力量可能还将有助于推进谈判的进程并使中共在谈判桌上得到更多的东西。不过,无论是共产国际还是中共中央,这时看来都忽略了一个必须克服的严重障碍,即来自南京军队的阻截和进攻。也许是因为这时在陕甘的蒋系部队为数甚少,威胁不大。总之,在中共中央8月25日电报中,对于军事上的困难只突出强调了缺乏夺取宁夏、甘西境内城寨堡垒的技术手段。直到得到共产国际的批准电之后,中共中央虽然注意到胡宗南部已经开始对中共实行打通国际路线的计划产生威胁,但他们仍旧没有对同蒋系军队的作战难度问题给予足够的重视。他们对这个姗姗来迟的援助明显地有些迫不及待了,他们主要担心的仍旧是攻取和占领宁夏、甘西的城寨堡垒问题,因而新的决定是:全力以赴地攻取宁夏,暂时放弃甘西,等待接取援助之后再图甘西。至于对胡宗南,只要四方面军略加拦截,不使其过快推进就可以了。因为这是千载一时之机,他们必须排除那些已经存在和可能出现的困难,争取一击成功。

9月14日,中共中央将此一消息迅速通知了一、二、四方面军,并提出了具体的行动计划。电称:

---

[1]《共产国际执委会书记处致泽东、洛甫、恩来、博古电》,1936年9月11日,中心档案495/74/281。

国际来电，同意占领宁夏及甘肃西部，我军占领宁夏地域后，即可给我们以帮助。……

为坚决执行国际指示，准备在两个月后占领宁夏，拟作如下部署：

（一）一方面军主力，九、十两个月仍在海原、固原地区，十月底或十一月初开始从同心城、豫旺之线攻取灵武、金积地区，以便十二月渡河，占领宁夏北部。一方面军之其余部队，保卫陕甘北苏区。

（二）四方面军以主力立即占领隆德、静宁、会宁、通渭地区，控制西兰大道，与一方面军在固原西部硝河城地区之部相当靠近，阻止胡宗南部西进，并相机打击之，十月或十一月初进取靖远、中卫西部及宁安堡之线，以便十二月渡河，夺取宁夏南部。

（三）二方面军在陕甘边积极活动，吸引胡宗南部于咸阳、平凉之线以南地区，与四方面军互相策应，并联络陕南游击区。

（四）由陕北派出游击支队，经关中苏区出至泾水以南活动，牵制胡宗南之侧后。

电报特别说明："以上部署主要是四方面军控制西兰大道，不使胡宗南切断，并不使妨碍尔后一、四方面军夺取宁夏之行动。当一、四两方面军夺取宁夏时，二方面军仍在西兰大道以南，包括陕甘边与甘南，担负箝制敌军之任务。至于占领甘肃西部，候宁夏占领取得国际帮助后，再分兵略取之。"[1] 随即，中共中央提出了组织"静（宁）会（宁）战役"计划，要求二、四方面军全力北上，与一方面军合力夺取隆德、静宁、会宁、涌渭地区，控制西兰大道，实现三个方面军的会合。至此，从1935年夏季即开始计划的"打通国际路线"的战略方针，终于付诸实施了。

1936年9月中旬，红军一方面军全部21000余人，除留少数配

---

[1]《育英、洛甫、恩来、博古、泽东关于军事部署问题致朱、张、任三同志电》，1936年9月14日，《毛泽东军事文集》第1卷，第578—579页。

合约 6000 地方部队守卫陕北甘北苏区外，其余 27 个团约 18000 人全部集中于盐池、定边至同心、豫旺堡一线，向南推进。二、四两方面军 37 个团约 56000 人也已进至甘肃中部的通渭、陇西一线，集力向北。尽管红军这时武器残缺不足，弹药尤其困难，二方面军疲劳伤病到甚至已难以作战的地步，但三个方面军的会合一般说来已经是指日可待的事了。[1]

这时，国民党军的兵力部署比较复杂。根据 8 月底中共中央军委向共产国际的报告，以及 9、10 月间来自东北军的通报，可知大致情况如下：

（一）"陕西东北部为蒋介石进攻红军苏区的主要方向，以其嫡系陈诚为指挥（本人现往广州），汤恩伯纵队为领导的共七个师一个旅，合计廿四个团。"其中汤恩伯第四、第八十九师及晋军七十二师和二〇九旅已于 5 月底由山西渡河，占据吴堡、绥德、瓦窑堡之线筑堡修路。8 月初已进至葭县（不含）、吴堡、绥德、清涧之线及无定河下游两岸，续修绥清公路，并继续逐渐向南向西推进。另外高桂滋之八十四师驻绥德以西，高双成之八十六师散驻葭县、米脂、神府、榆林、横山、石湾、安边各地，联成封锁。

（二）"十七路杨虎臣部有两个师、五个警卫旅、两个特务团、一骑兵团，计其他直属部队，合计步兵廿六团，骑兵一团。杨之主力现在洛河下游左岸，直达黄河，向北封锁清剿。"其中，第四十二师原在延长、延川、宜川之线以东地区，十七师原在鄜县以东宜川、

---

[1] 根据 1936 年 8 月 18 日《军委致国际电》，及 9 月 1 日《朱张致党中央及军委电》可知三个方面军兵力如下：第一方面军（含一军团 8000 人、十五军团 6000 人，各直属部队 7200 百人）总计 21000 余人，另有地方武装 6000 人；二方面军（二军 7643 人，六军 4059 人，卅二军 2677 人）14379 人；四方面军（四军 5700 人，五军 4600 人，九军 9600 人，卅军 8000 人，卅一军 5000 人，方面军直属队 5000 人，总直属队 4664 人）共计 42564 人。另一方面军步枪 10000 余枝，轻机枪 500 余挺，重机枪 100 余挺，迫击炮 40 门，山炮 2 门，正规部队每枪平均有子弹 40 发，地方部队每枪平均有子弹 10 余发。二方面军步枪 6268 枝，轻机枪 160 挺，重机枪 129 挺，迫击炮 4 门，山炮 1 门，每枪平均有子弹 40 发。四方面军有步枪 15300 枝，驳壳枪及手枪 2900 枝，轻重机枪 495 挺，迫击炮 28 门，每枪平均有子弹 30 发，人平均有手榴弹 1 枚。中心档案 495/19/58。

韩城之线，第五旅原在三原、蒲县之线，警卫第一旅原在临真镇、平陆堡之线。这时已陆续接防东北军原在蟠龙、肤施、甘泉、鄜县之防地。另外，其第二旅分别在耀县、柞水、镇安，第三旅在邠县、澄城，特务第一团在西安，第二团在白水，骑兵团在邠县。

（三）"东北军在西北者有三个步兵军，一个骑兵军，计十五个步兵师，五个骑兵师，一个炮兵团，合为步兵五十一团，骑兵十九团。"其大部正在陆续从陕北调至甘北及西安至兰州大道附近的过程中。何柱国之骑兵军主力驻固原一带，于学忠部部分主力由兰州进定西，五十七军部分主力则集中庆阳一带，王以哲之六十七军主力及独立第一○五师则渐进至平凉一带防守。

（四）"宁夏两马计有二个师，一个步兵旅，一个骑兵旅，二个特务团，合为步兵廿团，骑兵八团。"其中，马鸿宾之三十五师在固原、黑城镇、李旺堡一带，马鸿逵之新编第七师在黄河两岸中卫、金积一线，其新编第十旅在一条山一带，骑兵第一旅在吴忠堡及宁夏各一团，骑兵第二旅在磴口、平罗一带，骑兵第二师两个旅在五佛寺及中宁一带。

（五）"邓宝珊之新编第一军计两个旅，合四个团，在静远、会宁、静宁、隆德布防。"同时，甘南毛炳文、王均两部含第八师、第二十四师、第十二师、第七师及鲁大昌新编第十四师，合计28团，分别进至武山、武都、文县、成县、康县、西固、岷县、临潭，与二、四方面军周旋。加上土著军阀马步芳、马步青驻西宁及甘、凉、肃三州的第十师、第三十五旅、第二九八旅9个团，以及山西已经西渡黄河占据黄河西岸部分苏区的一个纵队，整个陕甘宁三省已有国民党军队约200个团，近40万人之多。[1]

与此同时，南京方面由长沙等地调援西北主持"围剿"的胡宗南，率10个师30余团约6万人，9月下旬也已先后入陕并陆续西运至天水、秦安、静宁、会宁、定西地区，关征麟4个团约5000余人也在9月底由山西运抵宝鸡。在此前后到达的还有四十九师、五十

---

〔1〕《军委致国际电》，1936年8月16日，中心档案495/74/283。

一师、一四〇师等4个师另一个旅计2万余人，分别进驻略阳、徽县、两当、西凤、陇县、宝鸡各地，配合驻守兰州附近的朱绍良部围堵红军。这时纵使不计山西、绥远之敌，红军主力所直接面对的敌人也已超过自己5倍以上。更何况，国民党还有近20个团的兵力正源源不断地向陕甘两省开来。红军要想成功地实施宁夏战役，完成打通国际路线的任务，此时谈何容易。

所幸在红军一、二、四方面军即将会合之际，张学良大约40个团的东北军已基本完成西调，成为防堵三个方面军会师的主要军力，红军三个方面军主力之会合已经不成问题。可是，胡宗南部之迅速到来渐渐开始让中共中央感到担心了。国民党中央军毕竟在装备、战术、训练以及士气方面都与地方军阀的部队有明显的不同，在力量悬殊的情况下，红军无论如何不能被其咬住，更不能与其进行决战。与此同时，由于张学良与红军的结盟在东北军中并未完全公开化，多数部队并不了解，一旦胡部主力楔入，张学良在军事调动上与红军的配合将变得十分困难甚至将成为不可能。如此，不仅红军会合行动受到箝制，尤其是打通国际路线的计划将大受威胁。为此，毛泽东等再三电告张国焘等：四方面军主力宜在两三天内进占界石铺及其以西地段，否则胡军乘汽车将在两三天内控制此地，红军有被切断之虞，"机不可失，千祈留意"。[1] 为确保无虞，中共中央同时命令第一师迅速向界石铺推进，并相机占领之。

由于张国焘与中共中央因一、四方面军的分裂和其后另立中央所造成的各种问题实际上还未得到解决，张国焘对于三个方面军的会合仍旧有所犹豫，而对以四方面军控制西兰大道，与胡宗南作战，更是颇多顾虑。特别是为等到十二月黄河冰冻，保证一方面军渡河，四方面军将不得不在西兰大道这一交通线上几面受敌，与超出自己几倍的胡宗南等部鏖战两个月之久，其结果颇难想象。为此，张对夺取宁夏的方针和静会战役的计划，都有所怀疑。9月17日，张国

---

[1]《毛、周、彭致朱、张、任电》，1936年9月15、16、17日，《毛泽东军事文集》第1卷，第585—589页；《周恩来年谱》，第321页；《文献和研究》，1986年第5期（关于红军北上抗日方针的十八封电报）。

焘致电毛泽东等,一连提出八个问题:一、向宁夏及甘肃西部,发展重点在甘肃抑在宁夏?二、如我军攻宁夏,城仍为敌所占,是否地区狭小不便活动?三、宁夏通外蒙有哪些道路,冬季能否通汽车?四、衣服单薄之步兵冬季能否通过?宁夏到西部需多少天?五、不结冰你们有无办法造船过河?造船速度如何?六、如四方面军不在西兰路箝制胡敌,一方面军能否顺利渡过黄河?黄河何时在何段结冰?七、如四方面军经河州附近过河抢占永谋,箝制兰州,是否便利一方面军转移宁夏和甘肃西部?八、陕甘北粮食能供一、四方面军吃多少时间?[1]

对此,毛泽东等迅速答复称:

甲、向宁夏及甘西发展,重点在宁夏,不在甘西,因宁夏是陕、甘、青、绥、内外蒙,即整个西北之枢纽,且国际来电说,红军到宁夏地区后给我们帮助,没说甘西。

乙、……我军只要能占领宁夏之乡村,靠近贺兰山,便可取得攻城武器,再行克城。

丙、外蒙、宁夏间是草地,有许多汽车通行路,过去即从这些道路接济冯玉祥。……

丁、据宁夏同志云,宁夏因有贺兰山,气候比绥远、青海、陕甘北部及甘西较暖,且是产大米区域,在西北为最富。四方面军占领宁夏南部后,应顿住几个月,待明年春暖再攻甘西。……我们……为你们制备一批冬衣。……

戊、攻宁须待结冰(无造船把握),结冰从阳历十二月开始……

己、因马鸿逵有二十余团,汤恩伯、何柱国、高桂滋、高双成等军在我军侧后,一方面军独攻宁夏有顾此失彼之虑。如使胡宗南确占领静、会地区,会合毛炳文,彼既可加强马鸿逵,使我们攻宁夏计划失败,又可加强马步青,使你们攻甘西计划

---

[1]《朱、张、陈致毛、周、彭电》,1936年9月17日,《中共党史研究》,1988年专题论文选辑。

失败，如此有各个击破之虞。只有集中先占领宁夏，方免此失。

　　庚、据最近调查，靖远以上至兰州不结冰，靖远以下均结冰。

毛泽东在电报中最后特别提醒张国焘注意："夺取宁夏，打通苏联，不论在红军发展上，在全国统一战线，在西北新局面上，在作战上，都是决定的一环。在当前一瞬间则拒止胡军把一、四两个方面军隔开，又是决定一环。时机紧迫，稍纵即逝，千祈留意，至祷至盼！"[1]

终于，张国焘经过一阵犹豫后，在四方面军领导人的会议上赞同了实施静会战役的计划，"决定四方面军全部向定西会宁静宁线间开进，以会合一方面军，夹击与迎击胡部为目的"[2]。鉴于双方意见趋于一致，中共中央立即根据二方面军领导人的建议，提议由毛泽东、彭德怀、王稼祥与朱德、张国焘和陈昌浩组织军委主席团，集中于同心城统一指挥三个方面军的军事行动。[3] 不料，张国焘与陈昌浩于9月20日赴前线了解敌情和地理条件后，再度改变主张，认定照中央方案与一方面军会合，将使四方面军背腹受敌，陷于严重困境，故下决心单独西进甘西黄河以东地区，与一方面军形成掎角之势，确保四方面军安全。

而实际上，按照陈昌浩的回忆，张国焘改变与一方面会合的原因，是因为担心"会合后一切都完了，要让我们交出兵权，开除我们的党籍"[4]。为此，四方面军领导人内部发生了激烈的争执。朱德亦单独急电中共中央说明："西北局决议通过之静会战役计划，正

---

[1]《毛、周、彭致朱张并致任贺电》，1936年9月19日，《毛泽东军事文集》第1卷，第592—593页。

[2]《朱、张、徐、陈致林、毛、洛、周、彭、徐电》，1936年9月19日，《文献和研究》，1986年第5期。

[3]《英、洛、恩、博、稼、泽关于组织军委主席团致朱、张、徐、陈、任、贺、刘、关同志电》，1936年9月21日，参见《周恩来年谱》，第322页。

[4]《陈昌浩1961年5月10日的谈话》，《中国工农红军第四方面军战史资料选编（长征时期）》，北京，解放军出版社，1992年，第763页。

在执行,现又发生少数同志不同意见,拟根本推翻这一原案。""我是坚决遵守这一原案,如将此原案推翻,我不能负此责任。"[1]

但是,张国焘最终还是说服了四方面军的多数领导人,并于9月22日电告中共中央称:估计到一、二两方面军能够牵制的敌力和四方面军的实力,我们认为,目前与胡宗南之一路军在静会这一四面受敌之地区决战是不利的。且宁夏地区狭小,一、四方面军集中宁夏不免后有黄河沙漠之险,前有敌人封锁,在该地区作战,须停留六个月,物资补充不便,万一决战失利,或不能有力阻止敌人时,则将陷红军于不利地区。因此,为迅速实现夺取宁夏和甘肃西部的战略方针,和实现全国红军大会合目的,我们提议:四方面军以基干两个军迅速由兰州西之永靖、循化一带渡过黄河,并抢占永登、红城子一带地区,一个军暂在黄河渡口附近活动,两个军暂留漳县一带吸引胡敌,然后三个也全部转进凉州、永登一带,以一部向静远、中卫活动,配合一方面军由靖远宁夏段渡过黄河。[2]

随即,张国焘下令四方面军立即开始准备西渡黄河,正在北上的部队主力当即转向西进。在胡宗南部源源而至,国民党军已经形成强大优势力量的情况下,此举自然置准备很快进攻宁夏的一方面军于孤军奋战的不利地位。因为一方面军为坚守盐池、豫旺一线和准备照原计划占领海固地区转攻金积、灵武,进而进攻宁夏,所要对付之敌仅马鸿逵部即有20余团2万余人,且据有坚固城寨,加上汤恩伯、何柱国等约30个团直接威胁其东北和西北两侧,他们已经很少有力量能够顾及其南面新增之胡宗南部,而事实上张国焘的计划中留在西兰大道附近吸引敌人的两个军也只是暂时性质,其军力与胡宗南部相比,也起不到真正的阻遏作用。中共中央极为担心即将展开的宁夏战役会因此受阻。为此,他们不得不决定改变原定计划之第一步,主张以主力南下,集中三个方面军之力首先打击胡宗

---

[1] 转见刘统:《北上——党中央与张国焘斗争纪实》,南宁,广西人民出版社,2004年,第271—272页。
[2] 《朱、张、徐、陈致毛、周、彭并贺、任电》,1936年9月22日,《文献和研究》,1986年第5期。

南部，使之不能形成威胁。而后，他们又进一步注意到胡宗南部此时仍在咸阳尚未到齐，因而确信"四方面军有充分把握控制隆静会定道，不会有严重战斗"，故再度通知张国焘等，说明一、二方面军均将前后策应，四方面军不必担心遭遇险境。[1]

可是，张国焘并不接受，还是反复去电，坚持认为其西渡黄河有充足理由，并断言四方面军先机占领甘西是目前最重要一环，即可接通外蒙、新疆，吸引胡军，打乱敌军堵截计划，又可造成红军东西两面夹击黄河两岸宁夏段敌军之势，顺利接应一、二方面军占领宁夏，防止红军陷于狭小地境被强敌所制。且张国焘相信，如此行动，一、四方面军至多一个月就能在靖远、中卫附近会合了。因此，他反要中共中央"勿使全党全军对会合失望"。[2]

不过，西渡计划毕竟与国际指示从宁夏提供援助和反对红军进入新疆的意见相左，而中共中央又早已同共产国际发生了正式关系并得到共产国际的正式承认，再度分庭抗礼，已不合时宜。张并无把握擅自西渡就能够取得共产国际的谅解，万一发生严重后果，他更是难辞其咎。因此，思前想后，张国焘终于不敢独断专行，进而又首次致电表示愿意承认中共中央的领导。电称：

> 关于统一领导，万分重要，在一致执行国际路线和艰苦斗争的今天，不应再有分歧。因此，我们提议，请洛甫等同志即用中央名义指导我们西北局应如何组织和工作，军事应如何领导，军委主席团应如何组织和工作，均请决定指示，我们当遵照执行。[3]

但张国焘的电报仍旧解释说：我们估计，国际的帮助现在还只

---

[1]《英、洛、恩、博、稼、泽致朱、张电》，1936年9月26日，《毛泽东军事文集》第1卷，第597页。
[2]《朱、张、徐、陈致毛、周、彭电》，1936年9月26日，《文献和研究》，1986年第5期。
[3]《朱、张、徐、陈致英、洛、泽、恩、稼、贺、任、关、刘电》，1936年9月26日，《文献和研究》，1986年第5期。

能是秘密的交通线,如只有定远营这一条,易遇日本特务机关和内蒙王公反动势力妨碍。故遵照国际指示,以先机占领甘西更为有利,因甘西有更多道路通外蒙和新疆,交通易,能秘密,不使日本势力阻碍。因此,我们的西渡计划确系站在整个红军利益的有伟大意义的正确计划,如兄等仍以北进万分必要,请求中央明令停止,并告今后行动方针,弟等当即服从。[1]

既然张国焘表示愿意按照中央命令行事,中共中央自然不再取协商态度,决断决行,于9月27日下达命令如下:

> 朱总司令、张总政委并告一、二、四方面军首长:四方面军应即北上与一方面军会合,从宁夏兰州间渡河,夺取宁夏、甘西。二方面军应暂在外翼箝制敌人,以利我主力之行动。一、二、四方面军首长应领导全体指战员,发扬民族与阶级的英勇精神,一致团结在国际与中央路线之下,为完成伟大的政治任务而斗争。[2]

由于这时天气骤凉,四方面军先头部队几次试渡均告失败,张国焘不能不转而放弃单独西渡计划,又转而实行北进方针。张国焘等27日复电中共中央表示:"决仍照原计划出会宁,会合一方面军为目的,部队即出动,先头二十六日到界石铺,决不再改变。"[3]

就在同一天,共产国际电告中共中央,通知苏联目前计划仍是从外蒙提供援助,红军必须夺取定远营前伸至外蒙边境接取物资。[4]随后,四方面军于29日制定了"通(渭)庄(浪)静(宁)

---

[1] 《朱、张、徐、陈致英、洛、泽、恩、博、稼、贺、任、关、刘同志电》,1936年9月26日;《朱、张、徐、陈致毛、周、彭电》,1936年9月26日;《朱、张、徐、陈致贺、任、关、肖、刘电》,1936年9月26日,《文献和研究》,1986年第5期。
[2] 《党中央命令——给朱总司令、张总政委并告一、二、四方面军首长》,1936年9月27日,前引《文献和研究》,1986年第5期。
[3] 《朱、张、徐、陈致育、洛、泽、恩、博、稼和贺、任、关、刘同志电》,1936年9月27日,转见《中国工农红军第四方面军战史资料选编(长征时期)》,第729页。
[4] 《共产国际书记处致中央书记电》,1936年10月27日,中心档案495/74/28。

会（宁）战役计划"，决心迅速进到于通渭、庄浪、会宁、静宁、界石堡地区，与一方面军会合，相机消灭胡敌一部。[1] 10月2日，中共中央致电共产国际，详细地提出了所需要的飞机、大炮等各种武器物资的清单，同时再度说明了红军在现有技术条件下通过宁夏，特别是远伸到外蒙边界上去接取援助的困难，要求苏蒙军队帮助运送和保护尽可能地深入到中国境内来，以确保红军能够接运成功。但18日，共产国际通知中共中央：

> 你们对于你们实际上所能得到的给予你们的帮助，了解得不十分正确，我们已找一家外国公司，他同意卖给需要的货物，并把货物送到外蒙边境，但不能超过外蒙古边境一百公里以外。……同时，这家公司负责供给一百五十辆汽车，并保证提供司机和所需的汽油，以便来回两次将货物运送到你们指定的地点。但货物并不象你们二日来电所要求的那样多，它大约有五百五十吨至六百吨重左右，其中没有飞机和重炮。……外蒙古人民共和国既不能负责担负护送货物到你们部队中去的责任，也不能加入反敌统一战线，否则将等于对某国战争的开始。因此，你们自己应当设法派出先遣部队制服德王及其他军阀的骚扰，并保证汽车队不受空军的袭击。为此，你们必须派遣足够数量的武装部队到外蒙边境来接收货物和担负沿途保护的责任。[2]

不管苏联方面对于运送援助物资的方式和数量与中共中央的想法有多少不同，自从共产国际9月27日确定从定远营方向提供援助之后，中共中央已经决定改变原定12月待黄河冰冻之后再攻取宁夏的计划了。在三个方面军都已经集中到甘北黄河以东狭小的地区来

---

[1]《朱、张、徐、陈关于通庄静会战设计划致英、洛、泽、恩等电》，1936年9月29日，《中共党史研究》，1988年专题论文选辑；并见徐向前：《历史的回顾》（中），第499—500页。

[2]《共产国际执委会书记处致中共中央书记处电》，1936年10月18日，中心档案495/74/28。

以后，要想持续抵抗数倍于己的国民党军队的进攻达两三个月之久，无论从作战角度、粮食等后勤供应角度，还是从与张学良东北军的统战关系的角度考虑，那样做几乎是极端困难的。事实上，对于张国焘所担心的一旦一、四方面军会合后，红军向宁夏和甘西行动的意图大明，国民党军将全力围堵并构成严密封锁的情况，中共中央这时也已经注意到了。但是，毛泽东注意到："胡宗南还在陇县一带，我二方面军将于一星期后转移至渭水以北，据李富春报宁夏群众很好，马部恐慌，除少数据点外，大部围寨可不战而定，并有抢夺渡船之可能"，如果四方面军之渡河技术能保证迅速在靖远、中卫地段渡河，及早渡河将不会有严重困难。因此，中共中央很快便下决心提早举行进攻宁夏的战役行动，一面迅速派人分两批前往定远营侦察该地道路、房屋、关隘及一切情况，一面命令三个方面军不等黄河冰冻，立即展开战役行动，准备夺船并造船渡河。[1]

10月3日，四方面军意外遗失"通庄静会战役计划"，张国焘决定改变原定行动部署，主张除继续下令部队兼程赶至在一方面军控制下之会宁、界石铺，与一方面军会合外，应立即以四方面军主力进占黄河东岸之静远地区，抢占渡口，争取渡河，避免与胡敌决战。中共中央迅速同意了这一建议，只是要求四方面军"在甘谷、庄浪一线配置必要兵力迟滞胡敌"，并接防会宁、界石铺，以便一方面军前锋转置隆德、静宁以北和固原以南地区，防堵固原、平凉之敌，避免被国民党军切断后路。[2]

10月8日，国民党方面在得到四方面军遗失的"通庄静会战役计划"之后，拟定了"通渭会战计划"，准备各部队分别从秦安、陇县、陇西、定西进击，并在平凉、静宁、庄浪、固原防堵，决心与红军主力决战。当日，张学良急忙将此情况经刘鼎通报了中共中央，说明：因四方面军通庄会静战役计划暴露后，现拟组织通渭会战。其部署如下：胡宗南由秦进，毛炳文由陇西进，关征麟由宝鸡转向

---

[1] 参见《毛泽东军事文集》第1卷，第618、623页。
[2] 《毛、周、彭关于同意渡河计划致朱、张、徐、陈电》，1936年10月4日，《中共党史研究》，1988年专题论文选辑。

陇县，于学忠抽两师由兰州向定西，王以哲在平凉静宁防堵，董英斌集两师于固原策应，庄浪口先派一团固守。[1]

张学良表示，他将在9日飞兰州部署各军行动，尽力推延部队行动时间，但同时请一方面军佯攻靖远，威胁兰州，抑留于学忠部守城。请二方面军在现地活动箝制关征麟部。请四方面军迅速通过西兰大道与一方面军会合执行宁夏战役。另请佯攻固原，以阻止蒋调王以哲部前去平凉作战。据此，毛泽东立即通知了二、四方面军领导人，同时专门复电张学良，说明：二方面军在外翼不利，已经决定集中内线作战，四方面军目前已经通过西兰大道，开始实行宁夏战役。但为执行尔后战略行动之便利，应设法使王以哲驻固原指挥，将坚持不与中共发生关系并坚决进攻红军的何柱国部南调，而东北军主力宜集中平凉地区，蒋既有意调固原两师南下，正好执行此令。特别应设法迟延胡宗南之进攻，使我在11月5日以前保持西兰大道于手中，便利二、四方面军休息整理，顺利执行作战任务。与此同时，中共中央立即重新部署了部队的行动。

10月11日，中共中央军委发布了《十月份作战纲领》，决定了相应的作战部署和具体实施宁夏战役的行动步骤。其部署大体如下：

> 乙、四方面军以一个军率造船技术部迅速进至靖远、中卫地段，选择利于攻击中卫与定远营之渡河点，以加速的努力造船，十一月十号前完成一切渡河准备；四方面军主力在通（渭）马（营）静（宁）会（宁）地区就粮休整，派多数支队组成扇形运动防御，直逼定西、陇西、武山、甘谷、秦安、庄浪、静宁各地敌军附近，与之保持接触，敌不进我不退，敌进节节抵抗，迟滞其前进时间，以期可能在十月份保持西兰大道于我手中。
>
> 丙、二方面军进至通渭马营以北界石铺以南地区，休息数日，转进至静宁、隆德线以北地区休整，派支队伸出静隆线以

---

[1]《剑、年致周电》，1936年10月8日；徐向前：《历史的回顾》（中），第504页。

南,威胁胡敌侧翼,滞其西进,准备尔后以主力或一部接替一方面军在固原北部之防御任务。

丁、一方面军之西方野战军主力保持同心城间之枢纽地段豫旺城于手中,其第二师相机袭占庄浪,待二方面军到达静隆线后北上归还建制;第一师及陈支队暂在黄河海原间威胁与抑留于学忠部使不敢东进,尔后逐渐西移归还主力,二十八、二十九两军集中定盐地域,一部逼近灵武,准备居民条件,完成侦察任务,独四师确保环曲苏区,其余东方部队任务不变。

戊、攻宁部队准备以一方面军西方野战军全部及定盐一部、四方面军之三个军组成之,四方面军之其余二个军及二方面军全部,一方面军之独四师组成向南防御部队,可能与必要时,抽一部参加攻宁。

己、攻宁开始时机依造船情况决定,但至迟十一月十号前须完成一切攻宁准备。[1]

尽管作战纲要提议三个方面主力利用现有条件进行必要的休整,以便准备攻宁,四方面军此时却并无任何休整之条件了。由于红军这时渡河意图已明,蒋介石急令西兰大道一线之胡宗南等部北进,固、平、陇一线的东北军西进。随后,他又亲赴西安,严令各部三面出击,要求于短期内聚歼红军于黄河以东,"勿任窜过"。蒋甚至还亲飞兰州督战。一时间,国民党军从东、南、西三个方向向四方面军所在的静宁、通渭、会宁地区猛进,战争全面展开。

10月21日,胡宗南的第一军、毛炳文的第三十七军和王均的第三军,由静宁、通渭一线向北进攻。与红四方面军的后卫部队红四、五、三十一军1.5万人在界石铺、华家岭、马营一带展开激战。由于国民党军有空军的支援,红五军在华家岭战斗中损失惨重。红四、三十一军也被迫节节后退。23日,国民党方面已经占领了华家堡、会宁、通渭、静宁、界石铺等地,西兰大道已失。形势转瞬间即变得对

---

[1]《十月份作战纲领》,1936年10月11日,参见徐向前:《历史的回顾》(中),第505—506页。

红军极端不利。但四方面军毕竟抢先一步通过了西兰大道，其先头部队三十军10月中已经进抵靖远及打拉池一带，并业已大体上做好了渡河的准备。据此，朱德、张国焘于23日下令四方面军之三十军立即渡河，九军跟进。24日晚，三十军渡河成功，25日，九军跟进，接着，四方面军前线指挥部也于26日过河。宁夏战役就此全面展开。

渡河行动开始的当日，即10月24日，中共中央就紧急致电共产国际，要求苏方立即准备实施援助计划。内中特别说明：

> 自接你们同意我们北上占领宁夏并给我们以物质上援助的复电后，我们即根据这一方针部署红军行动。现三个方面军已集中陕甘大道以北，四方面军一部已开始在靖远附近渡河，我们正在动员一切力量实现我们的既定方针。

考虑到红军步行数百公里在草原和沙漠地带掩护运输的严重困难，中共中央再度请求苏方能够将汽车队尽可能远伸到定远营一带。同时请求提供钱的帮助，以便红军能够解决部队冬衣的严重不足并在国内购买部分武器弹药。[1] 但考虑到胡宗南部推进快，威胁大，二方面军此时受损严重，几乎没有战斗力，让国民党中央军迅速突进，红军主力西渡，然后协力北上宁夏的作战计划将无从实现，故毛泽东建议彭与朱、张商量暂以红三十军渡河，控制西岸，红九军暂不渡河，加入海原、靖远一线防御。[2]

对此，彭德怀表示同意，但他提议：应首先集中四方面军全部及一方面军之四师在郭城驿打击胡宗南之一路，并争取以一方面军进占定远营。[3]

毛泽东此时已经知道红三十军和红九军西渡的情况，故他马上

---

[1]《中共中央书记处致国际书记电》，1936年10月24日，《中共党史研究》，1988年专题论文选辑。

[2]《毛泽东致彭德怀电》，1936年10月24日，《中国工农红军第四方面军战史资料选编（长征时期）》，第834页。

[3]《彭德怀致毛泽东电》，1936年10月25日。

复电彭德怀表示：同意集中在河东岸的四方面军以打击胡宗南为中心的考虑，但张国焘的关键是"有出凉州不愿出宁夏之意"，而目前则以打胡敌和取定远营两着为最重要，故虽应以四方面军之四、五、三十一军和二方面军全力打胡，惟仍应以已经渡河三十军占永登，以九军去占定远营，因为"这是接物攻宁的战略枢纽，不应以一方面军去占，不便利不失时机"。[1]

据此，毛泽东等并电告在打拉池前线指挥的朱德、张国焘、彭德怀："三十军、九军渡河后，可以三十军占领永登，九军必须强占红水以北之枢纽地带，并准备袭取定远营，此是极重要一着。"[2]

27日，朱德、张国焘和彭德怀商定，先以四方面军河东之四军、三十一军集中郭城驿一带准备诱歼胡宗南轻敌冒进之先头部队。28日，朱、张并命令四军和三十一军脱离四方面军建制，直接归红军总部和前线总指挥彭德怀指挥。当日，河西徐向前、陈昌浩电告：一条山、五佛寺有日敌增援中，红三十军单独不能完成任务，红九军跟进亦只能控制该地带，无力派一个军出王爷府，更不可能按原计划出中卫。红五军力弱，且还担负守护渡船任务。如此平均使用兵力，远方任务难速完成，即控制战略枢纽亦难巩固，指挥上更深感不便。建议"卅一军无论如何须抽出随指挥部行动"；"四军担任防守以打拉池为后方，归总部指挥"；"五军暂控制靖远两岸，主力三角城，随后跟进"；"九、卅、卅一军以两个军出动，得手后即分一个军出定远营"，一个军控制中卫。

据此，朱德和张国焘又建议三十一军仍应渡河，说明以四军、三十一军两军很难保证完成击破胡敌的任务，不如以一个军担任牵制，另一个军过河以加强河西之力，争取"在十一月十日前，四方面军主力能达到占领定远营和宁夏地区之目的"。[3]

---

[1]《毛关于打胡取定远营的战略部署致彭电》，1936年10月26日，参见《毛泽东年谱》（上），第602页。
[2]《毛、周关于准备袭取定远营事致朱、张、彭电》，1936年10月26日，参见徐向前：《历史的回顾》（中），第512页。
[3] 转见刘统：《北上——党中央与张国焘斗争纪实》，第295页。

29日，中共中央军委对此表示同意。但因前线总指挥彭德怀坚持三十一军应留在河东参加作战，军委遂又于30日电令三十一军停止西渡，在河东作战，"胜利后直由中卫渡河"。毛泽东并特别强调："方针先打胡敌，后攻宁夏，否则攻宁不可能。请二兄把握此中心关键而领导之"。[1]

10月30日，朱、张遵令执行。同日，因胡敌逼进打拉池，留守河东看护渡船的五军被迫随船西渡。

次日，国民党部队推进到郭城驿、大卢子地区，并控制了靖远附近的河岸。至此，红军渡河攻取宁夏的行动被迫中止，河西与河东的部队被切为两段。

战争形势从此开始变得对红军相当不利。尽管彭德怀指挥河东前线部队仍旧节节抵抗，寻找机会给国民党军以重大打击，以便再度实施渡河攻取宁夏战役的计划，尽快接取援助。但事实上，由于7万多红军有将近三分之一被截在黄河以西，河东红军力量已经大大削弱，并且在自然条件十分恶劣的甘北地区陷入国民党军的强大包围，回旋余地越来越小，除非有重大胜利，否则，再度攻取宁夏，将成为不可能。宁夏战役一旦失利，不仅将使红军打通苏联的计划前功尽弃，而且不可避免地会导致红军自身的生存发展、中共与南京的谈判，乃至与各地方实力派的联合，统统成为问题。因此，毛泽东为此十分焦虑，不能不接连致电正在西安之叶剑英与刘鼎，要他们"问毅当此国难关头，他有何办法停止内战"？"宁夏计划蒋介石正积极破坏中，我方正想对策，请毅亦为我筹之。"

10月30日，中央军委委婉地通知了共产国际书记处关于红军渡河作战失利的情况，说明因胡宗南等部敌军70余团齐头猛进，已推进至海原、靖远，我现处南北夹击中间，回旋困难，不得已，在1.7万部队已经渡河的情况下，必须暂时停止渡河，转而打击南面追敌。[2]

就在中共中央发出此电几天之后，它突然意外地在11月4日收到了共产国际关于改变援助地点的电报，内容扼要如下：

---

〔1〕转见刘统：《北上——党中央与张国焘斗争纪实》，第294页。
〔2〕《中央军委致共产国际电》，1936年10月30日。实际红军西渡人数为22000人，中共中央在11月8日的电报中对此还有进一步说明。

在详细研究之后，我们坚决认为从外蒙帮助的方法是不可能实现的。因为：（1）在严冬和沙漠的环境之下，你们派数千红军到外蒙边境护送运输是不可能的；（2）日本飞机有对红军及汽车轰炸的可能；（3）有引起日本与苏联严重冲突的可能。因此，现在已经决定目前不采用从外蒙帮助的方法。同时，我们正在研究经过新疆帮助的方法。如果我们将约一千吨货物运到哈密，你们有无可能占领甘肃西部来接收？并请通知接收办法及你们将采用何种具体方式运输？[1]

苏联突然改变援助方向，在某种程度上是同红军渡河作战失利有关的。但更重要的原因却并不在此。电报上罗列了他们考虑必须改变计划的三点理由，可显而易见的是，前两点困难早在苏联方面决定通过定远营援助红军的时候已经存在了。更何况，苏联人很清楚，经过甘西前往哈密，即使只是前往安西，红军所要克服的严寒与沙漠远比经宁夏去外蒙要多得多。而且最初也是苏联方面坚持不让红军过于接近新疆，而决定从定远营进行援助的。很难说明究竟为什么，苏联人和共产国际在改变自己已经做出的决定的时候，总是习惯于为自己找一些不必要的借口，甚至把责任推到中共的身上去。事实上，在这三点理由中，最重要的其实只是最后一点，即他们担心此举"有引起日本与苏联严重冲突的可能"。

值得注意的是，苏联最初决定从定远营方向援助红军时，也并非了解日本正在策划进攻绥远的情况。还在9月6日，中央军委即发报说明：7、8两月来，日寇指使伪蒙军队侵入绥东与傅作义部，至今仍在对峙中。其先头为王英匪军，德王则在东蒙募兵向察北徒步集中。日军有二连队已开张北。又云已达5000人以上。日机开始则在包绥线上飞航，继则伸入宁夏。8月3日，日本航空院更派井田等乘机至阿拉善旗，声言拟以定远营为总站，于甘、宁、青、绥各

---

[1]《共产国际执委会书记处致中共中央书记处电》，1936年11月3日，中心档案495/74/283。

设分站，定期飞行，并运往大批汽油等物，似以经营整个西北、切断中苏蒙联络为目的。[1]

苏联方面在得知这一情况之后，仍旧选定被日本人看中的定远营为苏联援助的主要地点，很明显是准备冒点风险的。它或者是不相信日本人会很快逼近定远营，或者是决定捷足先登，先将红军装备起来，给西进的日本人以某种威慑。总之，它没有料到红军的作战会遇到极大的困难，而日本人又如此迫不及待。当红军还在宁夏南端奋力拼杀之际，有日本军人支持的伪蒙军队已经在进攻绥远傅作义的军队了，全国抗战的呼声已经迅速高涨起来。在这种情况下，停止从定远营进行援助事实上不可避免。苏联方面没有及时地停止原定的援助计划，多半仅仅是由于红军的作战行动已经全面展开。红军渡河失利终于为他们放弃这一冒险计划找到了机会。在11月中下旬著名的绥远抗战[2]打响前不久，苏联最终作出了停止走定远营这条路线进行援助的决定。事情很清楚，在绥远抗战开始之后，让红军在得到全国各界热情支持下浴血奋战的国民党军背后发动进攻，这在政治上几乎是一种自杀行为。苏联和共产国际当然不能引导中共和红军去冒这种巨大的政治风险。

好在苏联方面的突然变卦来得也正是时候，如果红军已经经过了重大牺牲夺取了定远营，这封电报将会带来什么样的反应是可想而知的。而如今，中共中央的反应只能是无可奈何。其11月8日的复电称：

> 从哈密输送货物的办法对于我们主力红军已无用处，这个改变已经迟了。已渡河的红军约两万一千人，可令其向哈密方向前进，但通过五千余里路程，战胜这一带敌人与堡垒，需要

---

[1]《军委总司令部致王明同志转战士同志电》，1936年9月6日，中心档案495/74/283。

[2] 日军与伪蒙军此前已占据百灵庙，并进一步进犯绥远，1936年11月5日德王首先公开扬言要成立蒙古地方自治政务委员会，综理自治事宜，随即很快武装进攻傅作义部守军。蒋介石于17日亲赴太原主持制定反击计划，傅部于24日一举收复了德王在绥远的重要据点百灵庙。是为百灵庙战役，又称为绥远抗战。

许多时间，至少也是明年夏天的事情。并且除非你们用汽车送到安西，要红军到哈密去接是不可能的。因为哈密、安西之间是一千五百里无人烟的沙漠。[1]

宁夏战役失败了。11月13日，中共中央召开政治局会议，毛泽东明确承认本来打宁夏就是没有多大把握的，只是过去没有看得这样严重。现在计划失败了，红军必须改变行动方向，以求生存，先南下平凉、泾川、长武、宁县、正宁，然后根据情况再东进山西，或南下河南和湖北，准备在外线作一年左右的长途征战，再设法返回西北地区。换言之，为了生存，内战将不可避免地延续下去，而红军又将面临着一次新的长征。当日，中共中央致电共产国际说明了这一决定。但同时通知后者确实准备援助物资，因为他们将命令河西部队依照国际新的指示向接近新疆之方向前进。[2]

---

[1]《中共中央书记处致共产国际执委会书记处电》，1936年11月8日，中心档案495/74/283。
[2]《中共中央书记处致共产国际书记处电》，1936年11月13日，中心档案495/74/283。

四、暗渡陈仓

无论是劝蒋和共,还是支持中共打通国际路线,对张学良来说,都是极冒风险的事情。张学良这时身处一种十分矛盾的境地,他很清楚蒋的性格,要靠劝说使蒋放弃"安内攘外"政策是没有用的。但是,既然已经放弃了反蒋计划,中共中央又寄希望于他居间说和,不劝蒋又不行。而真要劝蒋,以张对蒋的了解,少不了要被蒋臭骂。尤其是他因暗与中共串通,心中有鬼,不能不担心一旦吵翻,日后难以相处,要在蒋的权威下守住自己的东北军,会更少可能。何况,他不仅清楚蒋介石南京政府的实力不足以帮他打回东北,他更清楚蒋对东北问题的看法。蒋介石在东北沦陷后曾多次表示:"东北四省向有特殊情形,不是革命军势力所能达到"。"东北事变有其特殊之性质……盖百年来之东北,本为帝国主义者角逐之场,其根深蒂固,久已构成一极复杂错综之关系,打破此种关系,断非如十七年之统一东北,一举而得者之简单而便易。东北问题,早成历史上国际之问题。中正昔年上革命策略一书于总理,尝曰:'东北问题,非东北之单纯问题,当留待东亚问题全部之解决。'意即如此。"[1] 因此,不论于公于私,顾及眼前还是放眼长远,张学良都无法对蒋介石抱以幻想。因此,即使他赞同中共联蒋抗日的新策略,他也还是不能

---

[1] 分别见蒋中正:《革命军的责任是安内攘外》,1933年5月8日;蒋中正:《十年来革命经过之回顾》,1934年6月16日,蒋总统集编辑委员会编:《蒋总统集》(一),台北,"国防研究院",1960年,第624、722页。

不秘密支持并企望中共能实现打通国际路线的作战目标。这在张学良已是一种必然的选择。

寄希望于得到苏联的援助，是这个时候张学良，也是众多地方实力派出于保存自身实力，抵制蒋介石南京政府完成大一统格局的一种强烈的企望。对于张学良来说，他不仅要保存东北军的实力，还必须要争取能够重新回到原有的地盘上去，而这更需要得到苏联的支持。

张学良对苏联可能帮他回东北抱有幻想，不是没有原因的。这是因为，苏联、外蒙与中国东北地区有着上千公里的共同边界，而苏日之间围绕着中国东北的权益问题始终存在冲突，双方1904年还因争夺旅顺口之役结下了世仇，战败的俄国人几十年来对此一直耿耿于怀。更何况，日本并不满足于占据中国东北，它还一直虎视眈眈地觊觎着苏联的远东地区，并且曾经于俄国革命期间，乘苏俄鞭长不及之时，出兵侵占过苏联的远东地区。这些都让苏联对日本不仅心怀忌恨，且对日本百倍戒备。苏联从日本侵占中国东北开始就秘密支持中国东北的抗日斗争，即是为此。

基于这种情况，从蒋介石到张学良，相当多中国人都相信苏日总有一天要打起来。如果在中国抗日口号喊得最响的中共能够得到苏联的援助，中国的抗日运动极大地发展起来，很难说不会促成抗日战争的爆发。那时，苏联因援助中共与日本打起来，他张学良至少会多几分收复东北的希望。而如果中共和红军得不到苏联的援助，并且归于失败的话，至少对张学良没有任何的好处。

张学良不是不知道支持中共打通国际路线所要冒的风险有多大。鉴于西南两广事变以及随后广西当局与蒋介石的对抗相继被蒋瓦解，特别是国民党中央军大举进入陕甘之后，整个西北方面的反蒋热情已经消停了许多，影响到西安城里，也是"人心大动"、"东猜西疑"。据刘鼎、刘象三、张文彬、梁明德等报告说：杨虎城在广西反蒋失败后，与中共联合之事已不再提起，就是前此签订的通商、联络、交通等事也搁在一边不谈了。就连王以哲，虽经多方工作，也仍旧时时表现"畏缩"，没有了以往的勇气。早先与红军有过较多交往的东北军几个师的师长,如今情况下也尽可能地少与红军发生关系了,说是"有问题可与副司令去电,他即听命,不必派人到他处"。唯有张学良仍旧表现出非同寻常的坚定态度。

张学良这时先是以查无实据为由,于10月16、17两日接连将先前被省党部捕去,又被他转押军法处的刘澜波、马绍周、孙达生等一并释放。而后,他又将叶剑英接至西安,安排在警卫营营长孙铭九家中,作为中共中央派驻西安的正式代表。同时,张为"准备意外,集结他的部队",特地将他在西安王曲军官训练团的抗日讲演印成小册子,在军内散发,"以作万一中央若对付他时,可在政治上战胜中央(的武器)"。[1] 当叶剑英告诉张,红军目前"经费困难已极",冬衣解决更难,莫斯科虽可援助,但不能应急,代表中共中央再向张借款30万元和索取棉衣时,张一口答应,马上又付了5万,另外25万他答应马上到上海去办。棉衣则马上就提供了1万套,令人由西安送去兰州,请红军到半路去取。

在军事部署和战役行动上,张学良更是积极配合,并出谋划策。凡有他能够办到的,他几乎无不尽力去做。比如,10月中旬,毛泽东、彭德怀电告张:"何君柱国至今不理解团结抗日之必要,屡与敝方为难","难免冲突";"董军长闻正西进,亦祈善为说词,免生误会"。张得电不久即将何柱国调离前线,并要董英斌暂缓西进。[2]

当然,为了瞒天过海,并便利劝蒋和共,避免蒋介石生疑,张学良在公开场合仍要大讲"绝对拥护"、"绝对服从"之类的场面话。像他在10月3日对英国记者的谈话,很显然就是这种敷衍的典型例子。

在这次公开发表的谈话中,张学良声称他必须郑重声明三点:

(一)外报前传西北四省有独立及联俄之说,纯属谣诼。

(二)本人及西北诸将领绝对拥护领袖,拥护统一,一致对外。

---

[1]《刘鼎报告》,1936年9月;《刘象三报告》,1936年9月24日。
[2] 参见《周恩来年谱》,第326页。

（三）个人及西北诸将领绝对服从中央命令，甚愿效命于国防第一线上。

但同时，他还是隐喻地表示，他希望南京与红军达成妥协，"少损一分元气，即增一分国力"。[1]

一方面是张学良支持中共的态度坚定，一方面是苏联方面正式批准红军具体实施打通国际路线的战役行动，准备大举援助中共，逐渐又使得东北军的部分高级将领重新变得积极起来了。这里最突出的是骑兵军副军长，时任王曲军官训练团教导长的黄显声。他先是将刚刚被释放的刘澜波收到麾下做秘书，而后又明确向叶剑英表示：红军有何军事问题或器材需要，他可尽量帮助。王以哲离开西安，刚一到达甘北指挥部，也重新恢复了与中共中央直接的电报来往。而一〇五师刘多荃师长也开始与在甘北前线的彭德怀建立了直接联络的关系。红军与东北军将领又开始了具体的合作。

比如，张学良10月13日得蒋急电，要其派援军前往李旺堡解马鸿逵部二〇七团之围。叶剑英当即报告毛泽东：张学良迭奉急令救李旺堡二〇七团，张已委托一〇五师办理。经黄显声兄与刘多荃商妥，将派出骑兵军第十六团前来。请准许该团17日向李旺堡前进，并望为马部二〇七团放行，让十六团进驻李旺堡。[2]

13日，骑十六团前往李旺堡，在红军配合下将被围之二〇七团救出。而后，根据双方商定的步骤，刘多荃师长再将骑十六团撤回，将李旺堡交给了红军。

同样，当王以哲电告东北军一部遵命需要向硝河城、将台堡推

---

[1] 见《张学良与英记者谈话》，《申报》，1936年10月5日。关于这次谈话的报道有两个版本，其中在关于对红军停战问题上的说法有所不同。《申报》关于这个问题的说法是："假如赤匪能觉悟自新而投诚，服从中央命令，使统一工作早日完成，少损一分元气，即增一分国力，当然亦所深望者也。"安危根据英文记录译出的报道稿则称："如果共产党能够在中央政府领导下，诚心诚意地同我们合作，抵抗共同的外敌，这个问题，也许会象最近'西南事变'一样，得到和平解决。"转见《人民日报》（海外版），1986年12月19日。
[2] 转见陈力：《叶剑英同志在西安事变前后》，《中共党史资料》第9辑，第179页。

进时，红军前线司令员彭德怀也根据具体环境，痛快地表示同意。可见，双方此时的配合渐渐变得较前更为默契了。

这种默契这时还表现在统战工作方面。10月间，因日本人对绥远心怀不轨，伪蒙军与傅作义部摩擦冲突频繁，阎锡山颇感有抵抗之必要，故有心向蒋请援。张学良很快主动表示愿意出兵相助，参加绥远抗日。阎锡山为此致信张学良表示感谢，信称："敌对绥远，势在必取，得兄慨允协助，弟胆壮多矣。抗战而胜，国家之幸，抗战而败，我辈亦可了矣。"[1] 同时，阎锡山亦向张派去的高级将领戢翼翘表示，对过去与红军打仗颇感后悔。见阎颇有抗日和共之意，张学良借前往洛阳给蒋介石祝寿，专程飞往太原，向阎说明目前陕甘"剿共"战争之危害，与阎相商，共同劝蒋停止内战，"与共妥协以抗日"。[2] 据张学良告诉叶剑英说，二人"会谈极佳"，阎决定乘蒋介石10月来陕之际，向其说明他的意见。张学良说，阎锡山这时的态度是：

一、请蒋领导联红抗日。

二、请中央拨款加强绥远国防工事。绥、宁、晋请酌增十师。

三、如蒋不干，阎决不顾一切牺牲，联晋军、东北军、红军，全力抗战，并将绥远之固阳、包头、五原、安北、临河五县给红军，同时支持宋哲元抗日。

但是，阎锡山最关心的是苏联的态度和红军能否合作。他明确问张学良：第一，苏联能否批准红军到绥远并联络外蒙？第二，苏联能否接济红军、东北军、晋军？第三，联合作战红军能否听指挥？

对于叶剑英所报告的情况，中共中央方面自然极为重视。尽管

---

[1] 转见李蓁源：《西安事变前张学良促阎谏蒋抗日的史料》，《山西政协报》，1986年12月12日。
[2] 《徐永昌日记》第3册，第483页。

叶剑英已经就阎锡山的问题向张学良做了十分肯定的答复，毛泽东仍旧很快致电叶剑英等，要其迅速经过张学良进一步向阎说明如下：

一、完全同情晋绥当局及其军队对日抗战捍卫疆土的决心与行动，他们的这种决心与行动将获得全国人民的拥护，苏维埃与红军将竭以全力以为之助。

二、我们十分盼望与晋绥当局成立谅解，以至订立抗日协定。

三、只要晋绥当局真正抗日而不与日本妥协，红军在未得晋绥当局同意之前，决不冒险向晋绥开进。

四、在双方谅解之后，红军依约进入划定之地区与防线，担任一定战斗任务，并服从统一之指挥，红军不干涉晋绥当局之行政事宜。

五、某方援助我们可担任介绍。[1]

从以上的电报中可以看出，中共中央并没有回答阎锡山提出的最核心的问题，即共产国际和苏联是否愿意援助红军以外的中国军队，以及它们是否同意照阎所说，让红军到绥远去联合外蒙，直接与日伪交锋。因为这样的问题确实也是中共中央这时无法贸然代国际回答的，只有苏联自己才能回答这样的问题。但中共中央确实把这样的问题提给了共产国际。它在电报中说明：

张学良与阎锡山前在太原会面，阎对张云，要求蒋介石领导联红抗日，如蒋不干则联合红军、东北军单独行动，划出五原、包头、安北、固阳、临河五县给红军，但不知国际允许红军出绥远否？并与外蒙联系否？不知国际愿意援助晋绥军、东北军否？不知红军听其指挥否？……许多方面经常向我们提出苏联是否援助他们的问题，近来问的更加多了。打通国际路线

---

[1]《毛泽东年谱》（上），第601页。

已成了张学良、杨虎城、阎锡山、傅作义一班人的口头语了。[1]

随后,中共代表同宋哲元谈判的报告送达,中共中央又再一次致电共产国际说明宋哲元愿意"联俄联共一致抗日",并准备派代表赴俄接洽的情况。电报再次询问苏联对于南京以外的各地方实力派究竟采取何种方针。由于有谣传李杜一行赴苏被拒,中共中央显然开始怀疑苏联对南京以外的各个地方实力派是否均采取一概拒绝的方针了。

没有资料表明共产国际是否曾就此来电说明过自己的立场。至少,看不出中共方面开始改变对各地方实力派的态度。相反,这时直接负责与中共中央通报的中共代表团王明等,也相信国民党与共产党的谈判是骗人的,"是他们内部的把戏",担心蒋介石会利用胡宗南将张学良与红军分隔开,分而击之。因此,王明等发来电报,要求中共中央务必对南京的所谓谈判保持高度警惕,尽可能赞助一切抗日统一战线的活动和同情这一方针的各党各派,包括同情自己的地方实力派的活动,以此来逼迫蒋介石放弃对红军的军事进攻计划。来电明确说:

> 我们确切地知道,蒋介石在民众运动的逼迫之下,表面上与红军进行关于统一战线的谈判,实际上准备包围和消灭红军的实力。蒋介石不久前曾下令各部围剿红一军团和红二十五军于金积堡至海原、固原地区,务必阻止红军南下,或去东北方向。因此……你们应尽力赞助一切抗日统一战线运动和同情者的活动,只有如此才能逼迫蒋介石放弃进攻红军的军事计划。[2]

---

[1]《中共中央书记处致共产国际执委会书记处电》,1936年10月26日,中心档案495/74/282。

[2]《王明、康生、陈云致中央书记处电》,1936年11月1日,中心档案495/74/282。

蒋介石究竟打算怎样对付共产党，中共中央自然比中共代表团和共产国际更清楚。的确，当蒋一面命令胡宗南进攻红军，一面派陈立夫寻找共产党代表谈判之际，中共中央确曾对蒋介石的真实意图不甚明了。张学良最初也认为：蒋不过"先打而后和图得便宜而已"。10月17日，负责与南京联络的张子华到达西安，报告从国民党方面带来与国民党的通电密码、谌小岑给周恩来的信等，约周恩来去广州谈判。据张子华报告称：南京方面请周恩来到广州会面，时间在10月底，并已为周等办好粤行营护照6张，陈诚亦有电报给西北剿匪总部嘱其放行。南京方面并且订有密码，可使用剿匪总部电台，待与晏道刚交涉，如周不能去粤，可与他们另定地点。南京方面对谈判态度，强调我党活动、苏区存在及参与国民会议皆无问题，惟军队番号须与南京一致，目的似相当改编。[1]

与此同时，19日已到上海的潘汉年也有电来，说明国民党方面明确表示，两党谈判"决不能有对等地位的条约"，最好的解决方法即"照收复广西办法云"。[2]而所谓广西办法，就是军队全部接受南京政府的改编，受南京政府的统一指挥。20日，上海方面又有电来，称"陈果夫找开兄[3]谈判甚急"。可是另一方面，西北这边国民党中央军仍旧全面进剿，大有不消灭红军不止之势。对此，中共中央颇感费解，以致不能不再三要求西安方面将"蒋之确实企图查明即告"。

到10月底的时候，整个情况已经变得比较清楚了。这是因为，蒋介石在10月22日至29日专门来到西安，就共产党问题发表了态度强硬的讲话。在此之后，不论是中共中央，还是张学良，都已经看得清楚，蒋介石的本意其实是要彻底取消红军。改编云云，恐怕都是谎言，根本做不到。根据中共很快得到的情报，蒋刚到西安就与陕西省政府主席邵力子谈话，其中明确说："他们抗日是假的，骗

---

[1]《张子华致周恩来电》，1936年10月17日，见《关于1936年国共两党秘密接触经过的几个问题》。
[2]《潘汉年致毛泽东电》，1936年10月19日。
[3] 开兄，即小开，指潘汉年。

事的,既然要抗日,中国有中央政府,为什么还要组织国防政府和抗日联军?"要停止进攻红军的唯一办法就是红军立即投降,"一部分一部分或整个的收编都可以,收编后待遇同国军待遇一样"。

另据山西省政府主席徐永昌这时的日记记载,张学良在蒋到西安后,确曾冒险当面劝蒋和共抗日,强调对共产党问题如不采取政治方法以谋共同抗日,专意进剿,不仅必为日、共所苦,社会人民更不相谅,并且前途殊为危险。不意蒋断然对张说:"共党能无条件的交枪受编乎?否则不论矣。"即使"共党当面以手枪拟之,亦不与之妥协也"。[1]

叶剑英和刘鼎这时也接连报告说,蒋介石到王曲军官训练团讲话,直截了当地宣称:"赤匪为近敌,日本为远敌,目前唯一任务为剿匪,否则为反动。"因为现在的敌人只有一个,那就是共产党。进而张学良也亲自告诉叶剑英等:他劝说蒋联俄容共一致抗日已"完全失败",当他说明当前首先应当抗日,为抗日必须联俄,要联俄不能不容共时,蒋介石断言:"匪日皆应打。国际叫他(中共)和中央合作,(而)我要他(投)降,反对降(屈从于)俄。因此匪如不(答)应,决不抗日,如(俄)要我容共,决不联俄。"

10月31日,张学良、阎锡山、傅作义、徐永昌等再赴洛阳为蒋介石庆祝五十大寿,行前,黄显声主张以绥远抗战形势紧张,东北军抗日要求强烈为由,要求蒋批准东北军增援绥远,一旦绥远抗战成为事实,则西北剿匪自然停顿。张学良亦赞同此意。不料,到洛阳后,华盖如云,连单独进言的机会也没有,相反倒不能不听蒋介石在军校讲演大骂共产党,蒋甚至威胁说:共产党是当前最大的敌人,谁主张容共,谁就不是人。因此,张学良回陕后告诉叶剑英等:在洛阳实在"不得任何机会提出意见","满腔抗日热忱,无处说也"。[2]

鉴于这种情况,中共中央已经不能不做好长期与蒋介石打下去的准备了。他们一边将蒋介石来西安大谈匪不剿灭决不抗日的情况

---

[1]《徐永昌日记》第3册,第486页;并见《蒋介石日记手稿》,1936年10月28日。
[2] 参见陈力:《叶剑英同志在西安事变前后》,《中共党史资料》第9辑,第179页。

上报共产国际,一边告诉苏联方面:"红军主力一般说来将不得不转向四川、湖北或山西方向寻求发展"。"惟目前还要坚决同蒋介石在现地区作战,但物质方面万分困难,特别是已经分文没有,又不能发票子,张学良那里也没有钱借了。"[1]

据中共中央报告说,中共至此总共已向张学良借款达60万元。但甘北寒冬已至,除黄河以东近6万红军每日所需之大量食粮、弹药和药品的消耗外,仅解决棉衣一项,即需费甚巨。难怪张闻天焦心如焚地再三致电共产国际,声称:"你们多延迟一天,则红军冻死饿毙者就多增加一人,此非革命之福也。"[2]

还在9月20日,共产国际领导人就已经开会讨论了对中共提供财政援助的问题。季米特洛夫为此向联共(布)中央政治局写了专门的报告,请求提供200万卢布的贷款。经过联共(布)中央政治局批准后,10月18日,共产国际就已经致电中共中央表明要从财政上来援助中共了。其电报称:"我们准备向你们提供数目可观的现金,以便你们能够在国内自行购买必需的物品。"11月3日,注意到南京政府的军队与日伪军将要在绥远爆发战争,莫斯科在要求红军改向新疆接运军事物资,并主动将援助物资的吨位提高到1160吨的同时,也制定了专项拨款援助的计划。11月12日,共产国际执委会书记处通过王明和陈云电告中共中央称:"经济上不能按月帮助,决定对你们帮助的总数五十五万美元,第一批送去二十五万。你们大约在十一月底可以在你们指定的上海转款人手中收到。"[3]

但由苏联寄巨款至中国大城市之银行,再转陕甘并送到红军手中远非易事,共产国际虽想尽办法,立即从美国分两批汇款15万美元和5万美元至上海宋庆龄处,并进一步告诉中共中央,仅在目前可以直接用于援助中国红军的款项就在80万美元以上,然而所有这些在时间上都不能满足中共中央所需。

11月底,中共中央仍未收到来自天津和上海接收到共产国际第

---

[1]《中央书记处致王、康、陈电》,1936年11月8日,中心档案495/74/282。
[2]《中央书记处致王、康、陈电》,1936年11月9日,中心档案495/74/282。
[3]《王、陈致中央书记处电》,1936年11月12日,中心档案495/74/282。

一笔汇款的消息，张闻天更是沉不住气了，又去电询问王明等："你们答应十一月底在沪交款，究竟实行了没有？第一次交了多少？是否交给了孙夫人？我们派人于本月十五日由西安乘飞机到沪取款，决不可使落空，八九万人靠此吃饭！"[1] 第一批汇款到达时已经是12月上旬了，第二批汇款1937年2月才到。因此，为解红军燃眉之急，11月下旬中共中央仍不得不又从张学良那里再借10万元以救急。[2] 中共和红军得张学良帮助之大，可想而知。

然而，中共中央很清楚，经济危机可得张学良之帮助，军事危机要指望张学良却是不可能的。随着红军渡河作战失利，军事形势已变得极端险恶。11月8日，毛泽东等正式提出放弃宁夏战役计划，提出新的作战设想。其要点在于：第一步，为解决红军给养困难，将红军分南北两路军，一路由南向东，走镇原、西峰、合水、正宁、宁县、同官、耀县、宜君、洛川、鄜县、韩城、宜川、延长，达黄河东岸；一路由北向东，经灵武、盐池、安边、横山、榆林、瓦窑堡、延川，达黄河东岸。第二步，为扩大政治影响、扩大红军，同时亦为解决西北生存发展困难之问题，以一至两年为期，再度挥师东征，占领同浦铁路，出至冀、豫、鲁之交，准备于可能时出至直、鲁、豫之交，再经皖、豫、鲁之交，鄂、豫、皖之交，鄂、豫、陕之交，尔后转回西北地区。在此期间，西渡黄河之徐向前、陈昌浩部组成西路军，以一年为期，在河西创立根据地，打通新疆，接取援助。[3]

11月13日，中共中央召开政治局会议，进一步讨论红军发展方向问题。毛泽东明确承认打宁夏本来就没有多大把握，现在必须要让蒋军停在西兰大道上，但这只能靠张学良、靠全国形势的变化与顺利解决粮食问题，而这些目前都不能解决。至于与蒋介石达成妥协，更是没有把握，他不签字是不算数的，因此更是等不得。在这

---

[1] 《张闻天致王明、陈云电》，1936年12月5日，中心档案 495/74/282。
[2] 中共中央这时还曾从宋庆龄那里借款5万元以救急。
[3] 《张、毛、周、博、林致朱、张、彭、任、贺五同志电》，1936年11月8日，参见前引《毛泽东年谱》（上），第607页。

种情况下,红军或者向东南,经四川去京汉铁路一带;或者向东,过黄河,逼阎锡山妥协,去河北方向。从反对内战和主张抗日的角度出发,向东过黄河是比较便利的。与会者一致赞同毛泽东的提议,确定下一步"红军行动方向主要是向东"。当天中央书记处电告共产国际称:因宁夏战役被蒋军破坏,"在河东之主力军不得不改变行动方向,现拟第一步从庆阳、镇原、合水南下,占领平凉、泾川、长武、分州、正宁、宁县等战略机动地区,之后或出山西,或出豫鄂,视情况再行决定"。[1]

不过,有一点是应当特别提到的,这就是,在这次会议上,中共中央已经就谈判妥协的底线做出了明确的决定,即:"照广西办法解决,我们是同意的。"毛泽东指出:现在与南京妥协的范围缩小到红军怎样处理的问题,焦点就在这里。最近他们要我们照广西的样子,服从中央,改红军叫国民革命军。这与国防政府、抗日联军表面上是不同的。但是,表面得不到,我们应准备重实际,应该承认他。这在政治上是胜利的。虽然穿件白军衣服,但更便于与白军进行接洽,便于改白为红。这一方针的确定,很显然已经符合了蒋介石前此确定的苏维埃改制、红军改编的解决原则。然而,中共中央并不了解,张子华所带来的条件,这时又被蒋介石给否定了。蒋的新条件正如他对张学良所说,就是要共产党"交枪受编",否则统统消灭。

此时,新一轮国共谈判已经在上海开始。

11月10日,潘汉年与陈立夫在上海沧州饭店正式会面。陈并不理睬潘汉年所提中共关于两党合作条件的说明,直截了当地代表蒋介石提出了南京方面的具体条件,这就是:对立的政权与军队必须取消,目前红军可暂时保留3000人,师长以上领袖一律出洋,半年后召回,按材录用,党的及政府干部可按材适当分配南京政府各机关服务。潘汉年当即质问:"这是蒋先生站在剿共立场上的收编条件,不能说是抗日合作的谈判条件。请问陈先生,当初邓文仪在俄

---

[1]《中共中央书记处致共产国际执委会书记处电》,1936年11月13日,中心档案495/74/282。

活动,曾养甫派人去苏区,所谈的均非收编而是讨论合作,蒋先生为甚目前有如此设想?大概误会了红军已到无能为力的时候,或者受困日本防共协定之提议,(相信)磋商合作条件尚非其时!"陈立夫也承认,以目前条件,双方的谈判恐一时难于成就。但他认为,如果中共方面能够派周恩来出来,或许蒋介石可以同意红军保留的军队数目由3000扩大到10000也未可知。总之,"蒋先生中心意旨,必须先解决军事,其他一切都好办"。据陈诚对他人称,共党目前困难已极,如国军再给一严重打击,则将来妥协条件更低。因此,蒋介石内心的计划大概就是,把红军全部赶过黄河以西去,赶到外蒙去由苏联来解决,否则便设法将红军困在宁夏边境苦捱,自趋灭亡,"那时看共产党还有什么条件可提"?[1]

由于潘汉年已经半个月左右没有得到中共中央新的谈判指示,仍旧按照10月上旬所定《国共两党抗日救国协定草案》中规定的有关条件与陈立夫谈判,因此,当13日中共中央收到潘汉年发回的电报之后,立即通过国民党方面的电台通知潘:

> 南京对红军究能容纳至何限度,望询明电告。彼方条件如使红军无法接受,恩来出去无益。近日蒋先生猛力进攻红军,不能不使红军将领生疑。……据张子华谓,曾养甫先生云:一、党可公开活动;二、政府继续存在;三、参加国会;四、红军改名受蒋指挥,照国民革命军编制与待遇,个别变更红军原有之组织。为一致对外,我们并不坚持过高要求,可(照)曾谈原则协定。[2]

11月17日,潘汉年来到南京,陈立夫已带着中共中央电报前去洛阳请示蒋介石,至19日始回。陈立夫回到南京当天,双方再谈。

---

[1]《潘汉年关于与国民党谈判情况给毛泽东等的报告》,1936年11月12日,《党的文献》,1993年第5期。

[2]《潘汉年关于与国民党谈判情况给中共代表团的报告》,1936年11月21日,《党的文献》,1993年第5期。

陈一上来就说明:"蒋坚持原提各点,无让步可能。"并声称"张子华所述养甫意见,纯属子虚,蒋先生并未对第二人讲到关于谈判的条件,想系张子华一面之辞"。双方至此无法续谈,陈立夫坚持让潘把蒋介石的条件报告陕北中央,并请周恩来出来解决问题。

当日晚,潘汉年用国民党方面的电台再将蒋介石的条件具体发了回去,电称:"蒋先生意见如下:一、红军可编至三千人,允余由宁方编遣。二、师长以上之官佐由宁遣送出洋考察,然后回国按材录用。三、可派员参加国民大会及军政各机关工作,但须先由我方提出适当名次,由彼酌量任用。以上各点能达成,至释放在狱之共党,及以后停止逮捕等,当不成问题。"[1]

国共两党之间的谈判,这时事实上已经走入死胡同了。中共方面的让步可以说已到极限,而蒋介石突然将"改编"变为"收编",使中共再无退路可寻。中共中央12日曾将张子华所带来的条件电告共产国际,提出"为一致对日,早停内战,我们觉得在不变更红军组织和领导的原则下,可以承认彼方要求"。可是,共产国际反倒是坚决反对做如此大的让步,它明确要求中共中央:对目前与蒋介石的谈判不应抱以任何期望。其电报称:

> 陈果(立)夫、曾养甫与我们的谈判是否为国民党特务的一种手腕呢?如果蒋介石仍然坚决反对与共产党建立统一战线,那么陈果(立)夫等实际上有什么办法呢?周恩来去见蒋介石有何意义,而且安全有什么保障呢?我们应当向国民党要求以实际停止其进攻红军的军事行动作为其谈判诚意的第一步的表示。[2]

共产国际的要求毫无疑问距离两党关系这时的实际状况相差太远。在西北大联合计划取消之后,特别是接取苏联援助的宁夏战

---

[1]《潘汉年致朱、毛、张、周电》,1936年11月19日,并见《潘汉年关于与国民党谈判情况给中共代表团的报告》,1936年11月21日。
[2]《共产国际执委会书记处致中央书记处电》,1936年11月20日,中心档案495/74/282。

役失利之后，自身的生存已经受到严重威胁的红军究竟靠什么来要求蒋介石停战呢？在红军主力被国民党几十万大军围困在狭窄而且穷困的甘北地区之后，蒋介石还有什么必要去向共产党表示和平的诚意呢？当然，中共中央也同意共产国际所提出的谈判原则。这一谈判原则还在11月20日共产国际就已经作了明确的规定，这就是：

> 重要的为保存我们的绝对领导、组织系统和军官成份，并且绝不允许国民党干涉红军内部任何事情。在对日武装斗争的条件之下，才可以同意成立统一的指定蒋介石作总司令的总司令部，服从其指挥。且统一只是指在一定的战线上，为完成总的对日作战计划而服从统一的指挥这个意义以内而言的。[1]

但问题在于，目前第一位的是蒋介石根本不想和共产党谈判，除非共产党放弃自己的军队，"交枪受编"。至于保存领导、组织、在一定范围内服从指挥等等，他压根儿连谈都不谈。

面对这种情况，中共中央也不再抱什么希望了。他们不能不怀疑共产国际关于改变"抗日反蒋"的决定是否正确。很明显，如果当初没有共产国际关于改变政策的那个"政治指示"，这个时候西北大联合计划可能已经发动起来了，至少在红军打通国际路线的宁夏战役过程中，东北军可以公开地助一臂之力。甚至，驻守兰州的于学忠部自己就可以直接前往新疆去接运苏联的军事援助物资。如果到那时候，即红军和东北军已经完成公开的大联合计划，并因得到苏联援助而在军事上变得异常强大，阎锡山、傅作义、宋哲元、韩复榘、刘湘、李宗仁等等都趋之若鹜之际，再来与蒋介石谈判合作问题，情况必定与现在大不相同，不愁蒋介石不妥协。而如今的情况却变得如此糟糕。当叶剑英于11月上旬返回陕北保安，带去张之亲笔信件，再度提出国际是否同意西北发动和直接援助的问题时，

---

[1]《共产国际执委会书记处致中央书记处电》，1936年11月20日，中心档案495/74/282。

中共中央干脆不能给予答复了。它固然仍旧建议张学良：最好立即派于学忠"西行办货，且以愈快愈好"，并再度就此电询共产国际。可是，它也知道，不仅苏联方面不会答应给张学良以援助，而且在张学良方面，如果不能公开东北军与红军的结盟关系，东北军也无法前往新疆接运苏联军火。

中共中央这时确实是对否定西北大联合计划的必要性充满了疑问。蒋介石决心消灭红军是内战，红军必欲突破重围转战内地也是内战，何以西北大联合计划就不能实行呢？况且，一旦红军突围而去，一切友军及援助全不存在，孤军鏖战，成败胜负均未定在天，是否一定就对中国革命有利呢？因此，中共中央致电共产国际，再度试探着提出：

甲、蒋下决心消灭苏区与红军，陈立夫告小开，蒋意红军留三千人，余遣散，师长以上出洋，一面令胡、王、毛各军向红军猛攻。

乙、张学良、杨虎城、阎锡山、傅作义均盼望苏联援助与红军联合对日，蒋则极力破坏之。你们对西北独立局面又不赞成，因此红军主力在现地区不利作战时将被迫恐怕得准备分路远出，去支持相当长时期的游击战争。

丙、究竟西北独立局面还有考虑的余地否？西北局面应如何解决？均请探询见告。因蒋军现在已逼近定边、盐池，定、盐一失，我军主力在现地区即难于作战。[1]

与此同时，中共中央致电潘汉年，说明："目前此事无从谈起，恩来事忙，暂难出去"，有关谈判事，"我只能在保全红军全部组织力量、划定抗日防线的基础上与之谈判"。当前最主要的问题只能是从各方面想办法造成停止进攻红军的运动，迫使蒋介石先把"剿共"战争停止下来。"国共十年对立，今求联合，完全是也只能是为了对

---

[1]《洛甫致共产国际执委会书记处电》，1936年11月20日，中心档案495/74/282。

日抗战,挽救中国于危亡地位……彼方之同意谈判,其出发点当亦不能外此。然如皓电所言,殊不见有任何之诚意,无诚意则失去谈判基础,只好停止以待他日。"[1] 很显然,中共中央仍旧希望能够促成与南京的谈判。为此,它必须找到办法真正痛击中央军,才有可能。[2]

此时红军军事上之被动已极其明显。三个方面军,四方面军1.2万人,二方面军1万人,一方面军1.8万人,共计约4万人全部被国民党军压在定边、盐池以北,豫旺堡以东,曲子镇以南的狭小地段,毫无周旋余地。而国民党方面,不仅胡宗南部节节进逼,王以哲部也被迫随胡部前进。只是国民党方面的每一行动均在中共中央的掌握之中,并且张学良也叮嘱部下不要过于冒进,红军暂时尚无严重危险。要想痛击中央军,更是非张学良和东北军密切配合不可。

张学良这时是想帮助红军的。他努力配合红军的一个很典型的事例就是对骑十六团团长的处置。

10月底,红军在毫无防备下突然受到国民党军队的攻击,彭德怀迅速指挥反击,一举围歼了将近两团骑兵,事后方知为东北军何柱国骑兵军骑六师第十六、十七两个团,除十六团团长及少数人等走脱,该两团人马几乎全部被俘。彭德怀事后电告王以哲、刘多荃:"何军长不谅,逼人过甚,上月卅日敝军与骑六师冲突,事出意外,其人马来敝军者,拟令其归回骑六师,原队枪弹因敝部甚为缺乏,拟暂时借用,特此奉告。"张学良得知此事后,一面派车去接回俘虏,一面表示"全不介意",正好以为对外宣传之用。11月8日,彭通知王以哲:已令十六、十七两团人马伪装逃脱,归还建制。然而等12日十六团团长等将部队如数接回后,张学良却以渎职罪将该团长执行枪决,这其中固然还有其他原因,但惩戒之意也很明显。

张学良这时因无法公开与中共和红军的关系,因此在军事配合

---

[1] 参见《毛泽东年谱》(上),第612页。
[2] 中共中央军委这时明示前方各负责人:"目前中心是打破敌之进攻,然后才能开展局面,才有利统一战线。"《中央军委给朱、张、彭、贺、任的指示》,1936年11月15日。

方面已经相当困难。而特别重要的是,由于张已表明希望停战和共的态度,南京行营方面事实上已经常越过代总司令的张学良,直接以西北剿匪总部的名义向西北各路军队下达行动命令,张很大程度上难以确实掌握东北军的作战行动,虽再三叮嘱负责协同胡宗南部北进的王以哲部注意与红军切实保持你退我进的协商关系,却又不能不叮嘱王行动上务必小心听命,避免胡宗南及南京方面抓住破绽。在这种情况下,张学良自然深感为难。故刘鼎屡有报告说:王以哲率6个师北上,意欲与我军接近,张学良对此现特忧虑,恐我前进困难,并一面要求中共谅解,一面再三询问中共中央当"如何布置"。好在王以哲此时每日向彭德怀通报国民党甘北各部行动部署及其前进路线,其虽难以主动配合红军制造战机,但至少也为红军寻找战机、打击胡宗南部提供了较好的情报来源。

自10月下旬以来,红军在甘北节节后撤,千方百计捕捉战机。但将近一个月下来,只有两次较大的作战行动取得了胜利,一次击溃了马鸿宾、白凤翔冒进之一部,"俘获人枪马匹各千余",一次就是打了东北军的骑六师两个团,而这两次最后为了统战关系都将人马放了回去。当然,此举确实发生了积极作用,据王以哲告诉彭德怀:此举已使马鸿宾受到教训,"马鸿宾已倾向我方",不再与红军为难。可是,对于威胁最大的胡宗南,红军一直还没有找到有利的作战机会。且彭德怀认为:"目前战役已成一种正式决战形势,在地形、敌情与物质条件均无绝对胜利的把握",必须"抓紧敌人一切矛盾,为持久的战略方针,疲惫敌人,寻求有利的战役坚决消灭敌人",因此他早就决定"调胡、毛、关、王均北进中宁、中卫及金积南境,王以哲到预望堡以北时,我主力绕出突出之"。[1] 故一路上,虽胡敌跟进较紧,但考虑到胡敌行动谨慎,部队齐头并进,很少孤立前突,加上王以哲几乎与胡并驾齐驱,对红军也有威胁,彭德怀始终没下攻击胡的决心。他特别强调,要想打击胡敌,首先必须做好王以哲的工作,使其主动缓进乃至不进。因王以哲毕竟只是过于

---

[1]《彭德怀致各首长并朱、张、毛、周电》,1936年11月7日。

担心暴露关系,适当劝说总会见效,加上王部始终与之协同前进,并通报胡敌情况,彭事实上并不担心没有作战机会。

11月10日,王以哲通知彭德怀:他奉令率5个师协同胡宗南部向豫旺堡前进,东北军在右翼,胡宗南部在左翼。彭德怀及周恩来11日复电表示欢迎,但说明豫旺堡一带战场适合作战,红军准备在此扼阻胡敌,希望王部暂停前进,以免误会。[1] 王当日复电强调有军令在上,实在不能不进。其电报称:总部原令敝部于15日前进至灵武附近地区,且有违误即以军法论罪之语,但弟深知兄方困难,故一再托辞延宕。但为不使他人猜疑计,又不得不稍行前进。相知在心,弟当尽可能范围内极力延宕并停止。[2]

13日,王以哲通报,胡宗南本日已至同心城,经石峡口、石岗子分途前进。为避人耳目计,东北军将不得不相随同进,准备左路10日进至虎家山,16日进至豫旺堡,右路至15日进陈家堡。此举颇让彭德怀为难,考虑到胡部进速较快,战役准备不及,彭德怀次日复电表示同意,并很快部署了部队撤离豫旺堡的行动,于14日通知王以哲"速即进占"。不过,为便于下一步抓住时机狠打紧随其后的中央军,彭德怀也特别去电告诫王,红军此次并非不打,而是因毛泽东电令"勿使将军左右为难",才被迫停止。惟对胡敌作战在所难免,请兄部务必顾全大局,全力协助,尽量拖延前进。[3]

11月15日,彭德怀已着手具体部署对中央军胡宗南部丁德隆师的伏击战。他在给各部首长的指示中明确提出:"敌胡(宗南)、王(均)、王(以哲)有分三路向东追击可能","豫旺县豫旺堡以东山城堡、环县、毛居井地域人烟稀少,土塞亦多,地图与实地区多不符,极有利于我军作战。我们应在上述区域威胁该敌二三个师"。据此,彭命令少量部队担任诱敌任务,其他各部分别按照指定路线向该地区集中。对此,中共中央亦明确表示赞同,因而指示地方党及其武装给予配合。毛亦特别提醒彭:应设法首先派一部箝制由萌城

---

[1]《彭德怀致王军长电》,1936年11月10日。
[2]《王以哲致彭德怀司令电》,1936年月11月11日。
[3]《彭德怀致王军长电》,1936年11月14日。

推进的敌人,并"速以二方面军有力一部或大部拒止王以哲东进",如此则可集中一军团、十五军团及三十一军首先消灭由西田家原向山城堡推进的胡宗南部丁德隆师。[1]

拒止王以哲部推进,是整个作战的关键之一。故彭德怀除调派一部兵力向王以哲部示威外,特别去电强调:倘使红军受蒋军压迫至甚大不利之时,东北军处于孤立前途将受同样不利,故凡能赞助弟方者,务请委曲求设法。胡军本来轻视他军,兄部缓缓前进,彼亦未必见怪,务祈明察。[2]

由于这时蒋介石督战甚急且严,王以哲这时确实非常担心被胡宗南识破自己与红军的秘密关系,因此,他之所以紧随红军其后,完全是为了掩人耳目。王以哲也深知此举难免惹得红军不满,因此不得不再三说明自己的苦衷,以求彭德怀谅解。到17日,王以哲因再得命令,要其务必于20日进至山城堡、环县一带,并扬言违误即军法拿办。王以哲深感进退两难,不得不再电彭德怀告以不能不进的理由,称:为保存抗日力量,军职均不足惜,但兄我关系未明朗化前,耳目不能不避。即弟部只能缓进,不能不进,是不可能也。弟部于16日全部到豫旺堡,本拟即时前进,兹以兄嘱,特电令缓至19日由该处出发,勉副尊意。[3]

不过,王同时告诉彭德怀,胡部惯不按指定路线行进,其必紧跟红军身后急进,不会因东北军滞后而停止推进。王担心红军与胡军作战很难有获胜可能,因此明确电告:"为保存抗日力量,亦似不必作无谓牺牲。"但此战红军等待已久,王部一下子缓进三天,使胡敌孤军暴露在红军的面前,是非打不可的。况且红军一方面军对国民党中央军也向无张国焘或王以哲那样的畏惧之感。

战机迅速被彭德怀、毛泽东捕捉到了。中央军委当即下令在山城堡一线进行战役准备,对胡敌三路首先集中打击右路由西田家原

---

[1] 《彭德怀致各首长并朱、张、毛、周电》,1936年11月15日;《毛泽东致彭德怀电》,1936年11月17日,《毛泽东军事文集》第1卷,第663页。
[2] 《彭德怀致王以哲军长电》,1936年11月15日。
[3] 《王以哲致彭德怀电》,1936年11月16日。

进向山城堡的丁德隆师,然后再打中路之詹忠言旅。毛并告彭:"王以哲十九日开始从预望堡东进,计程三天可达。但我们必须阻滞之至七天以上",以便红军主力能从容作战。[1]

20日,蒋介石下令胡宗南迅速向定边、盐边推进,以丁德隆、周祥初两师侧后掩护,更为红军提供了作战条件。毛泽东于是再电彭德怀称:蒋介石令胡军向定盐急进,丁师不得不走山城堡、青岗峡之线到定边,如此最便于集中全力放手作战。消灭了丁德隆,则对全局大为有利。彭德怀也注意到这千载一时之机,当即通知王以哲,要其务必率部在李家悬岩、马家大山一线及其以西地区盘桓数日,以利红军作战。结果,不出所料,丁德隆师当日即突向山城堡,立即遭到红军将近两个军的打击,突前的廖旅首先中伏被歼,增援之第二旅亦被红军阻击部队击溃,丁师迅速全线败退萌城一带。此战开创了红军首次痛歼胡宗南一个旅的战绩,无疑极大地振奋了红军各部的士气,也挫了胡宗南的锐气。中共中央顿时感到压力骤减,相信再打一大仗应该可以基本稳定战局,暂时停止对胡敌的进攻了。

对于红军的胜利,张学良也相当满意,当即发来贺电。不过,在张看来,对胡宗南也不宜一味硬打,而应施以政治攻势。故他电报中强调:"对胡军勿结仇敌,应尽力争取一切政治工作,曾施之于何柱国及东北军之被俘者,合应施之于胡军。"如果胡宗南能够接受中共统战影响,中共何乐而不为。问题是要做胡宗南等国民党中央军将领的工作,在军事优劣如此巨大的情况下,几乎难以想象。周恩来、徐向前等已多次去信联络感情并说明主张,毫无作用。[2] 红军派代表前往胡军,更是屡屡被拒。因此,毛泽东非常清楚,对中央军的策略只能是先打后和,非消灭其一两个师不能使其重视红军。当然,毛并非不同意张的看法,他复电称:"对胡宗南正用一切方法争取之,彼不再进决不打他,仅在彼向盐池进攻时准备消灭其一二个师,但打后仍进行统一战线政策。"

坦率地说,红军这时虽然仅仅打掉了胡宗南的一个旅,不能根

---

[1]《毛泽东致彭德怀电》,1936年11月17日,《毛泽东军事文集》第1卷,第663页。
[2] 徐向前信实为毛泽东拟稿,见《毛泽东文集》第1卷,第451—452页。

本改变当前的困难局面。不过,这一仗对其军事上和政治上的危机,仍旧起了意想不到的重大缓解作用。胡宗南吃惊地电告王以哲跟在红军后面要"小心"行事,据报,蒋介石也"万分焦虑"。刚一得到中央军受挫的消息,蒋就急电胡宗南,要其将"丁师损伤实情速直接实报,但对其他各处不必详报或报并未损失亦可",生恐会动摇进剿军之军心。[1] 他严令胡宗南马上"鼓励士气,集中实力,勿使因此颓丧。丁师当留驻适当地点整理补充,其余部队前进时应集结一气,行进时对于左右两翼之搜索正面愈广愈安"。与此同时,蒋要求胡注意:"下午三时以后不准行军,必须于三时前集中宿营地内,一面构筑抵抗线工事严防夜袭";"各部队就地深夜筑工(事),严防匪来夜袭反攻。以后无论宿营追击,凡到达一地,非先筑成防御阵地不得休息"。"各师旅团指挥部必须在部队阵地中间,且要严密搜索,恐民房内住民通匪,切不可在后方被匪袭击";"前进行军时对近匪侧之侧卫兵力应特加强,时时准备临时应战,阵地免被匪意外之侧袭";"应令各部就地构筑阵地时时加强,无论如何勿得撤退,否则杀其主管"。[2]

终于,山城堡一战的效果开始在国共谈判问题上显现出来了。12月初,陈立夫再次紧急电召在上海的潘汉年去南京谈判。在9日的谈判中,陈立夫明确告潘,蒋先生已做出重要让步,不再坚持一定要收编和师长以上干部出洋半年,回国按材录用等,同意接受红军改编,只是人数要限制在3万以内。但中共中央此时已向潘通报了山城堡战役胜利的消息,并明令"我只在保全红军全部组织力量,划定抗日防线的基础上与之谈判"[3],故对蒋介石刻意削减红军一

---

[1] 据报,丁德隆师此战损失如下:"(1)四八三团官十五,兵四八六,步枪一一五,刺刀二五四,轻机关枪廿一,重机关枪五。(2)四六四团官十八,兵三九零,步枪一六八,刺刀二三九,轻机关枪十四,重机关枪二。(3)四六八团官四六,兵二六六,步枪一三九,刺刀一九七,轻机关枪十一,重机关枪三。(4)四六七团无损失。"《胡宗南致蒋委员长电》,1936年11月27日,台北"国史馆"藏蒋中正档案,特交档案251293。
[2]《蒋介石致胡宗南电》,1936年11月22—23日,台北"国史馆"藏蒋中正档案,特交档案251221。
[3]《毛泽东、张闻天致潘汉年电》,1936年11月22日。

半以上人数的作法潘汉年当然不能接受。不仅如此,由于军事上的胜利,中共中央10日得知谈判情况后,也明确地表示支持潘汉年的态度。毛泽东、周恩来并且进一步宣言:为达保存全部红军之目的,"我们愿以战争求和平,绝对不做无原则让步"[1]。

很显然,由于国共双方的战争局势出现了某些重要的变化,红军重新有了挫败国民党中央军进攻的可能,事情的发展较前又有了不同程度的微妙变化。

---

[1]《毛、周致李毅电》,1936年12月10日,参见《毛泽东年谱》(上),第619—620页。

第四章 『一二・一二革命』

一、山雨欲来

红军打通国际路线、接取苏联援助的失败,不仅使红军陷入严重困境,而且也使张学良进退维谷,左右为难。

不管当时南京方面对于东北军内部官兵关系有多少流言,张学良对部下始终是倍加爱护的,特别是对大批背井离乡追随他入关,并且忠心耿耿、抛头洒血的干部,张自然更是特别倚重。他后来回忆,在"剿共"战争中他的一个营长负了重伤,得不到抚恤,回不了家乡,就曾使他深受刺激。[1] 可是在这时,他竟不得不亲自下令枪毙了骑六师十六团的团长。同样,由于南京行营催逼甚严,与红军关系最为密切的王以哲部竟也不得不节节推进,从而使本来就极端困难的红军更形被动,以致中共领导人曾明确批评"王(以哲)刘(多荃)不识大体",还曾被迫决定于不得已时以武力拒阻之。双方部队自11月下旬以后屡次发生接触,并有所伤亡。对于此种严重情况,虽经中共中央屡次向张学良说明,但张却明确表示"毫不介意",相信如此更便于掩护双方关系。对自己的部下怀有深厚感情的张学良竟让部下白白做出牺牲,若非自身处境极端困难,实难想象。

要知道张学良为什么这么做,看看张学良在下令枪毙骑十六团团长之后向刘鼎所作的解释,或可猜得一二。那是在11月17日,

---

[1]《张学良忆谈东北军二三事》,1991年5月4日,见《张学良文集》第2册,第1185页。

即在张学良下令枪毙十六团团长的第三天，刘鼎向中共中央报告了张学良对此事的解释，据称：十六团团长被枪决，很多人非常惊奇，但据张学良私下告之，此一决定实因该团长暴露秘密颇著，无可掩饰，不得已而杀之。

前已述及，何柱国部在张学良各军中与红军的关系最不融洽，双方不仅没有直接联系，而且何部完全遵命而行，毫无商量余地。特别是由于何部长期驻扎甘北地区，张学良也未曾向其透露过双方的秘密关系，故何几乎不了解东北军与红军关系的实际状况，仍把红军当敌军对待。因此，当王以哲、刘多荃等部从陕北调来之后，骑兵军各部才渐知王、刘等部与红军暗通关节。尤其是十六团曾受命前去接引被围困在李旺堡的马鸿逵部，后又受命主动退出李旺堡给红军驻扎，其团长对此更渐知其详。此次十六团出击兵败致全团被俘，最终虽因红军宽大而人马尽归，该团长内心却颇不平衡，回来后四处张扬王以哲部与红军的关系，以致"暴露秘密颇著"，令张学良"无可掩饰"，遂招来杀身之祸。但封一人口易，封众人口难。被释放回去的十六、十七团中许多人事实上已经对此有所了解，不免议论纷纷。而且，胡宗南这时也通过缴获的中共文件，发现红军熟悉东北军内部情况"太快太深"，怀疑东北军内部上层有人暗通红军，为此也专门告诫张学良严加注意，这同样让张学良倍感紧张与担心。故刘鼎进而报告说，此次回来的许多俘虏都亲眼见到某团副在与红军进行接洽，并公开传说，这件事让张学良及其知情将领颇难应付，而胡宗南缴获的文件更让他们感到不安。因此他们明确提议，今后不仅双方联络要特别小心，各种文件要格外谨慎，而且俘虏一般也不要再放回来，一切总以注意不暴露双方关系为原则。

为了不暴露双方关系，双方这时在军事方面的配合显然也大不如前。11月中旬以前，红军在甘北的回旋余地还略大一些，因此中共虽对王以哲部跟进过近常常抱以怨言，仍尽量配合。到了11月下旬，红军已退至环县、曲子、洪德城、盐池、定边一线，被挤入甘北死角，西有胡宗南，东有汤恩伯，盐池、定边一失即再不能在甘北立足，必须开始实施南进计划，向国民党军队身后插进，重演一年前之长征。但这时红军本身尚未做好进行新的长征的准备，特别是刚刚经过长征来到甘北的红军二、四方面军尚未从极度疲劳中恢复过来。考虑到这种情况，中共中央明确决定要保持定、盐在红军手中一两个月的时间，以便长途跋涉的二、四方面军能够得到休整与恢复。意想不到的是，胡宗南部受到打击已向后退却，王以哲部却仍旧得到"剿总"命令要继续推进。11月下旬两军出现某些军事接触和伤亡事件，其原因也在于此。

11月22日，王以哲再度通知彭德怀，称现奉令必须于24日中午以前推进至环县及山城堡一线，上峰严催谴责备至，实在无借口可推延，务请通知二、四方面军所部火速撤退，以免误会。23日，王以哲连得"剿总"电令和飞机空投指令，故再电彭德怀：

（甲）弟部无日不奉飞机投令并电令严催，今日更甚。

（乙）弟部由预旺堡至环县、山城堡、洪德城做三日行程，兹意延六七日，实在无法再缓。

（丙）张先生意如过于延缓，于各方也似不便，总以于协同之中间能不露痕迹为当。

（丁）基上数点，弟部定于有日午进至洪德城、环县。

（戊）弟进兄让，兄已言之，务请兄克践诺言，并向朱、张、肖、贺诸同志解说，勿生误会，是为至盼。[1]

这时，曲子镇、木钵、环县之线驻有红军大学近4000人，一时"无地可移，无粮可就"，而红军主力为保定边、盐池不失，尽量休整部队，推延实施南进计划，也必须确保此线在自己的控制之下。因此，彭德怀、周恩来乃至毛泽东再三电告王以哲、张学良，恳求他们"本友军之谊，成全弟方之战略方针"。对此，张学良虽答应尽

---

[1]《王以哲致彭德怀司令电》，1936年11月23日。

量拖延，但亦明告时间长则不可能。作为下属的王以哲更是表示困难，反复解释说：环县、洪德城乃上峰命令指定到达地，无论如何也必须到达。并以事实关系，此线红军也无法长期坚持，故弟谅兄也不致始终不让，所差者不过时间问题。与其迟让数日，让弟过于为难，不如早让弟部到达此地。现张先生仍坚持认为弟部以到达指定地点为宜，此中实不无意义也。良以胡部既退，而弟部一切补给又均充足，机关备齐，弟如仍不前进，实难掩人耳目。一句话，这件事其实并非王以哲所使然，背后指挥者乃张学良矣。

张学良这时既要暗中配合中共，又要在蒋严令下不露痕迹，做起来也确实困难多多。仅以此次蒋要求张学良督令王以哲务必于25日前占领山城堡一事为例。蒋23日向张下令，张25日复令遵办。[1] 然后便不得不照样每日向王部发令，督其推进。至于能否在蒋限令之日达成目的，则尽可能避而不提，只要能逐日将真真假假的战况进展报告上去即告了事。

如26日张报称："王军刘吴两师养日占领郭家大湾南北之线，与匪约两千激战中。檀师养（22）辰占领杨家岔，正向山城堡攻击前进。郭张两师马未进占苏家台王家原之线，正向毛居井东北地区推进中。"[2]

27日报称："有（26）日我王以哲军已推进张家中沟（鹿德城西）余家湾胡家湾（环县西南）之线，匪大部由洪德城向河莲湾西南运动，似有与我抗战之企图。"[3]

28日报称："曲子附近为伪二十九军萧劲光部及伪独立师千余人，感（28）日被沈师击溃，我已占领曲子镇春公庄一带，匪向东

---

[1] 蒋介石这时严令张学良严督王以哲军"廿五日以前占领山城堡，止残匪嚣张之气"。《蒋介石致长安张代总司令电》，1936年11月23日；《张学良致洛阳蒋委员长电》，1936年11月25日，台北"国史馆"藏蒋中正档案，特交档案251243。
[2] 《张学良致洛阳蒋委员长并分送南京何部长电》，1936年11月26日，台北"国史馆"藏蒋中正档案，特交档案25032688。
[3] 《张学良致洛阳蒋委员长并分送南京何部长电》，1936年11月27日，台北"国史馆"藏蒋中正档案，特交档案25032685。

窜。王军已迫近环县二十里铺。……据报环县匪万人有（25）日分两股，一股由河莲湾经黑城岔东窜，一股由木钵东窜。""感（28）午飞机报告，山城堡青岗峡甚家畔石专沟之线烟火冲天，似有大股藏匿山城堡。"[1]

这样一直拖到30日，曲子镇、环县、山城堡一线仍未占领，算是帮了红军的大忙，也实在是难为了被反复督令推进的王以哲等人。

不难了解，毛泽东等这时批评"王刘不识大体"，其实是冤枉了王以哲、刘多荃。在他们背后起作用的实际上还是张学良。所谓剿总的命令，不管来自何方，说来说去还不是张学良领导下"剿总"的命令？而张学良也并无良法可寻，只能照转蒋令并假意严督。一切的一切，说到底都是为了"掩人耳目"、"不露迹象"。此中用心之苦，颇可想见。张这时有电给毛泽东、周恩来诉其苦称："延缓前进，弟费九牛二虎之力。在现局势下永不进展，实难办到，谅诸同志可谅我也"，故要"请内中早决大计"才行。

为了达到某种重要的政治军事目的，比如像当初准备发动西北大联合计划，刻意"掩人耳目"、"不露迹象"而做出某种牺牲，无论从任何角度出发，均无可厚非。问题是，张学良这时想干什么？他是在为了他那个"要干就彻底干"的西安事变做最后的准备吗？张学良后来一再解释说，他这个人是想起就做，"要干就干"，做事从不加考虑[2]，事实上这话多少说得过头了些。

说张学良是那种不干就不干，要干就彻底干的人，多半是对的。张学良4月上旬尚未下决心实行反蒋，半个月之后即决定准备着与蒋介石撕破脸打一架，拉上东北军与红军一同联俄抗日反蒋，组织独立的西北国防政府，扬言"要干就彻底干"，可见其性情之直率鲁莽。但这并不等于说，张学良是自己所说的那样，毫无城府，做事完全不加考虑，兴致所起想干就干的人。张之所以从一开始就提出

---

[1]《张学良致洛阳蒋委员长并分送南京何部长电》，1936年11月28日，台北"国史馆"藏蒋中正档案，特交档案25032683。
[2] 转见《张学良文集》第2册，第1176、1179页。

"目下还要装得老实些","捧大老板登峰造极","牵延到十一月就起变化"。[1] 无疑是一种"考虑",而且还多少有点儿像是那种"深思熟虑"。此后,张学良一面公开表示拥护蒋介石,一面秘密联络中共与苏联,准备在西北发动反蒋,自然也并不是毫无心计的表现。如今在西北发动计划基本取消,打通国际路线失利,红军面临严重危机之际,为隐蔽自己与红军的关系,千方百计制造假象,也不能说完全不是其"三思而后行"的结果。而最重要的是,我们已经清楚地看到,尽管张学良早已下了反蒋的决心,开始了反蒋的准备,但他在实际进行反蒋发动的问题上,始终表现得犹豫不决。用刘鼎的话来形容,就是"半推半就","又恋新又舍不得旧"。[2] 因此,在中共突然单方面改行联蒋策略之后,张不仅毫无怨言,而且反而有一种如释重负的感觉,还自告奋勇地要承担起劝蒋和共的使命。当然,真到要劝蒋和共时,张学良又会犹豫不决,以致舌头还是有点儿打短儿,先要反复表示自己对蒋拥护服从之诚意,说到关键处也不敢过于直截了当,至于联合共产党的要求更是一句没敢提。这一方面是惧于蒋的权力与势力,另一方面也是受传统的正统思想的影响。很显然,既然在张学良下决心参加反蒋运动的时候其内心都有相当顾虑,到了这个时候他更不可能变得毫无顾忌了。至少在 11 月间,他所以极力"掩人耳目"、"不露迹象",充其量只是为了不使蒋对自己与共产党的关系起疑心而已,其中恐怕丝毫不包含有准备在西安发动事变的意思。

从目前所有的资料看,发动西安事变的最初提议无疑是张学良自己在 1936 年 4 月底对刘鼎谈话中提出来的。但张学良当时所考虑的事变是一种什么形式,并无明确的说明。其具体提到反蒋的方式,仅仅表述为"预备着硬干,预备着和大老板打一架","我要干就彻底干"。这里的"硬干"、"彻底干"、"打一架",多半是政变的意思,就是要公开结盟红军,与蒋分裂和准备着与南京进行公开的军事对

---

[1]《刘鼎致李克农信》,1936 年 4 月 27 日。
[2]《刘鼎致李克农信》,1936 年 5 月 2 日。

抗。具体怎么实现这个分裂与对抗，张似乎没有提到过。或者可以认为，在那个时候，张学良还没有后来在西安扣蒋的想法。[1]

具体提到用后来西安事变的方式来发动事变，即采取扣押蒋介石的方式来发动事变的问题，最早是在1936年10月底，即张学良等在西安和洛阳劝蒋和共失败之后。关于这一情况，张后来在其《西安事变忏悔录》中曾有过这样的记述：

> 关于停止剿匪，团结抗日，杨（虎城）深表同情。力促以向蒋公进言，以期早日实现，节省双方消耗。迨至良从洛阳返来，心情十分懊丧，对杨谈及蒋公难以容纳余等之意见，该时良对蒋公发有怨言，并问计于杨，彼有何高策，可以停止内战，敦促蒋公领导实行抗日之目的。杨反问良，是否真有抗日决心？良誓志以对，杨遂言待蒋公来西安，余等可行挟天子以令诸侯之故事。良闻之愕然，沉默未语，彼露有惧色，良即抚慰之曰："余非卖友求荣之辈，请勿担心！不过汝之策，在余有不能之者。"[2]

按照张学良的这个说法，最早提出在西安通过扣蒋来发动事变的主意的，并不是张学良自己，而是杨虎城。这看起来可能是属实的。因为有关这一点，目前也可以通过当时留下的文献得到某种程度的证实。只不过，时间要比张学良回忆中所说的还要早几天，即是在蒋来西安之际，而不是在张学良从洛阳回来以后。

---

[1] 栗又文1982年7月13日致史永信（存全国政协）中曾提到是张学良首先想到"捉蒋"的政变方式的。据栗又文说，在8月间，栗又文去新疆之前，曾问张学良："蒋介石不赞成抗日怎么办？"张说："我可以劝。"栗说："你劝他不听呢？"张说："可以再劝。"栗说："他还不听呢？"张一拍大腿说："除非他不到我部队中来！"照栗又文的这一说法，即是说张学良早在8月间已经想到再三劝蒋抗日不听的话，他就要乘蒋来西安之际把蒋捉起来。但这种回忆颇难准确。并且此说有一点明显的错误，即8月间张学良尚处于积极准备实施"抗日反蒋"的西北大联合计划过程中，说他当时已转而主张劝蒋抗日，颇不可能。因此，这段回忆的真实性值得怀疑。转见张魁堂：《张学良传》，第194页。
[2] 张学良：《西安事变忏悔录》，《张学良文集》第2册，第1200—1201页。

蒋介石来西安的时间是 10 月 22 日，走的时间是 29 日。其间由张学良等陪同在华山住了几天。在蒋介石离开西安的当天，正在西安的叶剑英和刘鼎曾有电报报告张学良劝蒋和共结果及西安各方对蒋此行的看法。电报称：

> 蒋张会谈结果亟恶。蒋表示匪不剿完，决不抗日，谁以红军打（劝）他，他不准谁剿匪。此路已绝，张将无能作为。……此间人士对蒋之张主（主张）大为不满，正酝酿反对言论。……杨于也毅（也于谒）蒋时为提停止剿匪事碰钉子，及（至）今沉闷，有主驻蒋说。[1]

在这封电报里，错发错译之字较多，但主要内容还是比较清楚的。其中最为引人注目的，就是说明杨虎城见蒋后有所不满，"有主驻蒋说"一句。"驻"是停、留的意思，本身虽无主动成分，但用在役使结构上，很容易看出他有某种强迫的意味。故有的学者干脆直接把这里的所谓"驻蒋"理解为"捉蒋"，大致应该也是说得通的。[2] 从这里或者可证实张学良上面的说法，即是说，确是杨虎城在劝蒋停止"剿共"受挫后提出，干脆把蒋捉起来算了。

杨虎城与红军的关系，至少在中共中央看来，始终有些若即若离的味道。由于在长达将近一年的时间里双方几经接触，秘密协定也成就了几个，具体落实的其实只有停战与交通两项，而交通还不

---

[1] 这里"杨于也毅蒋时为提停止剿匪事碰钉子"一句中的错字，可以有两种理解。一种可将"杨于"理解为两个人，结果此句可整理为"杨（虎城）、于（学忠）也因谒蒋时为提停止剿匪事碰钉子"；一种则将"于"字理解为是发报人当时误将其后面的"也"字错误颠倒所致，并非指人，如此可照笔者注明者，整理为"杨也于谒蒋时为提停止剿匪事碰钉子"。笔者如此判断，是因为考虑到以下两点，其一，杨、于虽均见蒋，但于学忠为东北军将领，其对张学良之意图也不甚明了，很难想象于会与杨一同劝蒋停止"剿共"，更不要说提出"驻蒋说"；其二，就电文本身来看，此句中并无漏字情况，但如将"于"理解为人，则句中明显地还缺一个"于"字或"因"字。《叶、刘致中央电》，1936 年 10 月 29 日。

[2] 见张学良问题研究专家毕万闻先生 1994 年 2 月 25 日给笔者信所附叶、刘电复印件上之旁注。

能运货，只能过人。再加上杨虎城坚持不与中共发生直接关系，其态度又闪倏不定，时好时差，因此，无论是就当初的西北发动而言，还是就红军的主要统战对象而言，中共中央几乎从来没有把杨虎城及其十七路军放在突出的地位。即使在杨虎城9月上旬与中共正式达成秘密协定之后，这种情况也没有改变。因为此协定的范围仅限于交通、联络、通商、情报等几个具体问题，且在实际操作方面双方关系与前并无明显变化。虽然，在9月上旬的谈判过程中，杨虎城自己曾主动提出在西北发动反蒋的军事行动，召集红军、东北军、十七路军三方会议，共同组织抗日政治核心组织。但中共中央的代表张文彬当时就怀疑杨的勇气，中共中央此后也因反蒋策略的放弃而未就杨的建议作出任何具体答复。因此，杨此时的这种态度，显然颇让中共方面感到意外。叶剑英、刘鼎随后特别就杨虎城态度的突然激进向中央报告说：西安空气大有变动，因为张之态度逐渐改变，前此所谓落后分子已大有变动。[1]

这里所说的"前此所谓落后分子"，指的自然是杨虎城。所谓"大有变动"，无疑与前面提到的杨虎城的"驻蒋说"有关。值得注意的是，杨虎城9月上旬与中共代表谈判时，一方面提议红军、东北军、十七路军联合反蒋，一方面又曾对中共过分倚重张学良及其东北军表示某种担心，怀疑其革命的可靠程度。而这时，他却不是首先与中共代表就此进行秘密接触，妥商对策，反倒是一反其向来的谨小慎微的作风，在张学良及其东北军少数高层军官的圈子里，不止一次地表示对蒋严重不满的情绪，鼓动张学良等发动事变。这反映出，杨虎城此时对蒋的政策已经到了忍无可忍的地步。

要具体说明杨虎城此时急于对蒋采取行动的内在原因，不是一件很容易的事情。除了此时他同样强烈反感蒋介石的"安内攘外"政策以外，杨虎城极度担心蒋介石中央军进占西安，并对他不利，

---

[1] 实际上叶、刘二人关于西安空气大变的情况曾两度有过报告，一次是在11月1日，一次是3日。前一次电文关于张所主张的内容似乎说得更明确些，可惜这次的电文几乎完全译不出来，有关张的前半句只剩下了"西北空气大有武，因为张主图……"等12个字。张主张或张意图做什么，均未译出。

是肯定无疑的。还在9月上旬,广西问题尚未完全解决之际,杨虎城就已经"甚觉形势急迫",担心蒋介石会在两广事变解决后,转而对西北采取行动,不仅对自己而且对张学良不利。及至两广事变彻底平息,杨干脆一度以治病为名远离陕西静观形势发展,因蒋介石来西安才不得不急忙赶回拜谒,结果进一步证明"蒋对他亟冷淡",这更加加重他对蒋介石意图之怀疑与对十七路军前途的焦虑。杨虎城问题的关键与张学良一样,也是不想与红军作战,但杨与张不同之处则在于,张学良东北军原本就是外省人,究竟是在陕西还是在其他的地方,对他们并不十分要紧。何况东北军势力庞大,要一下子拆散它远不那么容易。与此相反,作为陕西地方的中心势力,保持自己在陕西的中心地位和对西安及其周围主要地区的实际控制,对杨虎城意义重大。而杨的部队又屡被蒋介石破坏,所剩无几,更是最后的一点本钱了。因此,杨虎城不能不对蒋介石在解决两广事变之后,把手进一步伸到陕西来高度敏感。当蒋介石借"剿共"之机,先后把势力伸入到云贵川康之后,杨虎城深知陕西之不保也已经是迫在眉睫了。蒋介石恰恰又进一步分化其部队,且陆续调集大军前来西北,这再明显不过地反映出,蒋不仅要控制包括西安在内的陇海铁路和西兰大道及其沿线各战略要点,而且还要夺取整个陕西的实际控制权。如此一来,不仅杨部赖以生存发展的地盘会失去,杨虎城一手创建起来的最后一部分十七路军也将落入蒋介石的手中。这在很大程度上可以解释杨虎城为什么在这个时候表现得如此不同寻常,态度又如此激烈。

那么,张学良这时对杨虎城的提议作何反应呢?

没有人了解张、杨当时具体谈了些什么,问题是,事情绝不会像张学良后来所说的那样简单。即所谓杨虎城冒冒失失地就提出了要把蒋介石扣起来的建议,而张学良对此全不以为然,"闻之愕然,沉默未语",好像是压根儿不赞成。试想,如果张学良此时对蒋没有较为激烈的表示,依着久于世故的杨虎城那一向极端小心谨慎的个性和对张学良可靠性的颇多顾虑,他如何会毫无顾忌地提出这般激烈的建议。其实,叶剑英、刘鼎上述电报说得清楚,这时无论是西安的空气也好,还是杨虎城的态度变化也好,一切的一切,都是"因为张之态度逐渐改变"而引起,并非空穴来风。也就是说,正是因为张学良此时对蒋之态度已全然不像前此之犹豫不决,并常有较为激烈的表示,杨虎城才敢于当其面提出所谓"驻蒋"之议。从张学良将杨虎城之提议告诉叶剑英与刘鼎,而未加任何评论看,说张当场"闻之愕然,沉默未语",进而明确拒绝,声称"在余有不能之者"云云,恐怕未必完全属实。[1]

据刘鼎报称:10月下旬当面劝蒋和共不成后,张的态度一直就很激昂。11月12日夜,他更召集同志会大会,宣布政见,声言他的主张是:一、抗日;二、联合各党派。虽然,他同时在会上规诫下属:目前切勿公开与中央挑战,但从他敢于在东北军抗日同志会的大会上宣布其政治主张的情况看,可以肯定他这时确已态度大变,且渐趋激进,这不可避免地会使本来就较为激烈的东北军少壮军官们言词更为冲动。由此不难看出,进入11月以后张学良及其周围亲信军官正在向哪个方向发展。

抗日同志会是张学良自己为建立东北军内部领导核心,实现其深刻改造东北军而组织起来的一个秘密的政治组织,人数不多,主席即张学良。以下应德田、孙铭九、苗剑秋等基本上都是思想激进,并深受张学良信赖的少壮派军官。这些军官年轻气盛,血气方刚,一心想回东北,早就不满蒋介石用"安内攘外"的办法分化、兼并,甚至消灭地方势力,因此,他们对张学良过去逆来顺受的妥协态度常常直言批评,毫不客气。蒋介石在西安王曲军官训练团训话时充满威胁的言论,更是极大地刺激了这些少壮军官,其情绪及其主张变得更加激烈。[2] 这种激烈态度中,毫无疑问地包含有要对蒋采取激烈行动的意见。张学良专门召集同志会大会,宣布自己的政治主张,也是要向亲信表明自己的决心,求得同志谅解的一种表示。当然,他同时也是想要以此来劝告同志,切勿公开显示与南京对抗的

---

[1] 张学良:《西安事变忏悔录》。
[2] 蒋日记中亦约略提到他在王曲军官训练团训话时感受到东北军军官反感情绪和桀骜不驯的情形。见《蒋介石日记手稿》,1936年10月31日,本周反省录。

情绪，以免落人把柄，影响大局。但所谓"勿公开与南京挑战"，自然只具有策略意义，它不否认其联共抗日目的达不到时，有秘密准备反抗南京之必要，否则他也就断难安抚这些他所信赖和依靠的少壮派了。

11月5日，叶剑英离开西安返回陕北保安，张学良曾有亲笔函件转致中共中央，其中不仅询问中共下一步行动计划，而且特别对中共接取苏联援助的情况，以及苏联对援助西北抗日军队的态度表示关切。此中含意如何也许不难了解，看起来张学良鉴于劝蒋无效，杨虎城乃至同志会中人又一致主张激烈，他已经不能不考虑向蒋介石做最后之抗争了。问题是，万一自己与蒋翻脸，苏联能否给予他所需要的援助？

对于张学良的来信，毛泽东等直到11月中旬才看到。16日，毛泽东、周恩来答复张学良称，他们对张的想法极为理解，但此时红军西路军要跨越甘肃河西走廊，接取苏联从新疆给予的援助，存在相当困难，故如前所述，毛泽东等人的意见是，如果可能，最好是张学良派驻守兰州、靠近甘西的于学忠部就近协助红军西路军前往新疆"办货"，并且愈快愈好。

应当注意的是，在此之前，即在红军实行宁夏战役前后，中共中央曾不止一次地提议让于学忠部就近向新疆方向接取苏联援助，均为张学良婉拒。这一次的情况就完全不同了，张学良没有再表示异议，相反，他告诉中共中央，他只是认为目前苏联方面提供的援助还不能令人满意。同时，他更关心苏联对他的态度究竟怎样。

苏联这时准备的货单具体内容怎样，严格地说，不仅张学良不知道，就是中共中央也不清楚。在确定从定远营方向援助红军的时候，即10月中旬，苏联方面准备的军事装备和弹药等，只有550吨至600吨左右。而后因改由新疆哈密方向进行援助，即11月初的时候，这些物资的总重量增加到了1000吨左右。不过，1000吨武器弹药对于当时还有大约七八万人的红军来说，也许是一个很有吸引力的数字，但对于拥有十几万军队，而且还需要考虑西北其他军事武装需求的张学良来说，这个数字就差得多了。何况，共产国际来电明确说，里面并没有中共中央所希望的飞机大炮。[1] 张学良对此当然不能满意。他希望的是更大规模的援助，特别是火炮和飞机。张学良原来有炮兵部队，其大部已被蒋介石弄了去，要想同南京对抗，特别是抗日，非有新的较强大的炮兵，甚至空军不可。看起来，张学良确实将希望寄托于苏联。换言之，如果来自苏联的武器援助的数量和质量能够满足张学良的需要的话，很难说张学良不打算为此而冒险。

张学良对苏联援助数量不够满意这件事本身，毫无疑问妨碍他下决心向蒋挑战。至少，在整个 11 月里，张学良还没有考虑好究竟应当走哪一步。11 月中旬，当毛泽东询问张学良有无对策对付蒋介石的进攻时，张学良提出的方法仍旧是纯粹防御性的，丝毫不包含进攻的成分。他这时对红军下一步的行动方向问题确实进行过反复思考，据他告诉刘鼎说：对蒋介石破坏红军宁夏战役计划，他尚无好的办法。他考虑到的出路有三：第一为出神木，第二为直趋绥远，第三为经徐海东老路线再兜圈子回陕北。三策中，直趋抗日前线为上策，暂保实力为中策，步步退让为下策。但他又叮嘱刘鼎不要以此正式电告中共中央，因为他还不认为这些办法是成熟的，他要再思索云云。[2]

张学良的答复表明，他这时还没有与蒋翻脸的计划。他也清楚红军处境困难，并且不满意红军目前节节抵抗、边战边退的战法，认为这是下策，但他也并没有想出积极的根本解决问题的办法。

张学良这时所能提出的红军解除目前困境的最好方法，是出兵绥远，直趋抗日前线，打出抗日旗帜，使蒋打无借口，以此来造成抗日局面。可是，张学良自己明白，这样做同样也有问题，因为事实上这时绥远的傅作义部不可能欢迎红军到那里去，特别是那里正处在与伪蒙武装尖锐对抗的形势之下。红军如冒险入绥，反而有可能被认为是威胁抗日军队，从而破坏绥远抗战局面，将内战引入

---

[1]《共产国际执委会书记处致泽东、洛甫、恩来、博古同志电》，1936 年 10 月 18 日；《共产国际执委会书记处致中央书记处电》，1936 年 11 月 3 日，中心档案 495/74/282。
[2]《刘鼎致中央电》，1936 年 11 月 29 日。

绥远。

更何况，即使红军如数开上绥远去抗战，依其目前的军事装备及兵力情况，挑战背靠日本关东军的伪蒙武装，结果如何也不难想象。基于1933年冯玉祥在察绥组织抗日同盟军揭旗抗日，最后受到南京政府和日本关东军两面夹击的情况亦可知，南京政府并不会因为红军真的开上了绥远前线就会谅解与合作，到时候不仅全国抗战局面不能出现，红军反而会更容易被消灭掉。对此，张学良未必看不出来，这也是为什么他会叮嘱刘鼎不要将他的话当成是他的正式意见告诉中共中央的原因吧。

没有办法不等于麻烦就没有了。因此，反过来，张学良更希望中共中央能够想出解决问题的办法来。因为，如前所述，红军和东北军这时的关系状况已经处在极其尴尬和困难的境地，电报协商终不免会弄出大问题来，因此，他明白要求中共中央要"早决大计"，以根本解决问题。[1]

张学良这时的处境无疑极端困难。一方面必须尽可能满足红军的需要，避免红军被中央军所败，使自己借助苏联援助保住东北军，甚至重回东北的愿望付诸东流；一方面还必须在蒋介石南京政府的指挥下，按照蒋的部署，命令部队节节推进，不使蒋看出破绽来。这场戏已经越来越演不下去了。

就在此逼不得已时，蒋介石突然指挥晋绥军打响了绥远抗战，不仅全国舆论为之振奋，张学良亦找到了为自己和红军解围的办法。他乘机直接上书蒋介石，再度提出调东北军前往绥远参加抗战的要求。

利用绥远抗战把东北军调去抗战前线，是一个一石多鸟的好办法。一方面，如果能够派东北军北上抗战，就很可能使西北内战因东北军13万人大举北移而暂时停顿下来；另一方面，东北军全力投入抗日战争又可以满足东北军内部强烈的抗日情绪。同时，东北军转入绥远，既不会与红军隔绝，又可以便利接通苏联及外

---

[1]《刘鼎致中央电》，1936年11月25日。

蒙，使红军未能成就之打通国际路线的战略目标更容易实现。据此，张学良在11月27日第一次正式上书蒋介石，强烈地"请缨抗敌"。书称：

> 今绥东事既起，正良执殳前驱，为国效死之时矣。日夕磨砺，惟望大命朝临，三军即可夕发。盖深钧座对于抗日事件，必有整个计划与统一步骤，故惟有静以待命，无烦喋陈，乃彼大军调赴前方者，或已成行，或已达到；而宠命迄未下逮于良，绕室彷徨，至深焦悚！每念家仇国难，丛集一身，已早拚此一腔热血，洒向疆场，为个人尽一分之前愆，为国家尽一分之天职。……今者前锋既接，大战将临，就战略言，自应厚集兵力，一鼓而挫敌气，则调遣良部北上，似已其时。[1]

为了让蒋介石真正重视他的请求，张学良甚至明确警告蒋介石，除非允许他的抗日请求，否则东北军将再难统率驭使了。书称：

> 就驭下言，若非及时调动，则良昔日之以时机未至慰抑众情者，今亦疑为曲解，万一因不谅于良，进而有不明钧意之处，则此后之统率驭使，必增困难。盖用众贵有诚信，应战在不失时机。[2]

如前所述，张学良在这里所言确是事实。还在蒋介石10月末在西安王曲军官训练团训话次日，同志会成员、少壮派军官苗剑秋就言词激烈地也在王曲军官训练团公开发表反蒋演说，声称：

> 昨天有人在这里说日寇是外敌，共产党是内患，内患之害甚于外敌，要我们不去抗日，不去收复东北，要我们做亡国奴，为他们打内战，打共产党，这简单是放屁！现在，我们东北被

---

[1]《张学良文集》第2册，第1050页。
[2]《张学良文集》第2册，第1050页。

占领了，我们东北人变成了无省无家之人，可是我们所有的东北军军官们竟然如此怯懦，难道我们连一个比得上日本"二·二六"事件中的英雄的人也没有吗？[1]

苗剑秋的言论当然不只是他一个人的，它代表了东北军相当一部分年轻军官的想法。张学良得知此事后，当即将其看管，并很快责令苗剑秋远去北平，以避人耳目，并设法稳定军官们的情绪。但这并不等于说其他的少壮派军官或其他的东北军军人不想当苗剑秋所说的那种"英雄"。为了实现东北人回到东北去的理想，当时不少东北军的热血军人确实无所顾忌。

可是，正如张学良回忆所称，他请缨抗战的愿望再次落了空。此时反而又因此等事再种"恶缘"，如因各方对东北军军纪及战斗力有颇多非议，结果"援绥之军，未派有东北军"；"对日方案，序列中有冯玉祥、唐生智而无良，把良置于后方，为预备队队长"等。张回忆称："此事痛伤良之心，忿怒不已。"[2]

正在这时，张学良又得知蒋介石下令逮捕上海救国会领袖沈钧儒、邹韬奋、章乃器、李公朴、王造时、沙千里和史良等7人，宣布查封各种反对"剿共"和主张抗日统一战线的救亡报刊。此举更进一步让张学良怀疑蒋介石对抗日的态度，为弄清蒋介石的想法并再做抗战请缨，他情绪冲动之下驾机飞往洛阳，再谒蒋介石，欲力陈爱国无罪的道理，并恳求蒋介石允许调东北军离开"剿共"前线，开去绥远。

12月2日下午，张学良得以见到蒋介石，但他的请求均被蒋严词拒绝。张因此不能不忿忿然而情绪激昂。他几乎是头一次当面向蒋争辩称："蒋委员长这样专制，这样摧残爱国人士，和袁世凯、张

---

[1]"二·二六"事件，指以村中孝次为首的日本少壮派军人1935年2月26日在东京发动的军事政变，其目的在于清除元老、重臣、军阀、官僚等"破坏国体之元凶"。见信夫清三郎：《日本政治史》第4册，上海，上海译文出版社，1988年，第322—335页。见李金洲：《西安事变亲历记》，第23页；应德田：《张学良与西安事变》，北京，中华书局，1980.年，第83页。

[2]《张学良文集》第2册，第1199页。

宗昌有什么区别？"蒋介石却毫不理会，强硬地表示说："全国只有你这样看，我是革命政府，我这样作，就是革命！"[1]

有了这样一番激烈争执，张学良显然变得有些忍无可忍了。他张学良再不考虑根本解决的办法，军心不可收拾，与红军关系终将暴露不说，自己也说不服自己了。而在此之前，即在飞洛阳面蒋之前，张学良都没有确定事变的方式和最后行动的时间表，还是想要抓住绥远抗战的局面，坚持推动，争取一两个月内能有大变化，以根本解决两军关系问题。

据刘鼎11月30日电称：对于中共方面强烈要求王以哲所率部队停止继续推进的问题，张学良同意尽量使军队停止下来，只是又强调不能长期停顿，还请红军尽速设法。但张学良又表示，从各方面看，一二月内定有变动，红军只要能设法牵延一二月，则西北之联军可成矣。[2]

这里所说的"西北之联军"指的是什么，应当是再清楚也没有的了。问题是，此电之前面半段话的意思仍是如前此一样地告诉中共，因命令所关，变动困难，处于被动地位的东北军长时间不进兵是不可能的。因此，它所强调的重心是只要绥远抗战出现大的进展，整个形势就将有较大改变，从而便利于西北联军之成立。

中共中央就是做了这般理解，但它对于张电中不久将会出现组织"西北之联军"的形势的提示并没有太多地给予重视。在次日毛泽东等人给彭德怀等人的电报中，他们对张学良电报内容的解释是：

---

[1] 参见张学良：《对总部全体职员的训词》，1936年12月13日；《在西安市民大会上的讲演词》，1936年12月16日，《张学良文集》第2册，第1065－1066、1079－1080页。关于张此次一人驾机赴洛的时间，一般均认为是12月2日，如张德良、周毅主编：《东北军史》，沈阳，辽宁大学出版社，1987年，第390页等。但李云汉先生在《西安事变始末之研究》一书中称"张于十二月三日飞往洛阳晋谒蒋委员长时，曾当面要求释放沈钧儒等'救国领袖'"，此说恐系笔误。因著者在同书另外两处提到张学良此行时，均又说"张于十二月二日前往洛阳晋谒蒋委员长"。很难想象张曾在两天里两度飞往洛阳。故李云汉先生这里所说的"三日"或应为二日之误。且蒋介石12月2日下午与张学良谈话，亦可见之于《蒋介石日记手稿》，1936年12月2日。

[2] 《毛、周、朱、张致彭、任电》，1936年11月30日。

（甲）李毅承认尽力使全线停止，但又谓无法长停，似蒋尚不愿取长期守势，我军仍须一面整理，一面准备作战，再打一仗则大局定了。

（乙）一二月后绥远、西北、全国有起较大变化可能，李毅建议我军熬过一二个月。[1]

中共中央并不知道张学良与蒋介石这时的争吵。它对一二个月内定有变动一句自然理解为是因绥远抗战爆发，西北乃至全国形势有可能在一两个月内发生较大变动。因此，在中共中央看来，目前稳定西北大局的方法，根本上还是要靠红军"再打一仗"。由此可知，那种认为中共中央事先已经通过叶剑英了解到张学良有政变企图，甚至知道张要"捉蒋"，进而明确电告张学良对此"要慎重"的说法，怕不那么可信。[2]

也正因为如此，毛泽东等并没有特别地重视张学良的这封电报。在12月1日的复电中，他完全没有提到慎重与否的问题，只是强调：如进剿军取守势，我军决休息训练一短时期，以待时局开展，同时"准备新步骤"。这里的所谓"新步骤"，毛泽东在电报中没有说明，但提到为商量"新步骤"，拟令叶剑英再去西安一行，约一星期后成行。[3]

可以进一步印证毛电中"新步骤"与张学良后来的政变无关的证据，是毛并不急于让叶赴西安，而是告张，拟令叶剑英一星期后

---

[1]《毛、周、朱、张致彭、任电》，1936年12月1日，《毛泽东年谱》（上），第617页。
[2] 根据张魁堂所著《张学良传》引述的《叶剑英传》（未刊稿）的内容，可知在《叶剑英传》里有这样的叙述：在叶尚未离开西安之际，张学良曾对叶谈到他准备发动事变的想法。据张学良说，蒋介石逼他执行命令"剿共"，形势很严重。张说："许多天我都没有睡觉，内战我是绝对不打。只有一个办法，就是苦跌打（按：法文Coup d'Etat即政变的音译）。"当时叶的答复是："这关系到国家命运，一定要慎重。蒋介石不抗日，有些人不认识，抓他起来，会出现全国大分裂。人民一时了解不了我们，会使我们孤立。更大规模的内战给日本进一步侵略的机会。"叶随后立即电告中央请示，中共中央复电，令叶转告张学良，对此事要慎重。张学良表示同意。见张魁堂：《张学良传》，第191—192页。
[3]《毛泽东、周恩来致张学良电》，1936年11月30日。

成行。事实上，几天之后，毛泽东又给张学良电报，进一步告诉张，叶剑英只能在12月9日离开保安，最早也要到12月15日才能抵达西安。[1] 很明显，毛泽东所说的"新步骤"不仅与张学良后来的政变计划无关，并且在时间上也并不十分迫切。

张学良究竟打算如何"变动"时局，打算何时"变动"时局，这在今天仍然是一个颇难判断的问题。张学良是不是从一开始就打算采取"捉蒋"的政变形式呢？从上述所说的情况来看，并不能得出这样的结论。因为要想"捉蒋"，最主要的条件必须是蒋介石要再度亲临西安。而在当时的情况下，蒋介石刚来西安不久，除非蒋本人认为有此必要，否则没有人能够让其一个月之后再到西安来，即使张学良也未必有此把握。

有人相信，"张、杨早蓄劫持的阴谋"，蒋介石因此是被张有意骗来西安的。台北李云汉先生即明确肯定："张学良于十二月二日前往洛阳晋谒蒋委员长，声称西安将有变乱，情势已迫不及待，请求蒋公亲临抚慰"，蒋对此深信不疑，因而再赴西安。大陆张魁堂先生也持如此观点。他曾绘声绘色地描写道：当时谈话中蒋介石听了张学良的批评，勃然色变，厉声说："你的责任就是剿共，不许到绥远抗战，若要不然，就把你换掉。"张学良回答说："东北军的士气，打日本可以，打内战，难；除非蒋委员长去训训话，安慰和鼓励他们。"蒋介石听后即对张学良说："我可以去临潼每天请一桌客，借此机会轮流和东北军将领谈话"，他自信，"如剀切诰谕，亦必能统一军心"。[2]

姑且不论张学良如此做是否确有把握，仅以11月30日张尚无立即发动事变的计划，还打算再等一段时间寻找适当机会的想法而论，说张学良两天之后就立改初衷，迫不及待地要立即诱蒋而擒之，也不大合情理。事实上，根据刘鼎这时的报告，张之再赴洛阳面蒋，固然包含着有向蒋介石摊牌和要挟，以迫使蒋接受其将东北军调去

---

[1]《毛泽东、周恩来致张学良电》，1936年12月10日。
[2] 见李云汉：《西安事变始末之研究》，台北，近代中国出版社，1982年，第26页；张魁堂：《张学良传》，第94页。

绥远的意图，但其目的仍是为了当面陈述其 11 月 27 日请求援绥的理由和劝蒋释放救国会"七君子"，并无请蒋来陕之意。而且，李云汉及张魁堂先生这里也均没有举出任何有说服力的史料，来证明他们的说法是可靠的。从李云汉所举出的两则史料来看，还恰恰都只能证明：再赴西安的决定是蒋介石根据自己对情势的估计作出的，并非张学良的"请求"。李云汉先生的举证如下：

其一，为蒋介石 12 月 2 日见张学良后当日的日记，内称：

> 东北军之兵心，为察绥战事而动摇，则剿赤之举，或将功亏一篑，此实为国家安危最后之关键，故余不可不进驻西安，以资镇慑，而挽危局，盖余个人之生死，早置诸度外矣。[1]

其二，为蒋介石在事变后所写之《西安半月记》中一段话，其中说：

> 中正于二次入陕之先，即已察知东北军剿匪部队思想庞杂，言动歧异，且有勾结匪部、自由退却等种种复杂离奇之报告，甚至谓将有非常之密谋与变乱者。中正以国家统一，始基已具，念东北军痛心国难，处境特殊，悲愤所激，容不免有越轨之言论，如剀切诰谕，亦必能统一军心，使知国家利害之所在。同是黄炎胄裔，患在不明国策，岂甘倒行逆施？中正身为统帅，教导有责，此身属于党国，安危更不容计。爰于十二月四日由洛入关，约集秦、陇剿匪诸将领，按日接见，谘询情况，指授机宜，告以剿匪已达最后五分钟成功之阶段，勖以坚定勇往迅赴事机之必要；又会集研究追剿方略，亲加阐示，虚心体察，实觉诸将领皆公忠体国，深明大义，绝不虑有其他。[2]

---

[1] 秦孝仪主编：《总统蒋公大事长编初稿》，转见李云汉：《西安事变始末之研究》，第 42 页。

[2] 蒋介石：《西安半月记》（引言），转见李云汉：《西安事变始末之研究》，第 41 页。

上述文字一出自秦孝仪编《总统蒋公大事长编初稿》，一出自蒋事变后出于宣传目的指示陈布雷编撰的文字，两段文字均可轻易用为蒋介石当时言行及思考之证据。[1]

但即使从上述两段文字出发，我们也读不出李云汉先生解释的意义来。细读两段文字，可以看出来的只是，蒋张二人于11月2日的谈话仍不出张学良11月27日电报的内容，张本意仍在用东北军将士已愤懑不已，必欲援绥，否则难以驾驭，易生变乱为由，劝说蒋同意调东北军离开"剿共"前线，前往绥远参加抗战。前一则文字中并无请蒋赴陕之意，只有蒋介石自己坚持不允张学良所请，并因担心"剿赤之举，或将功亏一篑"，相信"不可不进驻西安，以资镇慑"之意。后一则文字至多也只能反映出蒋不仅相信"剀切诰谕，亦必能统一军心"，而且要借机召集会剿将领会议，"亲加阐示"追剿方略，力争实现"最后五分钟成功"，雄心勃勃地准备只用"二星期（至多一月内）"时间成就其八年"剿共"之全功，也证明不了张学良有过请蒋赴陕之意。何况，上述文字，或写于事变之前夕，或写于事变之将过，如果张学良确是事先有意劝诱蒋介石赴陕，致使蒋介石上当受骗，蒋事过之后又如何会不将其据实写出，说明张确早有阴谋，为何反要为张学良隐瞒开脱？

张学良12月2日赴洛阳并无诱蒋来西安意图的情况，也可以从其他的一些史实中看出来。

12月1日，张学良得到毛泽东11月30日电，得知叶剑英将再来西安商量两军行动"新步骤"。尽管他明知叶计划在一周之后才从保安动身，到达西安很可能要到12月中旬之后，但他显然并不介

---

[1] 以李云汉所引文字为例，查台北"国史馆"藏蒋中正档案之《困勉记》12月2日条，文字上就有极大出处。其文为："此月内察北匪伪未退，倭寇交涉将裂，陕甘边区残匪将渡河西窜，而东北军军心又为察绥战事而动摇，剿匪之功，其将亏于一篑乎？此为国家安危之最后关头，余不能不进驻西安，镇慑严督，或以为危，余于生死早置度外矣。"再查蒋日记手稿，文字又有不同，其文为："此月内察北匪伪未退，倭寇交涉将裂，陕甘边区残赤将渡河西窜而未窜之时，东北军又为察绥战事动摇，我将功亏一篑。此实为国家安危最后之关键，故不可不进驻西安镇慑，生死早置度外矣。"

意，仅复电表示"雨苍（即叶剑英——引者注）兄来甚欢迎"而已。从后来临近发动事变前夕张学良急电要叶剑英火速前来商量政变行动的情况来看，可知，如果他这时已有诱蒋来陕发动事变的具体打算，他决不会对叶的行期毫不介意。

12月2日，即张临回西安前，曾电嘱刘鼎电告中共中央自己赴洛意图，同时详告刘鼎蒋介石关于围剿部队行动之新的部署情况。说明胡宗南部将沿左翼向定边、盐池推进，曾万钟军接替豫旺堡、甜水堡防务，王以哲军进豫旺堡、甜水井、白台子一线，关麟征师集结靖远、打拉池，中卫以下河防交十五路军负责，新一军驻防兰州至靖远一线，五十一军守兰州并协助新一军河防，青海马家军向西压迫红军过河部队，12月10日各部应部署完毕。张学良提请中共方面"立即准备作战，并马上部署定、盐城防及大水坑、萌城至定、盐之地形侦察"。[1] 此电亦说明，张学良这时仍估计12月中旬以后包括东北军在内的国民党军队对红军的围攻还不会停止下来。换言之，张此时尚不存在立即对蒋采取行动，使进攻迅速停止下来的明确打算。

由此，不难判断，蒋介石12月4日亲赴西安、镇慑督战的决定，是出乎张学良的意料之外的。张早就曾怀疑蒋介石"对他开始了恶意的布置"，始终在"提防大老板下他的毒手"。如今，在他公开表明了只想抗日、不愿"剿共"的政治歧见之后，蒋突然决定亲赴西安督战，这又岂能不使他对蒋介石的真实意图感到严重担心？换言之，多半正是蒋介石的赴陕决定把张学良一下子逼到了悬崖边上。

---

[1]《刘鼎致毛泽东电》，1936年12月2日。

二、破釜沉舟

1936年12月4日晚,蒋介石一行乘火车由洛阳抵达临潼。次日上午,在张学良等人陪同下入住华清池。紧接着,被蒋介石电召到西安来的还有军政部次长陈诚、豫鄂皖边区主任卫立煌、福州绥靖公署主任蒋鼎文、兰州绥靖公署主任朱绍良、豫皖边区绥靖公署主任陈继承、军事参议院议长陈调元、二十五军军长万耀煌等重要军事将领。而陇海路上更是战车滚滚,蒋鼎文、樊崧甫、万耀煌、裴会昌等各部十几个师这时均受命西进。

可以肯定,蒋介石此次来陕,确实包含着可能对张不利的一面。本来,蒋早就听说"张汉卿与共妥协"之消息,南京军委会也早就做过准备,"拟调该军(东北军)到潼关以东,俾与共隔,得便×××(解决之)",但因蒋颇为自信,只把东北军暗通中共看成是某些下属的问题,并不十分相信张有背叛嫌疑,此一计划并未得其正式批准。而此次蒋之敢于冒险前往西安,仍旧是基于对张学良之信任,相信"东北军通共已为不可掩事实,在张汉卿指挥下尚不至为国家害"。甚至直至西安事变爆发之前两天,蒋还是认为,张的问题仅仅在于,其为人"小事精明,而心志不定",并无其他。[1]尽管为防万一,在来西安之际,蒋介石做好了万不得已时替换东北军和十七路军的必要准备,但临阵换将仍为兵家大忌,故直至事变爆发为止,

---

[1]《徐永昌日记》第3册,第478页;《蒋介石日记手稿》,1936年12月10日。

蒋介石始终没有下定决心。其在12月5日即曾与朱绍良商量:"派蒋鼎文为西北前敌总司令,卫立煌为东路总司令。"[1]因蒋判断"赤匪在陕北穷蹙,决不能再踞一月",故很快即拟定好进剿步骤,且"自觉甚稳妥,不患残匪之不灭"。[2]

惟独对东北军是留在甘北,还是移防陕北,抑或调去河南,蒋仍在犹豫中。8日,蒋介石又暗中计划"调卫立煌为晋陕绥宁四省边区剿匪总司令,俾剿赤工作得负专责","命蒋铭三为西北剿匪前敌总司令,暂驻平凉"。[3]但他还是没有作最后决定。9日,他亲笔写信给邵力子,意在密嘱他将下述"消息"交《大公报》驻陕记者发表,即:

> 蒋鼎文、卫立煌先生皆到西安。闻蒋委员长已派蒋鼎文为西北剿匪军前敌总司令,卫立煌为晋陕绥宁四省边区总指挥。陈诚亦来谒蒋,闻蒋令以军政部次长名义指挥绥东中央各部队。[4]

蒋介石刻意外泄而不发布这一西北人事变动的"消息",其目的无非有二:一是想非正式地给张学良以警告,逼其就范;二是在张学良仍不能痛下决心全力"剿共"的情况下,将不得不取消张"剿共"的指挥权,并将东北军调开。而其基本意图,还是想尽可能迫使张学良和东北军服从命令。因为,在东北军人心躁动不安的情况下,断然调其离开甘肃,不仅危险,而且势必造成"剿共"军事的停顿,使西北"剿共"计划的完成受到严重影响。这也就是为什么,蒋在信中明确要求此信只送非官方的《大公报》,不送中央社及《中

---

[1]《蒋介石日记手稿》,1936年12月5日。
[2]《蒋介石日记手稿》,1936年12月4、6日。
[3]《蒋介石致太原阎副委员长电》,1936年12月8日,台北"国史馆"藏蒋中正档案,特交档案251410。
[4]西安华清池五间厅展出之蒋介石给邵力子的亲笔函手迹。另据蒋介石日记,当日也有类似内容,文称:与朱绍良商进剿方案,"派蒋鼎文为西北前敌总司令,卫立煌为东路总司令。"《蒋介石日记手稿》,1936年12月5日。

央日报》。而且，直到西安事变爆发，即此一"手谕"写好三天，蒋仍犹豫未决，还未送出。

不过，无论蒋介石准备如何处置，有一点可以肯定，蒋及南京方面已经在考虑要将东北军调离西北的消息，早已不是什么秘密了。张学良等对此或者早有风闻，或者还有更严重的估计。[1]

从好的方面估计，假定蒋只是把东北军调走了事，那么，西北"剿共"计划有可能顺利进行，红军或者严重受损，或者照原计划转入内地，东北军至少不会马上与红军拼个你死我活，遭到惨重损失。可是，如果南京的军队真的重挫了红军，东北军和其他地方军队的日子更不好过，蒋介石势必会把重心转向地方势力，以成就其"安内统一"之目的。那时，东北军纵使忍无可忍，再想联俄联共，就毫无条件了。如果红军没有被歼，而是顺利转移，内战就会牵延不决，蒋仍会以共产党为头号敌人，其"安内攘外"的政策照样会延续下去。红军的日子不好过，张学良的日子也好过不了。很明显，陕甘到底离绥远、察哈尔抗日前线还近些，如果被调至远离抗日前线的地方，部下及同乡的批评与反弹必定会更加激烈，稳定军心、统驭部队势将更加困难。

从坏的方面估计，假定蒋不把东北军调走，而是亲自指挥督阵，逼迫东北军参加会剿，情况将很快激出事变来。一来，张学良及诸多已经同红军有着秘密妥协、保持着友好关系的东北军各部将领因无法对红军作战，不得不继续"通共"，肯定会被蒋识破，届时难免要遭其"毒手"。二来，纵使秘密保护得好，一时不被识破，为确保东北军不受蒋之"毒手"，在军事上就要尽力敷衍，结果注定会因红军退无可退而使双方兵戎相见，东北军势必会成为红军首要的打击对象，届时他张学良和东北军会失去中共信任，进而完全丧失争取

---

[1] 据李金洲回忆，当时东北军中已盛传蒋要将东北军"调往安徽及苏北整理训练"。李金洲：《西安事变亲历记》，第25页。另据王化一回忆，12月1日何成濬11月初去洛阳为蒋祝寿时，即得知蒋有调东北军出陕意图，他转而告诉了王化一，王12月初将此事通知了张学良。王化一：《我在西安事变前的一些经历》，全国政协文史资料研委会编：《西安事变资料选编》第2集，内部发行，第53页。

苏联信任和支持的可能性不说，蒋介石和南京军队还会坐收渔翁之利，顺利实现消灭红军和取消东北军的目的。

显而易见，请神容易送神难。如果蒋介石不来，张学良的日子反倒还好过一些，总还可以照他原来所想的再等上一两个月，看准时机再说。现在，蒋介石来了，而且并无很快离开西安的样子，不仅集中军政要员部署大举"剿共"方案，还有要亲自指挥督阵，必欲一举竟其"剿共"全功之势。因蒋之到来，南京方面军、警、特、情各系统也蜂拥而至，这尤其让张学良高度紧张。因为他最担心东北军、十七路军与中共红军的秘密关系会因此迅速曝光。张学良一连几天对蒋"出必相随"，几乎寸步不离，与其说是为蒋安全担心，"实恐他人生变"，不如说是越来越害怕秘密外泄，或被宵小之辈乘机告密。张学良后来忆及他当时被迫发动事变的原因时也曾提到这一点，他说：所以非发动事变不可，一个重要原因就是因为蒋来西安后几度单独召见东北军和十七路军的高级将领，"皆无良同杨虎城列席，致良同杨虎城发生疑惧"。[1]

走也走不得，打也打不得，张学良已再无他法可想了。他这时只有两条路可走，一是使尽浑身解数劝蒋和共，一是破釜沉舟，发动政变。但第一条路显然走不通。

据张学良回忆，事变之前，张学良曾两次与蒋在华清池正式谈话，甚至不惜对蒋哭谏，劝其务必和共抗日，双方情绪都十分激动。

关于这两次诤谏的经过，即张学良在蒋赴西安后至西安事变爆发前一周内向蒋劝谏的次数与时间，目前有各种不同的说法。比较常见的为两次，如由西安事变史领导小组组织编写的《西安事变简史》一书即提到两次，并肯定一次是12月7日，一次是12月9日。周毅等主编的《东北军史》也提到了两次，但说明第二次是12月10日，认为9日当天张并未去临潼谏蒋。傅虹霖著《张学良的政治生涯》一书则提到了4次，即7日，双方谈长达三小时；9日，试图再谏，因蒋脾气太坏，未深入；10日，再次劝蒋，被臭骂一顿；11日

---

[1] 张学良：《西安事变忏悔录》。

晚，再劝，甚至声泪俱下，被拒绝。米暂沉著《杨虎城将军传》只提到一次，但肯定张学良最后一次劝蒋是 12 月 10 日。另外，王菊人回忆也只是一次，时间在 8 日。不过，据张学良自己一再强调：自 12 月以来，他曾几次用书信或当面"诤谏"，而自蒋至西安后，正式与蒋谈话仅两次，可知张并非时时"诤谏"，特别是因为张始终感觉"蒋委员长气太盛，我的嘴太笨"，因此他们的这种正式谈话不可能很频繁。且张事变后不久即肯定地说明，他同蒋介石在临潼华清池两次谈话中"尤以十二月九日夜为甚"。自此次谈话后，他和杨虎城及其西北诸将领均不再对劝蒋抱以幻想，是以知道 9 日之后张已再无谏蒋之心，而是一心准备发动事变了。故此后虽不免仍有相关谈话，但张已不认为是正式的"诤谏"了。故尽管蒋介石日记主要只记述了与张学良 12 月 10 日下午的谈话，并提到此次谈话后"心甚悲愤"，但考虑到蒋之日记多有补记，且 10 日补记内容中首条就是"对汉卿说话不可太重"，似是针对前一日与张学良谈话后的反省之语，故不能仅凭蒋日记记述 10 日下午与张谈话，就断定张学良所说之引发激烈争执的谈话不是在 9 日夜，而是在 10 日下午。[1]

所以说双方第二次争执不是发生在 10 日下午，而是发生在 9 日夜里，还因为当天的争吵是有具体的缘由的。

这一天，正是 1935 年"一二·九"学生救亡运动发生一周年。西安学生借纪念北平学生"一二·九"运动一周年，举行示威游行，向省政府和住在临潼的蒋介石请愿，要求实行抗日，竟遭警察开枪阻拦，伤学生一名。张学良得知后，急赴西安至临潼路上拦截劝阻。面对群情激昂的学生，想到远远近近的种种苦恼和愤懑，他可谓百感交集，当场主动发表演讲，明确表示："他决不做走狗或汉奸，誓死收复东北。"结果，"张与学生等声泪俱下，轰动一时"，学生大受感动，退回西安，没有引起更大的流血事件。

藉着当时的气氛，张学良当晚再赴临潼面蒋，痛切陈词。不想，

---

[1]《蒋介石日记手稿》，1936 年 12 月 10 日。

蒋介石却把他骂了一顿，说应该用机关枪打，使张感情上异常冲动，与蒋发生少有的言语冲撞。几天后，张学良曾三次公开陈述当时的情况和他强烈的感受。他说：

> 学生走向临潼后，我不顾一切挺身而出，幸而把学生劝回来，而蒋委员长却怪我没有武力弹压，而且竟公开明说是他叫警察开枪，假如学生再向前进，他便下令用机关枪打！我们的机关枪是打中国人的吗？我们的机关枪是打学生的吗？蒋委员长有了以上……表示，杨主任，其他西北将领和我本人，就都断定了他的主张是绝不能轻易改变了。[1]

很明显，如果仅仅从张学良自己的上述说明看，或者可以认为他是在12月9日夜以后才下最后的决心，要发动事变的。但确切地说，事情恐怕并非如此。

张学良最初是在什么时候开始决定要发动事变"捉蒋"的呢？关于这个问题，目前有各种不同的说法。如前所述，张学良事实上始终没有确定事变的形式和时间。张最终不得不选择劫持蒋介石，即用"捉蒋"方式，是在12月4日蒋介石到了西安之后的几天时间里。问题是在哪一天？有人认为12月7日下午张学良第一次劝蒋失败后，一回西安就决心"捉蒋"，8日即与杨虎城"初步确定兵谏计划"。[2]有人认为12月10日下午张、杨"研究了捉蒋方案，做出了

---

[1] 张学良：《对总部全体职员的训词》，1936年12月13日。又一次见张学良《在西安广播电台的广播词》（1936年12月14日），内称："十二月九日，西安学生游行，完全出于自动、爱国的精神，并无扰乱秩序的地方，蒋委员长竟主以武力弹压，并申斥必以机关枪扫射，才能停止这些青年爱国。"另一次见张学良《在西安市民大会上的讲演词》（1936年12月16日），称："因为'一二·九'西安学生运动，我同蒋委员长在言语上发生了很大的冲突。我认为学生请愿的动机，绝对是纯洁的，处置的办法，只有和平劝导，和使学生也可以说使一般民众满意的事实来答复。而他却说：'对于那些青年，除了用枪打，是没有办法的。'"

[2] 见《西安事变简史》，北京，中国文史出版社，1986年，第36页；张魁堂：《张学良传》，第197页。另米暂沉的《杨虎城将军传》也认为"他们初定发动兵谏当在八日左右"。见米暂沉：《杨虎城将军传》，北京，中国文史出版社，1986年，第118页。

最后的决定"。[1] 有人认为12月11日晚张、杨才秘密会谈,决定对蒋实行兵谏的。[2] 但从7日下午张学良急电邀请叶剑英火速前来西安相商大计的一封电报可以看出,在7日张学良劝蒋前后,他就已经开始考虑对蒋有所行动了。电报称:

> 蒋来仍督剿匪,有要事待商,盼兄即日来此。[3]

自毛泽东11月30日电说明叶剑英一周后可来西安后,已知张学良当时对叶之到来在时间上并不着急。这说明,至少在12月1日当天,张学良复电中共中央时,他还没准备立即发动兵变的计划。

12月5日,叶剑英又有电报给张学良,说明他将陪同前去西安转往新疆赴苏联就医的王稼祥8日从保安动身,13日左右到达西安。张这一天,甚至后一天,都没有马上复电要叶来商量大计,这反映出他至少在5日和6日这两天还没有下如此重大的行动决心。而张学良7日的这封电报表明,他这一天突然变得迫不及待了,急于要叶剑英立即赶来西安,以便相商"要事"。此"要事"者何,今天的人应一望便知。可惜的是,中共中央当时没有意识到其中奥妙,以致叶剑英出发的日期反又因为一些并不十分要紧的事情后延了两天,直到10日才离开保安。故毛泽东10日才复电张学良说,叶剑英一行要15日才能到西安。

但无论如何,上述情况足以说明,第一,张学良最初开始考虑想在几天之内发动事变,即采取劫持蒋介石的这种"捉蒋"方式来行动,应该是在12月7日。第二,张学良刚一动此念头,就迅速秘

---

[1] 周毅等主编:《东北军史》,第394页;李云汉:《西安事变始末之研究》,第45—46页。李云汉书认为:"就史料显示的事实判断,张学良可能系在十二月九日夜晚或十日上午,与杨虎城密商后,始作'决行强谏劫持之谋'的最后决定"。
[2] 见傅虹霖:《张学良的政治生涯》,沈阳,辽宁大学出版社,1988年,第187—188页。
[3] 《张学良致叶剑英电》,1936年12月7日。

密通知了中共方面，要求中共中央速派代表前来相商。[1] 只是因为张决心下得较晚，保安至西安一般需时近5天，加上中共中央没有从电文中判断出张学良急于要叶前去的原因，张学良预先与中共代表相商行动计划的想法才未能实现。

那么，为什么张学良不在电报中说得更明白一些，甚至将大致的行动计划通知中共中央，以便直接与中共方面具体相商呢？这显然是因为，这一行动过于重大，稍有不慎就会造成严重后果，何况张当时还只是有初步想法，故必须非常谨慎。且中共中央此时与张学良的电报联络，固然十分安全，密码被破译的可能性极小，但因张之电台才建不久，使用的波长、呼号均与前王以哲在六十七军军部与中共中央联络的电台一致，很容易为王台截收，故张也绝不能用他的电台向中共中央通报此一重大行动设想，即使是上述语意含混的短电，虽然精心措辞，也还是有相当风险的。

那么，为什么张学良不将此一行动的设想通知刘鼎，与之相商，而非要舍近求远地等叶剑英来讨论呢？这是因为，王明等人此前已两度致电中共中央，表示对刘鼎出狱原因及被捕后的表现提出怀疑，坚持不应让刘鼎在张学良身边工作。中共中央虽然通过与刘鼎的交谈特别是对刘鼎在张学良处工作的长时间考察，不是很相信王明等所说的情况，但终究不能不有所顾忌。中共中央派叶剑英来张学良处做中共中央的正式代表，很大程度上也正是出于这种考虑。因此，随着叶剑英就任中共中央代表，并确定刘鼎此后只负联络之责，张学良一切重大问题自然只能同叶剑英进行商讨，而不再与刘鼎相商。因此，尽管张学良7日有发动事变之想，并急于要与中共代表取得联络，他却并没有告知就在身边的刘鼎。不仅如此，就是在事变方案已经确定，东北军和十七路军已经暗中部署准备之时，张学良也一次没有找过刘鼎。刘这几天里有四五封电报给中共中央，全都是

---

[1] 一般史书均认为，张学良发动事变之初并未通知中共方面，张自己也回忆说此一发动"对于共党方面并未征询商议"。《西安事变简史》一书也只是认为，张学良直到采取行动的12日凌晨才通知了刘鼎，要其转知中共中央。《西安事变简史》，第41页；张魁堂：《张学良传》，第102页。

间接得到的一般情报。对于西安城里紧锣密鼓地秘密酝酿着的军事政变活动，刘鼎也毫无察觉。[1]

中共中央固然没有得到张学良的有关通报，但是否可以认为中共方面曾或多或少地对张学良最后的决定起过某些作用呢？显然，张魁堂先生是倾向于认为中共中央的电报曾经对张学良决定12月12日发动事变，起过某些促进作用的。他明确讲，张、杨决定在12月12日采取行动主要是基于两个原因：一个是张、杨已得知蒋介石将要在12日颁布全面"剿共"命令，一个是中共中央于10日电告张学良国共谈判"有了波折"，难以继续。[2] 换言之，如果此时中共中央通知张学良两党谈判已经找到重要的突破口，正在取得积极进展，"剿共"战争有希望迅速停止，张学良有可能放弃至少是推迟发动事变的计划。此说或不无道理。

张魁堂先生提到的这封电报的内容是人们所熟知的。其关键在于以下这段话：

> 陈立夫第三次找汉年，谈红军留三万，服从南京，要我方让步，我们复称根本不同意蒋氏对外妥协对内苛求之政策，更根本拒绝其侮辱红军之态度。红军仅可在抗日救亡之前提下，承认改换抗日番号，划定抗日防地，服从抗日指挥，不能减少

---

[1] 已知在12月4日蒋到西安后至12月12日一周时间里刘鼎发给中共中央的电报有四封。两封是8日的，一为蒋介石召集各军师长谈话的简要内容，说明东北军各军师长一致要求先抗日，回老家，有人主张联俄联红共同抗日，蒋坚持不消灭红军，绝不可联俄联共云云；一为蒋调动部队来陕的情况。另两封是11日的，一为西安学生"一二·九"游行，被张学良拦阻的情况；一为有关联络人员进出苏区的问题，以及蒋加调部队来陕，张学良之西北"剿总"颇感紧张的情况。只是在这封电报中，即11日中午，刘鼎才第一次感到西安东北军上层的气氛有些不正常，照他在电报中的说法，是有些"恐怖"的味道。
[2] 张书原文表述不确。其原文称：10日，"中共中央向张学良通报国共谈判的情况，即蒋介石已将双方停战抗日的谈判改为收编红军的谈判，谈判有了波折"。作者显然不了解两党此前谈判的一般过程与变化情况。中共中央10日通报的只是陈立夫第三次找潘汉年谈判的情况，前两次陈立夫与潘汉年谈判时，确可说蒋已将两党合作谈判改为收编红军的谈判，但第三次谈判则恰恰相反，蒋事实上已经再度同意了过去早期两党接触与谈判中的红军改编方案，所谈已不是收编红军问题，双方的分歧只是红军的人数问题。张魁堂：《张学良传》，第199页。

一兵一卒,并须扩充之。彼方如有诚意,须立即停战并退出苏区以外,静待谈判结果。[1]

中共中央对与南京谈判的态度之强硬,显而易见。事实上,蒋介石在中央军意外遭遇山城堡作战失利后,已经从原来坚持要收编红军的态度,转变成同意红军照广西军队那样进行改编,在条件上做了相当的让步。但由于他仍然坚持要削减红军的人数,中共中央对此难以接受,坚持红军可以改编,惟反对蒋利用红军目前困难处境,压迫红军削减人数。特别是转告张学良的这封电报,更是态度强硬,明确表示:"我们愿以战争求和平,绝对不作无原则让步。"可以想见,张学良从这样一封电报中当能看出战争一时半会儿停不下来。它确实可能会坚定张学良发动事变的决心。

鉴于绝大多数著作和回忆录都肯定,张学良是在12月10日之后(有些著作说是11日)正式决定于12日发动事变的,故不管这是否属实,我们仍可把中共中央10日来电看成是坚定其发动决心的一种因素。问题在于,张学良为什么要选择12月12日这一天来发动事变?

有那么一种说法声称,这是因为"蒋介石准备十二日离开西安",他为此已经在11日晚举行了一个"告别宴会",故当宴会之后,张学良便急急忙忙地赶到杨虎城将军的司令部去,于午夜时分召集了所有军级将领,决定了发动事变的时间和具体步骤,然后迅速调集部队开始行动。[2]

很难使人相信这种说法是准确的。因为就连蒋介石自己也否认其11日晚的宴会是一次"告别宴会"。他明确说:当晚的宴会是他为"商议进剿计划"而安排的一次"行辕会餐"。况且,说蒋介石第

---

[1]《毛、周致李宜电》,1936年12月10日,见中央档案馆编:《中国共产党关于西安事变档案史料选编》,北京,中国档案出版社,1997年,第174页。

[2] 傅虹霖:《张学良的政治生涯》,第187—188页。郭增恺也在其回忆录中有过因为蒋介石的专列12月11日午间升火,以致张、杨"以为蒋准备翌日便离开西安,因此便急不暇择的干起来"的说法。见《西安事变三忆》,第40页。

二天要走也不可信。蒋介石来陕前已明确认为,这次"剿共"行动一旦部署就绪,"预计将于二星期(至多一月内)可竟全功"。此时,新的围剿计划尚未安排,张、杨两部的问题亦未解决,加上张学良态度未稍转变,蒋必不能将指挥此次"剿共"军事之责托付于张,或者须另择他人指挥,或者干脆自己亲自指挥督战,这一切均未最后部署停当,蒋介石又如何会突然间一走了之呢?[1]

还有一种说法虽然否认蒋介石第二天要走,但认为张学良决定12日凌晨发动事变的时间是在11日午夜前后。原因是蒋介石11日晚宴时与张学良等商定,第二天发布第六次"围剿"红军的命令。故张、杨当晚急急忙忙在再度出席西安宴会后决定了次日凌晨采取军事行动的计划,并分头部署。[2]

同上面的说法一样,此说也仍有让人生疑之处。试想,11日晚张学良等赴临潼参加蒋之会餐,除了吃饭以外,还要"商议进剿计划",当时西安至临潼乘车即要半小时以上,再加上商议的时间和吃饭的时间,即使蒋介石的晚宴于傍晚6时以前开始,张学良等回到城里至少也要到晚上八九点钟了(孙铭九回忆张回到城里的时间是"晚八时许",多少接近)。而这时城里,以张学良和杨虎城两人的名义也举行了一个较大规模的宴会,宴请来陕各军政大员。因此张学良等参加蒋会餐的将领,赶回城后还要参加城里的那个宴会。如此下来,等到张学良要与杨虎城商量兵变事,亦必至午夜时分(邵力子回忆他参加张学良的宴会,"十二时许才回省政府后楼就寝",当属可信)。此后距事变之发动至多不过三四个小时,又要与杨商量,又要召集重要将领开会说明,又要向下级军官布置行动步骤,又要

---

[1] 何况蒋9日写好给邵力子关于散布调张、杨离陕、委陈诚、蒋鼎文以西北剿匪重任的密函此时还尚未发出,待发出后也要假以时日看张学良之反应如何才能最后决定对张之态度,蒋如何会第二天就离开呢?参见蒋介石:《西安半月记》,远方编:《张学良在一九三六》(附录一),北京,光明日报出版社,1991年。
[2] 邵力子:《西安事变追忆》,远方编:《张学良在一九三六》,第90页;张魁堂:《张学良传》,第199页。另外《西安事变简史》也支持这种说法,称"十一日,蒋介石召集中央军将领和张学良、杨虎城、于学忠等商议军事计划……并定在十二日发布第六次'围剿'红军的命令"。11晚宴后,张、杨决定12日凌晨动手。《西安事变简史》,第40页。

调动军队由城里前往临潼……一个环节出现问题就将使当晚的行动落空。因此，说张学良事到临头才匆忙间决定发动的时间，毫无疑问是难以让人接受的。

事实上，比较合乎逻辑的说法是10日晚说或11日白天说。据张、杨两部当时比较了解内情的孙铭九、刘多荃、王菊人、宋文梅等人回忆，均可为此提供一些佐证。如张学良当时的卫队营营长孙铭九回忆称：11日上午张学良告诉他说，已与杨虎城商妥次日行动。张之一〇五师师长刘多荃也明确讲，张学良是在10日晚召集东北军高级将领和主要行动负责人，具体部署行动计划的。杨虎城机要秘书王菊人的回忆更具体一些，他说："十二月十日晚，张、杨对于扣蒋的意见，已完全一致，并已决定于十二日拂晓立即行动。"到11日上午，张、杨二人又在张学良官邸商量两次，至下午确定了共同行动的具体部署。[1] 由于此一行动十分重大，且须东北军和十七路军两部密切配合，不能稍有差池，故绝非一时兴起，几小时内可以完成一切商量、筹划、部署、动员及行动过程的。因此，说张、杨10日确定了行动日期，之后至11日白天曾几度秘密具体商议完成行动部署，似较合理。

关于这一点，其实还可以证之于11日晚发生的两件事。一件即是11日晚张学良、杨虎城邀请来陕中央各军政要员赴宴之举。考虑到第二天凌晨即将发动事变，如果以为头天晚上张、杨举行这样的宴会纯粹只是一种巧合，怕是难以想象的。兵不厌诈，这是兵家常用之计。在临发动事变几个小时之前通过这种方式麻痹对方，同多数兵家刻意把突然袭击的日期选在节假日里，其实多半都是出于相同的考虑。另一件是张学良当晚在应蒋意外之召赴临潼面蒋时态度之尴尬与紧张。张、杨有意在西安城内安排了11日晚的宴会之后，突然得到蒋介石之邀请，这不免使张、杨感到格外紧张。杨虎城、于学忠两人之所以都借口西安的宴会不去临潼参加具有"商议进剿计划"这样重要内容的"行辕会餐"，多半也是以防万一的一种准

---

[1] 见孙铭九：《临潼扣蒋》；刘多荃：《扣蒋前夕》；王菊人：《记西安事变前后的几件事》，远方编：《张学良在一九三六》，第193、166、81、71页。

备。尽管如此，张学良还是有些不安，其紧张之态甚至连蒋介石都有所觉查，感觉张"形色匆忙，精神慌[恍]惚"，"今日形态奇异可虑"。[1] 不难判断，如果照11日夜蒋之宴会后张才赶回西安与杨商定次日晨发动事变的说法，张此时当如前此一样神情自若，不致给人以紧张之感。比较合理的解释是，由于张学良十余小时之后就要发动事变，蒋介石这时竟意外召见，其言行举止难免有些不自然，故给人以"形色匆忙，精神恍惚"的印象。

无论如何，在12月9日晚为学生游行问题发生争论之后，张学良已经开始了发动事变的紧张布置。11日晚虽因蒋介石突然召见令人有些神经过敏，毕竟是有惊无险，一切进展顺利。[2] 11日午夜过后，张学良、杨虎城已分别做了动员，并指挥东北军和十七路军有关各部，开始依照预定计划分别开赴指定位置，准备对临潼和西安市内各处规定目标发动袭击。根据目前已经被普遍接受的说法，张学良与杨虎城事先规定的统一行动时间是12月12日凌晨6点，而部队实际的行动时间远比计划时间提前了两三个小时之多，大约"凌晨三时左右，东北军外线部队在灞桥以东和骊山附近进入阵地，包围了华清池。四时许，内线部队卫队第一营一连迅速解除了驻在华清池外院禹王庙一排宪兵的武装，继之与白凤翔、刘桂五和卫队第二营先头部队一同冲入二道门，与守卫内院的蒋介石的卫队约30多人展开枪战"。战斗很快结束，但蒋介石已越墙逃出约半公里路程，经过一段时间的搜索，才将蒋从骊山半山腰的一块大石头后面找到带回西安。整个事变5点以前顺利结束。[3]

按照这种说法，东北军从进攻华清池到最后从骊山半山腰找到逃出半公里之遥的蒋介石，前后只花了不到一个小时的时间。显然，这一点和过去一般著作所说的情况有了很大的不同。过去人们几乎

---

[1]《蒋介石日记手稿》，1936年12月11日。
[2] 王菊人的回忆记述了当天晚上杨虎城等待张学良回城时的紧张状况，可为参考。见王菊人：《记西安事变前后的几件事》。
[3]《西安事变简史》，第42页；张魁堂：《张学良传》，第202页。张书明确说："攻击华清池的时间比预定的为早，找到蒋介石是在五时前。"

一致肯定，部队实际行动的时间在凌晨5点左右，蒋介石被找到时天已大亮。[1] 之所以如今人们几乎一致肯定部队实际行动时间大大提前，而蒋介石在凌晨5点以前已被找到，其原因就是因为当天凌晨张学良致中共中央电报的公开发表。这一电报的主要内容如下：

> 吾等为中华民族及抗日前途利益计，不顾一切，今已将蒋及其重要将领陈诚、朱绍良、蒋鼎文、卫立煌等扣留，迫其释放爱国分子，改组联合政府。兄等有何高见，速复。[2]

此电之落款时间写的是"文寅"两个字，文为12日的代字，寅为凌晨3至5时的代字，给人的印象似乎是，此电发电时间在12日凌晨3至5点之间。加上电报中有"今已将蒋及其重要将领陈诚、朱绍良、蒋鼎文、卫立煌等扣留"的字样，于是，似乎可以由此得出结论：蒋介石于张学良发电时已经被俘。由于有了这样一封电报，加上几乎所有当事人都记得事变之初确被蒋逃脱而四处寻找，因此人们遂相信，部队行动时间至迟不超过凌晨4点，俘蒋时间则应在寅时结束之前。

但仅凭张学良电报中"今已将蒋……扣留"一语，是否就足以断定张学良发电时蒋已被俘呢？难道就不存在这样一种可能性，即张学良当时自觉夜半偷袭，强兵围堵，稳操胜算，加上急于告之中共其行动计划与目的，故攻击行动刚一准备停当即致电中共中央，并已认定自己的行动必然成功？很明显，这种可能性不仅存在，而且恐怕在逻辑上、情理上，都远较5点以前找到蒋介石的说法更接近于历史事实。

根据之一，人们目前依据张学良发报时间来推论蒋被俘时间，这本身就存在着一种误解。要知道，第一，张学良之"文寅"电的那个"寅"字，确切地说并不是3至5时的意思，而是5时的意思；

---

[1] 参见申伯纯：《西安事变纪实》，北京，人民出版社，1979年，第37页；李云峰：《西安事变史实》，西安，陕西人民出版社，1981年，第266页。
[2]《李宜致东、来兄电》，1936年12月12日，《张学良文集》第2册，第1053—1054页。

第二，张学良选择凌晨 5 时发电，也并非是因为当时行动已经结束，而是因为凌晨 5 时是张学良和刘鼎与中共中央规定的守听和发报时间。凡多少了解一些电台联络工作的人都应当懂得，电台联络一般是不可能每小时、每分钟都在进行的，这种联络必须事先规定好双方的守听时间，双方也只是在规定的时间内进行发报和收报。而最初张学良与中共中央的通电，甚至是隔日守听的，以后才改为每日守听。但每天的守听时间这时也只有三次。根据事变前的约定，双方这时的守听时间分别是凌晨 5 时、下午 1 时和晚上 9 时。因此，凌晨 5 时发电只是按照约定的时间发报而已，并不能因此就推论张选择这一时间发报是因为事变已经开始并且取得了成功。

根据之二，蒋介石于事变当时摸黑逃上骊山约半公里之遥，又栖身于石穴草丛之中，东北军攻击部队进攻华清池已花去相当时间，又如何能够在黑灯瞎火的情况下，只花去很少的时间就在无路可寻的骊山东侧找到蒋介石？[1]

根据之三，当时亲身参加捉蒋行动的东北军军官也都清楚地记得，攻击行动结束后，天已渐明，蒋介石仍未找到。如当时最主要的两个参加者，张学良卫队一营营长王玉瓒和卫队二营营长孙铭九均回忆："天色微明，骊山上下尽是搜山战士"；直到"天色即将全明了，可以看清地形地物了"，部队才大举搜山。更为重要的是，事后不久，蒋介石和蒋贴身侍卫蒋孝镇对此的说明。蒋孝镇事后不久即说明，当他和蒋介石逃出华清池登上骊山半山腰时，"天正黎明，晨光微熹"，而后张学良卫队搜山几次经过二人藏身之地，均未发现。蒋介石自己也有同样的说法，称他从华清池越墙出来，行约半小时，藏身骊山东隅半山腰一岩穴中，直到天已渐明尚未见有搜山行动，至天大亮约 9 时许才见东北军"四出搜索"，很快被发现押解

---

[1] 几乎所有参加攻击华清池的军官都回忆说当时遭到了激烈的抵抗，不少回忆还肯定结束战斗时已至清晨 6 时或 7 时许。王玉瓒：《扣蒋回忆》；孙铭九：《临潼扣蒋》；蒋介石：《西安半月记》，远方编：《张学良在一九三六》，第 190、198、272 页。

西安。[1]

根据之四,刘鼎12日同样于凌晨5时根据张学良的要求通报中共中央,说明"西北全部武装暴动,意图俘虏卖国头子,举起抗日义旗",但内中并无张电中关于已将蒋介石扣留的字样,且明确肯定当时只是"意图俘虏"蒋介石而已,尚未成为现实。故而在当天早晨找到蒋介石后,张学良又令在西安的王以哲以他的电台于下午1时按约定时间再度发报给中共中央,进一步转告中共中央:"蒋先生已扣留在西安,蒋鼎文、朱绍良等十余高级将领均扣留"。而后,当毛泽东等于事变当天晚上9时再度来电询问事变详情时,张学良等又有电报称:"十二日六时已将蒋介石、陈诚、朱绍良、卫立煌、蒋鼎文、邵力子、晏道刚及其他中央人员全部俘虏。"[2] 显而易见,如果张学良发报时确实已将蒋介石捉到,自不必叫王以哲再打一个内容相同的电报通知中共,也不会在当晚告诉中共说早晨6点俘虏蒋介石等。

由上可以肯定,当日凌晨5时前后张学良和刘鼎先后发报给中共中央,只是按照约定发报时间紧急向中共中央通报事变之计划与目的,此时部队行动不过刚刚开始,并未捉到蒋介石。

那么,12日东北军和十七路军分别在西安和临潼开始采取军事行动的时间究竟是几时呢?能否说,这一行动原定6时,实际提前了两三个小时,发生于当日凌晨三四点钟呢?

在这里,首先必须说明的是,第一,关于张、杨预定清晨6点为统一行动时间,而部队却毫无根据地提前行动近两三个小时,这是说不通的。对于如此重大的军事行动,张学良等曾反复叮咛并严格督促,加上此一行动数路并进,时间上要求十分严格,不论东北

---

[1] 参见王禹廷:《细说西安事变》,台北,传记文学出版社,1989年,第296—297页;蒋介石:《西安半月记》。

[2] 根据12月13日中共中央军委发出的有关西安事变详情的通报的记述,应该是"十二日六时已将蒋介石、陈诚、朱绍良、卫立煌、蒋鼎文、邵力子、晏道刚及其他中央人员全部俘虏"。《军委主席团电》,1936年12月13日,《文献和研究》1986年第6期(关于西安事变的三十四份文电)。(《文献和研究》公布此电时记为12月12日,似不确。)

军或十七路军军纪松弛到何种程度，没有特别重大的突发性事件，参战部队及其现场指挥人员绝不可能擅自提前行动达数小时之多。而遍查所有事变参加者的回忆，也都没有提到因突发事件致使实际行动时间较计划行动时间严重提前的情况，故完全可以推断，事实上并没有所谓预定12日6时共同行动，而实际行动时间意外提前的情况存在。

那么，关于当日凌晨三四点钟部队开始行动的说法又是从哪里来的呢？查关于这一行动时间的说法，大都出自于几十年后东北军和十七路军当时事变之经历者。他们几乎都肯定，实际行动时间在12日凌晨四五点钟。

如事变发动时与张、杨等同在西北绥靖公署等候各路消息的西北"剿总"第四处处长卢广绩，回忆听到枪声的时间为凌晨4时左右。同为十七路军、当时担任西安市内行动任务的特务营营长宋文梅，回忆部队行动时间为4时30分左右。当时负责指挥西安市内十七路军行动的第十七师第五十一旅旅长赵寿山，回忆行动时间为凌晨5时许。当时为东北军骑六师师长白凤翔副官，随同白凤翔一同前往临潼执行捉蒋任务的常国宾，回忆向华清池进攻时为凌晨四五点。当时负责华清池外围警卫的张学良卫队一营营长王玉瓒回忆，他在凌晨4时许命令部下发动进攻。另外，东北军夏时回忆，现场指挥卫队二营参加扣蒋行动的一〇五师第二旅旅长唐君尧率部进攻时间为5时左右。[1]

其他重要当事人，如孙铭九虽回忆他是在凌晨2时30分到达攻击部队宿营地部署行动并进行动员的，但并未说明部队向华清池具体的进攻时间。时任东北军骑六师十七团团长的汪瑢虽回忆参加扣蒋行动的刘桂五对他说，部队进攻华清池的时间是凌晨约3时许，

---

[1] 王菊人：《记西安事变前后的几件事》；卢广绩：《西安事变亲历记》；赵寿山：《西安事变前后的回忆》；常国宾：《白凤翔临潼扣蒋》；王玉瓒：《扣蒋回忆》；宋文梅：《西安事变》；夏时：《唐君尧参加扣蒋的经过》，汪瑢：《刘桂五扣蒋纪实》；孙铭九：《临潼扣蒋》，等，远方编：《张学良在一九三六》，第73、100、169、176、180、189、208、170、184、195页。

但因汪瑢当时不在现场,听说和记忆均不足为凭。因此,事实上,在目前可以看到的几乎所有的当事人回忆当中,多数人确实记忆事变发生于凌晨四五点钟左右。[1]

能不能因此就认定上述说法一定成立呢?在这里最值得注意的一点是,上述说法全部出自于事变发生几十年之后,而多数研究者并没有特别重视事变发生当时的文献和事变刚刚发生后一些当事人的记述。应当肯定,这样的史料固然有限,但远比人们几十年后的回忆更具价值,也更应当加以重视。

比如,上述 12 日当晚张学良向中共中央通报的事变详情曾肯定事变发生的时间应为早 6 时。中共中央曾将这一电报的内容一字不落地转报给共产国际,并于第二天以军委主席团名义向全军通报。其内容如下:

> 十二日六时已将蒋介石、陈诚、朱绍良、卫立煌、蒋鼎文、邵力子、晏道刚及其他中央人员全部俘虏,蒋孝先、邵元冲及宪兵一团长阵亡,钱大钧受伤,马志超及城防之宪兵警察和一部分中央军全部缴枪,除蒋死卫士二十多人外,西安城内冲突小小,可谓完全胜利。已宣布政治主张及十大政纲。[2]

细读此电,可知内中固然没有具体提到行动时间问题,但从第一句中关于 6 时已将蒋介石等全部俘虏的表述中,可以得出两种解释。

一种解释是以早 6 时为结束全部战斗行动的时间,即是说,事变统一发动时间早于 6 点,至 6 点钟不仅解决了城里的所有宪兵警察,俘虏了全部中央大员,而且粉碎了华清池所有的抵抗行动,还抓住了蒋介石。但此种说法有很大疑点,至少关于早 6 时以前找到蒋介石的说法即难以令人相信。因为西安地处中国西北,12 月的早

---

[1] 只有晏道刚回忆他听到枪声时是凌晨 2 时许。晏道刚:《西安事变亲历记》,远方编:《张学良在一九三六》,第 129、184、195 页。
[2] 《军委主席团电》,1936 年 12 月 13 日,《文献和研究》,1986 第 6 期。

6时仍是漆黑一片,这与找到蒋介石时天已大亮或微明的说法明显不一致。

另一种解释则是早6时为事变统一行动的时间。尽管这里没有说明蒋介石一度逃走的情况,但这并不难于理解,因为完全没有必要在如此短的电报中具体解释和说明这种唯一例外的情况。电报中所要强调的其实只是一点,即事变发动一切顺利。而这是以除蒋介石外,所有行动都在部队采取统一行动的一瞬间取得成功为根据的。蒋介石虽属例外,但也只是一时漏网,并未影响整个行动的成功。故这句话也可以理解为,除蒋介石外,全部中央人员都是在早6时开始的统一行动中被俘的。

可以进一步印证这一情况的是同为当事人的蒋介石和蒋之卫士蒋尧祥事变后不久的记述。事变后蒋介石的日记被东北军抄去,后来才返还。返还后,蒋介石逐日做了补记。按照补记所述,他是在凌晨5时半听到行辕大门前有枪声的。他写道:"上午五时半,余床上运动已毕,正在起床批[披]衣,忽闻大门前枪声一发,余即命侍卫速即往查。少顷,闻第二发枪声继起,此后枪声连发不止。余乃知为东北军叛变,即带竺培基与蒋孝镇上后山。经飞虹桥到东侧后门,以门锁紧闭,未得开钥,不得出,乃即越墙而出。"[1]

根据蒋介石侍从官们的介绍和读蒋日记,可知蒋向有早起的习惯,并且一向比较守时,按部就班,通常均在凌晨6时前后开始起床并做床上运动。[2] 因此,蒋12日日记虽为补记,可以相信所言听到枪响的时间不会相差很多。当然,蒋于匆忙中未必一定看过表,所记"五时半"听到枪响未必十分准确,但就其较为固定的生活习惯而言,他断不致突然间在3点多起床,床上运动后于4点钟听到枪声。其在5点半前起床,很快听到枪声,或6点左右听到东北军进攻华清池的枪声,应当都是比较可信的。

---

[1] 《蒋介石日记手稿》,1936年12月12日。
[2] 据蒋介石贴身侍从副官翁元的回忆,蒋介石一向早上5点起床,且从来严格守时,按部就班做床上运动和其他盥洗动作。转见翁元:《我在蒋介石父子身边的日子》,《参考消息》,1994年2月3—4日。

而蒋尧祥回南京后给上峰的书面报告则有这样的说明。他写道："窃士（蒋尧祥自称）与翁自勉为十二月十二日上午六时至八时委座寝室外之卫兵。士守西门，翁自勉守东门，官长值班者竺侍卫官（培基）。当事变发生时，系六时二十五分左右。初闻汽车开动之声，未几拍拍之枪声破空而起，士即出枪警戒，并即报告竺侍卫官及翁自勉。当奉竺侍卫官命令迅驰下面查看，急行抵贵妃池后面（即华清池柜门外），即发现张部之卫队七八名……"[1] 蒋尧祥这里所说的时间与蒋介石有所不同，前后相差近一小时，相同者均在6点前后。由于蒋介石黑暗中起床，加上枪声骤起，当时未必注意过时间，因此，蒋尧祥的记述理应更准确些。因蒋尧祥早6时上岗，绝不可能提前半小时之多。至于说蒋上岗后是否一定是过了25分钟才听到枪声，则未必十分准确，重要的是他早6时上岗后不久即听到枪声，并亲眼见到东北军士兵冲入华清池院内。

另外，我们还可以进一步从蒋介石及其贴身卫士蒋孝镇事后的说明中证实事变多半发生于当日早6时左右，而不是凌晨4点钟。因为如前所述，无论是蒋介石还是蒋孝镇均已清楚地告诉我们，他和蒋介石爬到骊山半山腰时，"天正黎明，晨光微熹"。从华清池后墙出来至蒋藏身的半山腰有多远？仅500米左右。12月的西安早晨何时开始"晨光微熹"？大约在7时半。即使是从骊山上远望，相信也不能早于7时。这么短的距离，又是逃命，试想，蒋与他的卫士有可能花了两三个小时以上的时间才爬到那里吗？唯一可能的解释就是，事变发生时是早上6点多，蒋与其卫士翻出后墙，花了大约一个小时爬到骊山半山腰，这时"天正黎明，晨光微熹"。

关于东北军攻入华清池院的经过情形，蒋介石之侍从人员在事变后有过集体回忆。反复核对各个人的回忆后，执笔者记述华清池遭袭至蒋介石被俘之经过有如下之说明：

十二月十二日凌晨六时许，华清池行辕外有汽车开动声，

---

[1] 转见中国国民党党史委员会编：《革命文献》第94辑，第84—85页。

继闻枪声两响。值班侍卫官竺培基遂命内厅西侧门之便衣卫士蒋尧祥驰往侦察。下行抵贵妃池后侧,突遇张(学良)部卫队七八名全副武装,以"预备放"姿势喝令"站住"、"枪放下"。是时第二步哨之值班卫士张华已中弹身殉,蒋知有变,即出枪射击,正拟归报,被叛兵还击弹中左胸倒卧池旁,疾呼"兵变"。至是内厅东侧门之便衣卫士翁自勉潜趋栏外,察悉敌情,驰报竺侍卫官。是时特务人员施文彪及翁自勉等即凭栏射击。叛兵知我有备,未敢遽进。竺乃率同特务副官蒋孝镇等乘间扶掖委座出东侧门,经飞虹桥至围墙后门,越高墙深沟,行未数步,遇宪兵连长邹璧率领宪兵数人协同护卫于昏黑中登山东涉。山岭陡绝,荆棘丛生,攀近山岭,天色微明。伏兵四起,以机关枪猛烈扫射,竺培基弹贯左肘,施文彪炸穿右胸,翁自勉护驾下山,枪伤右踝,皆中弹伤亡。至是委座始知为东北军有计划之叛变,亦不再作避免之计,乃只身下驰,冀返行辕。不意失足落堕深谷(后经人改岩穴——引者注)中。斯时叛兵会合,往返搜寻,迄不得委座行止。至九时许,委座由深谷抗声传谕,叛众闻声趋集,旋由逆部(加旅长唐君尧)营长孙鸣九跽前泣请下山登车。当即随护入城。竺蒋施翁诸人亦皆先后被俘,受叛部之监视。[1]

根据以上分析和当事人当时之记述,似不难断定,西安事变的突然爆发,完全是在张学良、杨虎城预定的计划和指挥之下实施的。在东北军和十七路军各部队已经开始分别向预定目标运动之后,即凌晨5时左右,张学良首先用自己的"双台"[2]向中共中央通报了事变的消息,同时也进一步通知了刘鼎,刘鼎因此在差不多同一时

---

[1]《侍卫人员临潼抗逆记》,1936年12月,台北"国史馆"藏蒋中正档案,特交档案51679。
[2] 张学良所用与中共中央通报之"双台"最初启用时间是9月25日,但至10月底"尚不通",11月才真正开始收发电报。

间也用自己的"坤台"[1]向中共中央通报了此一消息。[2]之后，各部队先后到达指定位置，并在清晨 6 点左右开始了突然的军事行动。整个行动比较顺利，除蒋介石一时走脱，其余各处均很快按预定计划完成任务。而至天明时分，蒋介石也被发现藏匿于骊山半山腰之草丛中，很快被带回西安。整个事变发动的军事行动因此而大功告

---

[1] 刘鼎所用"坤台"9 月 20 日左右开始启用，11 月 13 日起才正式开始通报。
[2] 可以看到的刘鼎谈论这一情况的资料分别有两件，一件是刘鼎《谈西安事变》，一件是张魁堂根据刘鼎 70 年代末自己记述的西安事变追记笔记所整理的《刘鼎在张学良那里工作的时候》。在这两次谈话和记述中，刘鼎自己关于这一情况的说法就大有出入。在谈话中，刘鼎肯定地说，张学良是在 12 月 12 日 0 时告诉他要发动事变的消息，他当时即赶回去给中共中央发报，"但此时停电了，我就从金家巷走到南院门电料行买电池，电池买回时，蒋已被抓到了，我即把这个消息发报出去"。在笔记中，刘却说，张学良告诉他事变决定时已过 12 点，他并没有回去发报，而是在张学良处发的报，"清晨两点多，彭绍坤接通了保安中共中央电台。搜山寻获蒋介石后，张学良又让刘鼎给中共中央发出文寅电"。略去这里的 12 点（0 点）和 12 点已过这个细节不论，上述两种说法中仍有相当的矛盾。其一，谈话中刘鼎提到的发报机是自己的，故有回去发报和发现没有电池一说，而笔记中所提到的发报机则是在张学良处，因而不存在也不可能存在因停电和没有电池而要自己去买电池一说。但同时，笔记中的说法又自相矛盾，因其所说"彭绍坤接通了中共中央的电台"指的又是自己的发报机和报务员，并不是在张学良处。后面更明确讲："张学良又让刘鼎给中共中央发出文寅电"，似乎张学良自己并无电台与中共中央联系，张学良的电报都是通过刘鼎发的。显然，这完全不合事实。其二，谈话中讲得很肯定，即强调张学良告诉他之后，因没有电池，他专门由金家巷跑到南院门去买电池，回来时蒋介石已经抓到了。这一来一回花了多少时间呢？也就是说，当他将张学良告诉他的消息发出去的时候是凌晨几点钟呢？据他在谈话中讲，蒋抓到时是"天已大亮，八点多钟"。即是说，他 0 点得到消息，因没有电池，从金家巷跑到南院门去买电池，来回用了将近 8 个小时之久，回来时蒋已抓到，天已大亮。而在笔记中，他却告诉人们说，他并没有去买电池，因此 0 点以后得到消息，即开始发报，接通中共中央电台时是深夜 2 点多（《西安事变简史》则进一步肯定其为"两点三十分"），此时自然尚未抓到蒋介石。此两说相距之何止十万八千里。可以想见，根据这样一些完全不确定的，并且是自相矛盾的回忆来推断刘鼎向中共中央发报的时间，无论如何是不足为信的。事实其实很清楚，张学良和刘鼎当时各有电台与中共中央通报，张学良用不着通过刘鼎的电台来向中共中央通报事变的决定。张之所以通知刘鼎此一消息，只是因为刘鼎这时还是中共中央派驻西安的联络员，有必要在正式行动之时将此消息通知刘鼎，这并非是张自己不能通报而需要通过刘鼎来通报的缘故。同样，既然张学良自己有电台与中共中央联络，他也绝不会于正式行动 5 个小时以前即通知刘鼎，让刘鼎先发报，而自己反而要等到凌晨四五点再发报。更为重要的是，张学良与刘鼎均与中共中央有约定的通报时间，刘鼎回忆所称的种种时间，都不是约定的通报时间，在他所回忆的 0 点、半夜 2 点多或其他时间，事实上是不可能通报的。

成。除蒋介石、陈诚、朱绍良、蒋鼎文等国民党中央军政高级官员被扣押以外,仅蒋孝先、邵元冲及宪兵一团长阵亡,钱大钧受伤,西安警察局局长马志超潜逃,蒋之卫士死亡20多人,其余城防之宪兵警察和一部分中央军全部被缴械,西安城内没有更大的冲突。

20世纪一场左右中国命运的重大事变就这样拉开了它的帷幕。

三、战耶和耶?

张学良和刘鼎 12 日晨给中共中央的电报,中共中央方面究竟何时收到,如今还颇难具体判断。但有一点可以肯定,中共中央直到这一天晚上,仍旧在问张学良:"是否已将蒋介石扣留?"这也就是说,因张学良扣蒋,整个西安城里的军民已经像开了锅似的喧腾了一个白天之后,中共中央似乎还未能搞清楚:是不是真的发生了这回事?

当然,中共中央至少还在中午以前就已经收到张学良和刘鼎的通报了。并且他们立即就作出了反应,一面于当天中午 12 点将张学良的来电照转共产国际执委会书记处,一面迅速提出,应当把蒋介石与南京政府的其他重要领导人区别对待,争取与那些具有抗日诚意的国民党领导人达成政治军事协议,并准备应付因此而出现的危险局面。中共中央为此还给它在上海的谈判代表潘汉年发出指示,明确要求:"不可将陈立夫、张冲、邓文仪诸君之具有合作抗日诚意与蒋介石之无诚意混为一谈","须诚恳公开的建议于陈等,不可以民族国家之利益迁就蒋氏一人,应以一个大政党的代表勇敢坚决地出而与另一个大政党站在救国图存共同反日反汉奸的立场,谈判与签订政治军事的协定"。特别是要"极力注意并准备抵抗中国汉奸勾结日本侵略沪、宁、青、济及华北、西北"。[1] 这两封电报表明,中共中央当天白天并非不了解在西安已经发生了什么。

---

[1]《中央关于谈判问题给潘汉年的指示电》,1936 年 12 月 12 日。

问题仅仅在于这一切太让人吃惊了,因此正在保安的毛泽东等中共领导人竟很长时间难以相信,事情真的会如此顺利。他们一边迅速就此作出反应,一边却不能不再三想办法核实这一消息的准确性。而根据前此约定的联络方式,中共中央此前规定守听西安电台的时间一日仅三次,西安方面守听时间主要又只是在晨5时与晚9时。所以,直到当晚9时,中共中央才有机会再次与张学良通报,提出他们的疑问。他们同时提议:(一)立即将东北军主力调集西安、平凉一线,将十七路军主力调集西安、潼关一线,由红军担任箝制胡宗南、曾万钟、毛炳文、关麟征、李仙洲各部的任务;(二)必须将蒋介石押在自己的卫队营内,且须严防其收买属员,紧急时应做断然处置;(三)拟派周恩来赴西安协商大计。

　　当晚,中共中央收到了张学良关于事变情况的更确切的通报。张学良同时特别询问了叶剑英为何还没到西安,并同意周恩来尽快到西安来。据此,中共中央于当晚24时正式通知共产国际执委会书记处称:

　　A. 张学良确已将蒋介石扣留在西安。

　　B. 叶剑英、王稼祥已去西安,周恩来亦立即前去。

　　C. 我们的计划:(一)周恩来、张学良、杨虎城组织三人委员会,以叶剑英为参谋长主持工作。(二)在西安召集抗日救国代表大会,准备半个月内召开会议。(三)组织抗日联军,以红军、东北军、十七路军、晋绥军四支军队为主,争取陈诚领导的蒋系军队加入其中,抵抗日本之可能的进攻。(四)以林森、孙科、冯玉祥、宋子文、于右任、孔祥熙、陈立夫等暂时主持南京政府,防止和抵抗亲日派勾结日本进攻上海与南京,准备成立革命的国防政府。(五)争取蒋介石全部军队。

　　D. 请你们支持我们的上述行动,特别是(一)在世界舆论方面援助我们;(二)争取英、法、美三国赞助中国革命政府与革命的军队;(三)苏联积极援助中国。[1]

---

[1]《中共中央致共产国际执委会书记处电》,1936年12月12日,中心档案495/74/280。

与此同时，中共中央亦进一步向北方局通报了这一情况，并紧急提出更具体的工作方针，明确主张争取南京及各地方实力派支持事变，揭发蒋介石的罪状，以及争取罢免蒋介石的宣传任务。这包括：

（一）揭发蒋介石对外投降，对内镇压民众与强迫其部下坚持内战之罪状，拥护张、杨等之革命行动。

（二）号召人民起来，要求张、杨、南京及各实力派，立即召集抗日救亡代表大会，在西安开会讨论抗日救亡大计。

（三）号召人民及全国军队，积极注意日本与汉奸之行动，防止并准备抵抗他们乘机侵犯上海、南京、青岛、华北与晋绥。

（四）推动南京及各地政权中之抗日派，响应西安起义，并严重对付亲日派。

（五）稳定西西派、黄埔派，推动欧美派、元老派及各实力派，积极站在抗日救亡方面。

（六）号召人民及救亡领袖，要求南京明令罢免蒋介石，并交人民审判。

（七）推动宋子文、孙科、孔祥熙、蔡元培、李石曾等，争取英、美、法三国谅解与赞助。[1]

13日上午，中共中央在保安的领导人召开政治局扩大会议，第一次正式讨论对于此一事变的估计与对策。毛泽东首先作报告，肯定"这次事变是有革命意义的，是抗日反卖国贼的，它的行动、它的纲领都有积极意义，就是在它自卫的出发点上也是革命的"。说"这一事件的影响是很大的"，"他同我们的友好是公开的，（事变）把我们从牢狱的情况下解放了出来，因此西安事变是革命的，是历史事业，是应该拥护的"。毛泽东评价说：其实，蒋介石最近的立场严格说来还是中间性的，并非投降的或亲日的，可惜的是，他"在

---

[1]《中央书记处致胡服电》，1936年12月12日，《中共中央抗日民族统一战线文件选编》（中），第315—316页。

剿共一点上还是站在日本方面的。这一立场对他的部下是有很多矛盾的,所以他是被这样的矛盾葬送了"。既然事变已经发生,"在我们的观点,把蒋除掉,无论在哪方面都有好处"。他提议,目前"我们应以西安为中心来领导全国,控制南京"。为此,第一,应在人民面前揭破蒋介石的罪恶,拥护西安事变;第二,应公开要求罢免蒋介石,交人民公审;第三,应稳定黄埔系、CC派,积极争取元老派、欧美派及其他抗日派。对于是否要在西安成立全国政府问题,他主张可再考虑,但应设法使东北军、十七路军不仅在政治上与我们一致,而且使他们在组织上与我们一致,应下大力去做这一工作。

对于要不要以西北为中心,甚至在西安成立政府的问题,在会议上出现了不同的意见。周恩来主张:"在政治上不采取与南京对立"的形式,可以考虑在西安召开抗日救亡代表大会和成立抗日援绥委员会之类的组织,将来西安"或以陪都形式出现,更为有利"。张闻天更明确提出:"我们不采取与南京对立方针,不组织与南京对立方式(实际是政权形式)"的组织,还是应当"尽量争取南京政府正统",但必须"改组南京政府"。张国焘则赞同毛泽东的意见,他提出:"我们说到要以西安为中心,就包含了以西安为政权中心的意义。"说西安事变的意义,"第一是抗日,第二是反蒋。在反蒋问题上对南京方面就应考虑一下,张学良提出改组南京政府,各党各派共同负责,我们的态度亦须表示。再在反对独裁上,亦要联系到南京政府存在问题"。他指出:"内乱问题是不是可免?这是不可免的,只是大小的问题。""因此,打倒南京政府,建立抗日政府,应该讨论怎样来实现。"

讨论的结果,会议没有就此形成完全一致的意见。显然,正如博古所说,国际指示全国抗日一定要争取蒋介石部队的大部甚至全部,中共中央现在不能变更这一策略。故对西安事变,只应看成是抗日的旗帜,不好看成是反蒋的旗帜。但西安事变是不是完全不包含反蒋的意义呢?与会者对此认识不一。很明显,张学良文寅电第一句就是:"蒋之反革命面目已毕现",他是为了民族和抗日的前途及利益考虑对蒋采取行动的。这本身就包含着某种反对蒋介石个人的意味。而不论中共此前政策如何,既然蒋介石已经成为"阶下囚",难道他还能重新成为国家的领袖与军队的统帅不成?既然蒋介石是停止"剿共"内战和改组统一战线政府的关键障碍,难道除了除掉蒋介石以外还有其他的解决办法?而如果除掉蒋介石,那么取消了蒋介石的南京正统和南京中心是否还能存在呢?

对此,毛泽东总结说:这一事变的处理,最后恐怕只能是"又要反蒋又不反蒋",结果在政府问题上也是"又要(南京)政府又不要(南京)政府",话都不好说得太绝对了。无论如何,在坚持争取南京及各派赞助西安事变的前提下,"要求罢免蒋介石,交人民公审",这一方针是确定了。[1]

13日中午12时,中央军委主席团正式向全军发出关于西安事变情况的通告。同时,中共中央机关报《红色中华》亦开始大力宣传将蒋介石交付人民审判的主张,保安亦召开军民干部大会声援西安义举,声讨蒋介石的罪恶。[2] 毛泽东与周恩来更联名致电张学良,表示祝贺。电称:

> 元凶被逮,薄海同快。目前任务,在全国者已见致汉年电,昨已奉达并祈转沪。在西北者,略陈如次,敬祈酌夺。
> (甲)重兵置于潼关、凤翔、平凉,潼关尤要。严拒樊崧甫。
> (乙)号召西安及西北民众起来拥护义举,对全国亦然。弟等认为只有将全部行动基础置于民众之上,西安起义才能确定最后其胜利。
> (丙)宜即逮捕或驱逐部队中法西分子,对全军举行广大深入的政治动员,向全体官兵宣布蒋氏卖国残民罪状,政治上团结全军。此着是最紧急任务之一。
> (丁)胡、曾、关等军向南压迫时,红军决从其侧后配合兄

---

[1]《(中共中央)政治局会议记录》,1936年12月13日,转见张培森等:《张闻天与西安事变》,《党的文献》,1988年第3期;并见《中共党史研究》,1988年第4期。
[2]《红色中华》,1936年12月13日,第1版。

部坚持消灭之。如何部署请随时电知。[1]

毛泽东随后告诉张学良，周恩来一行20人拟于16日赶到延安城外，请派飞机去延安接运，并告延安杨虎城部下负责保护。他再次提醒张学良："监视蒋介石等之人员地点武装宜有绝对保证，此当关系全局。吾兄精明过人，必有周密布置。但恐执行者有偶然之疏，则将遗无穷之祸。如何使万无一失，祈高明时察及之是祷。"

事变发生的12日当晚，南京方面即对西安事变作出了强烈反应，中共中央寄希望的南京分化的局面已再难出现。南京国民党中央常务委员会和政治委员会在当晚紧急召集的临时联席会议上，通过了两项强硬的决议，一是决定"褫夺张学良本兼各职，交军事委员会严办"，一是"指挥调动军队由军事委员会常务委员兼军政部部长何应钦负责"。[2]

与此同时，张学良秘密指示设法夺取洛阳的东北军炮兵旅旅长黄永安早早就向洛阳警备司令祝绍周告了密，奉命向潼关运动抵抗中央军推进的十七路军之冯钦哉部也秘密与中央军接洽，事实上倒向了南京方面。冯部倒戈使中央军樊崧甫部抢先进驻了陇海线的战略要地潼关，樊部之董钊师更进占了陕西之华阴，国民党中央军进入陕西之大门因此而洞开。加上何应钦强烈主战，甘肃之胡宗南等各部中央军又随时可以从背后发动进攻，西安方面事变开始后就明显地处于背腹受敌的不利态势。

张学良14日专门向中共中央通报了此一情况，说明孙蔚如部、冯钦哉部、董英斌部、刘多荃部等，目前已集中西安一带，王以哲部留平凉、固原，于学忠部集中兰州，请红军主力监视胡宗南、毛炳文外，抽　部速往延安、甘泉接防，他并准备派飞机前往延安专程迎接周恩来共商大计。

鉴于军事情况颇为紧急，中共中央14日决定急变原先之提议，公开成立红军、东北军和十七路军的统一军事组织，以稳定西安方

---

[1]《毛泽东、周恩来致张学良电》，1936年12月13日，《文献和研究》，1986年第6期。
[2] 李云汉：《西安事变始末之研究》，第76—77页。

面之军心,并切实做好迎战之准备。为此,中共中央再电张学良、杨虎城,开始明确提出组织抗日联军的问题,要求后者务必"将全部精力注意于集中与团结东北军及十七路军上面来",并且要警惕冯钦哉部之叛变。电报同时主张:

(一)立即宣布西北抗日援绥联军之组成,以张学良为西北抗日援绥联军总司令;东北军编为西北抗日援绥联军第一集团军,张学良兼第一集团军总司令;十七路军编为第二集团军,杨虎城为总司令;红军编为第三集团军,朱德为总司令。设立西北抗日援绥军事政治委员会,以三个集团军高级将领为委员,每集团军三人至五人,以张学良、杨虎城、朱德三人为主席团,张为主席,杨、朱为副,统一军事政治领导。以上组织如荷同意,立即以三方抗日救亡联席会议名义向全军全国宣布。此外,极力争取阎锡山先生及全国其他爱国将领加入,推阎锡山先生为全国抗日援绥联军总司令。

(二)目前军事步骤:抗日援绥联军三部主力应集中于以西安、平凉为中心之地区,发扬士气,巩固团结,与敌决战,各个击破之。在目前三星期内,由杨兄所部固守西安城,张兄所部及弟部担任野战。如荷同意,弟部主力可于一星期内到达西峰镇,尔后或增援西安,或增援固原,依情况决定;弟军一部则在定、盐、环箝制胡敌,另一部则在肤、甘箝制汤敌。王以哲兄部仍在固原防御胡敌,于学忠部仍守兰州。只要打得几个胜仗,即可大大开展战局,即有若干失利,亦于大局无碍。[1]

当天,毛泽东致电彭德怀等,提议野战军应速开西峰镇,因为"南京已发动大规模内战,全力对付张、杨,主力由潼关进"。而"张、杨内部有许多不稳定成份,南京政策又拉杨打张,红军与之靠

---

[1]《毛泽东等致张学良、杨虎城电》,1936年12月14日,《文献和研究》,1986年第6期。

拢，（可）壮其胆而振其气"，同时也靠近王以哲部，一方面便于对付胡宗南的进攻，一方面也便于就近应付西安方面的各种事变。

但鉴于此时国内各方面对西安事变的不良反应开始接踵而来，苏联方面也有不利于张学良之公开广播，中共中央15日又迅速改变了前一日的提议，决定一方面继续在公开场合保持第三者姿态，呼吁并力争和平解决事变，一方面严格隐蔽红军主力的作战意图，以达到攻其不备的目的。为此，毛泽东15日中午再度致电张学良，说明"昨电组织抗日联军，对外请暂勿发表，惟对内似宜宣布，以一军心"。因国内多数不良反应目前均把事变归结为中共的作用，非如此不便于张学良解释其发动事变的真实原因，也不便于中共站在第三者地位主张和平。为了向外界表明共产党之立场，中共中央一改13日政治局会议关于不轻易发言的决定，公开以红军将领的名义于15日发表通电，坚主停止内战，要求南京方面"自别于蒋氏"，接受张、杨主张，联合各党各派组织统一战线政府，"罢免蒋氏，交付国人裁判"[1]，既是为张学良、杨虎城撑腰，也是要借此表明自己与西安事变之发动原本并无瓜葛。毛泽东等同时还致电陈立夫，要其从中斡旋，并向张学良提议，可利用其前顾问端纳来西安的机会，与南京方面接洽停战。

如果以为中共中央要求张学良"暂勿发表"关于红军、东北军和十七路军三位一体的西北抗日联军组织系统，是为了自己的利益考虑而刻意站在第三者地位，那就大错特错了。中共15日通电中的要求很明显比张学良、杨虎城的要求要激烈得多。

张学良并不希望战争，共产党也不希望战争，他们的目的说到底其实都是一个，即要"改组南京政府，容纳各党各派，共同负责救国"。能通过和平手段达到这样的目的，何乐而不为？但是毛泽东早就十分清楚，扣押蒋介石，并且逼迫改组南京政府这一行动本身，无异于根本上否定了南京政府，它绝对不是当前在南京当权的那些人所能轻易接受的。如今事态的发展更进一步证明，不论张学良对

---

[1]《红军将领关于西安事变致国民党国民政府电》，1936年12月15日，《中共中央抗日民族统一战线文件选编》（中），第319—320页。

蒋介石如何处置，在南京方面与张、杨之间没有妥协的任何可能性，中央军的大举进攻不可避免，大规模的战争已经成为一种必然。

16日，就职"讨逆军"总司令的何应钦开始指挥大军由潼关向西安迅速推进，中央军的大批飞机开始轮番轰炸潼关至西安线上的渭南县城和赤水车站，毁房上千，炸死军民数以百计。至此，和与战的前途已经明摆在那里，不击退中央军的进攻，停战与和平完全无望。因此，毛泽东这时考虑的其实并不是设法保持第三者地位的问题，而是如何通过红军、东北军和十七路军共同进行大规模战争的方法来停止战争的问题。也正是因为如此，毛泽东越想越觉得像张学良部署的那样单纯摆出一副被动挨打的架势不是办法。根据红军的作战经验，不赶快打几个胜仗，不设法使自己尽快转入主动地位，本来就不稳定的东北军和十七路军内部势必要被南京方面所分化，结果事变必然归于失败。考虑到这种情况，毛泽东一边提醒张学良加强和平攻势，一边又很明确地对张学良指出，只要蒋仍在人世，各方犹豫观望不可避免，张对此应有足够估计，不应因此而动摇，应"坚持到底，集结部队，提高士气，发动民众，防止反动"，要"干到底胆大些"，"要赶快消灭敌人"。故毛提议东北军和十七路军取守势，而"红军应以进攻防御的姿势打击敌人"，强调只有蒋系军队被严重打击后，国内各派才更好胁迫南京抗日。他主张：红军主力迂回敌后直取郑州甚至威迫南京。因此，就在红军将领发表所谓第三者通电的同一天，中共中央军委主席团却根据毛泽东的建议直电彭德怀等，明确提出：决将西峰镇集中计划废止，改至延安、甘泉集中，以便取直径迂回至敌主力后之郑州等地，并发展至直迫南京。在此总方针下，或渡两道黄河直取郑州一带，或渡渭水下流，截击潼关一带。在某种必要时，也可渡泾水下游至邠乾一带，有几个战略战役之机动。因此改向延安集中。[1]

---

[1] 转见宋毅军：《中共在西安事变前后的军事战略防御》，《军事历史研究》，1992年第2期。但宋文这里把军委主席团12月15日关于取消西峰镇集中计划的电报指示时间搞错了，误以为该指示的日期为13日，因此对有关这一战略设想的形成及取消过程的情况作了不正确的说明。

对于这种极其大胆的战略设想，不仅张学良颇感犹豫，即使是彭德怀等中共军事领导人也不十分赞成。彭德怀与任弼时很快复电中央军委，提出：我们目前战略方针应"迅速停止内战，发动抗日战争，找机会争取宁夏，巩固兰州，一部东出绥远，与傅作义联合抗日"。若野战军立即"出河南取进攻姿势，这样可能延长内战，失去固原、兰州及陕甘公路，且我主力在时间上来不及增援西安"。一旦胡宗南等对我实行南北夹击，很可能隔断我与苏联以及同西路军之间的联系，使我无法取得外援。刘伯承这时也致电军委，认为目前不宜出河南，而应尽力掌握全甘肃，并以相当兵力乘黄河结冰期夺取相关之战略要点，攻取宁夏，以援绥远，接通外蒙。[1] 对此，毛泽东明确解释说："无论军事政治方面，目前均须击破敌之要害。敌之要害，不是宁夏或甘肃，而是河南与南京。敌已奉行大规模内战，我们对战争是后发，不是先发。然在敌主力向西安进时，我军应奉行大的战略，迂回并击破敌头脑之南京政府"，如此才能使战争停止下来。[2]

毛泽东的这个以主力打出外线的大胆的战争设想，其实是他惯用的战法和最重要的军事思想之一。只是，这样的设想这时在张学良看来无论如何都太冒险了。张学良首先担心的就是西安和兰州的巩固问题，东北军和十七路军这时均已出现部队倒戈的情况，部队兵力已有不足，作战能力也颇让人担心，红军主力一旦转入外线，陕北必定出现真空地带，甘北王以哲部一部已抽调南下，剩下的3个师绝不可能独力对付胡宗南和汤恩伯两个中央军主力，万一东北军和十七路军内部进一步发生倒戈或分化，西安的局面必定转瞬间即变得不可收拾。那时外线的红军远水救不得近火，必然成为可望而不可即的力量。因此，张学良始终不认为这是一个好办法，仍旧坚持："贵军主力在环县、预旺以北地区，一部在肤施、甘泉附近，对胡、毛、曾、汤等，不使其连络，并极力向北压迫，以掩护本军后方之安全。"此点虽经毛再三解释，说明：

---

[1] 宋毅军：《中共在西安事变前后的军事战略防御》，《军事历史研究》，1992年第2期。
[2] 《毛致彭、任电》，1936年12月15日，《毛泽东军事文集》第1卷，第685页。

"弟认胡宗南、汤恩伯均不过一支队,各以一部箝制之可也,敌之要害在南京与京汉、陇海线,若以二三万人之战略迂回部队突击京汉、陇海,取得决定胜利,则大局立起变化",却始终未能得到张学良的赞同。[1] 直至周恩来到西安时,因南线军事情况严峻,张之计划才又有某些改变。

17日下午,张学良派刘鼎乘坐他的飞机前往延安将周恩来等接到西安。双方很快举行了秘密会谈。张学良首先向周恩来通报了当前的军事形势,指出:"刘峙已以5个师入潼关,围华县,逼渭南,如急进,应战无把握。张拟以杨部控制西安,东北军主力集渭水北备战,决战必须红军参加。"在东北军方面,"刘多荃、董应斌及何柱国两个师需一周内方能集中,沈克师已开动,王以哲三个师留固原、平凉,拟压迫沈久成师离会静。十三师离咸阳经华阳趋汉中,十七路(军)向西安潼关线集中"。张学良仍坚持,红军主力参加对胡宗南部作战,一部接防延安、甘泉。但相信在胡宗南北退后,红军主力必须迅速南下出渭水下游北岸,侧击由潼关向西安推进之国民党中央军,参加决战。两人据此商定,红军主力仍先开庆阳、环县一带,一旦胡宗南部北退即南进,同时以至少一个军的兵力接防延安、甘泉之线,并准备南下策应。[2]

根据张学良通报的近几天与南京方面接洽的情况,周恩来得知蒋介石的顾问,过去也做过张学良顾问的英国人端纳已于14日飞来西安,其带来宋美龄亲笔信,内中有"宁抗日勿死敌手"的话。[3] 据端纳告诉张学良,他亦明确劝蒋不要过于坚持过去的主张,不妨与张、杨具体商谈,求得一个比较有利于国家前途的解决方法。[4]

---

[1] 《毛泽东致张学良电》,1936年12月17日,《文献和研究》,1986年第6期。
[2] 《周恩来致毛泽东并中央电》,1936年12月17日,《文献和研究》,1986年第6期。
[3] 另据事变后博古关于事变解决经过的报告,宋美龄捎给蒋的话具体内容是:"变中有变,戏中有戏,宁可抗日而死,不可让人暗伤。"
[4] 据张学良讲,端纳见蒋后,蒋当即问端纳:"你是否是来同生死的?"端纳回答说:"不是。我是英国人,不懂得中国这种事情,英国人与皇帝是没有这种关系的。他们主要是忘不了敌人。中国现在已经亡了东三省几年了,大家都要抗日,只等蒋先生的命令,为什么中国人自己干自己,而不用力对付敌人呢?"

多半因为这些因素,蒋介石已同意下令让南京方面暂时停止进攻和轰炸,以便双方进行必要的接触与商谈。据张学良介绍:"蒋态度开始表示强硬,现亦转取调和,图求得恢复自由,对张有以西北问题对红军非降非合,完全交张处理之表示。"[1] 据此,蒋鼎文受命于当天上午飞洛阳转赴南京传达蒋之手令,宋子文及于右任已答应第二天来西安进行具体谈判。双方因此讨论了与宋子文谈判的条件问题,一致同意在下列条件的基础上可以与南京达成协议。这些条件是:

(一) 立停内战,中央军全部开出潼关。
(二) 下令全国援绥抗敌。
(三) 宋子文负责成立南京过渡政府,肃清一切亲日派。
(四) 成立抗日联军。
(五) 释放政治犯,实现民主,武装群众,开救国会议,先在西安开筹备会。[2]

对于蒋介石的处置问题,无疑是一个相当敏感和棘手的问题。张学良自事变之日起,就反复强调此次行动只是"暂请介公留在西安,促其反省,决不妄加危害","我们这种举动对蒋委员长是绝对无损的——如蒋委员长能放弃过去主张,毅然主持抗日工作,我们马上绝对拥护他,服从他!那时甚至他对我们这次行动,认为是叛变而惩处我们,我们绝对坦然接受"。[3] 显而易见,张学良在处置蒋介石的问题上,与中共方面的"罢免"和"公审"的主张,是有不小的差距的。但同样可以肯定的是,张学良并非不了解,依蒋介石此时之地位、声望与性格,要想依靠武力的强迫与威逼来达到劝

---

[1]《周恩来致毛并中央电》,1936年12月18日。
[2]《文献和研究》,1986年第6期。
[3] 参见《张学良致孔祥熙电》,1936年12月12日;《张学良致宋美龄电》,1936年12月12日;张学良:《对总部全体职员的训词》,1936年12月13日,《张学良文集》第2册,第1056—1057、1067页。

说的目的，是未必有效的。因此，他也知道，答应保蒋安全，说到底也只是一种策略。所以，当周恩来进一步转达中共方面的意见之后，张学良并没有提出不同的意见。双方并就此达成一致认识，即："为缓和蒋系进兵，使我集中分化南京内部，推广全国运动，在策略上答应保蒋安全是可以的，但声明如南京进兵挑起内战，则蒋安全无望。"周恩来并且明确电告中共中央：他一再强调，一旦证明南京政府内亲日派阴谋得逞，战争不可避免，就应当准备对蒋采取最后手段并下作战决心。讨论后，"张同意，在内战阶段不可避免围攻西安前，（对蒋）行最后手段"。[1]

18日，尽管蒋鼎文携蒋令已经洛阳到达南京，中央军刘峙部仍开始围攻华县，但东北军士气甚高，三个连守军顶住了一个团的进攻，而东调的两个师更是一昼夜赶百余里驰援渭南，准备抵抗中央军之进攻。加上蒋介石这时态度事实上也已远非此前之强硬，在张反复向蒋保证将设法送蒋回宁之后，蒋已多少改变态度，表示他可以将西北及红军问题日后交张学良处理，并且同意派蒋鼎文持他的停战手令前往南京，让何应钦把进攻暂时停止下来，因此张学良对于事态之发展似乎并不特别担心。他甚至致电毛泽东，宣称"此间诸事顺利"，他对坚持到底已有相当信心。同样，杨虎城这时也对事变的进展情况表示满意。他虽因部分部队不稳而焦虑，并不像张学良那样对坚持下去充满信心，但他对作战反应积极，强调"开火可团结内部，失利可放弃西安，以甘（肃）为后方"，仍可巩固部队。只不过，他这时已一反过去

---

[1]《周恩来致毛泽东并中央电》，1936年12月17日。对于中共中央这时对处置蒋介石的主张，一般史书都回避了或否定了中共中央在态度上有一个转变过程的历史情况，甚至说，周恩来刚一到西安，就批评张学良发动兵变扣押蒋介石是"军事阴谋"（如张魁堂：《张学良传》，第210—211页），主张说服蒋介石抗日，拥护蒋做全国抗日的领袖（如《西安事变简史》，第81页）。只是在极个别的论文中，才有关于这一态度转变过程的具体介绍，提到毛泽东最初有紧急时"诛之为上"的电报，这时周恩来也明确提到在内战不可避免时必须除掉蒋介石的意见，肯定中共开始阶段的策略实际上是要罢免蒋介石，交付人民公审的"除蒋"策略（参见张培森等：《张闻天与西安事变》，等；张魁堂著《张学良传》一面断言周恩来批评张学良兵变，主张拥蒋抗日，一面也不能不注意到周恩来17日给毛泽东电文中所提到的劝张"行最后手段"的文字，因而也提到周恩来17日与张学良谈话中提出过必要时应除掉蒋介石的建议）。

的犹疑态度，注意到借助中共根本改造其部队的必要，要求中共派军政干部前来协助他做部队的改造工作了。

然而，毛泽东远不像张、杨那样乐观。17日，中共中央已得到情报，杨虎城之冯钦哉部密派其副师长到华阴见中央军二十八师师长董钊，表明效忠南京，待命讨逆之意。毛泽东当即通报了张学良。十七路军的不稳，使毛泽东对东线的防务要远比西线担心得多。故在18日晚，毛泽东再度提出红军第一步至西峰镇，第二步出泾川、长武，以便于保持战略机动，而后或出河南、或出西安，或进行抵御胡宗南的作战的建议，可张学良、杨虎城与周恩来连夜讨论后决定：第一步骤，仍以张、杨两军主力迅速集中于渭河下游，东击刘敌，以一小部协同红军伺机打击胡宗南，以一小部监视天水、汉中之敌；第二步骤，如打胡宗南得胜，或胡敌退宁夏，则迅速集中张、杨与红军主力于渭水下游与刘敌决战。为防不测，西安方面目前即须开始武装民众，部署守城事宜。同时还应做好西安不守时的后撤工作，张学良主张让开陇海路以西北为后方，杨虎城主张西撤甘肃，坚守西兰大道。周恩来提议，张、杨两部以兰州、平凉、西峰、洛川一带为后方，红军守庆阳、合水、肤施、甘泉、鄜县、宜川、延长，张、杨表示可以考虑。依据18日晚的讨论结果，张学良于19日正式向东北军、十七路军和红军下达命令如下：

一、据报胡、关、曾、毛等军有进出天水、宝鸡一带威胁西安企图。

二、联军为巩固后方予敌以大打击之目的，部署如下：甲、除令十七路军一旅附骑团警备凤县、宝鸡、陇县固守外，着五十一军抽二师驻定西连系王（以哲）军相机击破胡敌；乙、六十七军以主力守固原、平凉，与于（学忠）军连系，协击胡敌；丙、红军仍竭力抑留敌人，如敌南侵跟踪追击，则相机歼灭之。[1]

---

[1] 《西北临时军事委员会令》，1936年12月19日，弹笙：《毛泽东对西安事变中军事斗争的指导》，《党的文献》1992年第6期。

张学良同时提议，黄河西岸的红军应暂时停止西去新疆，而以一部东出靖远威胁胡敌，并协同河东各军侧击胡敌，并可接近兰州与东北军打通，张可以从于学忠处拨弹药以援助西路军，同时派一骑兵团向靖远游击与之配合。

显然，毛泽东这时仍旧相信红军首先东出更为机动有利。19日，毛泽东一面以军委主席团名义命令红军主力分数路纵队取直径南下，限10天内赶到泾川、长武，20天内赶到西安，首先参加东线对刘峙作战，取得胜利后再西打胡宗南，一面接连数电给周恩来，要周进一步向张学良说明红军首先东进之必要。毛电称："目前时局正在发展，一方面（日本军阀、中国汉奸、南京右派）极力制造内战局面，另一方面（西安抗日军、红军、中国人民、中国反蒋实力派、南京左派、国际和平国家）正在结合，反对内战，拥护抗日。"苏维埃共产党目前的方针是迅速召集和平会议，为反对内战、团结抗日而斗争，西安友军亦应本此共同之方针而努力。"坚决消灭进攻之敌为执行此总方针之重要手段"，故"红军决向西安集中配合张、杨首先消灭东来之敌"。只要东北军、十七路军坚守渭南、临潼、西安线20天，红军必可赶到，参加决战，击破东线之敌，如此则西敌不成问题矣。因西线胡、毛、曾、关各部准备集中天水，此举将空出甘北，对联军方面并无不利。且胡宗南从海原转至天水须时一月，到后必疲劳而不能马上投入大规模作战，有王以哲三个师和红军一部扭打不难暂时阻敌前进。而特别重要的是，红军尽快东进不仅是要配合东北军和十七路军消灭进攻之敌，而且是要迅速稳定十七路军，因冯钦哉倒戈后指望十七路军顽强抵抗东来之敌确有严重问题，故目前"争取十七路全部稳定于抗日反内战立场是当前重要一着"。但当周恩来同一天将张学良的命令电告中共中央后，毛泽东还是决定尊重张学良的意见，不再坚持自己的看法，于20日复电表示同意，称"红军主力第一步集结庆阳，如胡宗南南下则决消灭之，王以哲军应固守固原、西峰"。随后，毛泽东复以军委主席团名义，再度下令红军主力遵照张学良命令行动。

21日,中共中央进驻延安,同时在甘北的红军主力也据此开始集中庆阳、环县一带,准备协同王以哲军打击胡宗南。可是,20日,华县失守,三个连的东北军"尽遭枪杀",南京方面并没有切实按照蒋介石的停战令实行停战,此举使张学良颇受震动,并且开始意识到东线防务确较西线更为危险,故应接受毛泽东19日提议的先东后西的作战计划。22日,张学良明确向周恩来提出改变前此计划,诱敌深入,首先进行东线决战的建议。经讨论后,双方共同决定:除红军以一部尾随胡敌牵制其行动外,红军主力全部由庆阳、西峰经正宁、邠县在咸阳过河转到蓝田、商县以南地域,在此期间,东北军和十七路军尽力迟阻刘敌于临潼、渭南,等东北军主力集中,红军到达指定位置后,即与东来之敌进行决战。张明确提出:此役之"决定关键在红军",红军务必尽快于十天内集中长武、邠县,再十天赶到咸阳、兴平补充被服、子弹。周恩来据此电告毛泽东:"此间力求坚守渭南、临潼线,待红军来会战。"〔1〕毛泽东得电后,于22日迅速复电周恩来,说明:"红军正向南急进,二十天内准可集中咸阳","罗炳辉、肖劲光、谢嵩三部箝制胡宗南,必要时宋时轮亦加入"。〔2〕

至此,红军、东北军和十七路军三位一体,联合对国民党中央军作战的局面迅速形成。因西安事变而引起的大规模军事冲突似乎不可避免了。

---

〔1〕《周恩来致毛泽东电》,1936年12月21日,《文献和研究》,1936年第6期。
〔2〕宋毅军:《中共在西安事变前后的军事战略防御》,《军事历史研究》,1992年第2期。

四、孰进孰退？

关于张学良扣蒋初衷及其在谋求和平解决西安事变过程中的矛盾心理，在事后曾有各种不同的说法。最引人注意的，莫过于蒋介石于事变后发表的《西安半月记》中的记述了。它突出地表现了张学良钦佩蒋之人格与懊悔自身行为的情况。其文写道，当日，张学良三次谒见，连泣三次，并悔恨自责道：

> 委员长之日记及重要文件我等均已阅读，今日始知委员长人格如此伟大，委员长对革命之忠诚与负责，救国之苦心，实有非吾人想象所能及者。委员长不是在日记中骂我无人格乎？余今日自思，实觉无人格。然委员长以前对部下亦太简默，如余以身获知日记中所言十分之一二，则此次决不有如此轻率卤莽之行动。现在深觉自己观察错误，既认识领袖人格之伟大，即觉非全力调护委员长，无以对国家。

按照蒋介石的这一说法，张学良自事变之次日，即 13 日就已经读过蒋介石的日记和重要文件，发现蒋早在秘密准备抗日，因而开始悔悟，决心全力保护蒋介石并千方百计要将蒋安全送回南京。由此，又衍生出这样一些说法，比如张学良一再向蒋介石、宋子文等表白自己与杨虎城不同；张学良当时主和，杨虎城主战；张学良竭力保蒋安全,杨虎城坚持扣蒋甚至试图对蒋不利。[1]

蒋介石事变前所记关于秘密准备抗日的日记内容如何,迄今未见其详;而上文提到之"重要文件",亦仅见于个别人之回忆,且不明究竟。[2] 此等说法虽有张学良1950年代发表之《西安事变忏悔录》等可为参照,但因蒋、张两文均系事后在特殊背景下所作,且曾由专人协助整理,不免有某些人为加工修饰之可能,未必可以全然以为第一手的史实根据。

《西安半月记》中所谓日记,已知系蒋之"文胆"陈布雷按照蒋意加工改写所撰。多少接近于当时日记的文字,或应看一下保存在台湾"国史馆"的蒋介石《困勉记》中同一天日记的片断即可。该片断记曰:

> 端纳、黄仁霖入见,端纳谓张学良已悔悟,恐公居新城为杨虎城操纵,急求公迁居。张学良亦来,谓"迁居后一切事皆服从委员长意旨,并早送委员长回京"。公乃许之。甫迁于张学良宅中,公既至,张学良提八条件,并明言之有共产党参加并言"委员长思想太旧太右"。公乃痛斥之,曰:"尔何无耻无信一至于此!"晚端纳告公谓:"南京已决议讨伐张学良。"公乃

---

[1] 关于张学良与杨虎城在西安事变期间在和战以及对蒋处置问题上立场矛盾的说法比比皆是。除蒋介石《西安半月记》中屡有关于张私下向蒋介石、宋子文等述说事变皆因杨催促再四而起,杨一度反对停战、反对释蒋的文字外,张学良自己以后也在《西安事变忏悔录》中有类似的说法。其余如蒋鼎文的回忆,李云汉著《西安事变始末之研究》、王禹廷著《细说西安事变》等也都认为张"于了解蒋公抗日计划后,内心实有愧疚,因而有心保护蒋公脱险",杨虎城"不愿和谈,意欲决裂",并且"态度恶劣,不愿释蒋公回京"。

[2] 迄今所见公布之蒋介石决心抗日的文字,仅见于1931年"九一八"事变后手书"期于十年内湔雪国耻"等极少数文件,日期均远在西安事变数年以前。相信这数件早期文件,蒋当不会于1936年12月仍带在身边。另这里所说的"重要文件"亦仅见于唐君尧的回忆中。唐君尧在回忆中称他在搜查蒋于华清池的房间时,发现蒋亲笔所拟"对日抗战计划"一件,但"计划书"内容如何则只字未提,只记得其中有新编部队序列表一件,内定蒋为"最高统帅"兼第一方面军总司令,张学良为第二方面军总司令,冯玉祥为第三方面军总司令……转见王禹廷:《细说西安事变》,第299页。

曰："余心乃安。"端纳又言："余与黄仁霖乃蒋夫人嘱来营救公者，而张学良昨日亦自知此事不易了，有电告余及蒋夫人，请来陕调处。"公乃嘱黄仁霖曰："明日携余手书回京，致吾夫人。"是日张学良入见三次，每谒见辄泣，其一次以端纳电文视公，公见电首有"蒋夫人转电已悉"句，遂泪下，泣不成声。张学良亦泣。曰："但不可使外人知吾二人在此对泣。"公恶之，不与语。张学良出，公曰："彼亦明知余为见蒋夫人三字而泣，而乃投机取巧，谓为见彼泣而对泣，其无耻竟至于此！"

《困勉记》是蒋身边亲信为了表现蒋介石艰难困苦中意志坚强的一面，刻意从蒋日记中摘出文句加工而成的一种蒋日记类编，故不仅会有断章取义之嫌，文字上且每每精心加工，内容自然不能真实反映当年日记的原貌。今蒋日记手稿影印本已得见于美国斯坦福大学胡佛研究中心，下抄录该日日记内容如下：

> 端纳来见，邀住张宅。学良表示悔悟之间，似甚诚。彼实恐余住新城与杨接近，为杨操纵，故急求余离新城。及至其宅，彼乃提出八条件，并明言此时有共党参加其间。余痛斥而深恨其无耻无信一至于此。
>
> 晚间，端纳为余言，南京对陕变已决议讨伐，余心乃安。端纳乃余妻托其来营救。而张于昨日自知此事不易了，亦电彼与余妻来陕设法调处也。
>
> 张上下午来见共三次，向余连泣三次，然余知其伪泣也。
>
> 张持端纳电文示余，首见蒋夫人转电已悉句，余泪下如雨，泣不成声，而张亦假泣。□□□□□□（原文字迹不清——引者注）知余二人在此对泣。其人之投机与无耻至此。其实彼亦明知余为见蒋夫人三字而泣，而非为彼泣，而余亦与之对泣也。[1]

---

[1] 见《蒋介石日记手稿》，1936年12月14日。

由上述三则记述对照可知，《西安半月记》中所记实为假造，故所谓蒋介石已有准备抗日之日记及相关文件，张学良读后思想感动无已云云，全不可信。《困勉记》内容与蒋日记手稿内容有诸多相近处，惟经过大量文字加工，并增加若干对话。无论日记手稿，还是《困勉记》，亦都没有提及张读过蒋日记，注意到蒋抗日准备与相关文件而有所感动的内容。事实上，平添出这一段内容来，以显示张因误解蒋而发动事变，实属多余。

这是因为，其一，还在 1935 年 10 月中旬，南京政府军事委员会参谋部即派熊斌分别向西北国民党高层军政要员"宣述参部对日计划"[1]，张学良不会不知道。1936 年 4 月张学良初次见周恩来时，也明白说明蒋是想要抗日的。7 月中旬，国民党五届二中全会上蒋介石又有关于"最后关头"的报告，张学良回西安后曾因此动摇过反蒋决心。[2] 这说明蒋介石准备抗日的情况张学良早就有所了解，不可能因读了蒋有准备抗日的日记及文件就突然感动得泪流满面和懊悔不迭。

其二，如前所述，蒋介石关于实行抗日行动的"最后关头"，和他自信所能达到的抗日目标，都是以现实国力所能允许的范围为基础的，因此，张学良虽然知道蒋介石有抗日要求与决心，但他更清楚依靠蒋介石所准备的抗日行动，并不能满足东北军和东北人重返东北的强烈愿望。在这方面两个人之间观念上、理想上存在的差距，远不是蒋介石决心抗日与否所能弥补的，也不可能因张读过蒋日记或文件就有所改变。

其三，即使搜查中得到蒋介石准备抗日的日记与文件，不可忽略的是，搜查中同样也得到了蒋介石写给邵力子的那封密谋驱使张学良部南调的亲笔信，该信表明，不论蒋是否有过一个准备抗日的军事计划，张学良的东北军事实上也不受信任，不仅一时不会被派

---

[1]《徐永昌日记》第 3 册，第 477 页。
[2]《潘汉年致毛泽东、张闻天信》，1936 年 8 月。

上用场,而且很可能越调离抗日前线越远。[1]

可知,说张学良自事变第二天就因为看到蒋介石的日记等转而深感悔悟,相信自己在抗日问题上错怪了蒋,以致与杨在和战及对蒋问题上态度冲突,与我们今天看到的各种第一手的文献史料所记述的情况是矛盾的。

另有说法认为,张学良在12月14日至18日之间还"心理惶惑",犹豫动摇,只因17日周恩来等来到西安,态度"又突趋强硬"起来。[2] 这种说法似乎也不大能够成立。

根据前述各种文献及史实,可以肯定的是,张学良固有率性而为的一面,却也绝不是那种对自己的所作所为鲁莽到完全不计后果的人。相反,从他4月下旬对刘鼎暴露内心想法以来,可知他时时处处都小心翼翼地处理着同蒋的关系,不仅生怕被蒋识破其私通共党的情况,而且还每每会对自己的意图犹豫动摇。同样,从张学良允许端纳来访,并私下主张宋美龄来西安劝蒋的情况,或可判断蒋日记所记张14日见蒋三次,三次掉泪,当属事实。但将张此一表现简单推断为张已对自己的所作所为"惶惑"、自责,甚或以为张事变开始即感后悔,亦未必合乎情理。因为,一个再简单不过的事实是,周恩来到西安至少还有三四天之久,张学良如果要反悔,乃至停止事变,有充实的时间和可能。但他并没有这样做。恰恰相反,张学良一直在坚持着事变的方针。

下面列举的文献资料证明,张学良更多地表现出来的,并不是蒋介石日记中所记述的那种替蒋难过的很感性的态度,而是很理性地、坚定地坚持着事变的方针和目标。

---

[1] 关于蒋介石不信任东北军的情况,还可以证之于徐永昌的日记。徐日记称,10月9日,阎锡山建议徐向蒋介石建议"拉东北军入绥"抗日,徐谓:"东北军作战力薄弱,而军纪太坏,若久戍而敌不至,失尽民心,是用之则所得不偿失"。阎坚持不可,仍要徐请示于蒋。10月17日,徐到杭州见蒋,询以阎先生拟请东北军守绥事,蒋当场否定,称"东北军通共已为不可掩事实,然在张汉卿指挥下,尚不至为害国家,否则不堪设想"。至于请其守绥,显不妥。《徐永昌日记》第3册,第475—476、480—481页。

[2] 李云汉:《西安事变始末之研究》,第98、104—105页。

12日晨，在张学良第一次向中共中央通报事变消息的电报中，他就明确宣称，因蒋"反革命面目已毕现"，他才决心与蒋破裂，要求红军准备与他"共同行动"，首先打击胡宗南。[1]

同日，张学良分别致电孔祥熙、宋美龄及冯玉祥、程潜等，指责蒋介石"违反众论，一意孤行，举整个国家之人力财力，消耗于内战"，"对于抗日，只字不提，而对于青年救国运动，则摧残备至"。"伏思中华民国，非一人之国家，万不忍因一人而断送整个国家于万劫不复之地"。故"为国家计，为民族计，不得不请介公暂留西安，以得觉悟"。[2]

13日下午5时，张学良对原西北剿匪总部全体职员训话，严厉批评蒋介石对内镇压爱国运动，强调"这次举动，对于国家民族将要发生什么影响，我们真是再三再三地考虑，假如无便于国家民族，我们无论如何也不干，反过来说，我们一定要干"！"如蒋委员长能放弃过去主张，毅然主持抗日工作，我们马上绝对拥护他，服从他！那时甚至他对我们这次行动，认为是叛变而惩处我们，我们绝对坦然接受，因为我们所争的是主张，只要主张能行通，目的能达到，其他均非所计！"[3]

14日晚8时，张学良与杨虎城在西安广播电台发表公开谈话，张学良一面严厉批评蒋介石"自误误国"，要求蒋介石"能有最大的反省"，一面强硬地宣称："我们这次举动，完全是为民请命，决非造成内乱。一切办法，决诸公论，只要合乎抗日救亡的主张，个人生命，在所不计。若有不顾舆情，不纳忠言，一味肆行强力压迫者，即是全国之公敌。我们为保有国家民族一线生机打算，不能不誓死周旋，绝不屈服于暴力之下，即不幸而剩一兵一卒，亦必用在抗日疆场上。"[4]

15日，张学良分别致电宋美龄、孔祥熙、阎锡山等，强调："良

---

[1]《张学良文集》第2册，第1053—1054页。
[2]《张学良文集》第2册，第1056—1057页。
[3]《张学良文集》第2册，第1066—1067页。
[4]《张学良文集》第2册，第1070页。

等此举,纯为抗日,绝无造成内乱之意,并尽其所能,避免内战。如中央不顾民意,肆行压迫,则是中央自造内乱。"同样,"精诚团结,固为必要,但必须中央政策,悉合民意,始足以言团结"。相反,若"政府拂乎民意,压迫群情,必难存在"。因此,此一事变"是否演成国内残杀,须视大众之觉悟如何。如大众彻底觉悟,则必共趋对外,而残杀可免,否则即无国内残杀,亦岂有不亡国之理"。[1]

16日,张学良进一步在西安市民大会上讲演,说明自己与蒋介石"所争的就是政治主张"。自己之所以下决心捉蒋,就是因为蒋介石如今已经与袁世凯、张宗昌没有区别,"用口头或书面的劝谏,是决不能改变的"。同时张电告冯玉祥:"良等此举,对事而非对人,介公果能积极实行抗日,则良等束身归罪,亦为(所)乐为"。但抗日主张及行动未能实现以前,要送蒋回京,"势难遵办"。[2]

17日,张学良与杨虎城联名复电程潜等,仍坚持认为他们只是"不忍见国家之地致覆灭,万不得已,始有文日之举"。强调"只求主张贯彻,决不稍为身谋"。至于放蒋,除非蒋承认西安方面政治主张,否则,"在抗日主张及行动未实现以前,尚难办到"。不仅如此,张学良第一次公开表示赞同"容共之论",并且开始同意中共代表周恩来的提议,当内战爆发、西安被围时,对蒋"行最后手段"。[3]

18日,张学良复电孔祥熙、何应钦等,强调:"救亡无方,空言商洽,非弟本意",除非中央确有改变政策,积极领导抗日,否则"委座南归,尚待商榷"。张甚至直接警告何应钦:"在此期间,最好避免军事行动……否则彼此军人,谁有不明此中关键也哉?"[4]

19日,张学良致电蒋鼎文及孔祥熙等,对中央军继续进攻反应更加强烈,再度警告说:"弟等发动此种惊天大事,岂能视同儿戏!一条生命,早已置诸度外。为自卫计,为保存抗日力量计,绝不惮

---

[1]《张学良文集》第 2 册,第 1073、1085—1077 页。
[2]《张学良文集》第 2 册,第 1080—1081 页。
[3]《张学良文集》第 2 册,第 1088 页。
[4]《张学良文集》第 2 册,第 1089—1090 页。

起与周旋。"南京既然早已敌视此间，不惜国家与民命，"弟等虽惜，亦复何用！""如中央必欲造成内战，弟等亦惟有起而自卫"。[1]

20日，张、杨联合发表告东北军和十七路军将士书，更是下定破釜沉舟之决心，准备与南京开战，故一面揭露蒋介石南京政府以抗日为名行欺骗之实，一面号召两军将士准备决一死战。书称，绥远抗战，中央只派出两个师，阎锡山要求调20万大军援绥，中央答复无法抽调。"然而到西北打红军的内战却源源而来了几十万大军"。在绥远的抗战中，中国飞机半架也没有，据中央说是天气太冷，而西安事变发生后，中央飞机数十架一齐发动到西安来侦察、轰炸，再不管天气冷不冷了。"这是抗日吗？这是真心抗日吗？如果这样就算抗日，试问我们的东北四省，我们的察北六县，我们的冀东二十二县，什么时候才能收复回来？这是敷衍欺骗的抗日，绝对不是我们要求的彻底抗日。"张、杨更批评蒋介石的准备抗日论，称这是自欺欺人，我们准备到五分，日本已准备到十分了，况且他们也不允许我们准备，必用经济、政治、军事、外交各种各样的枷锁把我们束缚得死死的，教我们动弹不得，我们如何能够在日本人眼皮底下来准备？张、杨明确认为，西安事变的行动正是因为他们不信任那些"变相汉奸"，或者是"犯了恐日病"的领导人，"看破了南京抗日是欺骗，至少也是敷衍民众的一种手段，所以才以极大的热诚劝蒋委员长变更他的错误政策"，以至于不得不武力制止之。我们这样做，"目的在对外，绝对不造成内战，并且极力避免内战，但是如果有违反民意的汉奸，用武力压迫我们，使我们不得贯彻主张，那我们为扫除误国误民的分子，争取民族的最后生存，当然我们要起而自卫，并且要粉碎这种恶势力。这不是我们造成内战，而是实行抗日救国的清道工作"。[2]

以上所列文字，并非都是对外宣示用的公开的政治宣传，13日、20日均是内部讲话。且即使是公开宣示的声明或电报之类，也是要给各方面，包括要给自己人看的。在当时东北军、十七路军、红军，

---

[1]《张学良文集》第2册，第1096—1097页。
[2]《张学良文集》第2册，第1102—1103页。

以及南京、各地方派系,乃至苏联,都高度关注着其真实意图的时候,张学良根本做不到公开强硬,暗地软弱。即使是按蒋日记所记,我们也不难看出张对蒋只是基于私人情感,动了恻隐之心而已。他并不想被蒋,特别是被外人误会他的掉泪是一种示弱或后悔,因此才会有叮嘱蒋不要让外人知道两人曾面对面哭泣的情况。尤可注意的是,当晚张学良的公开讲演中对蒋介石个人安全问题的表态。他甚至于表示说,无论是对整个事变之解决,或是最关键的处置蒋的问题,他都主张"一切办法,决诸公论"。假若南京方面"不纳忠言,一味肆行强力压迫",他将不惜视之为"全国之公敌"而与其"誓死周旋"。这种宣示清楚地说明,发动兵变的张学良是做了破釜沉舟的思想准备的,他不仅否认了蒋介石的最高领袖地位,而且已经把南京视为谈判对手,必欲要他们接受自己的政治主张。再对照张、杨20日告东北军和十七路军将士书,其为达到事变目的,不惜以战争为抗日"清道"的态度,与其14日之态度事实上不也是如出一辙吗?故有什么理由说,张学良曾经因读蒋介石的日记或文件而改变过自己的主张?又有什么根据说,张学良曾经在事变过程中有过明显的动摇和悔悟呢?可以肯定,发动兵变后,张学良自始至终都很清楚,此举可能会导致什么样的结果。因此,他从一开始就做了最坏的打算,这既包括积极准备为自卫而战,也包括准备不得已时对蒋"行最后手段",直至"自杀",或"入山为匪"。[1]

张学良后来回忆说,他发动兵变,是"再三再三地考虑"过的。之所以要"再三再三地考虑",根本原因就在于,在当年抗日救亡呼声高涨的情况下,任何重大的政治举措都必须要能够在相当程度上赢得人心,适合国家民族利益的现实需要,亦即绝不能背离社会舆论主流。他所以敢冒此大不韪,甚至敢立下捐七尺之躯在所不惜的雄心,准备战败"自杀"或"入山为匪",恰恰是因为他相信,经过"再三再三地考虑",其所作所为是具有合法性基础的。

---

[1] 蒋介石:《西安半月记》。

张学良所认定的兵变政治合法性的基础是什么呢？那就是他在兵变开始前夕向中共中央通报中所使用的那些政治判断："蒋之反革命面目已毕现，吾等为中华民族及抗日前途利益计，不顾一切，今已将蒋及其重要将领……等扣留，迫其释放爱国分子，改组联合政府。"[1] 读此通报，我们可以注意到几个要点：一是其兵变是"为中华民族及抗日前途利益"，不是纯为自己、为东北军；二是他相信蒋介石已不可救药，因为他拒绝基于中华民族及抗日前途利益考虑问题，坚持反对革命的立场；三是他发动兵变的目标不在除蒋或另立政府，而是希望藉此强力手段能够"迫其释放爱国分子，改组联合政府"。很显然，他相信，其兵变之举虽属犯上，并有伤与蒋之间的私人情感，但却是出于解救民族危机和有利于抗日前途的一种政治作为。

有关张学良想要实现的政治主张和政治目标的最具体的表示，当不难在张、杨事变当日向各方的公开通电中一窥究竟。该公告除了强烈批评蒋介石的误国政策以外，特别提出了如下八项政治主张：

（一）改组南京政府，容纳各党各派，共同负责救国。
（二）停止一切内战。
（三）立即释放上海被捕之爱国领袖。
（四）释放全国一切政治犯。
（五）开放民众爱国运动。
（六）保障人民集会结社一切政治自由。
（七）确实遵行总理遗嘱。
（八）立即召开救国会议。[2]

用不着具体解释上述主张的政治含义。这些主张事实上正是近一年来共产党人一直在积极争取和要求的。这样的主张着眼点并

---

[1]《李宜致东、来兄电》，1036年12月12日，《张学良文集》第2册，第1053—1054页。
[2]《张学良文集》第2册，第1055页。

在笼统要求抗日,而是着眼于国家政策和内政的改革。核心之点,也就是要求废止蒋介石"先安内后攘外"的既定国策。为此,要求停止内战,释放政治犯,开救国会议,保障人民自由权利,及联俄联共等。

提出这样的政治主张来,我们也就不难了解为什么张学良会把蒋介石看成为"反革命",并且在内部不是把西安事变称为"兵谏",而是称之为"革命"了。

半年多前,即张学良在与周恩来首次见面时,他就提到过一个看法,即:"国民党完了,中国只有两条路,一条共产党,一条法西斯蒂。"[1]张学良所以愿意了解并加入共产党,所以会把共产党的主张几乎当成自己的主张,看来既非心血来潮,一时兴起,也并非只是为了争取苏联同情,延续西北大联合计划,以谋得东北军一时之安。张学良相信,蒋介石国民党的那些办法已经行不通了,法西斯主义的办法在中国也不易实行。在中国,只有依靠苏联的共产党有办法。无论是从解救处于危险中的东北军的角度,还是从东北军未来发展前途的角度,都只有照共产党的办法来做,才能站得稳脚跟。因为,在中国,目前固然不能马上揭旗抗日,但却必须要准备一切,至少必须要以此为号召,以求实行共产党所主张的,肯定会得到多数人民和舆论同情的根本性的政治变革。有了这些根本性的变革,人人都能看明白,不论蒋介石是不是把东北地区看成"域外之地",至少抗日与否以及抗日目标如何,不必再受蒋个人态度,特别是不必再受充斥着亲日派或妥协势力的南京政府的掣肘了。因为,那时的中央政府将置于全国各抗日党派团体的革命监督之下,必将依全国各抗日党派团体之意志为转移。除蒋介石国民党少数人外,很少人会公开反对这样的主张和前途吧?

这也就是为什么张学良在事变中始终坚持改组政府等政治主张,并且不达目的不止。但也正因为这些具有重大革新意义的政治主张

---

[1] 前引周恩来1936年4月11日给中央的报告(《周恩来关于与张学良商谈各项问题致张闻天、毛泽东、彭德怀电》),其中周转述张学良的话说:"国民党完了,中国只有两条路,一条共产党,一条法西斯蒂。"

是对蒋介石和南京政府过去统治方式的相当程度的否定,因此张学良也不能不有充分的思想准备,准备着蒋介石拒不接受胁迫,准备着南京政府顽固坚持既定方针,不得不以武力与其拼个鱼死网破。在这种情况下,可想而知张学良的兵变成功,必须建立在一种怎样的实力基础之上。而为了求得这种实力基础,他与中共中央的关系会变得怎样,他对苏联同情和援助的期望会变得怎样了。

张学良兵变成功,事实上至少需要三个条件:第一,红军和东北军,包括十七路军,必须结为军事同盟,统一指挥作战;第二,苏联的同情与援助;第三,蒋介石及其南京政府接受其主张,或者众多地方实力派同情并赞助其主张。

没有中共和红军的参与合作,事变虽可发动,却无论如何不能支持下去。这不仅因为张学良是一名缺少政治斗争经验的军人,他自知"良部及杨部之无能",面对如此复杂的局面,难免"彷徨束手,问策无人"。[1]且东北军和十七路军大都是各种力量混合而成,极易分化瓦解,故其内部巩固也需要有红军作为核心骨干加以支撑。若没有红军的积极参与,一旦南京中央军军事政治双管齐下,不要说东北军和十七路军在军事上将难以抵抗,内部组织上恐怕也很难不步入两广事变失败的覆辙。

在中共与红军同情与支持的背后,更重要的还关系着苏联的同情与援助问题。没有中共与红军的同情与参与,自然也就谈不上苏联的同情与援助。而没有苏联的同情与援助,国内各实力派势必会鉴于两广事变的教训,置身事外。东北军及十七路军内部将领甚至也会因此分化,部分站到南京正统一边去,如此兵变不仅难以成功,还可能导致长期战争的局面。即使是退一万步,蒋介石屈服于武力压迫,南京方面也迅速妥协,若兵变没能取得苏联信任,中国日后的统一与抗日,也仍将是可望而不可即的事情。

至于蒋介石与南京政府的屈服与众多地方实力派的同情,却是两者居一即可的事。若蒋与南京屈服,自然大功告成,一切顺利。

---

[1] 张学良:《西安事变忏悔录》。

纵使蒋不屈服,南京公然斥诸武力,若有众多地方实力派取中立甚至同情立场,有红军、东北军、十七路军三位一体和苏联的暗中援助,西安等重要战略城市和交通要道虽然开始时可能不守,但在除掉蒋介石以后,政治上、军事上群龙无首的南京方面未必能够在军事上占到什么便宜。这也是可以预料的。

问题是,在上述三个制胜条件上,张学良最初占了几个呢?

中共与红军的支持是确定无疑的。苏联方面的态度,张最初不甚了了,却抱有极大幻想。南京政府公开反应强烈,各地方实力派也颇不赞成扣蒋行动,这多少也在张意料之中。重要的是,据张学良告诉赶到西安的周恩来说:"蒋态度开始表示强硬,现亦转取调和,企图求得恢复自由。对张有以西北问题,对红军非降非合完全交张处理之表示。"南京除"亲日派"外,宋美龄、宋子文、孔祥熙等均主张调和,其内部之分化已显而易见。[1]

如此算来,在上述三条件中,张学良最初至少占了一半,苏联且为未知数,地方实力派之表示也各有区别,特别是多数并非都支持南京"亲日派"之强硬立场。因此,当周恩来到达西安之际,张学良的估计相当乐观,相信"此间诸事顺利",唯一希望的就是尽快得到苏联的消息了。一旦苏联暗中同情并支持,实际上即可算是大功告成了。

的确,苏联的态度对张学良和西安事变的前途有着最为关键性的影响作用。因此,张学良这时自然格外关心苏联方面对他的"革命"义举反应如何。他不仅亲自打电报询问毛泽东:"国际对西安一二一二革命有何批评,乞告。"并且在周恩来至西安后,更反复说明,他极愿听中共中央的意见,"尤愿知国际意见"。[2]

苏联对西安事变的态度如何,这在今天已经不再是一个秘密。苏联《真理报》12月14日指责张学良利用抗日名目制造分裂的社论,早已尽人皆知。[3]共产国际总书记季米特洛夫12月16日给中

---

[1]《周恩来致毛泽东并中央电》,1936年12月18日,《文献和研究》,1986年第6期。
[2]《周恩来致毛泽东并中央电》,1936年12月18日,《文献和研究》,1986年第6期。
[3]《文献和研究》,1986年第6期,第46—47页。

共中央电报指示的内容也已经公之于众。问题在于，中共中央究竟什么时候得到来自苏联的指示，而张学良对于苏联的态度又有什么样的反应？时至今日，这两个问题仍旧没有真正得到解决。

中共中央究竟什么时候得到来自苏联的指示呢？关于这个问题，人们的疑问其实主要只是集中在中共中央是否较早地收到过一封斯大林的电报指示的问题上。

有关这封电报指示的情况，最具说服力的说法有两个。一个来自于美国记者埃德加·斯诺的一本1957年出版的《红色中华散记》。其中介绍了他在1937年11月与宋庆龄的一次谈话，在这次谈话中他得知，宋庆龄在西安事变时"曾转送过斯大林给毛泽东的那份电报，电报声称，中共必须运用他们的影响释放蒋，否则莫斯科将把他们谴责为'土匪'，向全世界公开批判"，并与他们断绝关系。

斯诺的这段回忆或记述严格说来价值并不高。因为，宋庆龄是共产国际秘密发展的党员，她在上海家中设有电台，与莫斯科有电报往来及秘密联络，今天已不是什么秘密。[1] 同样的情况，在西安事变期间，共产国际曾经给中共中央通过电报作出指示，也早经苏联公开披露，今已众所周知。因共产国际与中共电报联络有时会出现问题，它同时电知宋庆龄，通过宋再转一份给中共中央，也很正常。斯诺回忆说，宋庆龄曾转电陕北中共，却没有说具体时间，故他的这种转述实无多大价值。

一个比较容易引起争议的说法，来自于当时还是中共中央政治局委员的张国焘的回忆。张的回忆提到了具体时间，而这个时间大大早于今天已知的共产国际总书记季米特洛夫来电时间。张回忆说："幸好莫斯科的回电于十三日的晚间到达了。这是一张半打字纸的长电，内容分为三段：第一段，肯定西安事变是日本阴谋所制造的，并说明张学良左右和他的部队里，暗藏着一些日本间谍，利用张的野心，甚至利用抗日的口号，制造中国的混乱，我们若听任其发展

---

[1] 有关宋庆龄1930年代初经共产国际代表秘密吸收加入国际共产党的相关情况，笔者多年前就曾发表《宋庆龄何时加入共产党？》一文做过介绍。可参见近代中国研究网站 (http://jds.cass.cn/Item/355.aspx), 2005年9月12日。

下去，中国将出现长期内战，抗日力量，因之完全丧失，日本便可坐享其利。苏联决不会为这种阴谋所利用，更不会给予任何支援，相反的，现已明白表示反对态度。第二段指出中国目前所急需的，是一个全国性的抗日民族统一战线，因此，最重要的是团结与合作，而不是分裂与内战，并说明张学良不能领导抗日，蒋介石如能回心转意，倒是能领导抗日的唯一人物。第三段指示中共应争取和平解决西安事变，利用这一时机与蒋介石作友善的商谈，促使其赞成抗日，并在有利的和平解决的基础上，自动将蒋释放。"[1]

相信多数读者和著作正是依据张国焘的说法确信，宋庆龄在事变爆发第二天就利用她的电台向陕北的中共中央"转发"过斯大林的电报。[2]

关于张国焘的回忆有许多不实、不确之处，我们前面在谈到1935年长征途中一、四两个方面军关系问题，包括两河口等会议内容时，已依据档案史料做过说明了。今天一些人坚持认为张回忆中提到的13日这个时间可信，举出的唯一证据却还是回忆，而且还是事隔四五十年后更加间接的胡子婴的回忆。说是胡子婴回忆称，12月13日白天，宋庆龄叫胡到她家去，把西安事变的情况告诉了胡，并焦急地询问胡能否陪同她一起到西安去劝说张学良放蒋。晚上8时她突然又打电话告诉胡说她不去了，说是搞不到飞机。[3] 这意味着宋庆龄当天确实受到过外界的影响，这个影响和张国焘的回忆联系起来，似乎就可以推导出宋当天是因为收到了斯大林的电报才有此让胡子婴感到十分意外和吃惊的变化的。

---

[1] 张国焘：《我的回忆》第2册，第333页。深信张国焘这一说法的有关西安事变问题的著作有吴天威的《中国革命的转折点》和李云汉的《西安事变始末之研究》。

[2] 埃德加·斯诺著，奚博全译：《红色中华散记》，南京，江苏人民出版社，1992年，第2—3页。傅虹霖的《张学良的政治生涯》不仅以斯诺此说为依据，而且明确肯定这一过程是："斯大林的电报发给了上海的孙中山夫人，然后由她转发给毛泽东。"傅虹霖：《张学良的政治生涯》，第237页。另可见芦笛：《宋庆龄是否在西安事变中为斯大林转过密电——与杨奎松教授商榷》，转见燕谈（http://www.yantan.cc/bbs/viewthread.php?tid=93794）。

[3] 胡子婴：《光耀日月气贯长虹——回忆宋庆龄名誉主席在救国会时期二、三事》，《宋庆龄纪念文集》，北京，人民出版社，1982年，第112页。

我们姑且不论胡子婴的回忆是否可靠,单就胡子婴的说法与张国焘的说法之间的联系看,就存在着一个明显的问题。因为,胡子婴回忆宋庆龄当天曾表现出两种让她吃惊的情况。一是听到"作恶多端的独夫民贼"蒋介石被捉后,不是高兴,而是焦急地要去救蒋;一是说了要动身,晚上又突然表示不去了。如果按张国焘所说斯大林电报的内容,最合乎情理的推理是,宋庆龄13日白天急着要去救蒋的表现是收到斯大林电报后的反应,而不会是她自己先要去救蒋,晚上收到斯大林来电,又决定不去了。[1]如果这一推理是合理的,那么,鉴于胡回忆她去宋庆龄家时,还不知道事变消息,是宋告诉她事变消息的情况,可知胡到宋处的时间当在13日早上。而且,宋庆龄和胡谈完后,又在胡的陪同下,步行去了住在辣斐德路辣斐坊的何香凝处,与何商量。几人商量后,胡又去见了胡愈之,并且又在银行开门期间去提了现款。[2]这意味着什么呢?这意味着要么胡回忆的13日这个日子不准确,要么宋庆龄要去救蒋的反应与斯大林无关。因为,莫斯科和上海的时差有5小时之多,以宋庆龄的身份和作息时间,她有电台与莫斯科通电,一天通常也只能定时收发一次,时间亦会定在夜里12时前后。如果宋庆龄13日一早把胡子婴叫到家里来,这等于说她夜里12时前后已得到斯大林的电报了。已知在12日当天,中共中央曾连发数封电报给莫斯科汇报情况,直到夜里24点,即13日凌晨0点,即莫斯科时间19点,它才获得确息并告共产国际称:"张学良确已将蒋介石扣留在西安。"由于中共中

---

[1] 芦笛文中有所谓:"从胡子婴的证词可以判断,那电报宋庆龄当天就转给中共中央了,那就是她何以先急着要去西安,很可能是想将信息亲自传递给中共代表,但晚上就说不去了。这很可能就是张国焘说的莫斯科来的那个电报,只是张不知道是由宋经手转来的。"这里的逻辑很奇怪。"那电报"不知指哪份电报,"想将信息亲自传递给中共代表"中的"信息"亦不知是何信息,"中共代表"亦不知是何代表,在上海的代表,还是在西安的代表?如指上海的代表,宋何必去西安?如指西安的代表,当时周恩来等均未到西安,宋找哪个代表?说宋13日晚决定不去了,是因为收到了张国焘所说的批评张学良发动兵变的斯大林来电,就更不通了。斯大林批评事变,主张救蒋,宋应马上动身去西安才对,怎么会收到这样的电报,反倒决定不去了?

[2] 胡子婴:《光辉日月气贯长虹——忆宋庆龄名誉主席在救国会时期二、三事》,《宋庆龄纪念文集》,第112页。

央电台功率较小,共产国际接收要经过其设在边界的转接台处理和转发,加上俄国人平时处理这类问题的复杂程序和历史速度,从莫斯科的共产国际和苏联外交部收到确息,综合报告到斯大林处,到斯大林作出决定,再到返回相关机构,再到发出电报指示,怎么都不可能是在短短两三个小时内完成的过程。已知莫斯科在外交上做出的最快表态,已经是到了 14 日白天,即反映在《真理报》发表的社论中。算上排版时间,至少也是到中国时间 14 日的凌晨了。

事实上,斯诺所以相信斯大林是通过宋庆龄转送电报给陕北中共中央的说法,多半是因为他不了解中共中央当时与共产国际和苏联之间存在着直接电报联系的缘故。否则的话,斯诺恐怕无论如何也不能解释,斯大林为什么要舍近求远,不通过他们与中共中央的直接电台来做出回复和发布命令,非要转经远在上海的宋庆龄来向中共中央送达这一指示?很显然,包括斯诺在内,凡相信此说者在这里都犯了两个错误,其一是不了解中共中央与苏联有着直接的通讯联络,除非迫不得已,莫斯科没有必要舍近求远,多此一举,增加一道泄密的危险;其二是误以为宋庆龄这时与中共中央保持着秘密的电讯联系,因而相信斯大林这时除了采取这种方式向中共中央传送指示以外,没有再快的途径了。实际上,宋庆龄这时与中共中央并没有直接的电讯联络。

中共中央早期或许曾经试图与宋庆龄的电台建立通讯联系,但由于中共中央和宋庆龄的电台功率均不大,这样的联系始终未曾建立起来。据宋庆龄西安事变后发给共产国际王明的电报可知,直到西安事变发生前不久,宋庆龄与陕北中共中央之间还只是靠中间人传送信件来沟通,还不能用电台来联系。[1] 当时中共中央驻上海的代表李允生(即冯雪峰)自 5 月到上海开始工作以后,始终要靠写

---

[1] 信称:"作为对毛泽东同志请求帮助提供资金的来信的答复,我在三个月前给他寄去了一笔款项,此事在这里只有一个人知道,他起了联络人作用,通过他,我收到了来信和转寄了钱款。"《宋庆龄给王明信》,1937 年 1 月 26 日,中共中央党史研究室第一研究部编译:《共产国际、联共(布)与中国革命档案资料丛书》第 15 卷,北京,中共党史出版社,第 276 页。

信向陕北中央报告工作情况。中共与国民党谈判的代表潘汉年自 10 月到上海开始与国民党接触并谈判以来，也始终在为不能及时与中共中央取得联络而苦恼和焦虑。当时潘在上海与中共中央进行联络只有两条途径，一是靠张学良设在上海公馆里的电台，一是靠国民党为便利其谈判而提供的一个专用电台。前者需要中经西安张学良的电台转发，遇张学良不在时，电台即不能使用，联络十分不便。后者虽因功率较大，可直发中共中央，却很容易泄露秘密，潘汉年急于汇报谈判策略及工作情况，每每愿意使用这一电台通报，以致 12 月上旬中共中央曾几度严令其停止用国民党电台报告"家事"。显然，如果当时存在着一个自己可用的电台，如宋庆龄的电台可以与陕北中共中央直接通报，自然不会出现这许多困难与麻烦。因为这时李允生和潘汉年都与宋庆龄有着十分密切的工作关系。也正是因为不存在这样的电讯联系，因此，中共上海组织一直在千方百计地建立工作电台。可是，此电台虽经在上海的外国友人协助建立了起来，并从 9 月以后即开始调试，却因陕北电台电力太弱，根本叫不通，因此在西安事变之前未能发挥作用。[1]

在缺少实质性证据的情况下，要想印证张国焘所谓斯大林 13 日曾通过宋庆龄来电批评斥责的说法有其根据，最简单的办法，不是

---

[1] 参见《李允生给中央的报告》，1936 年 9 月 14 日；《周恩来致刘鼎转汉年电》，1936 年 12 月 10 日；《周恩来致小开电》，1936 年 12 月 12 日，等。有关中共曾经在上海依靠外国友人帮助建立过一个电台的情况，还可以参看路易·艾黎著《西安事变前后中共地下党员刘鼎》一文，内称在他家的顶楼的小房间里，曾"设置了共产国际中国组的秘密电台，由甘普霖负责。有两个德共年轻的女党员维特·玛亚和菲莉·玛亚协助他工作。我们通过这部电台，与在国内一些地方进行长征的红军保持通讯联系"。路易·艾黎所说的这个甘普霖叫亚历克·甘普霖，是位英共党员，公开身份为上海电力公司职员。关于这一回忆的具体细节可能还有一些需要详加考证的问题，比如回忆中说这部电台是"共产国际中国组的秘密电台"，显然令人怀疑。因为路易·艾黎始终不曾参加过共产国际的任何工作，且艾黎与史沫特莱关系密切，刘鼎即是史沫特莱送到艾黎家藏起来的。可是共产国际这时对史沫特莱的政治背景深表怀疑，对刘鼎也不信任，再三告诫中共要对他（她）们保持警惕，因此很难想象共产国际中国组（事实上共产国际也没有这样的组织）会毫无顾忌地在与此二人关系密切的艾黎家里设置秘密电台。当然，从回忆的内容看，这部电台确实是存在过的，只不过，它多半并不是共产国际的电台，恐怕正是李允生在上海建立的那部电台。从回忆内容也可以看出，这部电台与陕北并没有直接的电讯联系。

去找胡子婴这种间接得不能再间接的人的回忆录,而是应该去仔细考察中共中央在收到斯大林电报之前和之后,态度、方针上有无重大变化。十分可惜的是,没有哪一个武断肯定宋庆龄13日代转过斯大林批评电的人,进行过这样的考察,并找出过任何中共中央态度、方针发生突然转变的蛛丝马迹。既然如此,不难得出结论,所谓宋庆龄13日代斯大林转发致中共中央电,批评斥责张学良兵变之说,并不准确。

说宋庆龄13日没有代转莫斯科来电,是不是意味着斯诺的说法只是捕风捉影。也未必。事实上,根据已知的情况,12月16日晚,共产国际总书记季米特洛夫就西安事变发出了专门的电报指示,从电报第一句"作为对你们来电的答复"的表述中,不难判断这是共产国际对中共中央就西安事变问题接连几份电报的第一份电报指示。由于此电以及另外一封差不多同时发来的电报没有能够被译出来,中共中央18日凌晨曾给共产国际去电称:接连两电"勤务组弄错了,完全译不出,请即检查重发,至要"[1]。注意到双方电报往来存在问题,共产国际转电宋庆龄,请其设法代转电示,应该也是可能的。

如何看待中共中央18日的电报,在一些研究者中间显然存在着不同的理解。有不少人怀疑,是否真的存在电报译不出来的情况?是不是毛泽东,因为自己前此对策与苏联不同,因而有意利用这一点搞了一个"时间差"?对此,如果不是先入为主地把毛妖魔化,多了解一些当时中共中央内部分工的情况和电讯方面的情况,应该能够看出这种怀疑未必能够成立。

就当时的中共中央内部分工来说,需要弄清楚的是,党的总负责人还是留苏学生出身的张闻天,而非毛泽东。与共产国际的电讯联络,也是由张闻天负责的。况且,这个时期也不存在毛泽东与共产国际发生意见分歧的情况,这一点与40年代以后毛泽东因为与共产国际发生意见分歧,转而严格控制中共中央与共产国际和苏联联

---

[1]《中央书记处致共产国际执委会书记处电》,1936年12月18日。

络电台的情况是完全不同的。在此之前，对共产国际来电再有不同意见，向来也都是在中共中央政治局内传达讨论的。在毛泽东未形成绝对权威地位之前，党内任何人事实上都没有可能封锁莫斯科的电报指示。1936年前后张闻天主持中央工作阶段，就更无此可能了。

那么，有没有可能张闻天受毛泽东挟持，和毛泽东一道隐瞒共产国际电报指示呢？更没有可能。因为，下文将会讲到，围绕着处置蒋介石和如何处理西安与南京关系问题上，张闻天和毛泽东这时本来就看法不一，会上就有争论，共产国际的意见明显地更符合张闻天的看法，张闻天有何理由会和毛一同扣押莫斯科的来电呢？

至于有人笼统举出张国焘指责毛泽东的说法，说毛当时严密控制通讯机构，不仅控制中央与莫斯科来往的密电，还严密控制中共与西安方面，包括与国民党南京政府人员、张学良、杨虎城等部以及其他派系和人员的通信等，"凡一切命令指示、人员调动和军事情报等等，概由毛泽东一人包办"[1]云云，就更不可信了。张国焘这个时候刚刚回到中共中央来，因其分裂行为，没有被派予这些方面的工作，甚至不受信任，是可想而知的。但说张闻天、周恩来、彭德怀等也都不能了解、不能参与、不能介入这些统战、军事和与共产国际电讯联络方面的工作，显然只是张国焘出于个人情感的一面之词。事实上，正如前已再三述及的，尽管毛这时分工负责统战和军事，但周恩来、彭德怀也都是最直接的参与者和具体方面的负责者，包括在西安事变及其各方关系的处置问题上，他们之间也并非毫无矛盾，并不存在"概由毛泽东一人包办"的情况。

有人怀疑这个时候的电讯工作不可能出现与莫斯科联络不畅的情况，就更是缺少相关知识的表现了。在整个1936年，从已知的情况可以看出，中共这时的电讯工作还存在着相当多的困难和问题。这是因为，电讯联络，在这时是一项技术性较强的工作。无论是电台的选择、使用、维修、零配件的购置补配，还是发报、接收、译电，等等，没有一项不需要一定程度的专门知识与技能。但当时的

---

[1] 张国焘：《我的回忆》第3册，第345—346页。

中共和红军,电台多半都是从国民党军队中缴获来的,型号不一,大小不一,电池以及各种零配件补配困难,从而造成电台使用上经常出现问题。中共的电讯人员,除极个别在苏联或在国民党统治区从事地下工作时受过专门培训之外,绝大多数都是半路出家,文化水平也较低,因此错发错译、搞乱电码之事时有发生。再加上当时使用的电台一般功率较小,其电台多半又都要靠柴油发电,故而一旦天阴下雪(雨)或油料告罄,电台联络往往即告中断。因此种种,在电讯联络方面,出现这样或那样的问题,包括接收环节配合不当,以及收电或译文混乱不清的情况,在这时的国内电报联络中可以说经常出现。

一般说来,这时的国际电讯联络工作,因为中共中央较为重视,配备人员较强,因此错误率相对要少一些,但也并非不出问题。更何况中共中央与共产国际电台联络方面,除了存在与国内通讯几乎同样的问题以外,还存在着密码种类过多(林育英、阎红彦、刘长胜、潘汉年均带回密码),使用上容易出错的情况。7月间,中共中央与共产国际的联络即因电台缺油而一度中断。双方自6月直接通电之后,其间已知不止一次地出现过个别电文因不知用哪个密码翻译,一时译不出来,和个别电报译文中许多字译不清楚的情况。因此,共产国际12月16日来电偶然出现搞乱电码和译不出来的情况,单纯从技术的角度来看,也确是有可能的。[1]

另外可以印证中共中央12月20日以前没有完整收到共产国际或斯大林关于西安事变问题电报指示的情况还有一些。比如,张学良于12月17日曾专门致电毛泽东,询问国际对西安事变的意见,

---

[1] 可以相信中共中央18日电报所言不虚的理由还有一点,即这时分工负责与共产国际电报联络的,并不是毛泽东,而是张闻天。从半年来已知的大量与共产国际来往电报的署名看,由毛泽东署名或参加署名的致共产国际的电报只有8月25日一封,其余去电署名绝大多数为"洛甫"(即张闻天)或由张起草,署名"中央书记处",另有少量署名"林武"(用林育英带去密码)。且这时中共中央与共产国际的电报联络,也不存在40年代后由任弼时一人掌管,直接向毛泽东个人负责,非经毛泽东同意,不向政治局传达通报的情况。这时,共产国际凡有重要指示,中共中央还从来没有不集体讨论并加以贯彻的。

张学良在这一天以及第二天上午与周恩来的谈话中也再度提到希望尽快了解苏联的态度。毛泽东 17 日回电却明确告诉张学良，苏联方面尚无电报到来。电称：

> 我们对远方（即指苏联——引者注）政府已作几个报告，尚无回报。兄令刘鼎将每日民众运动情形电告一次，若远方知此次事变及事变后之进展不是单纯军事行动，而是与民众联系的，估计当寄以同情。惟远方政府目前为应付外交，或尚不能公开赞助我们。[1]

周恩来 18 日也就此致电中共中央，说明他已告诉张学良还不知苏联意见，并请中共中央得到苏联回电后立即电告。周电称：

> 宜极愿知我们意见，尤愿知国际意见，彼衷心甚虑因此内战绵延，有碍抗战。我已明告国际及苏联意见虽尚不知，但如日本及汉奸硬要挑起内战，我们只有在坚决防御坚持抗日动员，争取同情，分化南京，孤立汉奸，缩小内战，并连接到抗战上去。……国际有电来请即告我。[2]

注意到三天以后，即 12 月 21 日中共中央在得到共产国际的电报指示后，立即就向张学良作了转达的情况。有理由相信，毛泽东这时的说法应该是确实的。即至少在 17 日当天，毛泽东还不能确认已经收到来自苏联和共产国际的准确的电报指示。

再比如，中共中央 19 日召开政治局扩大会议，再度讨论对于西安事变的方针问题，毛泽东在报告中明确讲："国际指示还未到"，因此新拟定的公开通电等暂时还不能发，要等两天再说。如果我们知道与共产国际的通讯基本上是负总责的张闻天在负责，而张又最赞同共产国际来电的意见，当可知道毛此说应非虚言。

---

[1]《毛泽东致张学良电》，1936 年 12 月 17 日，《文献和研究》，1986 年第 6 期。
[2]《文献和研究》，1986 年第 6 期。

20日，中共中央接到共产国际重新发来的电报指示，21日即复电称："来电于二十日才收到，同意你们的意见，我们也已经基本的采取了这种方针。"[1]这里，"来电于二十日才收到"一句，也很清楚地反映了中共中央正式收到共产国际电报指示的时间。

　　当然，中共中央在12月收到共产国际的电报指示，并不意味着它对西安事变的方针在此之前完全没有变化，或者这种变化没有受到过苏联态度的影响。

　　中共在陕北能够接收到苏联政府的电台广播，因此它应当能够得知12月14日以后苏联《真理报》发表的对西安事变的严厉指责。但无论是听到了广播也好，还是按照张国焘所说收到了斯大林的电报也好，都没有影响到中共中央13日会议所决定的除蒋方针。已知中共中央除短波广播外所得到的最早的莫斯科的消息，是来自于17日潘汉年利用国民党电台发来的电报，其中译介了莫斯科《真理报》和《消息报》14日和15日的两篇指责西安事变和张学良行为的社论。另外，潘汉年在随后的一封电报中也明确提出：中共中央对事变的态度应保持慎重，切勿采取与张、杨同样之行动。由此我们可以确切地知道，中央至少17日已经得知苏联报刊的评论。不过，对于苏联在公开舆论上的这种表态，中共中央鉴于以往莫斯科在处理类似问题上的作法，并不就认为那是莫斯科的真实意图。因此，就在收到潘汉年电报当天，毛泽东在回复张学良询问"远方"态度的电报中，显然不是毫无目的地说："惟远方政府目前为应付外交，或尚不能公开赞助我们。"[2]

　　我们强调不存在12月13日斯大林来电，16日共产国际来电中共中央所得电报未能完全译出，一个最重要的依据，也是鉴于中共中央直到19日之前，其13日确定的除蒋方针都没有发生明显的改变。中共除蒋方针最直白的表露，可见13日中共中央紧急会议记录，15日中共中央要求罢免蒋介石、交付人民公审的通电，以及17日毛泽东与周恩来关于西安城不守时"诛之为上"和"行最后手段"

---

[1]《中共中央书记处致共产国际执委会书记处电》，1936年12月21日。
[2]《毛泽东致张学良电》，1936年12月17日，《文献和研究》，1986年第6期。

的电文。直到18日,在给国民党中央的通电,它仍旧没有按照所谓13日斯大林电或16日季米特洛夫电所要求的,务必站在中间立场讲话的指示行事,依旧公开站在张学良、杨虎城的立场上说话。通电中虽然已接受周恩来当天建议,开始承认可以保蒋安全,恢复其自由,前提却仍旧是必须"召集全国各党各派各界各军的抗日救国代表大会,决定对日抗战,组织国防政府、抗日联军",并且仍不愿承认蒋介石的全国领袖地位,强调"不愿以蒋氏一人而致中华民族以万劫不复的病患"。[1]

中共中央对蒋策略的转变,发生在20日。在这一天,中共中央再发通电,这回公开地站在第三者的立场上说话了。它不再从张、杨这边,而是向西安和南京"双方"同时建议,其建议也不再为保蒋安全问题设置前提条件了,甚至张、杨所提议的改组南京政府、召集救国会议、释放一切政治犯等项条件,中共中央也不再提了。中共中央建议的主旨,只是希望南京政府能够同意停止进攻,立即召集一次和平会议,来讨论抗日救亡及蒋先生的处置问题。[2]中共中央18日通电,和20日通电,在落款时间上只差一天,但其要求相差之大,是再明显不过的了。

为什么这两个通电的内容会有如此明显的差别?这里的原因不难判断,那是因为,18日晚和19日白天,南京政府已经在通过电台反复广播苏联《真理报》严厉指责张学良和西安事变的社论。这个广播,不仅陕北中共中央听到了,而且西安方面也听到了,就连地处甘北前线的彭德怀等红军将领也都听到了。周恩来当天即打电报给中共中央,特别提到了这件事,电报称:"闻《真理报》批评西安事变无形中帮助日本侵略之发展"。同样,在中共中央当天举行的政治局会议上,毛泽东也明确提到了这一消息,说:"苏联《真理报》

---

[1]《中共中央关于西安事变致国民党中央电》,1936年12月18日,《文献和研究》,1986年第6期。
[2]《中华苏维埃中央政府及中共中央致对西安事变通电》,1936年12月19日(实际日期应在20日);张培森等:《张闻天与西安事变》,《党的文献》,1988年第3期;《彭、任致主席团电》,1936年12月20日。

两次的评论,对西安事变认为等于两广事变一样。"20日,彭德怀、任弼时也来电报询问:"南京新闻谓《真理报》载西安事件是挑拨内战之烟幕弹,将来利于日本进攻,张学良之举动乃投机行为云。中央对西安事件意义及前途估计请详告,张之扣蒋乃逼不得已之行动,应告国际。"[1] 由上述情况可以看出,中共中央众多领导人都是在18日之后陆续得知莫斯科的公开反应与态度的。

多半正是因为有了17日潘汉年电和南京政府新闻社的广播,中共中央于19日当天紧急召开了新的政治局扩大会议,进一步讨论了对于西安事变的方针问题。

毛泽东承认:"西安事变发生后,南京的一切注意力都集中在捉蒋似是而非不徐不疾喝下上,动员一切力量来对付西安,把张、杨一切抗日主张都置而不问,更动员所有部队讨伐张、杨,这是西安事变发生后所引起的黑暗方面的表现,这是对于抗日不利的",它促进了内战的发生与延长,"客观上是有利于日本帝国主义的"。

与会者一致同意,事变发生后没有估计到南京方面以及各地方实力派会"盲目的拥护蒋个人而不问抗日",以致事变发生后中国形成了一个拥蒋潮流,使大规模内战的前途空前严重。鉴于此,张闻天明确提出13日会议所定方针有问题,强调:"对于要求把蒋介石交人民公审的口号是不妥的。"

毛泽东对苏联的态度显然有看法。他指出:"日本说苏联造成,苏联说日本造成,双方对于事变的实质都有抹煞。"但张闻天对毛的说法明显表示不赞成,并且以中共中央总负责人的资格表态称:"对苏联的舆论应该解释的,苏联因为日本的造谣,只能这样说,同时苏联如表示同情,便可以使与南京对立,这样的舆论自然对局部的利益是有些妨碍的。"尽管,我们自己不能采取这样的态度,但我们今后的作法在实质上还是要与苏联相一致。[2]

应当指出的是,19日会议较之13日会议在两个重要问题上取得

---

[1] 张培森等:《张闻天与西安事变》,《党的文献》,1988年第3期。
[2] 《(中共中央)政治局扩大会议》,1936年12月19日。转见张培森等:《张闻天与西安事变》,《党的文献》,1988年第3期。

了进展,一个是否定了任何反蒋的可能性,承认对蒋生命安全的任何明显的威胁都只能造成严重的内战前途;另一个是明确否定了在西安成立政府的任何设想,承认任何否定南京正统的作法也必然地要使中国长期处于分裂状态。张闻天明确主张:"我们应尽量争取时间,进行和平调解",但仍应与张、杨靠近,尽量与东北军配合,准备以防御战来反对内战。显然,具体如何结束内战危险,会议上并未能够找到行之有效的具体办法。毛泽东最后提出,变国内战争为抗日战争有两种方法,一是文章调停,一是武装调停,内中是很复杂的,要转很多弯子的。特别是在南京和西安两方面,我们固然应当争取南京,但更要争取西安。言外之意,就像张闻天所讲的那样,不论苏联态度如何,一旦在南京和西安两者之间出现无法调解的冲突时,共产党事实上仍旧要站在西安一边,甚至不惜用武装调停的办法支持西安来把内战停止下来。[1] 对此,与会者也都不能不在事实上予以认可。换言之,在事实上要站在西安一边的这样一种立场,即使在中共中央20日接到共产国际指示电之后也没有改变。

在20日根据共产国际的指示发出的党内指示当中,中共中央在肯定事变的积极意义的同时,第一次批评张学良的兵变作法。称因为事变"采取了多少军事阴谋的方式,扣留了南京最高负责人蒋介石及其主要将领,以致把南京置于西安的敌对地位,而造成了对于中国民族极端危险的新的大规模内战的可能","妨害了全国反日力量的团结"。但指示依旧明确规定,中共与红军仍要"同情西安的发动,给张、杨以积极的实际的援助(军事上的与政治上的),使之彻底实现西安发动的抗日主张",甚至要"切实准备'讨伐军'进攻时的防御战,给'讨伐军'以严重的打击,促其反省"。[2] 这一决定也说明,中共中央在支持张学良的问题上基本没有改变原先的立场。

了解了中共中央在什么问题上转变了自己的作法,自然也就比

---

[1]《(中共中央)政治局扩大会议》,1936年12月19日。转见张培森等:《张闻天与西安事变》,《党的文献》,1988年第3期。
[2]《中央关于西安事变及我们任务的指示》,1936年12月19日(实际日期应为20日),《文献和研究》,1986年第6期。

较容易了解张学良因为苏联的态度究竟会有什么样的反应。

不能否认，张学良发动西安事变，在相当程度上是寄希望于苏联的同情与援助的。因此，苏联舆论的公开的反对态度，不可避免地会使张学良感到不满。但简单地根据这一逻辑关系来判断张学良的反应，甚至说什么张学良因此对共产党也开始表示不满，却未免有些武断。[1]

应当了解的是，张学良因为高度重视苏联方面的反应，并且与上海有直接的电台联系，因此，还在他17日打电报给毛泽东询问"国际对西安一二一二革命有何批评"的时候，多半就已经或多或少地了解到莫斯科的公开反应了。之所以我们会有这样一种印象，当然不是依据几十年后某些当事人的不那么可靠的回忆，而是因为我们注意到张学良在询问国际反应时所用的"批评"二字。张学良本来在这里有许多字眼儿可以选用，像"意见"、"指示"、"看法"、"反应"、"态度"等等，他却偏偏只选用了"批评"二字。这很有可能是他在听说了苏联舆论的公开批评之后，所做出的一种本能的选择。但一切细心的读者恐怕不应当因此就得出结论说，张学良由此对苏联"最感烦恼"、"表情愤懑"。仔细读一读张学良的这封电报，我们就会看到，张学良或许会有情绪化的时候，却也不是那种全无城府，轻易就会被表象所迷惑的人。试想，如果张学良依其军人性格，已经对苏联感到极其"愤懑"，他还有必要急切地再去证实这种消息吗？而且，张在电报中还注意不要流露出丝毫"愤懑"和"烦恼"的表示，他以相当乐观的口吻宣称："此间诸事顺利"。事实上，像张学良这样的地方军阀势力，玩弄明一面、暗一面的把戏多矣，

---

[1] 根据当时曾经在张学良身边工作过的人的回忆，一些研究者向我们描述说：当时"最使张学良烦恼的是苏联的态度"。"张学良原以为发动兵谏是为了抗日，可以取得苏联谅解，尽释中东路事件前嫌，以遂多年联苏的愿望，结果却适得其反。他问刘鼎：'苏联广播为什么骂我受日本人指使？'刘答：'可能他们还不了解情况。'以后苏联连续抨击西安事变，16日，苏联正在广播，张对刘说：'听见了么？'表情愤懑。张以为他背了比'九一八'事变时更大的黑锅。苏联的抨击使张学良对中共也有点怀疑。一次，张学良拿着内容载有苏联评论事变的新闻记录下楼，宋黎在楼梯下面给他让路，听见张学良似乎自言自语，说：'我待他们那么好，他们却这样对待我。'"张魁堂：《张学良传》，第208页。

他和中共中央一样，自然也不会把苏联的公开反应看成是决定一切的关键。可以肯定地说，张学良对苏联报刊的公开反应固然重视，但他更重视的其实还是莫斯科私下里的意见。也就是说，他和毛一样清楚，外交关系与党的关系是两回事，他自然能够理解"远方政府目前为应付外交，或尚不能公开赞助我们"的道理。这也就是为什么，张学良在这封电报里并没有问远方政府的意见如何，而是特别选用了"国际"一词，希望了解"国际……有何批评"。

张学良什么时候了解到来自国际的指示呢？确切的时间应当是12月21日晚8时。毛泽东在前一天曾经在这个时间通过住在张学良公馆内的周恩来向张学良通报了共产国际当天来电的内容，后者似未收到，第二天这一时间再发，周、张始有复电表示收到并赞成国际来电。但是，必须注意的是，季米特洛夫的来电与毛泽东通过周恩来向张学良通报的电报内容，有一点重要的不同。即毛泽东转述的电报删去了季米特洛夫原电中的第一段的内容，这段话是："张学良的发动，无论其意图如何，客观上只会有害于中国人民的各种力量结成抗日统一战线，只会助长日本对中国的侵略。"这段话在实质上与苏联报刊上的观点是基本一致的，即根本否定西安事变具有任何积极意义。它区别于苏联报刊宣传的唯一之点，就是它固然仍旧不能相信张学良，但并不认为张学良的这次发动带有《真理报》社论所说的日本阴谋的背景。[1] 不难想象，如果张学良得知共产国际与苏联政府在对事变的评价问题上如出一辙，其感受必然会相当复杂。问题是，毛泽东删去了这段足以让张学良感到不舒服的话，只将下面这些内容告诉了张学良：

既然发动已成为事实，当然应当顾及实际的事实，中国共产党应在下列条件基础上坚决主张用和平方法解决这一冲突。

---

[1] 苏联政府的真实态度应该说是同这里所说的内容相一致的。苏联外交人民委员李维诺夫在15日接见中国驻苏联大使蒋廷黻时就明确表示："我不认为张学良是与日本人直接勾结采取行动的，我更倾向于这种推测：张是受了某些人心怀叵测的恶意唆使。"《文献和研究》，1986年第6期，第48页。

（甲）用吸收几个反日运动的代表，即赞成中国统一和独立的分子参加政府的方法来改组政府；

（乙）保障人民的民主权利；

（丙）停止消灭红军的政策，并与红军联合抗日；

（丁）与同情中国人民反抗日本进攻的国家建立合作关系，但不要提联合苏联的口号。[1]

我们从上面这段文字和建议中能够看到些什么呢？第一，共产国际未必完全赞成发动这样的事变，但它并没有否定这次事变，相反，它赞成通过这次事变来达到某些积极的政治目的。第二，共产国际赞成张、杨所提八项政治主张的基本内容，即改组南京政府，停止内战，保障人民权利，联红联俄（尽管不要公开提出联俄口号）共同抗日。让我们实事求是地、并且是平心静气地考虑一下，这样一封国际的来电，对这时备受外界讨伐之声困扰的张学良，究竟是一种宽慰呢，还是一种沉重的打击呢？结论大概是不言而喻的。

事情的发展至此只有一点发生了明显的变化，即中国共产党人放弃了多少有些情绪化的关于公审或除掉蒋介石的要求，重新准备在承认南京正统的基础上解决事变了。除此之外，一切并未发生明显的改变。从周恩来的复电中，可以清楚地看出，他在西安的所作所为，也只是在处置蒋的问题上策略将有所改变，其余对策一概照旧。其22日复电称："来此四日，中心抓紧在反对和推延内战，要求改组宁府，巩固三方联合，加紧战争准备。对取断然手段，故（已）觉不利，今得国际电当更照此方针做去，留此人在手大有文章可做。"经与张、杨讨论，他们现在也"更懂得坚持有利"，准备加紧向各省活动，以推动改组政府，并且相信要"促进南京分化，与红军合作，仍宜先从西北做起"。而西北"欲停内战，除政治活动外，战争胜利亦可促其反省"。基于这一认识，"西北联合局面张、杨及其部下左派均望早日宣布"，以坚定内部，影响国内。

---

[1]《共产国际执委会书记处致中国共产党中央委员会电》，1936年12月16日，《中共党史研究》，1988年第3期，第78页。

上述办法与中共中央此前之提议完全相同,惟因毛泽东顾及外交及延缓内战等,一度提出暂缓发表西北联合方案,但考虑到红军现在正在向西安附近集中,迟早必须宣布,因此,在征求张、杨意见后,周恩来仍旧明确提议:

(甲)红军过邠县后,即应对外发表宣言。

(乙)东北军、西北军、红军三方面亦应联合宣言,说明联合抗战保卫西北的意义,并坚决抗拒企图侵占西北、破坏统一战线的任何敌人。最后宣布成立抗日联军西北军政委员会,并推举张为总司令统一指挥。

(丙)抗日联军西北军政会我方推毛、朱、周、彭、贺、刘、宋、宋。

(丁)红军即为抗日联军第三集团军,总司令朱。

(戊)军政会参谋长拟推剑英(张要他)。

(己)军政会下各种组织,我方应准备伯渠、尚昆、瑞卿、季壮来参加。

(庚)红军加入抗日联军后,其给养薪饷补充应有初步改变,并由西北军政会统筹。

(辛)地方武装一概以抗日义勇军名义出现,其供给仍由地方筹给。

(壬)在全国民主政权未建立前,苏区政府仍旧只名义上冠以抗日字样。

(子)红军在抗日地区行动的政策请……速定出宣布。

(丑)在抗日联军宣布后,共产党应在群众中公开活动。[1]

显而易见,在得知共产国际的指示之后,张学良、杨虎城和中共中央的关系不是变得不信任了,而是更加密切、更加巩固了。周报告称:张、杨"闻红军东来均甚高兴",并催红军快来,希望尽快

---

[1]《周恩来致中央书记处电》,1936 年 12 月 22 日,《文献和研究》,1986 年第 6 期。(公开发表此电文时误注为 23 日。)

公布西北三位一体的组织形式。张学良并且告诉周恩来，现仅西安城内，就存有现金和钞票1800余万，此地每月仅开支250多万，武器弹药也有大量储存，如果南京方面坚持不妥协，坚持几个月绝无问题。

第五章 从『革命』到『兵谏』

一、皆大欢喜

12月20日前后是西安事变最微妙的阶段。此时，何应钦及"讨逆军"前线总指挥刘峙杀气腾腾，中央军步步进逼，西安已笼罩在一种恐怖的气氛之中。西安方面为抵抗南京方面的军事进攻，张学良、杨虎城信誓旦旦，公开宣言不惜一切牺牲，也要粉碎南京的"恶势力"，东北军，包括红军，都据此火速赶往西安附近，准备与中央军决一死战。南京与西安之间的大规模战争大有一触即发之势。22日，张学良和周恩来接连致电毛泽东与中共中央，明确主张必须迅速宣告成立公开的东北军、十七路军和红军三位一体的西北军政委员会，以便统一行动并形成政治中心。[1]此举一旦成为事实，毫无疑问将使西安与南京之间本来就极其紧张的对抗形势更加具有爆炸性。

在得到共产国际关于必须努力争取和平解决西安事变的电报指示之后，张学良等人的这一要求使中共中央陷入到一种十分为难的境地。不同意吧，张学良、杨虎城对中共和红军会产生怀疑，三方

---

[1] 周恩来电称："西北联军局面，张、杨及其部下左派均望早日宣布，以坚定内部（有惧为闽变之续者），影响国内（李白刘湘均以此事观望）。其办法完全同意我们提议。我因顾及外交及延缓内战，故主张暂缓发表，但红军现向西安附近集中，迟早必须宣布。"周恩来提议：红军过邠县后应即与东北军、西北军三方面共同发表宣言，说明联合保卫西北之意义，并坚决抗击企图侵略西北、破坏统一战线的任何敌人。最后宣布成立抗日联军西北军政委员会，并推张为总司令，统一指挥。见《周恩来致中央书记处电》，1936年12月22日。

合作关系势必发生动摇；同意吧，中共等于公开站在事变发动者一方，它再不能把自己摆在第三方的地位上，不仅会加剧西安与南京之间的对抗形势，还直接违反了共产国际的指示和要求。

23日，中共中央再度就此进行了紧张的讨论。毛泽东明确讲：张学良提出成立军政委员会，以巩固军心民心，我们本来主张对内宣布，对外不宣布，但我们去电后，他却急于要宣布。成立西北军政委员会，等于成立事实上的政府，如果对外宣布，我们第三者的地位就要取消了，可是现在中心问题是张、杨已处在相当紧张的情势之下，不参加这个政府又不行。他考虑再三，认为还是实际参加，暂时在内部宣布，并做公开宣布的准备。一旦打起来，还是公开宣布的好。

这个问题很自然地在中共中央领导人内部形成了不同意见。多数与会者相信，三位一体的同盟关系事实俱在，内部宣布就等于公开宣布，不如干脆公开宣布，没有必要回避与张学良、杨虎城结盟的事实。且这不仅是为张、杨撑腰的问题，也是争取和影响西南、四川等地态度暧昧的实力派同情西安事变的一种手段，故宣布利大于弊。另一些与会者则认为，现在最要紧的是要停止内战，公开宣布不仅不利于我们站在第三者地位对南京方面进行和平工作，而且容易给亲日顽固派以借口，加剧紧张局面。甚至有人认为，即使对内宣布也不应当，因为在陕甘军政内部宣布，实际上也就等于是对外宣布了，因此，还是实际参加而对内对外都暂时不宣布的好。经过反复讨论，会议最后还是听取了毛泽东的建议，决定采取实际参加，暂不公开宣布，在未与南京全面冲突之前，中共方面仍努力争取保持第三者地位以便在各方间进行转圜，促使事变能和平解决。[1]

会议结束的当天晚上，中共中央正式答复西安方面称：一方面为争取全国同情，便利外交，另一方面为巩固军心民心，争取战争胜利，坚持已成局面，决定："（甲）包括红军在内的抗日联军组织，

---

[1] 张培森等：《张闻天与西安事变》，《党的文献》，1988年第3期。

对内立即发表,但对外暂时不发明码通电,不发广播,准备于红军实行参战时发表之。(乙)包括我们名单在内的西北抗日军事政治委员会立即组织,并实行工作,但对外均暂时不发表,何时发表有利,依情况定之。(丙)此时只发表张、杨联合宣言,张、杨及我们联名宣言,立即准备好,发表时机稍为等一下。(丁)我们与东北军、西北军联合干到底的基本方针是确定了的,实际的军事政治工作是立即共同一致地做的,仅为顾到争取南京、山西、四川、广西、河北、山东及蒋系军左派中派起见,把对全国宣布一事稍微迟缓一下。至张、杨对东北军、西北军及陕甘内部应尽量宣布联红联共之方针,以振军民之心,则是毫无疑义的。"

第二天,中共中央又具体去电说明,中共方面准备以朱德、彭德怀、贺龙、叶剑英和徐向前5人参加西北军政委员会,周恩来和林伯渠暂不参加以便于对国民党进行工作。电报要求周恩来等务必向张、杨说明:"共产党为争取全国各派应采此方针,对张、杨亦是有利的。"当然,中共中央在实际上还是做好了一切准备,一旦南京坚持不与西安妥协,全面战争打响,中共和红军还是要公开站到西安一边来的。到那时候,什么第三者地位,怕是统统都不需要了。毛泽东为此明确电告西安:中共的原则是"力争好的前途,同时也准备对付坏的局面"。但中共中央不能不感到担心:在张学良明确表示需要中共公开支持的时候,只在私下里做出这样的保证,"张、杨是否会因此不满意"?[1]

真是再凑巧也没有了。就在中共方面还在为如何在保持第三者地位与公开支持张学良两者之间进行选择深感不安的时候,和平的可能性已经在西安降临了。张学良很快就看到了另外一种、而且也是他一直希望看到并在努力中的最为稳妥的解决办法。

由蒋日记可知,张学良一直没有放弃迫蒋接受其政治主张然后放蒋回京的想法。他从一开始就希望宋美龄来西安劝蒋,端纳来后次日就请其飞返洛阳去用电话向宋美龄说明一切,并请她放心。16

---

[1]《洛、毛致周、博电》,1936年12月24日。

日，南京政府明令讨伐张、杨，并宣布何应钦为讨逆军总司令后，张当晚又托蒋百里见蒋，请蒋致函南京方面，"勿即攻陕，（蒋）不久当可出来"。蒋介石次日同意去函令何应钦缓攻三日，张学良马上让蒋铭三带蒋函飞洛阳转去南京。19日，张学良明确告蒋，政治主张八条，蒋只要答允后四条，即"一、建立联合政府；二、联俄；三、容共；四、实行总理遗嘱"，就可以放蒋回南京云云。[1] 他的这一努力，逐渐发生了某种作用。

就在战争的乌云伴随着南京当权者的电闪雷鸣，一阵紧似一阵地压向西安城的关键时刻，在南京方面涌动着的逆向而行的和平暗流也迅速形成势力。此股暗流的始作俑者，自然就是蒋介石妻子宋美龄和大舅子宋子文等人。宋美龄作为蒋介石的夫人，强烈担心武力威迫的结果，会将张学良等逼上梁山，最终害了蒋介石。因此，她不顾一切地力挽南京主战派掀动的战争狂澜，坚持要通过和平方法来解决争端。即使蒋介石为此颜面上要受些损失，也在所不惜。还在14日，她就派蒋介石的英籍顾问，同时也做过张学良顾问的澳大利亚人端纳飞去西安。几天后，宋子文也不顾何应钦等人阻拦，于20日携郭增恺及随从秘书等飞往西安，代表宋美龄去进行和平劝说的工作。

当然，宋子文这么做也还有更深一层的考虑。

宋子文曾经是南京政府地位显赫的财政部长和行政院副院长。但自1931年"九一八"事变以后，他因为主张政府应当在对日问题上采取强硬立场，反对蒋介石为"剿共"军事大举国债，与蒋介石和汪精卫发生了意见分歧，不得不于1933年10月辞职而去。[2] 这之后，宋子文一直被蒋介石摒弃于国民党及南京政府决策圈之外，

---

[1]《蒋介石日记手稿》，1936年12月15、16、17、18、19日。有关张提四条的内容以及蒋的态度，宋子文20日到西安后所记张学良转述与蒋日记所记有所不同。张转述之四条为："一、改组政府，采纳抗日分子；二、废除塘沽、何梅、察北协定；三、发动抗日运动；四、释放被捕七人。"张并称蒋17日晚曾同意此四条件，但次日又反悔，"谓其不会在胁迫下接受任何条件。"转见《宋子文西安事变日记》，台北《近代中国》第157期，2004年6月。

[2] 参见吴景平：《宋子文评传》，福州，福建人民出版社，1990年，第213—221页。

但他仍旧力图推动中国转向抗日。因此，他在改变安内攘外政策一点上，和张学良的主张可谓不谋而合。当南京方面开始与中共中央秘密接触时，宋子文就曾积极参与并提供过帮助。对于两广事变，宋子文也始终站在同情的立场。甚至对于共产党提出的建立国防政府的主张，宋子文在背地里也表示赞成。对于深受共产党政治影响的沈钧儒、章乃器等人主持的救国会，他更是大力支持并秘密捐款以协助其开展活动。以致共产党在上海的代表，包括中共中央都认为："宋子文表现是非常好的"，在南京政府领导人当中，可以说是"最好的"。[1]因此，西安事变发生，对于宋子文来说，未必不是一次重新推进自己政治主张的机会。他之所以不顾何应钦等人的阻拦和种种流言，冒险代表宋美龄于20日飞抵西安进行调处，其目的大抵也是为此。[2]如果蒋介石能够顺应大势，就此改变政策，他宋子文自然可以重新发挥重要决策作用，实现其政治抱负。

宋子文到达西安当日，即与张学良、杨虎城见了面。毛泽东因得知宋子文同情事变，立即打电报给周恩来，要他设法见宋，以第三者身份提出和平解决事变，停止内战，共同抗日的意见。但据张学良事后告诉周恩来：宋子文确实对中共有好感，但不敢见，担心宁方知道会对他不利。张学良并且说："宋子文来，南京多方阻难，对其他抗日中委亦限制其自由，惧他们来西北创新局面。"张曾劝宋子文出面召集救国会议，协助改组南京政府，宋子文表示，因目前尚无响应事变者，现在出头不大可能，且以南京目前态度，亦不能表态，但他"对义举同情"，相信"坚持日久必有变化"。

虽然出于安全考虑，不能不谨言慎行，但暗中同情西安事变，

---

[1]《李允生给中央的报告》，1936年9月16日。
[2] 关于宋子文此时来陕冒有很大风险一节，据当时在西安张、杨身边的郭增恺回忆，张学良曾明确对宋讲过，称："我们曾致电南京的许多要人，请他们来西安商量国事，就单指不敢欢迎你，怕的令你受到更多的谣言。"而宋的答复也颇可以看出其此时的抱负。宋答称："南京的情形，真正关怀蒋先生的也仅有我们几位亲戚。惟我个人则并非站在亲戚关系上对他有所关怀。蒋先生如今的地位正是几十万民族青年的鲜血所造成的，他的力量又是全国人民的膏血所支持的，所以当前的问题，应是如何才能最好的使用我们国家的力量？"郭增恺：《一个历史问题的交代》，《西安事变三忆》，第60—61页。

希望借此重登政治舞台,实现政治抱负的宋子文,自然不会轻易放弃这一千载难逢的机会,来推进自己的政治理想。蒋介石在他事后整理的《西安半月记》中,关于宋子文第一次来西安的情况,只记录了其20日和21日三次见蒋的简短经过,和几句生死离别的谈话[1],其余概隐去未记。蒋日记虽记述两日见宋经过较具体,但所记亦多为慷慨之语。[2] 所幸宋子文的日记对此有所弥补,可与蒋日记两相印证。

宋子文在日记中写道:

> 我一个人面见委员长,他激动异常并失声痛哭。我安慰且告诉他,此事件并未让他蒙羞,全世界都关心而且同情他的遭遇。……他说,他拒绝在胁迫下答应任何条件,而唯一解决之道是武力。我指出情势危急之处:军事上胜利并不能确保他的生命;即使西安被攻占,他们也可以撤退到邻近共产党地区;随着内战的蔓延,国家将会分裂。他的性命攸关国家存亡,不仅仅是个人问题。……
>
> 下午,汉卿见委员长。他说,在我与委员长会面后,委员长已采取较为理性的态度。还告诉汉卿,如其军队愿意到绥远去,他会同意。
>
> 我见了委员长。他说,他已经(一)答应汉卿,允许他的军队到绥远去。(二)四项条件可以在大会上讨论。(三)陕西政府可重组,杨将军可以提名人选。他要我和张、杨讨论这些问题。……

---

[1] 所记述宋子文三次谈话,加起来不过五句,即"子文言,邵元冲同志在西京招待所被叛兵击中数枪,已伤重殒命";"子文……谓:'门外有人窃听不宜多谈,唯京中军事计划与兄正同也'";"子文强慰余曰:'后日当再来陕视兄'";"子文言:'余来无妨,彼等对余之意尚不恶也'。既出,忽复入,重言曰:'余后日必再来视兄'"。

[2] 蒋介石20日记除提到初见宋子文"不知泪自何来"及宋称如"子文三日内不回,则妹必来陕与兄共生死"外,主要记述了蒋对张的判断和强调任何营救"应为公,不可为私"的原则,同时详记所留遗嘱内容等。21日日记主要记述了交代宋劝阻宋美龄不要前来和中央军应完成对西安的围困,"不可为余生死有所顾忌"等语。见《蒋介石日记手稿》,1936年12月20、21日。

我整晚设想办法。……汉卿坦白告诉我，一旦爆发大规模战争，委员会已经决定把委员长交由共产党保护。此非虚言恫吓。[1]

据张学良随后告诉周恩来，宋子文确曾从侧面劝说蒋介石不妨对张学良他们所提的要求稍做妥协，设法转圜，蒋也确实有所答复。只是蒋介石这时仍不承认张、杨的政治主张，只同意："张、杨主张交蒋提三中全会，东北军可援绥，陕西交杨。"[2] 张学良、杨虎城对此并不满意，他们坚持蒋必须就他们所提出的八项政治主张做出明确的妥协与保证，否则问题仍旧不能解决。对此，宋子文相信，既然蒋介石已有所让步，下面的文章仍有希望继续做下去，他将很快返回南京，接宋美龄来西安，一方面继续劝蒋让步，一方面也可以和缓内战，促进南京及黄埔系内部的分化。

宋子文这时的态度和谈话，未必毫无策略手段在内。但以宋前此与蒋介石在内政外交政策上的严重矛盾而论，说宋子文这时会如蒋介石在《西安半月记》中所记述的一样，完全站在蒋介石一边，坚决抵制张学良等向其兜售政治主张[3]，这无论如何不合逻辑。要知道，如果蒋介石因此顺利获释，重登统治宝座，内外政策一无所变，他宋子文即使因此而备受青睐，再入政府决策圈，结果也还是要因其政策主张与蒋格格不入而重蹈覆辙，即进去了也还是要再出来。当然，在这样一种极为特殊的背景下出面劝诱蒋介石多少改变一些政策主张，联系到前此两人已经存在的严重矛盾，搞得不好很可能会给蒋一种落井下石的感觉。因此，宋子文做起来恐怕也很困难。没有人知道宋子文在私下里究竟是怎样劝说蒋介石的，后人能够了解的只是：不惜冒生命危险亲临西安与反叛者接洽谈判，最终

---

[1]《宋子文西安事变日记》。
[2]《周致洛、毛、博、朱、张电》，1936年12月20日，《文献和研究》，1986年第6期。
[3] 照《西安半月记》中所记，宋子文始终是对蒋言听计从，从未有过任何个人见解的，劝蒋让步之说更无从谈起。

成功地使蒋介石获释的宋子文，照理劳苦功高，事变之后应备受信赖，委以重任才是。可是，回南京后的宋子文却仍旧备遭冷落和不信任，时间长达 4 年之久。[1] 由此可知，宋子文在解决事变的过程中的所作所为，并非让蒋介石那么满意，否则，蒋怎么说也不会这样对待这位冒死救驾的大舅子。

宋子文在西安救蒋过程中究竟做了些什么呢？通过宋子文在谈判过程中的言论主张可以看得很清楚。

由宋子文代表蒋介石与张学良、杨虎城和周恩来的谈判，正式开始于 23 日。毫无疑问，蒋介石同意进行这种谈判，宋美龄是起了作用的。宋美龄是在宋子文、蒋鼎文等陪同下，于 22 日飞来西安的。蒋介石在后来补记的日记中透露，宋美龄 22 日下午到后，曾告以"外间各方情况"，力劝蒋"先设法出去再说"。[2] 至于宋美龄所建议的方法是什么，其日记中无只言片语之吐露，但联系宋美龄前此即曾有过"宁抗日勿死敌手"的劝告，不难判断宋美龄这时会说些什么。不仅如此，还在张学良接宋美龄由机场回西安蒋介石住处的路上，宋美龄就曾经明确告诉张学良"她力主和平与抗日"[3]。因此，宋美龄到后，蒋介石的态度迅速有了大大出乎张、杨意料之外的重要转变。据周恩来谈判当日给中共中央的电报可以知道，宋子文告诉他们，蒋在经过了端纳、宋子文以及宋美龄的劝说之后，这时已最终同意可以对张、杨的主张做某些让步了。这种让步表现为："蒋暗示宋，改组政府，三个月后开救国会议，改组国民党，同意联俄联共。"[4]

"暗示"云云，在这里大有文章。所谓"暗示"，说白了就是蒋

---

[1] 宋子文只是到了 1940 年才因蒋急需能够打通美国政界和商界上层的人才，以获得美国政府的贷款，才被蒋授以私人代表的身份派驻到华盛顿去，算是获得了一份较重要的职位。但也仅仅是一个说客而已，并无参与决策之权。直至太平洋战争爆发，宋子文才再度被授以部长之职，成为多少可以参与些决策工作的外交部长。

[2] 蒋介石：《西安半月记》。

[3] 《周恩来关于与宋子文谈判情况的电报》，1936 年 12 月 23 日，《周恩来选集》（上），北京，人民出版社，1982 年，第 72 页。

[4] 《周恩来选集》（上），第 70 页。

介石其实并没有直接答应什么或肯定什么。但实际上，从宋子文日记的记录看，蒋恐怕并非是"暗示"，而是明示。宋日记称：

> （22日）晚上，我面见委员长，征询对周恩来想见他的意见如何。但他说，要与蒋夫人一同会见周。委员长说，我必须要求周同意废除：（一）中国苏维埃政府；（二）取消红军名义；（三）阶级斗争；（四）愿意服从委员长之领导。去告知周，他无时无刻都在思考重组国民党的必要性。如果需要，他会要求蒋夫人签订保证书，保证在三个月内召开国民大会。但在此之前，他必须要求国民党大会把权力交给人民。国民党重组后，他将：（一）同意国共联合——假如共产党愿意服从他，正如同他们服从总理；（二）抗日、容共、联俄；（三）同时他愿意给汉卿收编共产党员的手令，而收编来的伙伴都会配备良好的武器。〔1〕

比较周恩来的电报，可知周的汇报恰恰就是宋子文日记中所记述的内容。只不过，周并未说明蒋介石对共产党的要求，并将国民大会记成了救国会议而已。

据周报告说：谈判分两部分，首先是周恩来代表张、杨向宋子文介绍西安方面目前的六项条件，然后就是宋子文提出具体办法并进行讨论。最值得注意的是，宋子文对改组政府一事早已胸有成竹，一上来就提议：

> 先组织过渡政府，三个月后再改造成抗日政府。目前先将何应钦、张群、张嘉璈、蒋鼎文、吴鼎昌、陈绍宽赶走。推荐孔祥熙为院长，宋子文为副院长兼长财政，徐新六或颜惠庆长外交，赵戴文……长内政，严重或胡宗南长军政，陈季良或沈鸿烈长海军，孙科或曾养甫长铁路，朱家骅或俞飞鹏长交通，

---

〔1〕《宋子文西安事变日记》。

卢作孚长实业，张伯苓或王世杰长教育。[1]

宋子文想借蒋落难之机达到怎样的目的，由此可以一目了然。问题是蒋介石对此将会作何感想，如此伤筋动骨地变动政府内部成员，纵使不考虑它对蒋介石今后在权力运用上的妨害，难道不会严重地损害蒋介石的政治威望和地位吗？时至今日，大概已经没有人能够了解宋子文的上述宏图大志究竟带有多少一厢情愿的色彩，但从事情以后的发展结果来看，至少可以肯定，宋子文在这一问题上的热心与期望看来是有些过高了。蒋介石多半并没有赋予他具体讨论改组政府人事的权力。

但宋子文这时所表现出来的这种过分的乐观情绪深深感染了他的谈判对手，因而或多或少地造成了某些假象。改组政府的问题已经谈到如此程度，难道其他问题还不容易解决吗？对于蒋突然表现出来的这种转变，张学良和杨虎城可以说是喜出望外。宋子文大谈改组政府的具体构想及人事安排，更是给人一种"革命"即将大功告成的强烈感觉。张、杨理所当然地要对此表现出极大的热忱，他们也开始积极就新政府人事问题提出建议，比如提议以邵力子长内政，并且同周恩来一道，力主让宋庆龄、杜重远、沈钧儒、章乃器等入行政院，并委杜、沈、章等人为次长。张学良更明确提议，现在即可考虑改编西北红军，照国军待遇，实现合作抗日的问题。讨论中，他们甚至对于是蒋下令撤兵之后即放蒋回京，还是撤走中央军、释放救国会领袖之后再放蒋的问题似乎也不那么特别在意了，尽管他们仍旧坚持蒋介石必须满足他们提出的六项条件，同意西北组织三位一体的军政委员会和抗日联军组织，但他们看起来似乎毫不担心，确信如今这些要求在蒋介石那里都不会成为问题。

至此，一切障碍都因蒋介石的"暗示"和宋子文的许诺一风吹了。周恩来急忙打电报询问中共中央："在蒋同意上述办法下，我们（将）与蒋直接讨论各项问题（即西安方面所提六项条件——引者

---

[1]《周恩来选集》（上），第71页。

注）"，"你们决心在何种条件下许蒋回京"？[1] 这说明，即使是周恩来，这时也已经开始相信，蒋介石很可能会迅速承认六项条件，并承认西北三位一体的既成事实，释放蒋介石的问题马上就要提上议事日程了。

23日，周恩来报告称："今日我及张、杨与宋谈判……我提出中共及红军六项主张"：

> 子、停战，撤兵至潼关外。
> 丑、改组南京政府，排逐亲日派，加入抗日分子。
> 演、释放政治犯，保障民主权利。
> 卯、停止剿共，联合红军抗日，共产党公开活动（红军保存独立组织领导。在召开民主国会前，苏区仍旧，名称可冠抗日或救国）。
> 辰、召开各党各派各界各军救国会议。
> 巳、与同情抗日国家合作。[2]

应当指出的是，上述六项条件除了在比较敏感的国民党领导地位问题上，即在改组南京政府的形式问题上较之原来的八项条件略有退让外，总的要求不是比八条减少了，而是大大增加了。这也就是说，在事变进行到最后阶段时，张、杨方面不是如蒋介石、宋美龄事后所记述的那样，几乎放弃了前此的条件，或者全面妥协，而是在相当程度上使其条件变得更激进了。

比较张、杨事变之初所提之八项条件，可知周恩来代表西安方面所提新六条，只放弃了"容纳各党各派，共同负责救国"的要求，原八条中第三（立即释放上海被捕之爱国领袖）、四（释放全国一切政治犯）、五（开放民众爱国运动）、六（保障人民集会结社一切政治自由）四条已合并为"释放政治犯，保障民主权利"一条。原八条中第二条（停止一切内战），则根据现实情况修改为"停战，撤兵

---

[1]《周恩来选集》（上），第71、72页。
[2]《周恩来选集》（上），第70—71页。

至潼关外"。原八条中第八条关于召开救国会议者没有变化。而原八条中之第七条（确实遵行总理遗嘱）则扩充为两条，即"与同情抗日国家合作"，和"停止剿共，联合红军抗日，共产党公开活动"。特别是这后一条，不仅是对蒋介石既定国策的根本否定，而且它清楚地表明了张学良、杨虎城决心与中共同进退的坚定态度。

西安方面条件之修改，当然有共产国际指示的因素在里面，但这并不等于说张学良、杨虎城完全处于一种被动的地位。不论是张学良，还是杨虎城，都有着极强的个性，远不是那种容易受人摆布的人。所谓"周至此时，俨为西安之谋主"[1]，恐怕也只能解释为周更能言善辩，更具有判断力而已。但坚持事变不达目的不止，大概作为事变真正主谋的张学良，还要远胜过周恩来许多。除了前述张学良公开的各种表示以外，即使是在蒋介石事后透露的很少的几次谈话内容当中，我们也可以隐约地看到张学良为实现其政治主张态度之执拗。[2] 甚至，中共中央于21日根据共产国际的电报指示，正式提议修改张、杨前提之八项条件，主张只需要在增加几位抗日分子进入南京政府；中央军退出潼关；保障民主权利；停止"剿共"联红抗日；与同情中国抗日运动国家合作等五项条件基础上即可与蒋介石和平解决西安事变[3]，张、杨也并未轻易首肯。特别是为了尽可能快地与蒋介石和南京政府达成妥协，中共中央的条件中删去了张、杨原来八条中直接涉及关于在南京政府中"容纳各党各派，

---

[1] 张学良：《西安事变忏悔录》。
[2] 不论张学良在事变期间与蒋交涉采取何种谈话策略，也不论蒋介石事后所记谈话内容有多少遗漏和修饰，从蒋日记手稿和《西安半月记》中仍可看出张坚持要蒋承认其政治要求并以此为释蒋之条件的初衷始终未变。如蒋记12日当天张之谈话，即明确提出："此间事非余一人所能作主，乃多数人共同之主张，余今发动此举，当交人民公断，倘国民赞同余等之主张，则可证明余等乃代表全国之公意，委员长即可明余之主张为不谬，请委员长退休，由我来干。"张并明言，其此次行动并非叛变，而为革命。14日张又谓："此事殊不简单，既有多人参与，一切须取决于众议，且我等已发通电陈述主张八条，总需容纳数事，庶我等此举不致全无意义。"19日张又言："现在此事亟待速了，前所要求之条件，最好请委员长加以考虑，择其可行者先允实行几条，俾易于解决。"20日，张又谓，乘子文在此之机会，商定实行一二事以便速了此局。
[3] 《中央书记处致周恩来电》，1936年12月21日，《文献和研究》，1986年第6期。

共同负责抗日救国"和"立即召开救国会议"的要求,甚至连其19日通电中所提出的和平会议的建议也取消了,对此张学良和杨虎城明确表示不能同意。他们只同意取消容纳各党各派共同负责的要求,仍旧坚持保留召开救国会议这一条。这种情况清楚地说明,张学良和杨虎城仍旧有着自己的政治目标。难怪这时张学良认为中共的态度太"软",而某些中共领导人反过来认为张学良的要求有些"过左"呢![1]

但实事求是地说,对于不惜牺牲个人一切来发动此一重大事变的张学良、杨虎城来而言,这样考虑也确有其充分的理由。试想,仅仅同意保持蒋介石和国民党的领导地位,而没有建立起一种具有影响力的全国范围的统一战线的组织形式(比如救国会议之类),并以此来对南京政府进行必要的监督,有谁能够保证在蒋回到南京之后,在枪口威逼下形成的西安事变的成果真能得以贯彻呢?有谁能够保证张、杨自己及其那些积极参与事变的部属日后不因此而遭受报复呢?这也就是为什么,尽管张、杨对蒋介石的"暗示"十分满意,但在谈判中仍旧坚持蒋必须同意保持西北三位一体的军事政治组织在事实上的存在。这里的原因很清楚,要想使东北军、十七路军事过之后不受惩罚,非如此不足以对蒋形成约束。

不过,随着23日晚中共中央关于决心继续保持第三者立场,希望暂不公开西北三位一体的电报的到来,张、杨及中共中央三者之间显然开始出现了更明显的不同意见。一个突出的迹象是,张学良、杨虎城和周恩来得到中共中央上述电报不久,很快就通过周恩来致电中共中央,提出:"在宋子文、宋美龄担保下,蒋如下令停战撤兵,允许回南京后实行我们提出的六项条件(见23日12时电),是否可放蒋回宁?"周同时告诉中共中央说"张、杨、宋都急望此事速成"。[2] 在这里,特别值得注意的是西安方面突然间放弃了白天谈判中所提出的三项重要条件。把"与蒋直接讨论各项问题(即六项

---

[1]《西安事变简史》,第91页;申伯纯:《西安事变纪实》,第161页。
[2]《周恩来致中央书记处电》,1936年12月23日。

条件)",要蒋当面允诺,改成了只要两宋担保即可;把先撤兵、先放人(爱国七领袖),改成了只要蒋下令撤兵即可;把要蒋承认西北三位一体的军事政治组织一条根本取消,改成了只要两宋允诺实现六条即可。

没有任何直接的资料能够确切地肯定西安方面释蒋条件的这种突然的变化,一定与中共中央上述电报的到来有关。问题是在周恩来当天中午12时就上午的谈判结果发出电报之后,至当晚11点周再发出西安方面修改解决条件的电报之间,并没有出现任何其他重要变故,使张学良有必要改变刚刚取得的谈判成果和他们已经确定了的解决问题的具体条件,只有中共中央的这封电报能够对张学良等形成较大的冲击。因为,既然中共中央不同意公开宣布成立西北军政委员会的组织,继续坚持要蒋同意成立西北"三位一体"的军事政治组织,就是没有意义的。而且,既然中共坚持站在第三者地位,坚持事件的和平解决,不大愿意公开地建立西北三位一体的政治军事组织,而如今,和平契机又处于稍纵即逝的关键时刻[1],有什么必要纠缠于一两条具体承诺而使自己背上战争的罪名,把和平的旗帜交给他人呢?[2] 张学良即做如此考虑,事情遂由此而急转直下了。

24日,周恩来再报中共中央称:据张学良转告,蒋已就23日他代表西安方面所提之六项主张,具体"答复张",保证:

---

[1] 蒋介石12月17日曾有手令由蒋鼎文转送南京,要求南京方面停止进攻和轰炸三天,即以17日至19日三天为限停止进攻和轰炸。后因宋子文20日赴西安调处,宋美龄坚持展期三日。至22日,宋美龄再赴西安,进攻自然再度展期,据宋美龄告诉张学良,12月25日圣诞节为停止进攻最后一天。因宋美龄、宋子文、蒋鼎文等这时均在西安,南京内部主和力量大势,此时确实非常关键,因再无人能够阻止南京发动进攻了。参见蒋介石:《西安半月记》;宋美龄:《西安事变回忆录》。
[2] 张的这种个性此前已经在他对阎锡山的态度中有所显露。阎锡山前曾与张学良有过联俄联共、抗日援绥之种种秘密商洽,也曾与张于共同谏蒋失败后大发牢骚感慨,有要张考虑日后诉诸行动之议,事变发生后阎却态度大变,对张大加指责,同时打算出面调停。张为此曾颇为不满,明确表示:"我决不让老阎做这一票买卖"。参见李金洲:《西安事变亲历记》,第40页。

（子）下令东路军退出潼关以东，中央军决离开西北。

（丑）委托孔、宋为行政院正副院长。责孔、宋与张商组府名单。蒋决令何应钦出洋，朱绍良及中央人员离开陕甘。

（寅）蒋先回京，后释放爱国七领袖。

（卯）联红容共，蒋主张为对外，现在红军苏区仍不变，经过张暗中接济红军，俟抗战起再联合行动，改番号。

（辰）蒋意开国民大会。

（巳）他主张联俄联英美。[1]

对照23、24日周电所述前后两个六条可知，所谓蒋"答复张"者，实为周恩来23日谈判中所提"中共及红军六项主张"。也就是说，照周24日电，蒋已将周所主张者，当成西安方面所主张者，全盘采纳并承诺实行了。

但对照蒋介石23、24日日记所记内容，却与周恩来24日电所称有相当出入。蒋23日日记记述宋子文与张、杨及与周谈判情况仅寥寥一两句而已，称：今日子文与张、杨会议，并见周，"子文对其所谈结果，颇觉满意"。24日日记中所记稍详，称：

> 上午，共党对余忽提出七项条件，并声明中央军未撤退潼关以东，仍留余在西安，此与昨夜子文所谈者完在〔全〕相反，余乃知其中另有其故。盖料此为张指使共党做黑面，而彼自可做红面，卖情讨好，以为将来谅解之地也。
>
> 余乃嘱子文即将其条件退还，并言此条件不能示蒋先生也。子文照此进行，并声言如此只有决裂，以后不再谈判。
>
> 未凡，张果而出调解，并声称："共党无信义，只弄手段，如其作怪，我（张）必对周反面（翻脸）云。"此张自言对周痛斥之言也，未知其后经过如何。
>
> 共党并不再言条件，只要见蒋夫人时顺见蒋先生一面已足。

---

[1]《周恩来、博古致中央书记处电》，1936年12月24日，《文献和研究》，1986年第6期。

余乃允之,但余必须张同其来见也。[1]

查宋子文23、24日日记可知,周23日电所称"今日我及张、杨与宋谈判……我提出中共及红军六项主张"一句,实易产生误导。实际情况是,宋子文上午并未与张、杨、周同时谈判,而是分别见面的。周参加谈判在当日下午。

宋子文日记23日称,上午,张、杨首先交给他一项在西安或太原召集朝野官员名流出席之会议的建议,称需要讨论落实张学良与杨虎城向蒋提出之四项条件,即"一、建立联合政府;二、联俄;三、容共;四、实行总理遗嘱"。在此期间,蒋暂时仍须留在西安。宋对此条件"甚感失望",与戴笠、蒋铭三商量后,决定提出反建议,同意改组政府,排除亲日派;释放在上海被捕七人;中日战争一旦爆发,即废除塘沽、何梅、察北协定等,不同意召开官员名流会议。

随后,宋子文按蒋22日要求,与张学良一道去见了周恩来,周详细说明了中共方面的让步条件与要求,包括同意放弃赤色宣传,取消苏维埃政府及在中央政府领导下作战,和红军应拥有3万人编制并保留军事系统等。

下午,宋首次与张、杨、周会面谈解决办法,双方着重讨论了改组政府及其人选问题。商谈后,宋子文与宋美龄就此次商谈的备忘录交换了意见,然后"与蒋夫人一起见委员长,他答复如下几点":

一、他不会接任行政院长,会任命孔(祥熙)博士担任。当然新内阁将不再有亲日派。

二、在他返回南京前不会释放在上海逮捕的七人。

三、(1)在张之下设立西安行营主任;(2)同意陕、甘不再派驻中央政府军;(3)共军改番号,编入正规军;(4)中日

---

[1]《蒋介石日记手稿》,1936年12月24日。

战争发生时全力支持陆军。

四、(1)派蒋鼎文将军前往要求中央政府军停止前进；(2)将与张共商双方军队撤退事宜，并于委员长离开西安后发布命令。[1]

比较周恩来23、24日电所述各条件，可知周恩来23日代表中共所提六项条件，及24日所述张转述蒋"答复张"之六条，与宋日记所记各条大体相符。在这里，宋子文将蒋承诺之条件简括为四条，但三、四条又各分数点，主要内容都可以和张学良所述六条对应起来。如张学良之第一条可见于宋述之第三条第二点和第四条第一、二点；张之第二条，可见之于宋述之第一条；张之第三条可见之于宋述之第二条；张之第四条可见之于宋述之第三条第三点。只有张之第五、六条，即开国民大会和联俄联英美两条非实质性的条件，未见宋所称蒋承诺条件中提及。

值得注意的是，周23日电代表中共及红军所提六项条件之内容，是否准确，还可存疑。因为对照蒋、宋日记可知，23日宋与周谈话后，曾要周将解决办法拟一备忘录交给他。宋记述称："该备忘录他次日上午给了我。"蒋24日日记称，上午"共党对余忽提出七项条件，并声明中央军未撤退潼关以东，仍留余在西安"云，当非误记。也即是说，周当另有七条要求，故备忘录在24日上午交蒋被拒，此七条内容应当不是，至少不全是上述蒋答复可以承诺的六项或四条。

25日上午，在前一日张所说的蒋介石的"答复"的基础上，周恩来、张学良、杨虎城最后与宋子文、宋美龄进行了商谈。据周恩来当日报告"谈判结果"如下：

（子）孔、宋组院，宋负绝对责任保证组织满人意政府，肃清亲日派。

---

[1]《宋子文西安事变日记》。

（丑）撤兵及调胡宗南等中央军离西北，两宋负绝对责任。蒋鼎文已携蒋手令停战撤兵（现前队已退）。

（寅）蒋允许归后释放爱国领袖，我们可先发表，宋负责释放。

（卯）目前苏维埃、红军仍旧。两宋担保蒋确停止剿共，并可经张接济（宋担保我与张商定多少即给多少）。三个月后抗战发动，红军再改番号，统一指挥，联合行动。

（辰）宋表示不开国民代表大会，先开国民党会，开放政权，然后再召集各党各派救国会议。蒋表示三个月后改组国民党。

（巳）宋答应一切政治犯分批释放，与孙夫人商办法。

（午）抗战发动，共产党公开。

（未）外交政策：联俄，与英、美、法联络。[1]

这次谈判看样子进行得相当顺利，费时甚少。宋子文私下表示："蒋过去是在抗日、亲日以外走第三条路，西安事变是粉碎了蒋之第三条路，蒋不愿降日，只有抗日。"他要求中共和张、杨信任他，他愿负全责去进行上述各项，并希望三方能够"为他抗日反亲日派后盾，并派专人驻沪与他秘密接洽"。[2] 但张学良、杨虎城以及周恩来等人似乎忽略了一点，就是前一日蒋介石所承认的"西北军事归张、杨负责"的问题，在这次谈判中并没有得到两宋的明确保证。这在以后不可避免地要引起麻烦。

上午谈判后，蒋介石第二次接见了周恩来，因蒋病卧在床，谈话很简短。据周报告称，蒋表示：

（子）停止剿共，联红抗日，统一中国，受他指挥。

（丑）由宋、宋、张全权代表他与我解决一切。

---

[1]《周恩来、博古致中央书记处电》，1936年12月25日，《文献和研究》，1986年第6期。

[2]《文献和研究》，1986年第6期。

(寅)他回南京后,我可直接去谈判。[1]

关于蒋介石在事变中曾与周恩来见面的问题,在蒋介石的《西安半月记》、宋美龄的《西安事变回忆录》中同样一无所记。但此事在张学良恢复自由之后,已经两次亲口证实确有其事。尽管他的两次说法多少有些矛盾之处,如第一次讲到这件事时,称"是我领周恩来去见蒋先生的",但谈话内容"对不起,我不能再往下讲,请体谅我的苦衷。这件事不应出自我的口,我也不愿意伤害他人"。而第二次他却干脆讲:"周恩来见蒋是我领他去的,那时蒋先生身上稍微有点伤,他们政治上并没有谈什么,实在外面很大的是谣传,政治上并没有谈什么。他问候蒋先生,蒋先生也见到他,他自承是蒋先生当年的部下,可说三个人并没有谈什么。"[2]一次说谈话内容不能讲,一旦透露,就有可能伤害到他人,一次则强调三个人没有谈什么,特别强调政治上并没有谈什么,这种矛盾实在太明显了。看起来,正如张学良所说,他人虽然已经自由,但涉及这个问题,仍有不能讲的"苦衷"。此事出自他人之口自然无妨,若出自他的口,则必然要伤害到他所不愿意伤害到的人。

不论张学良的回忆是否准确,今天关于蒋介石25日上午见周的经过情形均可见之于蒋、宋两人的日记了。

蒋介石的日记中所记较具体,称:

(上午)十时许,周又来见余妻,其事先为子文言曰:共党对蒋先生并无要求,但希望蒋先生对余面说一语"以后不剿共"是矣。余乃嘱妻找周来见余。余妻与子文求余强允之,否则甚难也。

妻与子文在邻室先见,余及见周,余谓周曰:"尔当知余平生之性情如何。"周答曰:"余自然知蒋先生之革命人格,故并不有所勉强。"余又曰:"尔既知余为人如此,则尔今日要求余

---

[1]《文献和研究》,1986年第6期。
[2]《张学良接见日本广播协会电视台记者的谈话》,1990年6—8月;《张学良答美国之音记者问》,1991年5月19日,《张学良文集》第2册,第1166、1188页。

说'以后不剿共'一语,则此时余决不能说也。须知余平生所求者,为国家统一与全国军队之指挥,□□□□余革命之障碍而已。若尔等以后不再破坏统一,且听命中央,完全受余统一指挥,则余不但不进剿,且与其他部队一视同仁。"周答曰:"红军必受蒋先生之指挥,而且拥护中央之统一,决不破坏。"言至此,余乃曰:"此时不便多言,余事望与汉卿详谈可也。"周乃作别而去。[1]

宋子文的日记所记也大致相同。宋日记记曰:

(25日上午)周见了委员长,并解释说,共产党过去一年为保存国力,曾试图避免打仗。他们并没有利用西安事变,而且建议的措施也同数个月前提出来的一样。现在他们要求委员长保证:(一)停止剿共;(二)容共抗日;(三)允许派遣代表前往南京向委员长解释。

委员长回应说,共产党向北推进抵抗日本一直是他的希望,果如周所言,共产党愿意停止一切共产主义宣传活动,并服从他的领导,他将像对待自己子弟兵一样看待他们。虽然剿共之事常萦绕于心,但是大部分共产党领导人都是他以前的部下,如果他能以宽大胸怀对待广西,当然也能以宽容态度对待他们。他已经把纳编的共产党军队委托张学良。如果他们对他是忠诚的,他将像对待胡宗南的军队一样对待他们。委员长要周,休息够了,也针对相关问题详细讨论之后,亲自去南京。[2]

由蒋、宋日记不难看出,周恩来概括的蒋与他所谈三点,也大致是准确的。当然,这里还应当提到周在此前通过宋子文向蒋介石转达的"愿意停止一切共产主义宣传活动"的表态,因为这是蒋25日谈话痛快地表示愿意停止"剿共"和容共抗日的重要前提之一。

---

[1]《蒋介石日记手稿》,1936年12月25日。
[2]《宋子文西安事变日记》。

周的这一表态是在23日。当时蒋介石要求宋子文和张学良了解周恩来对解决国共两党关系的基本条件。周恩来表示：

> 共产党已在给国民党的声明书中同意放弃宣扬共产主义，原则上同意废除苏维埃政府，在中央政府领导下一致抗日。如果委员长同意抗日，共产党将不会要求参与政府改组，将在共同目标下参与作战。但他们的人数将不应只限于3000或5000人。陈立夫已经同意拨给委员长三万人。共产党将保有自己的军事系统，应该没有任何困难，因为除委员长自身的系统外，仍有许多军事系统存在。当国民大会召开时，共产党将同意参加大会，追随民主的中央政府，放弃中国苏维埃政府。共产党了解委员长有抗日决心，但他现在使用的方法却无法激起军民同仇敌忾的抗日决议，不能有效对抗日本。共产党愿意支持委员长并非出于个人因素，而是为了民族因素。他感到委员长同意联俄却不愿意容共。他多次说及委员长身旁有太多的亲日派。周说，上述条件都是合理的，与数月前向国民党提议的一样，并未因西安事变而有所增加。[1]

显而易见，正是因为周恩来给予了蒋介石放弃共产主义宣传、取消苏维埃、服从其指挥的保证，才成功地换取了蒋介石12月25日关于停止"剿共"、联红抗日的口头承诺。

25日上午，因宋子文、宋美龄与西安方面面对面正式敲定一切，蒋介石又亲自接见了周恩来，向周做出重要承诺。无论张学良、杨虎城还是周恩来，均认为事变的目的已经达到。既然谈判双方均已就此达成共识，是否还有必要推延蒋回京的时间呢？鉴于23日晚周恩来报告"张、杨、宋都急望此事速成"，周恩来也曾两度表示他认为这样做"是可以的"，立即送蒋回京应当没有多少问题。但是，如何保证蒋介石回去后不会反悔呢？

---

[1]《宋子文西安事变日记》。

蒋介石是精通权术之人，自然懂得能屈能伸的道理。注意到其来西安之初还在设想对共产党"我是否可将计就计，待其诈降以后较易消灭乎？"[1]足以知道蒋介石并非做不来反悔报复之事。恰恰在这个问题上，西安内部出现了明显的分歧。

还在24日，宋子文被要求参加了西安军事委员会会议，说明蒋介石妥协的条件。大多数与会者就坚持认为，蒋介石在离开西安前，即使不是全部，也应该履行部分条件。宋子文解释说："以目前南京的政治气氛，在委员长未返回以前是不会有任何作为的。他们想要支持委员长，以他为国家领袖，带领他们保卫国家，他们必须绝对信任他，不能损害他的声望。"而且，以蒋的个性，不管在任何情况下，在返回南京以前，蒋也是宁死不愿先执行那些措施的。显然，宋子文无法说服激烈的反对者。以至于张学良被迫出面召集反应最激烈的那些人，"大声训斥他们"。他告诉这些人，虽然他们动机单纯，但方式是错的。如果他们真的不想要委员长领导他们，他们就该在事变之时杀死蒋。的确，让委员长口头承诺后就离开，是一种冒险。但是，他早就告诉过他们，当他们参与发动这场政变时，他们就是拿自己的项上人头做赌注的，已经在冒险了。再冒一点险，没有什么不同。对张学良准备只要蒋有口头承诺就放蒋的想法，就连杨虎城也不赞同。24日晚张、杨两人发生过"激烈争辩"。杨虎城相信，以蒋的为人，"他一定会把我们砍头"。张学良毫不退让，强硬表示："如果他们服从他的领导，他会扛起政变的全部责任；如果不服，大可开枪打死他。"否则，"所有作法皆须依照他的计划行事"。[2]

25日，在周恩来见过蒋介石之后，宋子文坚请西安三方面信任他，"要蒋（介石）、宋（美龄）今日即走，张亦同意并愿亲身送蒋走"。对此，周恩来和杨虎城"认为在走前还须有一政治文件表示，并不同意蒋今天走、张去"。之所以出现这样的情况，多半也是同中共中央24日深夜对周恩来关于放蒋条件的指示有关。在这个指示中，中共中央明确提出，必须坚持在下述三个条件下放蒋。第一是

---

[1]《困勉记》，1936年12月4日，台北"国史馆"藏蒋中正档案。
[2]《宋子文西安事变日记》。

全部中央军首先撤出潼关；第二是南京及蒋通过公开的政治文件宣布国内和平，与民更始，不咎既往，并召集救国会议；第三是开始部分地释放政治犯。中共中央强调，没有这些条件的保证而放蒋，对于西安的地位，张、杨及东北军、十七路军的安全，都将是相当危险的。相反，为了得到这些保证，挟蒋在手还有文章可做，即使打起来，只要打几个胜仗，就可奠定胜利的基础。[1]

中共中央的这一考虑自然也有它的道理。但问题是，如果蒋想变卦的话，迫使他在西安发表了公开文件，是否就不会变卦？应当看到，以武力方式逼使蒋让步，对蒋本来就羞辱已极，蒋能在私下里平心静气地作出如此让步已属万分不易，再要蒋公开承认一切并要南京也随之作出保证，岂不使蒋颜面扫地，日后何以服人？事实上，在武力胁迫下的书面保证并不比口头保证更有效力。多半正是考虑到这种情况，张学良、杨虎城23日夜才明确提出可以由两宋出面担保的问题。而更重要的是，两宋如今既已出面担保，蒋又私下承诺，再事拖延并提出新的解决条件，特别是必欲强蒋所难发表政治文件，不可避免地会使刚刚化解的矛盾再度尖锐化起来，蒋介石今后是否会在强力下被迫签署这屈辱的政治文件尚且不论，关键是拖过25日，很可能会引发中央军的全面进攻，用宋子文的话，"战火一开，就很难压制"。何况张学良已经向两宋许诺只要他二人担保即可放蒋，如今仅仅为了这一纸书面保证就推翻自己的许诺，以后的交涉又如何能够继续？

因此，尽管杨虎城24日转而积极赞同中共中央的提议，却无法说服张学良。至25日谈判结束后，三方意见仍未完全统一。[2] 结

---

[1] 见《西安事变简史》，第93—94页；参见《毛泽东致彭、任电》，1936年12月25日，《文献和研究》，1986年第6期。

[2] 关于张学良为放蒋事与杨虎城发生争论的情况，在蒋介石《西安半月记》、宋美龄《西安事变回忆录》，以及张学良《西安事忏悔录》中均有所描述。但从周恩来23日晚11时给中共中央的电报可知，杨虎城在23日夜里，甚至很可能在24日中共中央复电到来之前，都并不反对张学良所提出的只要两宋担保即可放蒋的提议。蒋介石及宋美龄均记述说：至24日夜间始闻杨虎城有不主张送蒋回京之议，当时西安方面内部激烈争论，杨"与张争执几决裂"。考虑到24日夜中共中央之来电，此说或属可信。

果,最后还是宋子文说服了周恩来,"周承诺尽最大努力,也是在最后关头他说服杨将军的"。[1]

当天下午,周恩来再度主持有关会议,就此进行劝说工作。只不过,事实上因为多数意见仍旧坚持赞同中共中央的观点,周恩来并未能取得成功。他直拖到傍晚时分,才不得不放弃努力,转而又去和张学良商议,"但通知未到张已亲送蒋、宋、宋飞往洛阳"。[2]

不管周恩来这时的真实想法是什么,多少让他可以告慰中共中央的是,蒋介石在临行前专门召见了张学良和杨虎城,讲了一些颇有诚意的话。据杨事后告诉周恩来,蒋曾当面对张、杨说:"今天以前发生内战,你们负责;今天以后发生内战,我负责。今后我绝不剿共。我有错,我承认;你们有错,你们亦须承认。"宋子文也在日记中记录了这次谈话的大意,即委员长告诉张、杨:"虽然他们是叛乱行为,但他会原谅。不管他承诺了什么,一定会去执行。"因此,周恩来得以报告中共中央说:"估计此事,蒋在此表示确有转机,委托子文确有诚意,子文确有抗日决心与改院布置。故蒋走张去虽有缺憾,但大体是转好的。"[3]

平心而论,西安事变得致如此结果,至少到这时为止,在各方面看来,多少都算得上是"皆大欢喜"。南京政府、社会舆论乃至一般民众,对此均表现出极大的热忱,许多城市民众张灯结彩,燃放鞭炮以示庆祝。毛泽东和中共中央则认为:"在五个条件下,恢复蒋之自由,以转变整个局势的方针,是我们提出的。谈判结果,蒋与南京左派代表完全承认。"尽管放蒋没能设置先决条件,但他们同意周恩来的看法,相信"依情势看,放蒋是有利的"。[4]而在西安方面,虽然杨虎城因张学良走,蒋无确实保证而多少有些担心,但据周恩来报告:"张陪蒋走后,东北军颇团结,更接近我们,十七路军

---

[1]《宋子文西安事变日记》。
[2]《周恩来致中央书记处电》,1936年12月26日。
[3]《文献和研究》,1986年第6期。
[4]《毛泽东致彭、任电》,1936年12月25日,《文献和研究》,1986年第6期。

杨、孙亦好","愿听我们意见"。[1] 至于张学良,此时更是颇多乐观,其虽有"负荆请罪"之想,不惜"以七尺之躯,换得主张之实现",但确信蒋既然肯于承诺,自然是"言必行,行必果",实现各项承诺不过时间问题。加上宋子文一再担保蒋决不会为难自己,必使他迅速回陕,因此他并不十分担心个人前途。相反,他自信自己已经成就一番大事业,为此他不无自豪地公开宣告:

> "双十二"事件是我们国家存亡绝续的分野,我们自相斫杀的内战,是要从此绝迹了;我们抗敌复土的光荣战争,是马上就要见之行动了,我们民族与国家已有了复兴的希望,这显然是我们中国划时代的一个事件。不独使我们可以期待着国策转变适合了民众的要求,且已投下了一块巨石于国际深潭,忽然飞沫四溅,警醒了世界苟且偷安的人士与夫野心帝国主义者的憧憬与迷梦。……这次事件的动机是基于广大民众的要求,而这次事件的结束,是仰仗着领袖的人格的伟大。我与杨主任只是拿一点赤诚,做了民众与领袖中间的一个引线。……一个划时代的事件发生之后,必须有一种划时代的精神和行动随着产生……抗日复土的光荣责任,已经加在我们的肩头了!……我亲爱的将士们!这当然是你们无可逃避的责任,我希望你们能够真干!就干!……这显然是我们民族解放斗争的开端,也正是我们民族复兴的起点。[2]

---

[1]《恩来、博古致毛并转中央书记处电》,1936年12月26日,《文献和研究》,1986年第6期。
[2] 张学良:《1937年元旦告东北将士书》,1937年1月1日,《张学良文集》第2册,第1113—1114页。

二、风云突变

1936年12月25日下午4时,蒋介石、宋美龄、宋子文等在张学良的陪同下,飞往洛阳。自此,历时近14天之久的震惊中外的西安事变宣告和平解决。

此时此刻,张学良的心情想必格外复杂。在成就了一番轰轰烈烈的"革命"事业之后,为实践自己关于"介公果能积极实行抗日,则良等束身归罪,亦所乐为"的公开承诺,张学良不能不出此下策,亲自护卫蒋介石出险并准备接受南京当局的任何处罚。

此举就张学良而言,实在也是不得已而为之。在事变之初,张学良并无此种主张,但事变发生后,国内各方面曲解误会之深口难辩。事变刚一发生,北平大学校长蒋梦麟等就有函给张学良,要求张必须立即"卫护介公出险,束身待罪,或可自赎于国人"。16日,为证明"弟等此举,任何方面皆为对事而非对人,尤确信其节极端纯洁,只求主张贯彻,决不稍为身谋",他已不得不公开宣布:一旦蒋介石改弦更张,即"束身归罪,誓所不辞"。[1] 正因为如此,张学良不仅亲送蒋回京,而且一到南京就正式致函蒋介石,表示此次"随节来京,是以至诚,愿领受钧座之责罚,处以应得之罪,振

---

[1] 张学良在16日之前尚无任何准备在蒋接受抗日主张后"束身归罪"的说法。自蒋梦麟等六校长来电之后,张第一次在16日下午给冯玉祥的电报中提出此说,以后几天里接连作此表示。可知此后张已有此准备与决心。《张学良文集》第2册,第1081、1087—1088页。

纪纲,儆将来,凡有利于吾国者,学良万死不辞"[1]。

需要强调的是,张学良之放蒋乃至负荆请罪,不等于说他对自己发动事变之行为有任何悔悟之表示。张学良之请罪,请的是"造成此次违犯纪律、不敬事件之大罪",并非自认事变和主张有何等之不妥。[2] 31日,张学良被交付南京政府军委会高等军法会审庭会审时,就曾再度明白宣称自己对发动西安事变并不后悔。他坚持认为,他发动事变是有充分理由的。他说:"我们痛切的难过国土年年失却,汉奸日日增加,而爱国之士所受之压迫反过于汉奸,事实如殷汝耕同沈钧儒相比如何乎?"我们不断地将我们的意见禀告给蒋委员长,一切都出于正当的爱国的目的,"完全为要求委员长准我们作抗日一切的准备及行动,开放一切抗日言论,团结抗日一切力量",但我们无法劝说蒋委员长改变此种政策,"如果我们有别的方法达到我们希望,也就不作此事了"。所以会发生"双十二"事变,纯粹是"因为事情急迫,无法作出来的"。原因是"我们本想以全体人员去向委员长要求,不料'一二·九'学生运动由警察开枪,以致如此"。正是因为蒋委员长命令警察向爱国学生开枪,所以不得不"用此手段以要求领袖容纳我的主张"。张学良特别强调指出,他至今不认为自己这样做有什么不对。他声称:除了对自己违反纪律、损害领袖尊严表示承认并愿意领罪,对于事变造成的伤害十分不安外,"我们的主张,我不觉得是错误的"。[3]

既然事变是必要的,政治主张是正确的,张学良当然不认为自己结束事变是出于一种对错误的忏悔。恰恰相反,张学良在期待着,他相信他已经通过事变成功地改变了蒋介石的政策,现在盼只盼蒋介石能够实践允诺,具体施行新政策了。

张学良显然把事情考虑得过于简单了。因此,当他到洛阳及南京后,发现蒋介石所言所行与前并无不同,而南京政治空气依旧十分恶劣,内心明显地感到不快。尽管他能够理解蒋介石这样做的苦衷,蒋

---

[1]《张学良文集》第2册,第1106页。
[2]《张学良文集》第2册,第1106页。
[3]《张学良文集》第2册,第1110—1111页。

介石也在私下里向他保证不会食言,但他很快就不那么乐观了。

到南京的第二天,即27日晚,他在写给杨虎城的亲笔信中就表现出了一种颇为矛盾的心境。他指出:"京中空气甚不良","委座在京之困难,恐有甚于陕地者",因此,"委座为环境关系,总有许(多)官样文章,以转还〔圜〕京中无味之风",好在"子文兄及蒋夫人十分努力",并且对在西安"所允吾等者,委座再三郑重告弟,必使实现,以重信义"。[1]

31日,南京政府虽判决张十年徒刑,因蒋介石向他担保很快会下特赦令予以特赦,宋子文也明确保证张学良只需要再等五天即可特赦返回,张学良仍旧对蒋力践其诺抱以多少期望,并自信很快能够再回西安。他在前一天给毛泽东的信函中特别说明:"弟在此尽力奋斗,虽多困难,尚可〔属〕顺利,俟二三日把政府做完,几天即回。"[2] 其送回西安发表的《告东北将士书》,也表明了同样的期望与信心。[3]

不过,如今人身自由已经捏在人家的手中,南京又是这样一种的空气和环境,蒋难道不会受其影响而重蹈覆辙吗?

还在张学良决心送蒋回京的前一天晚上,周恩来就已经预言:"蒋目前在西安环境中有抗日愿望,但南京环境不改,他又将回到动摇中去。"[4] 因此,事变刚刚结束,西安方面的领导人就颇多怀疑与担心。为此,25日下午张送蒋走之后,杨虎城第二天就找周恩来商量应将蒋之承诺公之于众,周也表示赞同。由于此前与两宋的谈判并无任何由双方正式认可的文件与记录,24日蒋介石答应张、杨的六项条件在25日谈判中已有改动,25日两宋的担保内容也只是在一种讨论的形式中大致确定下来,因此如何将蒋之允诺归纳成文字,

---

[1]《张学良致杨虎城函》,1936年12月27日,《张学良文集》第2册,第1107页。

[2] 转见《周、博致彭、任电》,1936年12月31日;并见《宋子文致杨虎城电》,1936年12月31日,转见米暂沉:《杨虎城将军传》,第175页。信称:"今日汉卿兄恪守国府明令,经过军法会审审判手续,并即由委座具呈请示国府特赦。此项手续五日内可办竣。现移居庸之兄寓内,弟敢保证,汉兄绝无任何危险并请转达诸同志造成勿生误会,静待汉兄下月五日回陕。"

[3]《张学良文集》第2册,第1112—1114页。

[4]《周恩来、博古致中央书记处电》,1936年12月24日,《文献和研究》,1986年第6期。

成了一件颇为复杂的事情。周恩来提议,可以具体归纳整理为五条公开发表。据周恩来当日中午的电报可知,周恩来提议的五条是:

(子)停战撤兵,西北军事归张、杨主持。
(丑)改组南京政府。
(寅)联合各党各派抗日,停止剿共。
(卯)释放爱国领袖,保障民主。
(辰)改变外交方针,联合同情中国民族解放的国家。[1]

但周恩来的上述归纳,不论是杨虎城周围的"幕僚"们,还是这时尚在保安的中共中央,都认为未能准确概括25日谈判的成果。结果,经过杨虎城、王菊人等修改后正式公开的文字,以及经过毛泽东重新整理概括的文字,都与周恩来概括的五条有着一定程度上的明显差别。

西安27日《解放日报》正式公布的条件已改成六条,将停战撤兵及西北军事归张、杨主持一条改为三条,将联合各党各派抗日,停止"剿共",保障民主等内容取消,相关要求并入改组政府和停止内战的条款内。其具体文字如下:

(一)明令中央入关之部队于二十五日起调出潼关。
(二)停止内战,集中国力,一致对外。
(三)改组政府,集中各方人才,容纳抗日主张。
(四)改变外交政策,实行联合一切同情中国民族解放之国家。
(五)释放上海各被捕领袖,即下令办理。
(六)西北各省军政,统由张、杨两将军负其全责。[2]

---

[1]《周恩来、博古致毛泽东电》,1936年12月26日,《文献和研究》,1986年第6期。
[2] 见《解放日报》,1936年12月27日。另外12月29日杨又曾以十七路军总指挥部名义致函陕西各县长,内中也提到此六项内容,文字相同。见刘永端等编:《杨虎城将军言论选集》,西安,陕西人民出版社,1991年,第113页。

而毛泽东于28日公开发表的文件,则将这些条件概括为:

(一)改组国民党与国民政府,驱逐亲日派,容纳抗日分子。

(二)释放上海爱国领袖,释放一切政治犯,保证人民的自由权利。

(三)停止剿共政策,联合红军抗日。

(四)召集各党各派各界各军的救国会议,决定抗日救亡方针。

(五)与同情中国抗日的国家建立合作关系。

(六)其他具体的救国办法。[1]

对照25日西安三方与两宋谈判结果,可以看出,上述两种概括都有其根据,但前者尽量回避可能引起麻烦的政治敏感问题,着重于停战、改府,特别是张学良和杨虎城对西北军政的实际控制;而后者则尽可能突出谈判结果的政治变革特点,强调改组政府、释放政治犯,特别是联合红军与召开可以决定大政方针的救国会议。相比较而言,由于两宋担保的条件中并没有涉及西北军政问题,相反却较多地肯定了政治变革的必要,因而后者的概括看起来更接近两宋答应担保的内容。

不过,在事变刚刚结束就把得到蒋介石私下承诺,由两宋秘密担保的让步条件捅出来,策略上是否妥当,却是值得考虑的。事情明摆着,蒋介石之所以不曾做文字上的和公开的政治承诺,一个极其重要的原因就是因为,这样做的结果将不可避免地从根本上严重

---

[1] 毛泽东:《关于蒋介石声明的声明》,1936年12月28日,《毛泽东选集》(合订本),第238页。毛泽东在前一天,即27日会议报告中发言曾将此概括为:(一)停止内战,撤后。(二)改组南京政府,行政院长宋庆龄,副院长孔祥熙,参加三个抗日领袖当部长,沈钧儒、章乃器等,使政学系、汪精卫塌台。(三)分批释放政治犯,保障民主权利。(四)三个月召集救国会议。(五)停止进攻红军,抗日时改番号,统一指挥。(六)联合一切同情我们的民族。

损害其政治形象和统治的权威性。因此，尽管蒋介石事实上在西安做出了重要的承诺，他一离开西安，就迫不及待地把陈布雷叫来，搞了一个《蒋委员长离陕前对张杨的训词》，大谈此次事变中自己始终未曾妥协，"以人格事大，生死事小也"，签一个字也会使国家归于灭亡。[1] 其目的就是要避免人们会因为他的突然获释而怀疑他有所妥协。这固然纯粹只是张学良所说的"官样文章"，但对保持蒋的威信却是必不可少的。如果杨虎城，甚至中共方面准备承认和拥护蒋来领导中国的统一与抗日的发动，并寄希望于通过蒋介石来实现他在西安所做的承诺，自然也应当设法为蒋暂时保守这个秘密，而不是去张扬它，使蒋处于尴尬的境地。很明显，如果西安方面保持一种比较策略的灵活态度，使蒋得以保持其尊严，那么，蒋若有心实践其承诺，将比较容易借用各种借口来实行之。反之，如果西安方面不给蒋留面子，公开张扬其在西安所做的承诺，这只能使蒋在言论上和行动上都不得不极力否认，以致转而坚持强硬态度，以便证实自己从未屈服。

匆忙公布蒋介石所谓承诺的不利后果几乎立即就表现出来了。在上海的潘汉年很快来电，说明：陈立夫早就密告，希望中共对西安事变结束内容及宁方善后办法"盼暂宅静默，以免外交发生困难及不利"。宋子文得知西安公布条件后更是明白"责备我们宣布西安协定无信义"。宋子文和宋美龄甚至为此大发脾气，要宋庆龄转告中共代表：第一，西安不顾信义，宣布秘密承诺，已使他（她）们难以出面说项；第二，无论如何不得再宣布他们的谈话内容，否则他（她）们将退出调停工作；第三，如今改组等事已相当难以进行，必须待以时日，须秘密策动英美舆论酝酿时局。正因为如此，共产国际也很快就来电批评中共中央，声称"不要老是叫喊蒋介石在西安做出了什么保证"，而中共中央自己也日渐意识到，过早地公开蒋介

---

[1] 蒋介石：《对张杨的训词》，1936年12月26日。并见《陈布雷回忆录》，转见米暂沉：《杨虎城将军传》，第172页。

石的承诺,在政治上是幼稚的表现。[1]

不难想象,杨虎城急于公开蒋介石在西安所做出的承诺,多半是基于对蒋和南京的严重不信任,寄希望于用公开蒋的承诺的方法来加强舆论对蒋的压力,避免蒋及南京可能的报复。但就中共中央而言,公开蒋的承诺固然包含有对蒋的某种不信任,更重要的还在于他们最初对事变所取得的成就估计过高,相信西安事变使自己获得了足以逼迫蒋就范的强有力资本。

中共中央这时认为,西安事变取得了五个重大的胜利,一是结束了国民党的对日妥协的错误政策;二是结束了十年的内战,开始了抗战的阶段;三是迫使蒋介石国民党下决心联俄联共;四是极大地提高了共产党的地位,降低了蒋介石的威信;五是建立起以共产党为实际领导的三位一体的西北抗日中心。因此,中共中央确信,内战已经基本结束,抗战即将开始,蒋介石已经承认了西北的地位,承认了红军的地位,再也奈何自己不得。彻底实现抗日任务,结束蒋介石的动摇,固然还需要一个克服许多困难的斗争过程,但"继续督促与逼迫蒋介石实现他自己所许诺的条件,即停止内战,改组国民政府,改组国民党,释放政治犯,保障民主权利,停止剿共政策,联合共产党,召开救国会议,联合同情中国抗日的国家与实行对日抗战等条件",是完全可能的。[2] 可以看出,由于对西安事变后的总体形势估计过于乐观,中共中央这时在很大程度上相信,公开蒋介石的承诺,将是督促与逼迫蒋介石就范的一种有效的形式。

中共对形势的这种乐观估计,在事变过后的一段时间里,表现得十分明显。如蒋介石27日发表《对张杨的训词》,尽管只是一篇"官样文章",毛泽东仍于次日迅速发表尖锐批评文章,警告其不要

---

[1]《共产国际执委会书记处致中共中央电》,1937年1月19日,转见《中共党史研究》,1988年第3期。这里的译文与当年电报的译文略有不同,这里的译文是:"不应就蒋介石在西安的许诺大发议论"。毛泽东在1月间的一次政治局会议上也承认,事变后即把蒋在西安承诺的条件加以宣布,在政治上是幼稚的。

[2]《中央关于蒋介石释放后的指示》,1936年12月27日,《中共中央文件选集》第11卷,第141—142页。

食言。[1]如29日周恩来与博古联名致电中共中央，提出宋子文改组政府，张学良回陕指日可待，应立即准备讨论新形势下全国及西北工作的各项问题，包括"准备政府改组后我方去南京谈判之纲领"，"宋登台后我方去沪人选及所要接洽各问题"，"救国会及救国会议促成会在全国活动问题"，关于西北三方政治军事合作的共同纲领，国防计划、防区划分、联合参谋团、联合军校及兵工被服粮秣交通器材各工厂之设置，储蓄与交通运输之计划，等等。他们还特别强调，即使是孔祥熙、宋子文照约定改组的政府，仍"应当以过渡政府看待"，"我们应与他每个摇摆斗争，而争取他过渡到抗日政府"。因此，目前的方针应该是："打击亲日派，巩固以西北为中心之左派，影响与吸收中派"，而使局势开展的一个重要的中心环节就是巩固西北，"将西北抗日根据地和统一战线的模范地区的可能性变为现实性"。进而"以西北为中心，以抗日为目的和条件，为推动南京向左之力量"，使自己不仅在西北，而且在全国，成为"政治生活中的主导者"。[2]至31日，虽得到张学良27日信，周恩来等仍旧认为，南京方面总的形势是好的，张学良形式上虽被审判，但很快会被特赦放回，改组政府的进行也不会因此而停顿。其电称："蒋回南京后，黄埔、CC均听命无动静，亲日派颇活跃并引日寇自重，宋氏兄妹在奋斗中，张须待特赦令下始回，蒋宋今回奉化，似有促进政变可能。"[3]

但是，现实情况很快就证明上述判断之失策了。先是张学良被判刑的消息传来，接着是南京电台于31日公布了国民党中央坚持"剿匪、除奸、御侮"三项方针的声明，这使得在陕北的中共中央终于意识到，事情的发展趋势远不是像自己想象的那样顺利。

1937年1月1日晚，周恩来得知南京有以王树常取代张学良之讯，并了解到何应钦仍在部署军事，威胁东北军将领受命，已使东

---

[1]《文献和研究》，1986年第6期。
[2]《周恩来、博古致中央书记处电》，1936年12月29日，《周恩来选集》（上），第74—75页。
[3]《周、博致中央书记处电》，1936年12月31日。

北军与十七路军各起分化。南京方面试图造成局部内战，以内乱为名解决西北的方针已清楚地显露出来了。据此，他不得不电告中共中央，并主张：应以团结西北、保持和平、完成统一为口号，要杨虎城及东北军将领通电蒋介石，请令张学良速回西北，主持一切，同时军事上要有必要的准备。

毛泽东这时也进一步得到破译的南京军队内部电报，得知12月31日何应钦已命令各军停止东撤，以演习为名保持原地不动。1月1日何应钦更电示李默庵部，称张、杨已与红军联合，形势紧急，李军应以演习为名，秘密向陕西雒南推进。鉴于情况有变，毛泽东当即电告在南京的潘汉年："闻亲日派极力阻碍蒋委员长新政策之实施，不执行撤兵命令，企图重新挑起内战，此仅于政学系及日本有利，将给民族国家及国民党以极大损害。共产党与红军坚决站在和平解决事变之立场上，赞助国民党一切有利于救亡图存之改革，愿与陈立夫、宋子文、孙哲生、冯焕章各方面商洽一致挽救危局之方法。"[1] 他因此要求潘速与陈立夫接洽，告以"红军全部已集结训练，静待划定防地，准备抗日，绝无扰乱中央军及侵入国民党统治区域之企图"，请陈立夫等务必出面活动，商洽挽救危局之方法。

同时，他指示周恩来称："南京内部斗争甚烈，亲日派不甘下台，有最后挣扎、扣留李毅、进攻西安之危险"，"政局已起变化，请立作如下处置"：

甲、与杨、王筹商团结对敌。

乙、秘密通令东北、西北两军紧急动员，防御亲日派进攻。

丙、布置渭河北岸及渭南、雒南、商都、蓝田之阵地，为坚守计。

丁、红军准备进至兴平、扶风策应。

---

[1]《毛泽东致潘汉年电》，1937年1月1日，见张友坤、钱进主编：《张学良年谱》（下），第1245—1246页。

戊、加紧晋、绥、川、桂、直、鲁之活动，反对内战。[1]

中共中央并不想因此而重新卷入战争。他们一面进行部队动员，进行防御作战的准备工作，一面则为避免何应钦以红军挑衅为名找到进攻口实，再三电令前线部队不得与南京军队进行任何接触，并劝告王以哲对胡宗南之进攻亦采取同样态度，甚至不惜让出部分防地。毛泽东特别担心因张学良被扣于南京，东北军乃至十七路军内部意见分歧，以致动摇分裂，他们特别告诫周恩来等称，在争取左派，肃清右派，速谋张、杨、我三军之团结，力保西安胜利的前提下，亦应做好消极准备，为此应把工作中心放在争取张、杨两部某些部队掌握在可靠者手中，以防不测。[2]

1月2日，西安方面证实：张学良原住宋子文处，31日被审后押入孔祥熙宅即失去自由。潼关以东中央军业已回师，借口是西安方面至今不允通车，阴谋赤化。周恩来据此估计说，"南京亲日派在制造政治阴谋，军事威胁，以演成西北内乱，便于武力解决，使张无法回陕"，目前必须一面坚持呼吁和平，反对内战，一面加紧军事准备。因此，周恩来与杨虎城以及王以哲、于学忠、董英斌等商定，一面由杨虎城等领衔分别致电蒋介石、宋子文等，促张速回，一面巩固左派势力，推动上层将领，密切三方关系，东北军和十七路军加紧备战，同时并速调红军主力南下栒邑、淳化，做好参战准备。

1月3日，南京方面用电话通知西安杨虎城等，提出南京政府准备给杨以革职留任的处分，另以孙蔚如代理陕西省主席，王树常为甘肃绥靖主任，要求东北军及十七路军将领发通电表示拥护。

4日，南京方面再度用电话通知杨虎城，中央已决定派顾祝同任西安行营主任驻陕，并要求东北军立即恢复西安事变以前的位置，十七路军主力立即开回陕北。南京此举显然意在逐步控制西安及其

---

[1]《毛泽东致周、博并告彭、任电》，1937年1月1日，《毛泽东军事文集》第1卷，第769页。
[2] 参见宋毅军：《中共在西安事变前后的军事战略防御》，《军事历史研究》，1992年第2期。

东西大道,进而拆散西北三位一体,否定西北特殊地位。这自然与张学良转达的蒋24日关于"西北军事归张、杨主持"的承诺完全背道而驰,与25日两宋保证的"调胡宗南等中央军离西北"的条件也不相符合。

无须说,在做了这样一件令世人震惊的"犯上""谋反"的大事之后,西安方面,特别是杨虎城和诸多东北军中高层军官,最为担心的就是蒋介石的报复。他们清楚地知道,保持三位一体,是他们免遭蒋报复的唯一有效的方法。一旦三位一体被拆散,东北军和十七路军很容易被分而治之,那时即使不施以武力,所有积极参与事变并负有直接责任的将领,都不免会受到严厉惩罚。杨虎城对此更是再清楚不过了。因此,对于南京的作法,他从一开始就采取了坚决的抵制态度,准备"为自卫计,为贯彻主张计,誓必与之周旋到底"。杨虎城在电话里明确告诉南京方面,张学良不回来,西北的一切政治军事问题都不能解决。杨于南京政府准备对张学良颁布特赦的1月4日致电宋子文称:"我兄前电曾谓汉公可于五日离京返陕,现此间一切亟待主持,汉公一日不返,则军民一日不安。"[1]

4日是南京方面准备宣布对张学良予以特赦的日子。但就在这一天,西安方面却已经断定:"宁方今日如特赦,必留其在京,以促此间分化而便(于)用兵。"因此,周恩来、叶剑英、杨虎城、王以哲、何柱国、董英斌等当天不等南京的特赦消息,即开会详细讨论了作战问题,拟定了具体的作战计划。该计划包括以下内容:

(一)估计南京中央军正在调集二十五个师以上的兵力,组成十四个纵队,准备向西北抗日联军(东北军、十七路军和红军)发动进攻。

(二)西北抗日联军以万不得已时决以一部箝制胡宗南、关

---

[1]《杨虎城致宋子文电》,1937年1月4日,刘永端等编:《杨虎城将军言论选集》,第133—134页;《杨虎城致严庄电》,1937年1月4日,中国第二档案馆等编:《西安事变档案史料选编》,北京,中国档案出版社,1986年,第91页。另据《杨虎城将军言论选集》编者分析,此电日期当为6日,而非4日。

麟征、毛炳文集团,集中主力首先消灭由潼关西进之敌,停止其进攻。具体计划:东线从渭南赤水至长安构筑七道防线,配置六个师的兵力巩固正面。同时集结步兵三个师以上及骑兵两个师于渭北,准备向南实施坚决突击,歼敌于渭河以北黄河以西。为此目的,渭河以南的蓝田、商县一带,以一部兵力依托秦岭,以运动战与游击战,迟阻北来之李默庵纵队。红军主力秘密集结于淳化、栒邑地区,准备能以三天行程,经三原赶到高陵的机动位置,依情况参加渭北决战,或经蓝田突击李纵队,然后以主力向潼关迂回。西线,主要以王以哲和于学忠两部对胡宗南东西两侧形成威胁,红军一部尾随胡敌箝制之。北线,则主要以孙蔚如部警戒洛川、三原一线,红军一部警戒瓦窑堡、清涧一线。会议并且决定,由张学良、杨虎城和周恩来组成秘密的三人团,以为领导核心(张学良未归时由何柱国或王以哲代),张学良为总指挥,目前则根据张去南京前的手令,由杨虎城统一指挥。[1]

中共中央这时的估计与西安方面没有什么两样。他们也同样认定:"南京亲日派当权,改组政府暂时无望,李毅被扣,撤退之兵重新西进,陇海路又断,西安又处战时状态",但"南京报复派现在没有政治口号,只能偷偷摸摸的干,希望吓一吓,把杨虎臣、于学忠、王以哲等吓得就范,然后慢慢宰割,孤立红军。目前,只要三方面团结,真正的硬一下,并把红军的声威传出去,使中央军不敢猛进(猛进时消灭其一部),有可能释放张学良,完成西北半独立局面"。因此,他们明确表示基本同意西安方面所商定的作战计划,主张一方面速发"拥蒋迎张通电",一方面迅速部署作战行动。[2]

在1月4日以后,"迎张"之议已明显地成为不可能的事情了。

----

[1]《周、博致毛、洛电》,1937年1月4日,宋毅军:《中共在西安事变前后的军事战略防御》,《军事历史研究》,1992年第2期。

[2]《洛甫、泽东致周、博并告彭、任电》,1937年1月5日,《文献和研究》,1986年第6期。

南京政府在这一天根据蒋介石的旨意,一方面批准特赦张学良所处十年徒刑,一方面又下令将张"交军事委员会严加管束"。[1] 交军委会云云,实际上也就是由蒋介石处置罢了。蒋对张之难予谅解,并必欲借机控制西北,至此已昭然若揭。宋子文对此看来也毫无准备,其保证张学良回陕都不能做到,前此"保证组织满人意政府,肃清亲日派"云云,自然更是成为一厢情愿的白日梦。杨虎城和东北军将领恳求也好,威胁也好,结果如何,可想而知。更为重要的是,两天后,即6日,西安方面已经得到南京关于整理陕甘军事的具体办法如下:

一、顾祝同为西安行营主任。

二、王树常为甘肃绥靖主任。

三、杨虎城为西安绥靖主任。

四、冯钦哉为第二十七路军总指挥。

五、杨虎城、于学忠自请处分,从宽处理,撤职留任,带罪图功。

六、中央军万耀煌、樊崧甫、毛炳文、曾万钟各部及李纵队分驻潼关、朝邑、渭南至西安、宝鸡至天水一带,中央军胡宗南、关麟征等部仍驻现地。

七、十七路军及直属各警卫旅等,移驻正宁、栒邑、淳化、耀县、永寿、灵台、宁县、长武、邠县等地。孙蔚如师移驻甘泉、鄜县、中部、宜君等县。冯钦哉部另编第二十七路军仍驻大荔、蒲城、白水、澄城、邠阳、韩城、宜川等县原防。

八、东北军一律恢复十二月十二日前之原位置,即全部驻防甘肃。[2]

南京方面的这一处置更进一步表明,蒋介石绝不打算将西北交

---

[1]《许静芝致孔祥熙电》,1937年1月4日,《西安事变档案史料选编》,第90页。

[2]《何应钦致刘峙、顾祝同电》,1937年1月5日,参见刘东社编:《西安事变资料丛编》第一辑,香港银河出版社,2000年,第330—331页。

给张学良和杨虎城,他不仅决心全面控制陕西及其贯穿陕甘两省之主要交通线,将东北军置于甘北与中央军杂处,将十七路军置于陕北,使其夹在中央军与红军之间,并且再不准备让张学良回东北军。

自从被押入孔祥熙寓所,失去行动自由以后,张学良已开始意识到蒋有食言之可能。其间,宋子文虽仍旧向他保证可以很快特赦回陕,张也只能是将信将疑。4日南京政府将其无限期"交军委会严加管束"后,张愤懑之情,溢于言表。[1]

张学良此前明显地没有估计到蒋最终会有这一手。在成就了这番大事业之后,他始终对蒋在西安时的诚恳态度表示抱以信任,相信自己所作所为实为国家社稷着想,又勇于束身归罪,蒋对此已充分谅解并承诺在先,且有两宋担保,依蒋之领袖胸襟,当不会对自己怎么样。至洛阳、南京后,知蒋公开讲话毫无政治革新之意,张已经颇感意外,但宋子文频频担保,又考虑到蒋必须维护自身形象,故相信这多半只是一种必要的"官样文章"。至十年判决书下达,行动自由尽失,张更是颇多不满,但此时宋子文、孔祥熙均保证他将很快获得特赦,至迟1月5日即可回陕,张不免仍存有某些幻想。然而4日政府令下,张恍然明白自己实已陷入万劫不复之境地,蒋不仅不会允许自己再回东北军,重掌兵权,而且恐怕还要对其东北军有所不利。张内心之沮丧,可想而知。

但是,张学良毕竟还年轻,且刚刚陷入如此逆境中,难免不会再生多少幻想。1月7日,蒋介石派戴笠送信给张学良,张学良被告知,他之交军委会管束,纯为国府开会时多数意见,"中此时正在休假,不便于明令甫颁之际,向中央频频陈述",好在"主权已赦,此节将来不难补救","稍缓即为续请"。尽管蒋在信中软硬兼施,一面声称愿意约张前去奉化家乡"同游",告其中央对陕甘善后问题的处置"全在于政治,而不用军事",一面威胁张务必劝告东北军集中甘肃,十七路军酌留若干部队在西安,余均驻防陕北,否则即为抗命,断言"国家对抗命者之制裁,决不能比附于内战"。但张学良从蒋介

---

[1] 戴笠1月7日携蒋信见张后曾有信给蒋介石,称张"奉读钧座书后,态度转好,语亦和平"。可知张此前情绪态度相当不满。见《西安事变档案史料选编》,第105页。

石的解释与垂顾中仍旧感觉到自己尚有释放的可能,因而"态度转好,语亦平和,渠亦允派王化一、吴瀚涛持其手书飞陕,晤杨虎城、王以哲、刘多荃等"。[1] 在其给杨虎城以及东北军将领的信中,特别说明蒋并未直接与闻对自己的处理,他"对中央之处置,似亦不满意,但为中央威信计,谅亦有为难处"。但正因为如此,"此事仍有转圜办法",待自己到奉化后定可设法。他甚至告诉杨虎城说:"委座另嘱,彼决不负我等,亦必使我等之目的可达,但时间问题耳,请兄稍忍一时,勿兴乱国之机也。"[2]

同一天,张学良更主动向蒋提出甲、乙两案,以为根本解决陕甘问题的参考。在张写给蒋介石的信中,他甚至明确建议说:"夫以汤止沸,沸愈不止,去其火,则止矣",其建议即属于止火之策。甲、乙两案的内容如何呢?现照录全文如下:

甲、剿匪
一、调东北军全部驻开封、洛阳或平汉线上,整理训练,担任国防工程,由良负责调出及整理。
二、请虎城出洋考察养病半年,不开缺,以孙蔚如代理,由钧座给予充分之款项,对日发动,即召返国。
三、余陪同墨三等到洛阳,最好到潼关或临潼,由启予或庞炳勋派兵陪同前往,请虎城及各军长来会商。
乙、匪不剿
一、调虎城到甘,以何雪竹或刘经扶为西北行营主任,以庞(炳勋)、商(震)、萧之楚、万(耀煌)等军驻陕。
二、调东北军驻豫鄂一带整理训练,担任国防,由王树常负责,由良帮助整理完毕,良愿去读书。关于虎城讲话问题,良以为力子、雪竹兄或于(右任)先生协同良到潼关或到冯钦

---

[1]《西安事变档案史料选编》,第105页。
[2] 参见《蒋介石致张学良函》,1937年1月7日;《张学良致杨虎城函》,1937年1月7日;《张学良致东北军各将领函》,1937年1月7日,《张学良文集》第2册,第1117—1119页。

哉防地，请虎城来谈。[1]

从上述两案中，我们不难发现张学良的态度较前有了很大的变化。其中最突出的是，第一，张已不再坚持反对南京进行"剿共"战争了；第二，张已不再主张保持西北三位一体，力求东北军能够远离中共与红军。要知道，仅仅在几天之前，张学良还给毛泽东去过信，对继续推行西安事变的政治主张和与红军合作，表现出十分积极的态度，而今张却来了个一百八十度的大转弯，这是为什么呢？

要具体解释张学良这种出人意料的态度变化，无疑是十分困难的。但分析张学良当初发动西北大联合、后来发动事变的初衷，以及考察他提出上述方案前后几封信里所表露的心情，还是可以推断出张学良如此提议的用心所在。第一，也是最主要的，他想以此来"保东北军仅有〔之〕实力"，这毕竟是他父亲乃至他个人事业的全部根基所在。第二，也是他个人最希望的，即想要以此取信于蒋，使蒋能够如其所允，"续请"政府恢复其自由。

为什么要保全东北军的实力，要让蒋介石同意恢复他的自由，必须要部分地改变他对中共和红军问题的态度呢？这里面的道理其实很明显。张学良深知，对他的扣押不可避免地会引起西安方面与南京军队的全面对抗，这种对抗若无中共与红军的支持，以东北军的作战能力，必然归于失败而被消灭；若得到红军的支持，战争固然可能长期化，结果东北军也必将红军化，同被消灭无异。这是因为，统帅多年，张很清楚东北军将领只会服从于他一人，离开他的指挥，其内部必然意见分歧以至四分五裂，变成他人俎上肉。他在提出上述方案的同一天就明白告诉戴笠称："中央命令东北军回复去年十二月一日以前之防地，尤异故意使与共匪接受，与匪打成一片，实属大错。"对东北军，只有他回西安"方能镇压"，否则一旦发生

---

[1]《张学良致蒋介石函》，1937年1月7日；《张学良意见书》，1937年1月7日，《张学良文集》第2册，第1117—1119页。

战事，东北军"将来必有二分之一的力量归附共党"。[1]

事实上，一旦战争爆发，不论胜负，他张学良在蒋介石和南京主战派的眼里将变得更加罪无可赦。故张无论如何不能赞同西安方面采取反抗态度。他之所以再三告诫杨虎城和东北军各将领千万不要发生内战，其原因也就在于此。他深信，如果西安方面能够表现出顺从的和平态度，蒋多少还会借用他的影响力来加速西北问题的解决，那时"良之出处……即不成问题"。而要想使蒋及南京方面能够切实对自己及其东北军取得谅解，一个关键性的条件就是要与中共及红军断绝关系，重回原来孤立的状态。只要西北的三位一体存在一天，甚至东北军与红军继续同驻陕甘一天，蒋介石就一天不会信任自己，不会放心东北军。因此，要想让蒋介石不再对自己和东北军高度戒备，主动建议将东北军调离西北，使之与红军脱离接触，应该是他这时想到有可能保存东北军实力和让自己尽快取得蒋信任，恢复自由的几乎唯一的策略了。

从张学良所提甲、乙两案的具体表述可以看出，张还是强烈地希望蒋介石能够允许自己在西北善后方面发挥作用的，其目的也是想要通过这种方法证实自己的诚意，求得日后自由之恢复。他当然最希望南京方面能够允许他恢复军职，继续负责东北军的指挥与整理（如甲案）；次而言之，他至少希望南京方面能够允许他协助部队整理，然后恢复其自由，可不再让他担负军职（如乙案）。他不了解的是，蒋介石是绝对不会给他任何发言权的。蒋修改后的无论甲案或乙案，均未考虑借助张学良来调动或整理东北军的问题，更谈不上恢复张的军职的问题了。就连张所请求的以后"愿去读书"一项，也不予批准。

蒋修订的甲、乙两案原文如下：

甲案

一、东北军全部调驻甘肃。

---

[1]《戴笠致溪口委员长蒋电》，1937年1月7日，台北"国史馆"藏蒋中正档案，特交文电26028941。

二、第十七路各部仍驻陕西原防，归绥靖主任杨虎城指挥，该路得酌留若干部队在西安，以便利行使绥靖主任之职权。附记：陕西绥靖公署或移设三原亦可。

三、自潼关至宝鸡沿铁路各县，归中央军驻扎（铁路线各县以外，得由十七路部队驻扎）。

乙案

一、东北军全部调驻豫皖两省，可先令由西荆公路集中南阳、襄樊、信阳一带。

二、以王树常（或汉卿另保一人）任安徽省政府主席。

三、调杨虎城为甘肃省政府主席，仍兼十七路总指挥，第十七路军全部调驻甘肃。[1]

从蒋介石修改的甲、乙两案可以看出，蒋仍旧寄希望于西安方面能够接受南京所提方案。对于张学良所提乙案，并不十分强调，并且也不同意让东北军驻在过于靠近京汉路的湖北，主张以驻安徽为好。蒋当天还专函告张称："关于陕甘军事善后办法，中意：（一）东北军应集中甘肃，其统率人选可由兄推荐一人前往率领，免使分散，以备为国效命。（二）虎城可酌留若干部队在西安，使其能行使绥靖职权。可嘱其与墨三切商办法，余应照已发电办理，请由兄手谕告虎城及各将领，勉以切实服从中央命令，不可再错到底。如是，不但部队与地方得以保全，亦即所以救国自救也。尤须使虎城知全国公论，此次中央只令虎城撤职留任，而对部队又妥为处置，实已备极宽大。若再不遵中央处置，则即为抗命。国家对于抗命者之制裁，决不能比附于内战。而且，中央此次处置全在于政治而不用军事，亦已表示于国人，故彼等必须立即决心接受，不可有丝毫犹豫，方为自救救国之道。"[2]

可以肯定，甲案既不改变西北三方前此驻军的大局，又不直接

---

[1]《蒋介石修订的解决陕事之方案》，1937年1月，《西安事变档案史料选编》，第97页。

[2]《蒋介石致张学良函》，1937年1月7日，《西安事变档案史料选编》，第103页。

破坏现存的西北三位一体,对于西安方面无论如何要比乙案更容易接受。然而,西北三方最初显然不作如此之想。

周恩来等早就估计到并提醒过东北军将领和杨虎城等说,蒋介石不会放张,但政府判处张徒刑,后又宣布交军委会管事张学良的决定,仍旧让东北军将领以及杨虎城等十分震惊。1月7日,宋子文致电杨虎城,表示对前所承担的斡旋事难有所为,不得不即告退出。此举更使西北方面对和平感到绝望。不容否认,西安事变之后,西北三方始终在设法保持西北半独立的局面。特别是中共中央,事变后一直强调要通过三位一体的政治军事联盟,将西北控制在三方手中,造成"西北半独立局面"。在得知南京不仅坚持不放张学良回来,而且还要在西安设立行营,不顾前诺坚持要派大批中央军进驻西北,根本上控制西北交通要道之后,它自然要坚决表示反对。

中共中央明确认为:"顾来则张、杨两部全被宰割,红军将被迫登山。"他们专门致电潘汉年,要其告诉陈立夫等,"南京采取报复政策,不但于国民党及蒋氏的地位有损,且绝对无益于西北善后的解决"。"正当解决之先决办法是撤兵释张,现兵既复进,对张欲赦又拘,此适足激动西北之军心民心"。"如蒋氏及陈(立夫)、邓(文仪)、张(冲)等人仍维持西安商定之六个和平解决条件,便须立即撤兵,并立即释张。"他们同时相信:"目前中心在坚决备战,拒顾(祝同)迎张(学良)。"为此,他们明确指示周恩来等,应使"张、杨两军速筑坚固阵地,红军担任野战,坚决为保卫西北革命局面奋斗到底,不为南京和平空气所松懈。如此干法,才能求得和平,广西前事可证"。[1]

中共方面坚持这样一种态度,对西安其他两方自然有重要的影响。

对于张学良失去自由,这时在态度上反应最为激烈的自然是东北军的各级军官。在西安的原东北军同志会中那些最受张学良信任的激进的年轻军官不用说了,就是在前线的大批师团营以上的干部,

---

[1]《洛甫、毛泽东致周、博电》,1937年1月6日,《毛泽东军事文集》第1卷,第773页。

也都是情绪激昂，求战心切。就连王以哲、何柱国等高级将领也积极主战。但据周恩来多次报告可知，"东北军师团级将领情绪甚高，急愿一战"，士气甚旺，作战却"只能胜不能败，只能进不能退"，而且"能守不能攻"，野战能力不强。十七路军更不用说，"士气不旺，战斗力弱"，"不能用于攻，尤怕飞机"，故"不能用之主要方面"。在这种情况下，无论是东北军还是十七路军，自然都对红军到来抱以极大期望，以致"两方都有依赖红军心理，对万一西安不守他们不愿设想"。在这种情况下，几万红军的责任变得异常重大。

红军的特长在于野战，即要靠灵活机动的运动战和游击战来克敌制胜。这就要求红军在作战时要有极大的行动自由，要尽可能少地进行纯粹防御性的内线作战，要随时准备为大踏步地转入外线作战而放弃已有的城镇与阵地。所有这些作战方法，对于在西安以及周围城市中拥有重要资财、大批家眷和各种重要利益的十七路军与东北军来说，都是难以接受的。因此，中共红军在作战方法及其战略设想方面，一开始就与杨虎城和西北抗日联军临时军委会的意见存在着重要的分歧。再加上三方军队又从未曾协同作战，东北军和十七路军的战斗力以及部队内部的巩固情况又颇难让人放心。因此，这种联合作战事实上面临很多困难，效果如何也颇难确定。

为此，从一开始中共中央就不能不要求周恩来与杨虎城及西北联军临时军委"约法三章"。即：一、不论东北军、十七路军与红军，彼此间统以抗日联军统率下的友军看待，惟东北军、十七路军仍用国民党旗帜，红军仍用红旗，但番号统称抗日联军，红军编为第三集团军；二、在开战后，原则上一律依照联军临时军委会命令协同作战，但红军一般的避免与友军在同一战场作战，红军担任单独的一方面，以免指挥不合拍，胜则见忌，败则见怪，泄露机密，相形见绌等不利情事；三、在不与联军的战略意图相违背的情况下，红军保持单独的指挥系统。[1]

基于这种情况，毛泽东这时为红军拟定的作战计划，与西安事

---

[1] 参见宋毅军：《中共在西安事变前后的军事战略防御》，《军事历史研究》，1992年第2期。

变期间的战略设想一样,仍是坚持红军主力要实行外线作战。毛的计划是:一旦开战,要争取红军主力第一步出商雒,第二步出豫西,第三步出京汉路,以此来改变整个局势,分化南京,迫蒋就范。同时留二方面军在渭北策应友军的内线作战,以内线作战之友军与红军同外线作战之红军主力互相策应,实现战略上的配合。[1]

至1937年1月上旬末,东北军、十七路军已陆续在前线各战略要点与中央军发生接触,两军100余名军官更联名通电表示准备与中央军周旋到底,西安各界甚至举行10万人以上的群众集会,向南京示威。红军主力这时也已进至三原、耀县、淳化一带,红军十五军团更隐蔽地越过陇海线,开始向陕南商县一带前进,准备必要时更以红军主力南下商县,或配合东北军第五十七军等会歼进攻以蔺家镇、孝义镇、固市镇为主阵地的中央军于平信镇、官路镇、来化镇及定通镇地域,或出潼关、洛阳间袭扰东进之中央军,实行战略突击。西安事变和平解决后刚刚平息了的全面内战的烽火,转瞬间又重新在西北燃烧起来了。

---

[1]《毛泽东致彭、任电》,1937年1月8日,《毛泽东军事文集》第1卷,第777页。

三、福兮祸兮？

眼看战争已经不可避免，西安方面的情况却突然间开始出现了某些细微的变化。这种变化的原因多半在于，1月9日这一天，西安方面，特别是中共中央了解到以下这些情况：

第一，蒋介石9日有电报给杨虎城，明确保证他将贯彻和平之宗旨，决不至有战争行动，且军事善后办法仍可与顾祝同详加商讨，要求杨虎城务必约束西北之部队，保持冷静态度，不做轻率表示。[1]

第二，前东北教育会会长王化一、同为东北人的国民党监察委员吴翰涛受命携张学良1月7日给杨虎城及东北军各将领的信飞抵西安。张在信中已明确表明反对战争的态度，要求西安方面务必坚持和平，"稍忍一时，勿兴乱国之机"。[2]

第三，潘汉年与国民党谈判代表张冲同到潼关，潘一人进入西安，说明："蒋召张冲至奉化，告以三事：一、汉卿留京参加工作；二、西北问题政治解决；三、同我方谈判根据与周所谈基础续谈下去，并要周到奉化密谈"。[3]

第四，潘汉年曾与苏联在南京的代表密谈，据对方说，蒋离开

---

[1]《蒋介石关于函复杨虎城阳电内容要点致顾祝同密电》，1937年1月9日，《西安事变档案史料选编》，第107页。

[2]《张学良致杨虎城函》，1937年1月7日，见张友坤、钱进主编：《张学良年谱》（下），第1256页。

[3]《周恩来致中央书记处电》，1937年1月9日。

南京去奉化养病前曾数次与苏联大使谈。苏联大使认为:"蒋之所为与远方意合",只不过蒋估计日本至少在一年内还不会向中国或苏联宣战,因此苏联代表认为:"蒋对我方及西北问题意在拖延时日",他们极力主张不要因此而形成对立,并"急望我们和平"解决与南京方面的关系问题。[1]

其实,关于西北善后问题的处理,还在蒋介石回到南京之后的第三天就委托张冲等告诉潘汉年,请中共务必"暂时静默,以免外交发生困难及不利",影响双方的进一步谈判。1月4日,当中共明显地对南京处理西北问题的方式表示不满之际,蒋介石又特别委托张冲要潘汉年转告中共中央:关于西北善后,南京决采政治方式解决,但主张汉卿先生暂留南京工作。至于国共两党关系,亦考虑根据周恩来与蒋先生在西安谈话基础继续商洽,以求协调。同时,蒋还派张冲前往西安,准备接周恩来南下会商一切。

鉴于此种情况,中共中央很快提出,周恩来等在西安应"只在幕后团结东北及十七路军",不要太露头角,强调杨虎城及东北军将领的通电务必说明拥蒋真意,并要求西安的报刊宣传不要过于尖锐刺激。但问题是,中共中央最初确定的目标较高,不仅坚持要张学良回来,而且要争取"完成西北半独立局面",坚决主张拒绝中央军入陕,强调一定要"真正的硬一下"。[2]而南京方面又复以大军西进,西安与南京已成剑拔弩张之势,要缓和下来两方面都十分困难。

周恩来这时就明确认为,面对这样一种严峻的形势,在三位一体军事政治联系如此紧密的条件下,中共和红军要想保持调和人的地位,几乎是不可能的。不得已,中共中央不得不一方面坚持继续与西安两方站在一起,积极备战;一方面要潘汉年告诉蒋介石的代表称:"同意南京用政治方式解决西北善后问题,但须在下列条件之下:(一)立即撤兵;(二)立即释放张学良回陕;(三)保证西安协定之实行。"说"恩来此时绝对不应离开西安,张学良去宁已上了大当",必须"在撤兵释张改组政府实行后,即证明南京尚愿顾全信义

---

[1] 参见《周恩来年谱》,第344页。
[2] 《洛甫、毛泽东致周、博并告彭、任电》,1937年1月5日。

时,可去南京一行"。[1]

要坚持上述条件,很难避免与南京方面发生冲突,这种情况在1月上旬已经是再明白不过的事了。问题是,在西安事变已经和平解决之后,为此而大打内战,在策略上,以及在政治上是否有利?1月7日张学良的信件,以及潘汉年带来的种种情报都显示,如果适当忍耐和降低条件,并非完全没有消弭战争的可能。因此,在反复衡量后,周恩来建议,蒋介石虽对控制西北不会放手,何应钦也仍会试探军事解决的可能性,但目前仍有和平可能,我们应拉拢蒋、宋,"非至万不得已,红军决不轻易参战"。

就在得到周恩来上述电报的当天,中共中央也发来复电指示周恩来,赞成采取力主和平的态度,强调宣传和平,拉拢蒋、宋,保持西北目前局面,非不得已不开火,"乃目前基本方针"。"此方针应使杨、何、孙、王、缪、刘、杜、黄及宣传委员会主要人了解,改正其'左'的宣传"。不过,中共中央这时仍旧主张,前此的条件一般不应有太多的改变,只是可以考虑立即写信给蒋介石,进一步请蒋撤兵、释张和改组政府,保证"共产党在对内和平对外抗战基础上用全力赞助蒋"。[2]

据此,周恩来于11日专门致函蒋介石,请蒋"力排众议,坚持前令,尽撤入陕之兵,立释汉卿先生回西北主持",声明如此"则内战可弭,和平可坚,一切人事组织、政府主张、抗战筹备均将循先生预定之方针前进,统一御侮大业必可速就"。[3] 值得注意的是,在周信中,虽对撤兵、释张有明确的主张,对于较为困难的改组政府问题没有做特别的要求。

12日,杨虎城派赴奉化见蒋陈述西安方面意见的李志刚飞回西安,带来蒋介石10日手书一封。内称,对于张学良,"稍假时

---

[1]《毛泽东关于与张冲谈判原则致周、博电》,1937年1月5日,在这里毛泽东提到的西安协定为以下六条:一、停战撤兵。二、初步改组南京政府,三个月后彻底改组。三、释放政治犯,保证民主权利。四、停止剿共,联红抗日,划定防地,供给军费,苏区照旧,共党公开。五、联俄并与英美合作。六、西北交张学良处理。
[2]《毛泽东军事文集》第1卷,第779页。
[3]《周恩来致蒋介石信》,1937年1月11日,《文献和研究》,1986年第6期。

日,必为之设法,使仍有效力革命之机会,以无负其爱国之苦心"。同时再度重申其和平解决西北问题之宗旨,强调"中央处置陕甘,亦必以政治建设为主,绝不至引起战事"。但蒋介石明确解释说:

> 目前所在以陇海路上酌置军队者,则以一般国人对陕甘情形具非常之惶惑。因人事明令兄等既未接受,而所有组织,如临时军事委员会等,至今仍未变更,省府亦未照中央法令恢复原有关系。所有宣传,其误谬幼稚,与事变当时一般无二,不但形式上有不奉政令割据独立之嫌,且亦可见分子异常复杂。故一般国民对陕甘今后之动向,咸抱绝大之忧疑。中央为安慰人心,维持全局,自不能不加以防范。然所望于兄等者,只在接受中央之命令,而军事善后等具体细目,非无商量余地……现在最急要者,在兄等务应廓清外间之疑虑,表示绝不割据独立,亦不破坏统一。为示此诚意,勿使外间误会,则:(一)惟有迅即表示接受中央命令,使一般人了然于兄等拥护国家,完成革命之诚意;(二)将十二月十二日以后之组织公布撤销,所有宣传均予改正,勿使再如变动当时之情形,以一新内外之观感,则国人疑虑得以冰释,而在陕军民亦可心安。……须知陕西,无论军民,不能离整个国家而存在,中央更不能无陕西以作国防之基础;中央离陕西无以建国,陕西离中央无以遂其生存与发展。故必须立下决心,向和平统一之方向做去,迅复事变以前之常态,确立此后努力之始基。[1]

据李志刚介绍说,蒋介石在与他谈话时曾十分激动,以至"痛哭"。[2]

---

[1]《蒋介石致杨虎城书》,1937年1月10日,《西安事变档案史料选编》,第110—111页。
[2] 转见《周恩来、博古致中央书记处电》,1937年1月12日,《文献和研究》,1986年第6期。该文件在《文献和研究》上公布时根据一有错误之抄件,将"痛哭"排成"痛器",实不当也。

当天，周恩来等即用电报将李志刚转来的信件内容与南京方面的态度向中共中央进行了汇报。周恩来估计："蒋中心在分化与压迫，不成乃运用妥协控制西北，（再）不成（则）改为共管。因此，顾（祝同）之行营主任及中央军一部驻西北，乃蒋所必争。"在这种情况下，完全拒绝蒋在西安设置行营和中央军控制陇海路，则和平绝无可能。目前方针，似应力争和平，并在此基础上设法达到与南京共管陕甘之目的，承认主要由中央军控制西安和陇海路交通线，但努力限制其兵力，使实际控制权仍在我手。据此，周恩来与杨虎城等再三商谈，终于促使杨虎城等同意了如下办法：

（一）杨虎城、于学忠、孙蔚如等接受中央命令。
（二）取消十二月十二日以后一切临时组织。
（三）张学良回陕，或主西安行营（张正，顾副、杨副）；或主陕甘绥靖公署（张正，杨副，行营主任改驻洛阳，主任仍为顾）。
（四）东北军驻兰州、咸阳、平凉、固原、凉州、天水一带地区；十七路军驻西安、泾阳、韩城、华县一带地区；红军驻延长、延川、肤施、鄜县、庆阳、凉北一带地区，一部驻雒南，一部驻凉州以西；中央军驻潼关、华阴一带，并可酌派三至四个团对陇海路进行保护。[1]

值得注意的是，杨虎城虽然被说服接受了周恩来提出的上述解决方案，但他仍旧对允许中央军进驻陕西及陇海路深感担心，因此他并没有迅速将此一方案送交蒋介石和南京方面考虑。其 14 日给蒋介石的信仍旧坚持接受中央命令及取消临时组织，必须以南京先释放张学良和首先撤退西进的中央军为条件，其中甚至有红军问题必

---

[1]《文献和研究》，1986 年第 6 期。并见杨虎城派员呈送解决陕事方案致蒋介石函件等，《西安事变档案史料选编》，第 98—99 页。

须一并解决,因"红军亦执前言相诘"之语。[1] 直到电报发出后,周恩来才得知其内容。周对此自然认为不妥,坚持必须尽快派鲍文樾带上商定的方案赶到奉化去,向蒋详细解释西安方面新的让步条件。至此,杨城虎才正式同意将新方案送给蒋介石。

15日,杨虎城派往南京的代表之一米春霖从奉化返回西安,进一步带来张学良13日的亲笔函和张学良提出并经过蒋介石修改认定的甲、乙两案。这时,张学良的心情显得颇为复杂。他内心虽仍不肯承认有错,"态度踞傲",但为取得蒋之信任,毕竟也已经做了某些违心的表示。特别是他13日得到蒋介石的准许,迁至蒋正在养病的奉化溪口,更幻想着可以与蒋就近商量西北善后,乃至向即将召开的国民党五届三中全会提出改组政府及对日问题等重要事项。张并不知道,由于西安方面前此在策略上坚持强硬态度,蒋介石和南京方面已明显地归罪于张,断定正是因为"张态度踞傲,仍未真实悔悟,陕甘迄无接受命令之表示,一再倡言须张返陕,而一般民众是非功罪之观念亦极混沌",故已开始秘密散发关于张学良各种"罪恶"之材料,组织社会各种团体发表文电进行声讨。[2] 放张回陕已再无可能。

张学良此时仍蒙在鼓里,他还在积极出面劝说西安方面,盼望西安方面速即讨论甲、乙两案,择一行之,"使委座及弟易收束陕甘之局"。而他在给东北军将领的信中,更明确主张选择将东北军调出西北的乙案,强调说:对东北军,蒋保证"始终爱护,决不歧视。但在西北环境,多所不便,如不遵从委座意旨,决难挽此劫运"。"弟满腹热泪,一眼望东北,一眼望西北,而流〔尤〕望兄等本我初衷,凡有利于国家者,任何牺牲早已不计。盼诸兄计及国家利害,勿专为我个人谋也。"[3]

---

[1]《杨虎城致蒋介石函》,1937年1月14日,刘永端等编:《杨虎城将军言论选集》,第160—161页。
[2]《陈布雷关于蒋介石授意发动文教界声讨张学良罪状致叶楚伧密电》,1937年1月13日,《西安事变档案史料选编》,第115—116页。
[3]《张学良致虎城等函》,1937年1月13日;《张学良致王以哲、何柱国等函》,1937年1月13日,《西安事变档案史料选编》,第1120—1121页。

不难判断，张学良尽管一再要其部下不要为他个人出路着想，但其极力劝说东北军将领选择脱离"多所不便"的西北地区的乙案，目的仍在设法解除蒋介石和南京方面的怀疑而获得自由。可是，西安方面，无论是杨虎城、周恩来还是东北军将领，多数看来并没有能够明了张学良的这种意图。米春霖来西安，带来蒋介石14日信，内中特别告诫，张学良此时"为国为友为私为公计，皆无回陕之理"，要西安方面"勿再以此为言"。[1] 对此，西安三方均明确表示不能接受。根据周恩来的提议，杨虎城、于学忠等同意于16日首先通电取消一切临时组织，接受南京革职留任的处分，同时坚决拒绝乙案，基本接受甲案，惟对甲案必须做部分修改。随后奉命派往奉化的鲍文樾、李志刚等带去的解决方案，仍与前此方案没有多少区别，对张学良的意见也未做任何考虑，只是在具体内容上和谈判目的上，进一步增加了关于要中央军退出甘肃，让东北军前伸至咸阳，并允许东北军和十七路军各一部留驻西安的要求。[2]

16日，西安方面正式做出妥协。杨虎城等通电就职，并宣布取消一切西安事变期间成立的临时性组织，同意不再要求蒋介石兑现事变期间的承诺，将自己在西安事变中提出的各项政治主张提交国民党五届三中全会讨论，对西北善后也只集中于要求南京释放张学良与合理地安排防区分配问题。[3] 但问题是，蒋介石的来信已经十分清楚地表明，放张几乎是不可能的。二者能不能相提并论？在西安三方的讨论中，杨虎城，包括东北军的军官们都强硬地坚持二者必须同时进行，因而会议决定：除努力将一切救国主张提交三中全会外，必须坚持防区分配和释放张学良同时进行，张不回陕，军事上就仍取不妥协的姿态。[4]

对如此坚持的前途，中共代表已明显地感到怀疑，既然以和平

---

[1]《蒋介石致杨虎城函》，1937年1月14日，《西安事变档案史料选编》，第120页。
[2]《周恩来、博古致洛甫、毛泽东电》，1937年1月15日，《文献和研究》，1986年第6期。
[3]《杨虎城、于学忠通电》，1937年1月16日，《西安事变档案史料选编》，第126页。
[4]《周恩来、博古致中央书记处电》，1937年1月16日，《文献和研究》，1986年第6期。

解决为目的，坚持这样的条件，岂不等于还是要打仗？当晚，周恩来和博古联名致电中共中央，要求中共中央就下列问题做出决定：第一，如蒋对防区让步，但坚不放张，是否决心打？第二，如蒋对防区让步，允张在三中全会后任事，是否接受？

周恩来等对蒋可能在防区问题上让步的估计，是建立在蒋介石等一再表示陕甘军事善后方案可以具体商讨的基础上的。他们这时显然没有看出，蒋介石和南京方面在控制西安及其陇海路的问题上，是绝无让步可言的。因此，事实上，即使在防区问题上，要想达到西北三方这时希望的水平，也是不大可能的。可是，中共中央这时的估计要比周恩来等人还要乐观得多。他们明确认为："杨、于就职后，南京更加无名，条件略高无妨碍，并可为尔后留出再让一步之余地。"目前内战对蒋系不利，和平解决趋势已渐明显，因此，要求张回和要求陕甘防区保持现状不大变，此二者"目前不应让步，在力求和平的总方针下，争此二者之实现，这种可能是存在的"。[1]

其实，无论东北军，还是十七路军，这时对作战都没有胜利把握。杨虎城明确告诉周恩来，前线最多只能守三天。因此，此前东北军和十七路军都不愿意考虑必要时放弃西安，这时却已经在考虑这种可能性了。中共中央当然也很清楚这一情况，只是，如果连要求张学良回西安主持一切这一条也放弃了的话，西安事变所建立起来的三位一体的西北局面，势必不复存在，红军又将重新回到孤立的境地上去。毫无疑问，所有西安事变的积极参加者都不愿看到事情会走到这一地步。特别是态度最为激进的原东北军同志会的年轻军官们，尤其不能接受张学良不能回西安这一条，他们不顾一切地坚持要与南京进行坚决的抗争。他们不知道，他们的这种态度却使张学良简直如坐针毡。

19日，张学良直截了当地写信给杨虎城，告诫他："目下最要者，能本上次瑞峰（即米春霖）带去之甲项办法立即行之，以免夜长梦多"，"关于弟个人出处问题，在陕甘未解决前是不便谈起，断

---

[1]《洛、毛致周、博电》，1937年1月18日，《毛泽东年谱》（上），第643页。

不可以为解决当前问题之焦点"。[1]

这时，张学良之所以不再要求西安方面接受乙案，个中的原因多半在于，西安方面已经明确地选择了甲案。从西安代表的谈话中，张已了解到西安方面对于蒋接受修改后的甲案的可能性相当乐观，事情如果真能如此解决自然是件好事。但他当即就看出把实行甲案、确定防区和释放他二者相提并论，在策略上是非常危险的。因为，如果西安方面坚持以他的复职为条件，甚至不惜为此与南京冲突，那么，虽然主观上是爱他，其实反倒会害了他。因此，他坚决主张西安方面不要再以释放他为条件，他相信，如果能使蒋承认修改后的甲案，并照此解决，他就仍有回去的可能。

20日，形势再度走到重要关头。当天，杨虎城接到蒋介石措辞严厉的来函。信中坚决拒绝西安方面所提方案，断言杨虎城等人的要求，就是"不许中央过问西北之一切，亦无异使陕甘不为国家军令政令所及之陕甘，直欲使西北沦亡为东北之续，而一方面则以要求汉卿回陕主持为解决一切之关键"。因此，他指斥西安方面"一方面以表示就职，掩盖国人之耳目，一方面则欲更进一步的割裂军政，破坏统一，以造成西北为特殊区域。表面虽宣称一切临时组织撤销，而企图割据与罔恤危害国本，乃有加于昔"。蒋介石明白告诉杨虎城等：不仅中央无论如何决不能放弃西北，要以西北尤其陕西为北方国防之根据，而且陕甘问题一日不决，汉卿因责任深重，也绝无回去之可能。[2] 蒋介石并且特别指出，这已是他"最后之忠告"了，25日12时以前西安方面务必要接受中央的方案，否则战争将不可避免。

与此同时，蒋介石也要张冲通知中共代表潘汉年说，蒋同意西安方案所提红军驻延长、延川、肤施、鄜县、庆阳、淳化一带，和一部驻凉州以西的要求，惟一部驻雒南碍于国防关系暂时难以允许。对东北军和十七路军驻地问题，关键在于中央军非驻陇海路全线不可，这是因为，中央必须经过陇海路接通西南之成都和西北之天水、

---
[1]《张学良致杨虎城函》，1937年1月19日，《张学良文集》第2册，第1122页。
[2]《蒋介石致杨虎城函》，1937年1月19日，《西安事变档案史料选编》，第133—136页。

兰州，然后接通新疆，因一旦抗战发生，沿海受困，中国必须经过西北接取国际援助。因此西北国防计划之实现在整个中国国防事业中占有极大的比重。为此，不仅中央军要完全控制陇海路，而且行营也必须设在西安。东北军只能驻甘肃，十七路军只能驻外县（除少量部队驻西安行使绥靖职权外）。蒋介石声称："如红军不愿照上述两法向张、杨部队劝解，反而与张、杨部队联合作难，则不仅周与蒋所谈一切无从实现，且蒋亦不能制止南京讨伐行动矣。反之，如红军确能顾念国家艰难，为整个民族着想，力劝杨主任接受上项意见之一，中央当视同一体，红军给养与中央军一律待遇，驻在上述地点至参加政权，可由我方提出名单与宋（子文）讨论"。[1]

显而易见，形势至此已变得相当严峻。人们的观感也颇不统一。潘汉年明确提出："我意西北问题不可久持，盖西北问题一日不决，整个抗救计划无以实现，徒予日人以共同防共之藉口。我方当本对内和平团结，对外一致抵抗之初衷，力劝杨、张部队负责者从整个御侮救亡着眼，勿持私见以阻碍整个之实现。"

但整个西安的情况却极其复杂。据周报告称："此间左派群情激愤，主战"，杨虎城"恐让步后西北被分化，亦有战意"，"东北军军长除缪澄流外均主作战"。面对这种情况，周恩来指出：假如接受蒋介石的条件，东北军和十七路军中之左派势将铤而走险，而右倾者必将倒向蒋介石一边，如此我们将失尽同情者，亦无法掌握其军队。如拒不接受，则只有打仗，打则只能胜不能败，可胜的把握很少，各方响应者更少，一旦失败，东北军和十七路军仍必分化，到头来我们也只能得到少量军队而已。因此，战亦不是，和亦不是，目前处境万分艰难，暂时也只有在原则上接受蒋之甲案，但力争西安驻十七路军及东北军能驻咸阳以西，同时拖延时日，准备战斗。

据此，根据周恩来的建议，西安三方决定立即派李志刚飞奉化，表示原则上接受甲案，并放弃张学良必须回陕的要求，但希望蒋同意：（一）中央军暂退华阴，以便部队运动；（二）潼关至宝鸡不驻

---

[1]《失去的机会？》，第30页。

多兵；（三）东北军留一小部在西安，以保护三万多东北军人家属；（四）张如难返陕，请给以名义；（五）十七路军留一个师在西安；（六）红军问题可照蒋意见办理。[1]

事情走到这种地步，无论和战都是相当困难的。况且，是不是让步就一定能够解决问题呢？中共中央明显对此表示担心。在反复考虑后，中共中央致周恩来称：

（甲）问题在于是否有保证让步而确能停止战争。让步而依然是战争，且得出比西安事变前更坏之局面，则不能让步。

（乙）无论和战，应使杨、孙、何、王、于、缪、刘及左派自己打定主意，我们处在建议与赞助地位，免致不利时招怨。

（丙）无论和战，红军主力应按前定计划出至陕南，处在川陕之间。除二方面军留渭北外，其余应准备在数日内向南出动。

（丁）西路军东进，徐、陈电士气尚旺，十天可达古浪处，如该军不再遭挫折，尔后当位于文、武、成、康地区，如此我主力在陕南、甘南，便可破坏南京把联军围困于渭水以北之计划。[2]

从中共中央的电报中可以看出，他们这时的对策基本上还是立足于一个"打"字。西安事变期间蒋介石许了那么多的诺，如今都一笔勾销了，他们又如何能够相信蒋介石和南京政府真的会对红军表示诚意呢？他们唯一能够依靠的只有目前西北的这个"三位一体"，一旦"三位一体"被破坏，等着他们的多半又是中央军的大举进攻，那时，东北军和十七路军或被调走或遭分化，红军的处境自然远比西安事变前还要危险得多。若真是这样，他们又有什么理由

---

[1]《周恩来、博古致毛泽东、洛甫电》，1937年1月21日，《文献和研究》，1986年第6期。

[2]《洛甫、毛泽东致周恩来、博古电》，1937年1月21日，《文献和研究》，1986年第6期。

照蒋介石所希望的那样去劝说和平呢?

当然,争取和平仍旧是中共中央的基本方针,打只是不得已而为之,如果南京方面能够切实提供有效的保证,他们当然不愿诉诸战争。基于这种考虑,中共中央指示潘汉年:"为避免内战一致对外,我们原则上不反对蒋之方针,并应劝告西安服从南京统一方针",但蒋必须同意:

(一)保证和平解决后不再有战争。

(二)不执行剿共政策,并保证红军最低限度之给养。

(三)暂时容许一部红军在陕南驻扎,可不驻商雒,因为合水、庆阳、正宁、淳化、鄘县、肤施等地粮食十分缺乏,以后可移驻别处。

(四)请令马步芳停止进攻河西红军。

(五)为使红军干部确信蒋之停止剿共、指定防地与发给经费,以便很好的准备抗日,要求蒋亲笔答复周恩来一信,我们可保证绝对守秘密,因为红军干部尚有许多怀疑者。[1]

从上述条件中可以看出,中共中央已不得不放弃了西安事变后一度提出的争取完成"西北半独立局面"的斗争目标。不仅如此,事变后三位一体共同坚持的撤兵、释张、改组政府等项基本要求也被迫放弃了,就连西安方面此时所提中央军暂时退华阴,潼关至宝鸡不驻多兵,东北军留一小部在西安,请给张学良以名义,十七路军留一个师在西安等六项要求,中共中央这时也未置一词。中共方面事实上已经相信,承认蒋、张所提甲案将是不可避免的。而它最为关心的只是,实行甲案后,南京会不会再度发动"剿共"战争。"这种可能如果存在,则红军束缚于渭水与黄河之间是危险的,因为现有红军实数而照过去一样仅发很少的伙食钱,每月也需五十余万元,以后停止打土豪将决无办法,这是第一;庆阳、淳化、鄘县、

---

[1]《毛泽东、周恩来致汉年同志电》,1937年1月21日,《中共中央抗日民族统一战线文件选编》(中),第370—371页。

延安等县粮食极少，官兵久驻亦绝无办法，这是第二。"他们希望蒋介石能够以自己的名誉（通过写信的方式）做出明确的保证。当然，他们同时也希望蒋及南京"对张、杨及东北军、十七路军确定爱护政策，其方式宜表现在防地分配及对张、杨二人之待遇上，在一致对日立场上"。中共中央明确指出：张、杨及其军队"现在所顾虑的，完全在事件解决后，抗日主张实现与部队之保存恐无保证，蒋应于此点施以宽大，以安其心，（他们）在共同对付日本与汉奸面前，是决不会也不能与蒋分歧的"。[1]

根据中共中央的上述意见，彭德怀和任弼时从三原赶到西安，于22日上午与杨虎城及东北军抗日同志会中左派军官分别进行了会谈，劝说后者能够接受蒋之甲案。会谈最终达成一致，承认"即使接受甲案也较破裂为好"。不过，与会者仍坚持，实行甲案必须以中央军退出甘肃作为交换，如有可能则仍应照昨日所提六项讨价还价。

三方还共同讨论了万一情况下的作战方案问题，从讨论中可以看出，三方这时对作战都缺少胜利把握。会议曾提出三种方案，第一案，红军主力仍照原定计划出南路作运动战，但如卫立煌集团已发现红军十五军团，坚守不进，且北路东北军不能扼阻陈诚集团之进攻，则凤县、天水两路中央军又迅速逼近西安，必使东北军被切成数段，把十七路军迫上南山。西安必失无疑。第二案，红军主力参加北路决战，合力保卫西安，地形及敌情都有利于敌空军和步兵之进攻，红军特长不易发挥，且被牵制不能运动，中央军部署无法打破，西安依然难保。第三案，主动放弃西安，转入甘肃境内与胡宗南集团作战，如此则东北军和十七路军粮食、军心均将面临极大困难，部队难免发生严重分化危险。总之，会议虽认定一旦战争发生，力争第一案之实现，但对战争前景均不乐观。

军事形势的进一步恶化还表现在红军西路军这时的严重失利上。本来，西路军已进至凉州以西地区，准备继续西进，力争早日进抵安西，接通新疆。但因西安事变后西安军事形势吃紧，中共中央于1

---

[1]《毛泽东、周恩来致汉年同志电》，1937年1月22日，《毛泽东军事文集》第1卷，第786—787页。

月上旬即命令该部停止西进,就地在高台、临泽一带创建根据地,以便在甘北中央军背后构成威胁,使胡宗南集团不敢轻易进兵。然而,因西路军被服、粮草乃至武器弹药此时均困难已极,在甘西荒漠地区就地坚守更加难以支撑,以枪弹奇缺又难以找到足够掩蔽物的疲惫步兵来对付马步芳的大队骑兵,又无良法可寻,它终于在1月20日被敌攻破高台,致使全军大部损失,军长董振堂等均告牺牲。西路军虽被迫急速改向东进,准备回撤至黄河以东,事实上已很少可能。面对这种情况,中共中央颇为焦急,他们十分清楚:西路军在箝制甘肃中央军,使红军得以在西安作战时主力保持机动方面,具有重要的战略价值,"如该军受挫折,影响西安甚大"。但形势发展到这个地步,这时无论是求助于离甘西最近的于学忠,还是要求蒋介石直接下令让青海二马停止进攻,都已无济于事了。这种情况的出现,不能不促使中共中央更加看重和平解决西北问题的迫切性和必要性。

22日,西安方面从电话中得知,顾祝同表示,西安所提六项条件,原则上可以作为进一步商谈的基础,并要西安尽快派人去潼关讨论。这对西安方面至少在精神上不失为一种安慰。但杨虎城对此仍有所犹豫,"恐和平解决后队伍分化愈烈,统率愈难"。而东北军同志会左派军官也仍旧主张强硬态度,反对妥协。周恩来等不得不尽全力做说服工作,促使杨虎城同意派米春霖等迅速前往潼关与顾祝同进行谈判。

25日,米春霖等赴潼关得顾祝同、陈诚、卫立煌正式答复如下:

一、中央军暂留原阵地,西北联军先一天撤退后,中央军次日进驻西安至咸阳线。

二、张学良出处问题在行营进驻西安前由蒋给以名义,否则行营进西安后,由顾祝同负责呈请解决。

三、西兰公路咸阳至邠州道上东北军可驻三团,西安可驻十七路军一个旅。

四、陕南红军同时撤往陕北,接济问题暂由杨虎城负责。

第五章 从"革命"到"兵谏"

五、善后费六百万，暂发一月薪饷，余待蒋核准。[1]

对此，西安方面具体电话指示进一步要求如下：

一、中央军先撤华县，联军先撤渭北。
二、潼关至宝鸡线中央军应限制驻军数量。
三、兰州至咸阳线驻东北军一个军，西安驻两个旅。
四、对张学良先给名义，以便安抚部下。
五、红军防地仍要求一部驻陕南。
六、接防时间以两星期为限，并由阎锡山作保。(25)[2]

既然南京方面可能接受对甲案做某些修改，毛泽东自然也希望在军事善后方面的条件能够尽可能变得对西安三方面更有利些。

1月25日夜，毛泽东致电周恩来等，明确提出："目前谈判要点在要求陕甘不驻多兵，与红军一部驻陕南，后者由汉年交涉，前者应由杨向顾祝同严重提出，要求不超过十个师，至低不超过事变前数目。蒋如有不继续战争的诚意，无拒绝此点之理由。"当然，毛泽东也告诫周，应严重注意西安左派的过左情绪，务必使左派中明白分子自己说服左派，使之明白，接受甲案，做出妥协，退出西安将不可避免，"现在一切工作应放在退出西安后可能发生的新战争、新

---

[1] 根据蒋介石1月22日的指示，顾祝同对西安方面的条件的复案与上述结果略有不同。原案为：一、中央军于本月28日以前暂驻原防地。二、东北军、十七路军须于本月28日以前撤至泾阳、咸阳、鄠县以西地区；徐海东、陈光瑞在陕南各部应同时一律撤至陕北。2月5日以前，中央军进至咸阳至宝鸡一线，接防完毕。三、中央军定本月29日进驻西安与咸阳之线。四、东北军可酌留一师约三团兵力暂驻西兰公路咸阳至邠州一段。五、十七路军可酌留一团至两团兵力驻西安附近，但其驻地由行营指定，并于中央军到达西安时，十七路军驻西安部队暂时集结于王曲与新城二地，以免误会。六、张副司令之出处与名义，须等西北问题完全解决时另定之。《西安事变档案史料选编》，第141—142页。
[2] 关于双方谈判情况，可参见何应钦1月25日关于顾祝同与米春霖等会谈的两次电话报告，与蒋介石当天的指示要点。内容与米春霖向西安报告的情况略有出入。《西安事变档案史料选编》，第145—147页。

压迫的基点上去布置"。[1]

整个西安善后问题之解决,这时已经全部集中在一个问题上了。这就是对蒋介石承诺的信任问题。西安三方面,不论是杨虎城、东北军,还是中共中央,这时担心的都是同一个问题:现在答应了蒋介石,是否就能确保自身的安全,确保不再有战争,确保张学良真的能够获释?中共中央这时之所以一再表示要求蒋介石做出书面保证,纯粹也是为此。然而,蒋始终拒绝用书信的方式做出这种保证。迫不得已,中共中央只能根据观察和经验来判断这一切了。毛泽东这时再三要求潘汉年就此做出判断:"据你观察,蒋与南京是否确有不继续战争的诚意,此种诚意建立在什么基础上?"不过,为了有利于解决西北问题,蒋介石事变后对共产党的态度毕竟一直是比较客气的,除了坚持不给以书面保证以外,蒋介石对中共代表提出的所有要求,都尽量地给以解释或满足,力求使其感到放心。宋子文前后两度代表蒋介石与潘汉年见面,表示愿意代蒋担保。27日,张冲更致电毛泽东和周恩来,再度确认:

(甲)关于防地问题,照贵方与张、杨两部合并提案内所要求之地点,延川、延长、肤施、鄜县、庆阳、西峰一带及凉州以西,除陕南外,蒋先生一概承认。给养问题,蒋先生已答应与中央军同一待遇,以军队之多少决定军饷的数目。三中全会前一切接济由杨虎臣将军暂时负责,蒋先生亦已允许。

(乙)关于保障和平,解决后不再攻打红军,已由宋子文先生向贵方代表直接声明,代表蒋负责保证。

(丙)派人参政事,蒋先生亦已允诺。

以上几项均为中央苦心维系和平之诚意,予贵党以转圜之时机,取舍进退,望先生等明断。请当机立断,勿再犹豫,速予复知。[2]

---

[1] 参见张培森等:《张闻天与西安事变》,《党的文献》,1988年第3期。
[2] 《张冲致毛、周先生电》,1937年1月27日。

事情至此已很难再有多少转圜余地了。相信也罢，不相信也罢，在西路军失利，张学良扣在对方手里，东北军和十七路军战斗力不强，负担沉重的情况下，战争的方法无论如何不是出路。中共中央终于在 1 月 27 日晚做出决定：对南京作出让步。毛泽东、朱德等于这天晚上专门致电这时在外的中共中央政治局各负责人称：

（甲）无论从那一面说，主要的从政治方面说，均应对南京让步。

（乙）全力说服左派实行撤兵。

（丙）十五军团亦准备撤退。

（丁）和平解决后三方面团结一致亦不怕可能发生的新的战争。[1]

---

[1]《毛泽东、朱德、张国焘致洛甫、周恩来、博古、王稼祥、彭德怀、任弼时各同志电》，1937 年 1 月 27 日，《文献和研究》，1988 年第 6 期。

四、柳暗花明

谈到中共中央转而坚决采取和平让步的态度，不能不提到共产国际1月20日的重要政治指示。该指示到达的日期多半是在22或23日左右，已知中共中央是在24日召开专门会议进行讨论的。该指示主要包含两个方面的内容，一是批评前此中共中央对蒋介石及南京的政策，一是建议在争取同南京和解的基础上解决一切问题。

指示称：西安事变的和平解决可能受挫，这一方面是因为日本帝国主义及其亲日派在搞阴谋，另一方面也是因为中国党采取了错误的步骤。中共中央固然改变了以前力图通过排除蒋介石和推翻南京政府的方法建立统一战线的错误政策，但是还没有彻底摆脱这种错误方针。中共中央在蒋介石被释放后所确定的方针尤其证明了这一点。这种方针实际上意在分裂国民党而不是同它合作，这也就是为什么中共中央把在事变期间同蒋介石达成的妥协看成是蒋介石和南京的屈服，并且把同东北军和十七路军的合作视为反对南京的联盟。所有这一切，只能助长亲日派的气焰并为其制造内战提供借口。指示明确要求，立即把党的主要任务放到争取切实停止内战，争取南京政府共同抗日的方面来。同张学良、杨虎城及其军队的合作必须服从于这一主要任务的需要，并应在这方面向张、杨及其军队施加各种影响。只是在亲日派调动军队向自己进攻时，才可以进行自卫，但无论如何自己不要为这种进攻提供口实。[1]

---

[1]《中共党史研究》，1988年第3期。

共产国际的批评是否完全恰当，在中共中央方面并无多少争辩的余地。但这并不等于说，中共领导人因此相信自己此前的政策完全就是错的。很明显，中共中央必须承认，在蒋介石释放之后，认为蒋已经投降，把蒋承诺的条件公开宣布，这是很幼稚的。过高地估计西安事变的成果，相信可以因此实现西北半独立局面，也是不妥的。但如果说在1936年8月政治指示到达后，中共中央并没有真正改变自己的政策，这是没有人能够接受的。可以肯定，中共中央当时已经接受了共产国际指示，改变了对蒋介石和南京政府的政策，不再主张成立西北国防政府，也要求张学良去与蒋介石说和。问题是蒋介石不要和，一定要消灭红军，宣称中共是汉奸。当然，人人都了解，中共中央在策略上与共产国际有一点是不同的。这就是，中共中央实行的是"逼蒋抗日"。在这一点上，共产国际强调的只是用群众及其舆论来"逼"，"但我们还主张利用张、杨、阎、李、白、刘逼他"，即利用各种地方实力派或反蒋派的力量来逼蒋抗日。西安事变就是这种逼蒋政策的结果，同样事变后的对抗也是这种逼蒋政策的继续。

这样究竟对不对呢？多数中共领导人明确认为："在中国封建社会环境下，这种方法也未尝不对。"这是因为，在当今中国，不论是想要使蒋介石和南京政府重视自己，使其改变错误政策，实现与南京的联合，还是为了保障革命的利益，坚持党的独立立场与红军的存在，"力量问题都是不能忽视的"。当然，他们也承认，这种策略实行起来确实也是相当困难和复杂的，它确实可能造成两种完全不同的结果。"如果这样逼，造成了内战，当然是不好的；如果逼和了，那就是好的。"重要的仅仅在于结果如何。因此，共产国际的这一指示的实际作用，多半也就在于，它使中共中央开始更加明确地把争取和平视为其一切行动和政策的依据了。这也就是为什么，从25日之后，中共中央更加强调和平的方针，而在得到张冲的来电之后，会更进一步下决心，不惜再作让步也要同南京和下来。

然而，在这个时候，不仅打不容易，和甚至比打还要困难。本来东北军年轻军官就反对让步，情绪激昂，如今见中共代表步步退让,更是心怀不满。本来杨虎城因西安事变就已经丢了整整一个军,如今更是担心让中央军控制西安及陇海路沿线,地盘没有了,余下的部队迟早也会被蒋介石逐步分化和吃掉。即使是东北军上层将领,此时的态度也颇犹豫,步步退让的结果,是不是连张学良的出路也不争了呢?唯一能够驾驭东北军这驾马车的张学良若回不来,东北军难道还会有自己独立的前途吗?因此,越是到妥协关头,西安的空气就越是紧张,人心就越是混乱。

26日白天,西安与潼关谈判的代表仍坚持:(一)首先给张以名义;(二)中央军离开甘肃,至少天水以西不驻兵;(三)红军一部驻陕南;(四)十七路军在西安驻两旅。顾祝同开始时同意:(一)给张名义问题撤退后即可照办;(二)中央军原驻陕甘十四个师,可调三十个团出甘,但必须驻天水,宝鸡至西安线至少驻十个团;(三)红军不能驻陕南;(四)十七路军只能在西安驻一个旅。但蒋介石得知后很快否定了关于张学良一条,强调恢复张学良公权,须国府委员会决定,西北问题未解决之前,事实上不能为之呈请。"彼方如相信我,即应完全相信,如不能相信,则不必再谈"。[1]

面对这种情况,西安方面决策层内部意见严重分歧。没有哪一个人能够出面承担放弃为张学良争取自由的责任,东北军中下级军官几乎一致强烈反对,非要南京对张学良回陕作出明确担保不可,即使是此前倾向于妥协的东北军将领,这时也变得犹豫畏缩起来,王以哲、鲍文樾称病不出,何柱国虽有意谈判,却无法做主,且部队根本不能掌握。

与此同时,杨虎城也担心继续妥协,内部将更加动摇,更便利蒋介石分化政策,态度也颇含混。整个形势变得更加复杂。当天傍晚7时,蒋甚至下令次日正午东北军再不接受条件开始撤退,就宣告和平破裂,立即开始轰炸东北军前线各战略目标。[2] 顾祝同即据此通过电话正式通知西安方面:次日晨必须接受南京条件,否则即告破裂。

---

[1]《西安事变档案史料选编》,第149—150页。
[2]《西安事变档案史料选编》,第150页。

再也不能犹豫了。周恩来明确提议:(一)接受蒋之甲案;(二)妥协达成后要求允许张学良随顾祝同来陕一行;(三)推王以哲为甘肃省主席。可是,杨虎城当晚在他家召开的高层会议上,明确认为南京方面"毫无诚意",对蒋介石施加战争威胁相当反感。参加会议的东北军将领除王以哲、鲍文樾主和外,其余态度也相当含混。开始在另外一处开会的师旅团级军官20余人,当晚转来杨家开会后,更是激烈主张:"非张回陕不能撤兵,否则宁为玉碎不为瓦全。"结果,会议争论不休。经周恩来反复劝说,包括杨虎城在内,多数将领最后才同意:(一)接受甲案,但部队撤退请宽限十天;(二)部队移动应在张学良回陕训话之后;(三)三中全会前即给张名义并允许其出席三中全会说明政治主张。不过,周恩来、杨虎城及东北军高级将领达成了一致意见,东北军同志会的年轻"左派仍坚拒,并向前线活动",西安内部的情形益发复杂和紧张起来。[1]

然而,就是这样的条件,南京方面也拒不同意。27日凌晨5点钟左右,何柱国代表西安方面打电话将这些意见通知顾祝同,为顾所拒。何不得已再与各方商量,各方仍旧坚持,谈判遂因此陷入僵局,眼看就要全面破裂了。恰在这天上午,张学良电报来到,情况才开始出现转机。

还在头一天夜里,张学良就已经得知这一严重情况,不禁焦灼万分。一旦战争爆发,不要说自己不能回去,没有外界的支持和自己的统驭,整个东北军多半都会因与南京交战而分崩离析,这与自己发动事变和和平解决事变的初衷实在是大相径庭。因此,27日一早,张就借用南京方面的电台紧急致电东北军各军长与师长,恳切要求部属"立命部队于今日正午以前开始移动,勿再固执误事为要"。时至于此,张学良确实对西安方面的作法颇多抱怨,电报中直言不讳地埋怨其下属"固执误事"。电报称:"此事如前次瑞风、志一两兄回陕时,兄等接受甲案并即实行,则良之出处此刻已不成问题。今因迁延,引起误会,委座实属为难万分。若今日再不接受,

---

〔1〕《周、博致毛、朱、张电》,1937年1月27日。

而仍以良之问题为先决条件,则爱我即以害我,不但害我,且害我团体,害我国家矣。"[1]

接到张学良电报后,西安方面谈判代表米春霖立即通报何柱国,力劝西安方面接受条件。经过几个小时的反复讨论,东北军高层将领和杨虎城终于决定接受南京条件,只是要求撤退时间以7天为限。[2]

27日下午,西安方面完全妥协,与南京最后达成和解。但西安内部出现更大分歧与混乱。据周恩来当晚报告称,杨虎城"表示屈服后无前途,宁方不会抗日,释张甚悲观,对双方合作亦觉无把握",态度更趋消极。而"东北军老派愿和,但董(英斌)尚动摇,鲍(文樾)、马(占山)亦有变化可能。少壮派师旅团长多数主战",晚上东北军军官会议,虽有董英斌主持,与会者仍一致强硬表示:"非张回不撤兵"。周恩来已清楚地感觉到:目前西安各方"危机四伏",如蒋再不能给以保证,势必会有人"铤而走险",到那时可能一派混乱,统一战线将迅速破裂,共产党不仅大受埋怨,而且将更陷于不利地位。[3] 在这种情况下,周恩来虽竭尽全力劝说和平,其结果亦可想而知。而只要左派激烈情绪不得缓解,整个局面就随时具有爆炸性。

在中共中央这时看来,目前唯一可能缓解左派情绪的,就是请蒋允许张学良回陕训话一次。这不仅因为张学良力主和平,而且因为一旦蒋保证让张学良回陕训话,这些少壮军官一时也再不能采取激烈行动。对此,毛泽东也颇为赞同。故毛在这天晚上接周电后立即打电报给潘汉年,要求他向蒋介石及南京方面提出此一要求,以缓和西安内部的矛盾冲突。毛电称:

---

[1] 《张学良致前方将领电》,1937年1月27日,《西安事变档案史料选编》,第150—151页。
[2] 《西安事变档案史料选编》,第152页。
[3] 《周、博致毛、朱、张电》,1937年1月27日,参见张培森等:《张闻天与西安事变》,《党的文献》,1988年第3期。

> 恩来用全力斡旋，结果杨、于、孙、何诸人已完全同意服从中央，但东北军大多数师团干部坚决要求张汉卿回西安一行，与东北军干部见一面，训话一次，即行撤兵，否则要打。我意为东北军面子起见，蒋先生不妨让张来陕一次，立即仍回南京，使撤兵不生波折，很和平的解决此问题。[1]

随后，周恩来也为此专电潘汉年，请其向蒋介石转达这一要求。电报称：

> （甲）我们在西安已尽最大努力，杨虎城已决心服从蒋先生，惟东北军多数干部痛于张汉卿不能回陕见面一次，决不肯先撤兵，恩来及何柱国、王以哲等向之说服亦无效。
> （乙）除我们继续努力向他们说服外，务请蒋先生抚念此流亡之师，以手书告东北军将领，保证撤兵后，即给张恢复公权，发表名义，许张出席三中全会，并许张回陕训话一次，以安东北军之心。
> （丙）请蒋先生许张汉卿写亲笔信给杨、于、孙、何、王及东北军将领，坚其撤兵之决心。
> （丁）请蒋先生许可西安及东北军派代表见张一面，然后撤兵。[2]

但毛、周接连去电后，除张学良29日有手书来，再嘱部属务必遵照蒋介石之部署及商定办法迅速实施，强烈要求"万勿斤斤于良个人问题，致误大局"[3]以外，蒋介石没有只字回复。而西安这边，左派军官主战空气愈演愈烈，颇有一发不可收拾之势。一些少壮军官甚至赶至前线，将前线师团级军官数十人组织起来，一致抵

---

[1]《毛泽东致汉年同志电》，1937年1月27日，《毛泽东年谱》（上），第648页。
[2]《周恩来致潘汉年电》，1937年1月28日，《文献和研究》，1986年第6期。
[3]《张学良致东北军各将领函》，1937年1月29日，《西安事变档案史料选编》，第153页。

制西安对南京的妥协决定,坚持非张学良回陕决不撤兵。

面对如此局面,周恩来极感为难。他电告中共中央:"现在情形下,我们若参战,则违背主和原则,如和,必失东北左派,前线便一时混乱。"况且,左派基本上是东北军队的骨干,直接掌握部队,失去这些左派军官,就意味着三位一体事实上的不存在。要不要对左派略作让步的问题迅速提上议事日程。

对此,刚刚赶到西安附近红军前线指挥部所在地云阳的中共中央总负责人张闻天,态度极为明确,他提出:"我们的方针应该毫不迟疑的坚决为和平奋斗",不为左派威胁所动。同时,尽力争取左派,力争使事变消灭于无形。他于28日给毛泽东的电报称:

> 子、为贯彻这一方针,必须要动员一切力量,争取左派中之大多数分子相信我们政策之正确,对极少数不能听服的过激分子应与斗争。
>
> 丑、向左派公开表示我们坚决主张和平,反对内战态度,反对一切挑拨的行为。
>
> 寅、提高杨虎城及东北军高级将领对和平的积极性,并给以和平有利的前途。
>
> 卯、万一少数过激分子开始挑拨行为,我们及一切愿意和平的大多数坚持不参加内战的决心,以争取和平局面的实现。[1]

东北军的高级军官有些是归并的(如于学忠、何柱国、沈克等),有些虽为东北军旧军人,但久已形成个人的势力圈子,有各自的利益考量,他们中多数依靠张学良,也敬服张学良,却未必对张学良有浓厚的感情。东北军大多数中下级军官则不同,他们多数既是东北人,又是草根出身,都是东北讲武堂培养出来的,文化层次又较高,且正处于晋升过程中,上进心极强,加上他们与下级官兵

---

[1]《洛甫致毛并告彭、任电》,1937年1月28日,《党的文献》,1988年第3期。

接触多，想回东北老家的情绪最强烈。因此，他们不仅从一开始就是张学良走联俄联共道路最基本的推动者和拥护者，而且很多人视张学良如同再生父母一般，指着张带他们回东北。要这些年轻军官听任张学良被剥夺自由，不能回东北军，在感情上无论如何都是困难的。特别是面对南京方面的压迫，这些军官在情绪上屡受刺激，激愤之情已如干柴烈火，一点就着，在这个时候要想劝说他们接受失败的事实，又谈何容易。

27日晚，张闻天到西安，坚决主张和平，提出用红军不参战的办法来劝告激进分子放弃战争的想法。但当晚少壮派军官50余人得到消息，前往中共代表住处集体请愿，提出8个问题，态度颇多挖苦。周恩来虽大发脾气，对方仍毫不示弱，有人竟扬言：如果红军不敢打，我们自己打，到时候别怪我们和你们翻脸。

第二天，即28日，杨虎城受此情绪影响，也决心要打，整个形势愈发变得不可收拾。周恩来不得不与主战的东北军少壮派代表开了一天的会，摊开地图详细地向他们解释打的不利。但这些东北军年轻军官的代表完全听不进去，只是断定打起来就会有办法。除非张回陕，否则决不撤兵，宁愿拼个鱼死网破。他们再次当场逼周恩来等表态，或者破裂，或者红军一同作战。周恩来随后报告中共中央说："我们坚持让步主和，讨论一天未决。会后，何（柱国）、王（以哲）及高崇民力主撤兵，与少壮派开会，仍僵持不下。"周深知，在这时，"只有杨转变，及鲍（文樾）、董（英斌）努力，才能影响少壮派撤兵，否则严守中立，万一工作不好，必失东北军、十七路军与反蒋[派]大部同情"。

29日，周恩来又进一步通过王以哲去做杨虎城的工作，并暗示杨，如不顾和平，致战争发生，红军将不会参战。在前线的中共领导人这时也一致决定：

（一）我们应为和平尽最大努力，尽调解的责任，特别争取杨及东北军稳健派，坚决站在和平方面，力争左派的一部或大部。

（二）在和平尚未到绝望时期，红军仍不采取单独行动，同东北军、十七路军完全处于一致地位，但明白表示自己的和平立场。

（三）如和平绝望，战争或部分接触发生，红军应公开表示为求得全国和平统一团结御侮主张的实现，不愿参加内战，宣布我们在西安事变中为和平而努力的经过，并且愿为和平继续努力奋斗。[1]

红军不愿参加作战的态度，根本上阻止了杨虎城的摇摆。29日一早王以哲与杨虎城谈话后，杨即亲自找周恩来谈。杨虎城表示：既然中共方面已经决定放弃成立西北半独立局面的想法，不愿与南京作战，他考虑再三，决定做中共政策牺牲品，拥蒋抗日，"虽然他怀疑此种可能性，仍相信西北半独立局面有由战争中求得可能，同时他估计我们拥蒋必将失去许多同情，但他仍愿做共党朋友到底"。对此，周恩来及毛泽东等均深受感动。周当场表示，中共决不会背弃朋友，如果蒋介石反过来阴谋对杨及十七路军不利，红军决不坐视不顾。毛泽东得知杨虎城的态度后，也接连致电周恩来等，要求后者告诉杨虎城：和平政策是三方共同的，希望他对整个政治前途具有信心，说明如杨虎城部队撤出西安等地后嫌驻地不足，包括鄜县、甘泉、延长等城，"彼需要时由彼驻兵，我们退城外，将来如有紧急，我们同他总在一起，决不分别彼此，对东北军亦然"。现在，"我们与他们始终愿在一起，为和平统一御侮救亡之总方针而奋斗。撤兵后蒋如食言进攻，彼时曲在蒋，我们则为最后自卫而战"。[2]

既要与南京求得团结统一，又要继续保持西北三位一体，这已经变成一个两难的问题。而中共代表关于红军不愿参加作战的表态，迅速在西安左派军官内部传开。一时间，不论是东北军还是十七路军的军官中间，都出现了关于"红军出卖朋友"的不满言论。30日

---

[1]《洛甫致毛泽东、周恩来、博古电》，1937年1月29日，《文献和研究》，1986年第6期。
[2]《毛泽东致周、博电》，1937年1月30日，《毛泽东年谱》（上），第649页。

中午时分，又有几批军官前往周恩来等中共代表驻地表示强烈抗议。这种情况不能不引起周恩来等人的严重担心。周恩来估计，东北军高层将领至今态度不够明朗，而无论东北军，还是十七路军，部队很大程度上都控制在这些中下级军官的手中，三位一体的统一战线最巩固的部分原来也是建立在与这些中下级军官的联系之上，失去他们的同情与支持，三位一体将很难保持与巩固。而没有这些军官的赞同，东北军和十七路军与南京商定的撤兵方案也难以实行。周恩来为此不能不再度致毛泽东等，提出："形势已到最后关头，南京正在进行分化，指明此间已不要张。东西两军认为打有出路，撤兵弃张只有死路。两友军决心打，而红军不打更刺激他们。一部将反动，造成南京分裂西北联合战线的基础。东西两军已有红军出卖朋友的空气。"

在这种情况下，是不是一定要冒丧失三位一体的危险呢？毕竟，失去朋友未必能够得到蒋介石的信任，且会有失去全国反蒋派同情的可能。相反，如果与友军坚持要求张学良回陕训话及恢复公权，证明三方面不可分离，虽可能因南京不让步而致战争，但"我胜蒋可让步，我败则友军必不怪我，我可扩大，蒋仍可与我们谈判"。因此，周恩来等驻陕代表又开始转变看法，不仅坚决反对中共中央内部正在议论的红军首先开始实行撤退的提议，坚请军委主席团授权由西安中共代表通知撤退时间，以避免进一步恶化三位一体的关系，而且还明确建议，改变原定红军不参加作战的决定，准备与东北军及十七路军同进退，以保持三位一体之团结。

当天傍晚，周恩来等为劝说中共中央接受自己的意见，与博古、叶剑英等专程赶到云阳，同张闻天、彭德怀、任弼时、王稼祥等政治局领导人一同开会讨论此一建议。经过反复讨论，与会者最后一致同意了周恩来的提议。

当晚，在云阳的中共领导人联名致电毛泽东等，提出：如果友军坚持在张学良回陕一次的问题上坚不让步，为不与友军处于对立地位，我们必须准备与友军一同作战。"打得好和平仍然有望，如打败则使友军从实际经验中相信我们和平主张，在更不利条件下接受和平"。我们力争迅速结束内战。

对此,毛泽东等几乎立即复电表示同意,称:

(甲)和平是我们基本方针,也是张、杨的基本方针。

(乙)但我们与张、杨是三位一体,进则同进,退则同退。我们不能独异而失去张、杨。

(丙)向张、杨两部表示,我们始终同他们一道。在他们不同意撤兵以前,我们不单独行动,协助他们争取更有利条件。[1]

次日将近中午时分,周恩来、博古及叶剑英返回西安。但还在周恩来等回西安之前,于学忠也已从兰州飞到西安,并与杨虎城及东北军将领先后会面。[2] 于学忠本非东北军出身,事变后依据南京任命又负有指挥东北军和调处西北问题的全权,前此只因"眷属不离兰(州),终不免有所顾忌",不能大胆行使职权。[3] 这时,其眷属已撤离兰州,于的主和意志自然更加明朗坚定。

此时,杨虎城思想已通,对作战主张再不提起,多数东北军高级军官也因于学忠态度坚定而纷纷附和,因此,当周恩来回西安后,发现整个上层的情况发生了根本性变化,30 日晚所准备的方针虽仍可用于表示诚意,实际上却已经派不上用场了。

另外,据密报,东北军有 4 个师级指挥官已经秘密与南京方面联络,准备脱离西安。这种情况使得西安整个上层更加软化,决定迅速与南京达成妥协条件。据杨虎城事后告诉周恩来,于学忠不仅

---

[1] 《周恩来等致毛泽东等电》,1937 年 1 月 30 日;《毛泽东致周恩来等电》,1937 年 1 月 30 日,《文献和研究》,1986 年第 6 期。

[2] 何应钦在 1937 年 2 月 8 日关于陕西问题解决经过的报告中称,于学忠 31 日下午飞到西安,与事实似略有差异。因周恩来当日中午即有电报说明于学忠已经到西安,并与杨见面。后又有电称"于学忠今早到"。

[3] 关于于学忠秘密要求南京代其运送家眷离开兰州,以便大胆主和并行使职权的情况,可参见陈端致孔祥熙密电(1937 年 1 月 22 日等),《西安事变档案史料选编》,第 139—140 页。

主张妥协，而且对西安赤化颇多疑惧，如于学忠也转而投靠中央，那就连甘肃也没有了。因此，现在只有一事尚在坚持，就是要张学良回来训话一次，至于其他已无从提起了。

在当天夜里召开的三方会议上，周恩来说明了中共中央关于准备与友军同进退的决定，据周报告说："我方同进退的主张相当的影响了张、杨两部左派，［均］坚［决］主战。"然而这对于东北军高层将领却不是好消息，于学忠、董英斌等不必说，就连王以哲等人的态度也摇摆不定。讨论竟夜，时间长达6个小时之久，最终会议仍旧决定主和。这种情况不能不使东北军少壮派备受刺激。

2月1日，根据西安方面高层会议的决定，于、杨派李志刚前往潼关谈判妥协，中共方面亦派李克农前往接洽。几人尚未动身即被左派军官指挥的部队拦截在城门内，不让出城。东北军特务团一部甚至包围了于学忠的住地，要于学忠放弃成命，放弃头天晚上的决定。后因何柱国大怒，痛加训斥，以执行军纪相威胁，后者才被迫撤去。但这件事已经预示着不祥的苗头。

上午，李志刚等到潼关，进一步向顾祝同提出履行甲案的具体办法如下：

一、联军方面从二月一日起开始撤收前线警戒部队到本阵地，准备续回渭北地区集结。

二、俟张学良回来训话后续向甲案指定地点移防。

三、各军向渭北集结地域为：

东北军：富平、高陵驻五十七军，田市到监镇驻骑六师、骑十师，咸阳到乾县驻一〇五师，监军镇、关头镇、庙湾驻一一七师，麟游驻一〇六师，固原、平凉、西峰驻六十七军一〇八师及东三师，邠县、泾川驻总部。

十七路军：蒲城、白水驻警三旅，三原、泾阳驻三十八军，长安驻警一旅，兴平、耀县驻警二旅。

红军：灵台、崇信、高鉴镇、天堂镇驻罗、宋部，淳化、口头镇、叱干镇驻一、四方面军，同官、美原、高阳镇驻二方面军。

南京方面具体答复如下：

一、同意张复权授职并出席三中全会。

二、张可回陕训话，以便联军向甲案地区移防。

三、东北军在咸邠间暂驻三到四个团，移防毕可增加两团。

四、十七路军在西安附近驻一旅，如须增加时则加驻两团，东北军可驻一团。

五、西安城暂由绥署负责，以后共同负责。

六、中央军在西安不驻有威胁的兵力。

七、善后费二百万，续请核发。

八、东北军、十七路军各发足经费一个月，移防后再发一个月。

九、第三者（指红军）经费由杨虎城先发五十万元。

十、移防时组织视察团。[1]

鉴于南京方面在最关键的张学良问题上初步答应了西安方面的要求，杨虎城和于学忠遂于当天下午向前线指挥官正式发布命令，命令他们当即撤退西北联军的警戒部队，2日将前线部队撤至渭北，3日撤至渭南。命令同时说明，根据已经达成的协议，中央军5日将进驻渭南，6日前后将进驻西安。

难道这场震惊中外的西安事变就这样耻辱地结束了吗？难道正在缔造着新一代东北军人、勇敢地推动着中国政治变革的张学良将军，就这样成为政治妥协的牺牲品了吗？面对东北军上层将领的决定，激进的抗日同志会的主要成员苗剑秋、孙铭九、应德田等人终于按捺不住，决心公开反抗了。一次既出人意料，又完全在人意料之中的事变发生了。

---

[1]《西安事变档案史料选编》，第161—162页。

第五章 从"革命"到"兵谏"

2月2日，苗剑秋、孙铭九、应德田等假借抗日同志会名义召开会议，一致决定发动政变，除去东北军上层的妥协派，彻底改造东北军领导核心，改变一切妥协决定。

事变从上午开始发生，至中午尚未结束。周恩来中午1时致电毛泽东等，通报了这一情况。电报称："东北军本日发生内变，将主和首领枪决（王已死，何在追索中）。"[1] 事实上，首先被杀的六十七军军长王以哲这时并不是最坚决的主和首领，甚至在周恩来传达中共中央30日晚关于红军将与友军同进退的决定的时候，王甚至还曾一度赞成过左派的主张。[2] 但同志会成员这时几乎把所有赞同妥协的东北军将领都视为他们夺权的障碍，孙铭九等人指挥的特务团等一度在西安城内四处搜寻追杀东北军的所谓妥协派，不仅王以哲军长首先遇害，就连对军政决策并不起重要作用的原西北"剿总"参谋处长徐方、交通处长蒋斌和副处长宋学礼等亦相继被杀。相反，由于有同情者暗通消息，何柱国等最主要的主和首领却躲入杨虎城的公寓，幸免于难。

"二·二"事件只持续了一天左右的时间。至3日凌晨，事变仍在继续中，但前线部队已经撤了下来，且西安的这些年轻军官根本上难以取得指挥之权，政变者除了得到十七路军部分旅团长和西安城内左倾力量的同情外，在整个东北军内部明显地处于孤立地位，因而迅速陷入进退两难的严重困境。

这时，杨虎城一方面反对政变行为，一方面"估计撤兵后必被解决，有背城借一意"，于学忠虽仍然坚持主和，但他在西安只是光杆司令，又无力扭转局面。面对这种情况，周恩来不得不再度出面，一方面找到左派军官，"批评杀王之错误"，一方面又打电话给杨虎城、于学忠，劝说杨、于两人共同出面主持局面。但即使是周恩来，这时也无法对下一步的行动提出明确的对策。周为此报告中共中央说：我意目前"主和主战仍由西安杨、于作主，因东西两军情况不

---

[1]《周恩来、博古致毛泽东等电》，1937年2月2日，《文献和研究》，1986年第6期。
[2] 周恩来2月1日电报介绍31日晚高层会议讨论情况时曾说明，在会议上"王以哲投机主战"。

明，尚无法下决心"。[1]

3日上午，苗、孙、应等人已经清楚地意识到他们达不到控制东北军的目的，并且，此一行动将不可避免地造成极其严重的后果。因此，他们不得不找到中共代表的驻地，表示"悔过认罪"，请求周恩来等协助平息此事。考虑到中共人员中刘鼎等人与应德田、孙铭九等长期以来关系密切，必会因此而受到牵连，周当即着刘鼎带苗剑秋等人乘车秘密出城远避三原红军驻地。周同时告诫云阳的彭德怀等红军领导人：刘鼎带来之人务要秘密，目前不可与任何外人见面，此事关系重大，千万注意。[2]

3日中午，政变主谋离开后，周恩来电告中共中央："毙王事件东北军高级将领均欲惩办祸首，现少壮派已悔过认罪，离队远避"，"西变可结束"。与此同时，"东北军前线已撤退，和平前途谅可逐步实现"。[3]

但是，"二·二"事件毕竟具有极大的破坏性，它所造成的严重后果已远远超出了周恩来这时所能想象的程度。

2月3日，驻蒲城的东北军骑十师首先叛变，将杨虎城在蒲城的民团全部缴械。几乎与此同时，驻周至、郿县的东北军一〇六师也宣布效命南京，脱离西安。紧接着，过去深为张学良所信任的东北军一〇五师刘多荃部也转而与潼关中央军接头，逮捕和枪杀曾经积极协助张学良联共的高福源等少壮军官，反过来向西安方面警戒。东北军由此迅速分化瓦解，西北三位一体已难以维持。

4日中午，周恩来不得不电告中共中央，称："东北军因王以哲遇难愈分化，少壮派趋极端，而右派纷纷投降反攻。刘多荃甚至对西安警戒，对潼关接头，扣留少壮旅、团长，给蒋、顾以大好机会，张更难回来，东北军甚至有被调开危险。"今后，"蒋对西北领导必

---

[1]《周恩来年谱》，第349页。
[2]《周恩来年谱》，第349页。
[3]《周恩来、博古致彭德怀、任弼时电》，1937年2月3日，《文献和研究》，1986年第6期。

着着进逼,最后有取甘肃可能"。[1]

这种情况的发生,不能不让毛泽东等中共领导人深感意外。要知道,王以哲一年来与中共和红军合作融洽,对西北三位一体的建立贡献显著,毛泽东怎么也不能想象这些东北军少壮军官会对王以哲下此毒手。更何况这一事件对西北统一战线造成的破坏是如此严重,自西安事变以来,共产党苦心孤诣地竭力维持的三位一体局面竟要因此而土崩瓦解。毛泽东自然极其愤怒。

周恩来因与少壮派军官共事多时,关系较密,因而提议,还应继续赞助左派,同时设法缓和与右派关系,主张"少壮派须以取消组织,减少右派攻击目标,实际则秘密团结,徐图发展。张如不回,宁让步开甘,以避免分裂,对右派宜反对分化,以团结真正爱东北军、拥护张分子,造成新的中心"。对此,毛泽东坚决反对。他几次致电周恩来等,坚决主张:杀王首犯必须枪决,无论是左派是党员均应如此,否则无从弥合东北军之分裂。即是从犯我们也不能收容。[2]

可是,交出杀王首犯是否就能弥合中共与整个东北军之间日趋破裂的关系呢?实际上情况已远不是从前那个样子了。周恩来很快告知毛泽东等说:"二·二"事件后,少壮派已经溃乱,枪杀王以哲的特务连连长于文俊被剖腹,高福源被枪决,四个团长被扣,一个营跑走,政训处跑散,张学良公馆机要人员也跑光,机要文件烧毁,在左派影响下的特务团及抗先队已被迫远避邠州,留在部队的抗日同志会员大起恐慌。同时老派投降出卖,米春霖、谢珂在潼关大骂,骑十师到处抢劫,沈克师引中央军到岐山、武功,鲍文樾、马占山亦分裂东去,一〇五师刘多荃部、五十七军缪澄流部联为一气向西安兴师问罪,扬言要消灭特务团,六十七军副军长吴克仁也扬言报复。而何柱国更公开说东北军坏话,准备卖张降蒋,于学忠又无统一东北军的能力。现在唯一可能扶植起来统一东北军的只有董英斌,

---

[1]《周恩来致洛甫、毛泽东电》,1937年2月4日,《文献和研究》,1986年第6期。
[2]《周恩来致洛甫、毛泽东电》,1937年2月4日,《文献和研究》,1986年第6期。并见米暂沉:《杨虎城将军传》。

可董"太老实"，能力不强，张学良也不满意，董领导下的"剿总"人员又处境孤立，与下级人员关系极差。因此，目前东北军已危若累卵，很可能被蒋调离西北，甚至分化瓦解。在这种情况下，再打击左派，只能长右派气焰，便利南京各个收买与分别指挥。东北军自身的分化已势不可免，要想保持我们在东北军中的影响，努力团结大部分东北军，求得上下老少目标一致，树立中心领导，反对分裂出卖，还得想办法从左派和真正拥护张学良的分子中造成基础、培植力量。

周恩来这时对东北军的情况无疑比毛泽东看得更清楚，毛权衡利弊，也无可如何，中共中央自然也只有接受周的建议。但问题在于，无论是实行这一策略的机会或者是时间，这时都已经没有了。既然"二·二"事件已经极大地分化了东北军，迅速利用这一时机将除了中央军以外中国这个最大的军事集团消融于无形，就成了南京方面的必然选择。

仅仅几天之后，蒋介石就做出决定，要尽可能利用这一机会将东北军分解开来，所有宣布忠于中央的东北军部队仍留原防不动，其余东北军则被要求改行乙案，东调豫皖，接受整编。而东北军中主要将领，除投靠南京者外，同样也因"二·二"事件而深受刺激，迅速失去对中共的信任。孙铭九等4人由刘鼎带往红军驻地避祸的情况，也很快为东北军高级将领所知，以致一些将领竟怀疑此4人所为曾受中共指使，更有谣传个别将领仍属刺杀目标。所有这些情况都弄得东北军上层人心惶惶，大都担心"在西北将不可免地与共党红军纠纷不了"，急于迅速离开此一贫瘠的是非之地。要求张学良回陕训话之类的要求，自然变得可有可无了。

"二·二"事件也不可避免地影响了杨虎城和他的十七路军。杨虎城及其十七路军的高级幕僚们自事变发生后同样也处于极度不安之中。因"二·二"事件前及"二·二"事件中杨虎城态度曾经有所摇摆，东北军将领这时对杨"甚误会"，并怀疑杨曾对东北军将领不利。周恩来对此颇为担心，指出："东西两方彼此误会，同时不易解释，最易为宁方利用。"周恩来虽反复劝说，仍难释其嫌。不仅如此，杨虎城亦因中央军将到，确信十七路军必受压迫，自己的驻地又与东北军犬牙交错，双方已缺乏信任，难免不有冲突发生，因而态度变得更加消沉。他明确告诉周恩来：十七路军以后必难生存，一部分多半只有交给红军才有出路，自己则只好离开部队。当然，杨虎城明确表示，不论他今后行止如何，他必将与共产党做朋友。他宣称他已经了解到，这次西安事变之不成，完全在于当时日本与苏联都在拉南京，苏联已经比日本领先了一步，它力主中国应在蒋的领导下实现和平统一，因此当然不会援助西安之举，这是事变事实上不能成功的关键。但他通过整个事变过程已经完全改变了过去对中共的看法，相信中共确实够朋友，因而保证他今后不仅会从维护统一，团结御侮方针上找出路，而且一定要"保持与共党红军作朋友"。他唯一担心的只是，莫斯科已经为自身利益卖了西安一次，它"为争取南京，是否会接受取消共产党，改编红军"的条件，而将中共也送入蒋介石的怀抱呢？

　　杨虎城显然不了解莫斯科中国政策的本质特点。他不清楚，纯粹只是从民族利益和阶级观点看问题的那些莫斯科的决策者，之所以毫不在意张学良和杨虎城所做的牺牲，根本上是因为他们从来都把中国的"军阀"看成是不可信任的投机者。但这并不意味着他们有可能放弃对自己的"同志"——中国共产党和中国红军的暗中支持。即使是在他们从自身的外交利益出发，希望看到共产党尽可能快地与南京政府达成政治妥协的情况下，他们也仍旧在坚持这种妥协不能影响中共与红军的日后独立发展的可能性。也正是共产国际一直坚持为中共设定与国民党谈判的原则界限。像1936年11月共产国际就明确规定：中共对南京的妥协必须坚持如下条件：即必须保存我们的绝对领导、组织系统和军官成分，绝不允许国民党干涉红军内部任何事情，并且只是在对日武装作战的情况下，才可能同意成立以蒋介石为总司令的统一的总司令部，在一定的战线上为完成总的对日作战计划而服从统一指挥。1937年1月20日，即西安事变之后不久，共产国际同意中共可以放弃苏维埃制度以及普遍的没收土地的土地革命的政策，但当中共中央据此起草了致国民党五届三中全会的公开信,提出愿意放弃苏维埃政策、改变红军番号、停止武装暴动政策和没收地主土地的作法之后,共产国际却又对此表示不解。他们在2月5日的电报中特别提出:党、红军和群众对于你们这种彻底转变政策的办法,是否已经有了足够的思想准备呢?他们甚至提出,关于改变苏维埃政策等问题,还需要仔细加以讨论。[1]

同样的情况,苏联和共产国际这时也仍旧在积极准备通过中国新疆对红军进行具体的军事援助,其渴望红军西路军接通新疆的程度远比中共中央还要急迫。在1937年3月的来电中,他们甚至许诺,一旦红军能够接通新疆,苏联方面可以将援助物资再增加一倍以上,总重量可达到2000吨左右,其中还包括了红军所急需的火炮,以及在西北地区作战中极为有用的轻型装甲车等,另外还可以送给红军50名左右在莫斯科已经熟练地掌握了炮兵、装甲车等项技术的中国同志。不仅如此,共产国际这时还根据中共中央的请求,陆续开始通过上海和天津的秘密接收地点,向中共提供财政援助,据共产国际电报称,苏联方面2月间已经确定的援款数额即可达到将近200万美元之多。[2] 这说明,相信意识形态作用的苏联人是高度重视中共这个异国的"阶级兄弟"的。他们显然相信,让中国红军存在下来,并支持它在中国政治事务中发挥更大的作用,无论对苏联的国家利益,还是对国际共产党的事业,都是必须的。

当然,杨虎城有一点没有看错,即中共中央这时并非完全依照莫斯科的指示来行事,他们有自己判断事务的标准。正是基于这一点,使他们在处理西安事变问题上始终是把张学良和杨虎城看成是

---

[1] 有关这些情况可以参见拙作:《关于共产国际与中国共产党"联蒋抗日"方针的关系问题》,《中共党史研究》,1988年第4期。

[2] 从1936年底西安事变发生,到1937年2月西北"三位一体"陷于军事政治危机这段时间里,中共中央对西路军究竟向西接通新疆,还是向东回援西北,始终比较犹豫,命令也多次改变。但总的倾向还是要西路军暂时以东援为主。苏联方面对此显然很不理解,曾几次来电询问西路军为何要向回走。1937年2月9日及其以后的一段时间里,苏联军方并几次来电谈到希望西路军仍照原定方针尽快接通新疆,表示他们已决定扩大援助红军的军事物资规模。中心档案495/74/281、285。

自己的朋友和依靠，始终想要坚持"三位一体"。即使是在他们得到来自莫斯科的指示，严厉批评他们不应把同西安的关系放在决定的地位，必须把同南京的关系看成是一切其他关系的基础的情况下，他们也仍旧相信维系三方统战关系更甚于争取蒋介石南京政府的信任。正是基于这一点，在"二·二"事件发生后，东北军和十七路军里面一些激进的军官要把部队拉出来加入红军，他们也不曾像1934年福建事变期间对十九路军那样，想过借此机会来扩大自己的军队。为了对得起朋友，中共中央明确指示红军各部，决不得利用东北军和十七路军目前的困难趁火打劫，"坚持不收东北军（也包括十七路军）一人一枪一弹的原则"，拒绝收容那些主动要求编入或准备加入红军的友军部队。毫无疑问，杨虎城，也包括张学良，对此都深为感动。

2月8日，中央军开入西安。次日，顾祝同率西安行营人员正式进驻西安。随后，中共红军与东北军、十七路军三方分别开始与顾祝同谈判。"三位一体"事实上已趋于瓦解。至3月初，东北军正式开始东调。不久，十七路军总指挥部被撤销，杨虎城被迫出国。张学良虽经蒋于2月13日提议恢复公权，国民党三中全会亦加以批准，事实上却仍旧被严加管束，不得自由。西安事变两大主角，张学良和杨虎城所提出的政治主张，以及蒋介石当初的许诺，大多数并没有成为现实。甚至西北"三位一体"中的两大主力，张学良和杨虎城所力图保存的地方武装力量——东北军和十七路军，也随着他们的统帅被拘与放逐而成为中国现代史上一场重大历史悲剧的扮演者。可以想见，不论是就张学良他们最初所追求的保存自身力量的动机，还是就他们当初所期盼的革命或政治变革的目标而言，西安事变所留给历史的，都只能说是一次失败的记录。

但是，柳暗花明。西安事变在另外一层意义上却可以说是成功的。这就是"兵谏"。尽管从我们已经看到的历史事实，从张学良"革命"的动机与意愿来看，西安事变严格说来不应当简单地看成什么"兵谏"，但从事变所取得的结果而言，这一事变确实也可以说是一次成功的"兵谏"。

兵者武伶也，谏者劝说也。以武力劝说者何？改组政府、容纳各党各派共同负责？否。释放一切政治犯、开放民众爱国运动、保障人民一切政治自由？否。立即召开救国会议、确实遵行总理遗嘱？也是否。在西安事变时张、杨所提出的八项政治主张中，有哪些是张学良在过去向蒋"进言"、"哭谏"甚或"诤谏"时曾经一再提出过的主张呢？确切地说，也只有两条与前此的进言内容相近罢了，这就是停止一切内战，与释放被捕之上海爱国领袖。遍查张学良此前之各种言论，与事后之回忆，均未见张曾提出过诸如改组政府之类激进的政治主张。何以八项政治主张过去大多均未曾提出过？那是因为，这些主张多半早就是共产党人和左派团体的主张，提出这样的主张，必被视为共产党的同路人无疑。况且，这样的政治主张，多半也不是靠简单地劝说一个蒋介石就能够实现的。张学良过去主要"进言"、"哭谏"或"诤谏"的是什么？概括言之，其实也只是两条，第一是抗日，第二是容共。显而易见，如果仅仅是为了实现抗日与容共的目的，八项政治主张或均可束之高阁，因为八项政治主张中，没有一条是直接提及抗日与容共要求的。可见张学良等人发动西安事变的目的，还并不仅仅在于要求抗日与容共，他们明显地还有更高的政治理想，即试图根本变革国民党一党专政的政治架构与政治制度，来一次政治的"革命"和"解放"。[1] 毫无疑问，作为西安事变政治目标的这八项政治要求，大都未能实现。但从另一个方面，即如果我们把这次事变的最终结果同张学良过去"进言"和"诤谏"相联系的话，那么，西安事变又可以说是成功的。因为不论张学良、杨虎城最初发动事变时的主观愿望如何，事变毕竟通过一种"兵谏"的形式，促成了蒋介石安内攘外政策的放弃和大规模内战的停止，进而直接推动了蒋介石和国民党抗日与容共政策的形成。

由上可知，西安事变直接的受益者，正是中共与红军。正是因为这场事变的发生，蒋介石最终停止了对红军的大规模军事进攻，

---

[1] 西安事变后，《西京日报》改《解放日报》也反映了这样一种革命的情绪。

放弃了武力消灭红军的打算，改取了政治解决的作法，因而使得国共两党在内战十年之后，终于得以在不长的时间里达成了政治上的妥协。正因为如此，共产党人一直对张学良和杨虎城两将军怀有一种特殊的尊重与感激之情。毛泽东所谓，西安事变把我们从牢狱之灾中解放了出来，就包含着这层意思。

甚至，从长远的观点看问题，内战的终止，以及蒋介石安内攘外政策的根本取消，也促成了中国国内的团结与统一，加速了中国抗日战争的爆发，它对蒋介石也未必不是一件好事。只要日本军阀坚持其扩张侵略的政策，这场战争就在所难免，作为执政党的国民党及其领袖蒋介石，就必定要面对这场战争的考验与挑战。从九一八以来的历次冲突可知，日本人是不会管你是不是消灭了共产党才来进攻的。事实上，蒋介石全国领袖地位的确立，也最大程度上得益于对日抗战的爆发。正是因为几个月后对日抗战的全面启动，蒋介石终于从一党领袖变成了一国之"君"。历史学家唐德刚先生下面这段评语最能反映从西安事变到抗战这段经历为蒋介石所带来的声誉。唐先生讲："抗战八年，实是我国家民族历史上最光荣的一页。兄弟阋于墙而外御其侮，这句古训，在抗战初期，真是表现得刻骨铭心，为后世子孙，永留典范。笔者和一些老辈读者们，都是有亲身体验的过来人。我们那时亲眼见到蒋公和国民党的声望，全民仰止，真如日中天。……如果没有西安事变，没有全国的大统一，没有惨烈的武装抗战，则人事全非，一个独裁专政的领袖，和一个忍辱含羞的政党，在历史舞台上将以何种脸谱出现，我们写历史的人就很难妄测了。"[1]

当然，西安事变姑且不论在其酝酿与处理的过程中存在着值得后人检讨的内容，但事变本身的发生与和平解决都可以说是中共统战政策的成功。在自我孤立了10年之后，共产党人第一次在自己的政治对手中找到了真正的同盟者。周恩来曾经说过：通过西安事变，交了两个朋友。这或者可以说是对中共与张、杨关系发展变化的一

---

[1] 转见郭冠英：《张学良在台湾》，北京，中国友谊出版公司，1994年，第40页。

种真实写照。反过来大概也是一样,杨虎城不用说了,西安事变的结果消除了存在于他和中共之间的几乎一切误解。即使是已经清楚地知道自己再难有自由可言的张学良,看来也有同样的感触。他尤为感动的是,即使在东北军几乎已经将近瓦解的情况下,中共仍旧能够像朋友那样帮助维持他魂系梦牵的东北军。在 2 月 17 日张学良通过何柱国带给周恩来的信中,可以清楚地看到这样一种充满着感激和希望继续得到中共帮助的感情。张学良明确说:

> 柱国兄来谈,悉兄一本初衷,以大无畏精神维此西北危局,犹对东北军同人十分维护,弟闻之甚感红军同人种种举措使人更为钦佩。弟目下山居读书,一切甚得,请勿远念。凡有利于国者,弟一本初衷,决不顾及个人利害。如有密便,盼有教我。并请代为向诸同人致敬意。

"西望云天,不胜依依"。这大概是张学良被软禁后给中共方面的最后一封信了。张既失自由,中共自然也无"密便"可寻,双方自此再无往来。但不管以后张学良曾经怎样认识他所做过的这一切,其在内心深处,始终还是把中共看成自己的一个朋友,如果不是同志的话。[1]

---

[1] 在西安事变过去若干年之后,可以看到的张学良表示悔过的文字只有一件,这就是《西安事变忏悔录》。只是在这里,我们才可以看到张学良对自己的所作所为后悔莫及,并且对共产党痛加指责。但是,这毕竟是在张学良失去自由期间的文字,而且又是经过外人整理后的文字。从张恢复自由之后屡次发表谈话,强调自己对发动西安事变"没什么后悔的"这一情况看,可知张学良当年的这次"忏悔"看来未必尽是由衷之言。同样,张学良对共产党人的观感也未必是《西安事变忏悔录》中所记述的那样子。张自由后明确讲,他对周恩来"非常佩服",与周"感情极好"。周恩来不过是中共中央的代表而已,同周的感情极好自然也就说明他对中共领导人的整体来说印象也不错。由此不难看出,在事变过去几十年之后,张学良对周恩来,甚至对于中共本身的印象,同当年并无太大的区别。参见《张学良在纽约忆谈东北军二三事》,1991 年 5 月 4 日;《张学良答美国之音记者问》,1991 年 5 月 19 日,《张学良文集》第 2 册,第 1185—1188 页。

附：张学良与中共领导人约定的通电通信代号表

	2月17日—	4月11日—	6月12日—	7月中旬—
张学良	A111	A777	日	李毅（李宜）
王以哲	A555	A333	荒	李仁
高福源	A666	A444		
于学忠				李忠
何柱国				李智
董英斌				李礼
刘多荃				李信
杨虎城				张虎
李宗仁				张桂
马步芳				张冀
马步芳				张青
东北军				甲军
毛泽东	A333	A888		赵东
彭德怀	A222	A666		
李克农	A444	A999		
周恩来		A555	宙	赵来
刘　鼎		A222	天	
张闻天				赵天
博　古				赵古
潘汉年				赵年
红军				乙军
苏联				赵联

参考文献

档案文献

莫斯科俄罗斯当代历史文献保管与研究中心档案

斯坦福大学胡佛研究中心蒋介石日记手稿

北京中共中央档案馆

南京中国第二历史档案馆

台北"国史馆"藏蒋中正档案

台北中国国民党党史馆

《中共中央文件选集》，北京，中共中央党校出版社，1991年

《中共中央抗日民族统一战线文件选编》，中央统战部、中央档案馆编，北京，档案出版社，1985年

《中共党史教学参考资料》，中国人民解放军政治学院中共党史教研室编，北京，1983年

《中国共产党关于西安事变档案史料选编》，北京，中国档案出版社，1997年

《毛泽东文集》，中共中央文献研究室编，北京，人民出版社，1993年

《文史资料存稿选编：西安事变》，赵杰，北京，中国文史出版社，2002年

《毛泽东军事文集》，中共中央文献研究室、中国人民解放军军事科学院编，北京，军事科学出版社等，1993年

《毛泽东年谱》，中共中央文献研究室编，北京，中央文献出版社，1993年

《毛泽东书信选集》，中共中央文献研究室编，北京，人民出版社，1983年

《毛泽东选集》（合订本），北京，人民出版社，1964年

《西安事变史料》（革命文献第 94-95 辑），秦孝仪编，台北，中央文物供应社，1983 年

《西安事变史料》，朱文原编，台北，"国史馆"，1992 年

《西安事变的处理与善后》，何应钦上将九五寿诞丛书编辑委员会，台北，1984 年

《西安事变资料》，中国社会科学院现代史研究室编，北京，人民出版社，1980 年

《西安事变资料选辑》，西北大学历史系中国现代史教研室编，西安，1979 年

《西安事变档案史料选编》，中国第二历史档案馆，南京，1986 年

《周恩来书信选集》，北京，中央文献出版社，1988 年

《周恩来年谱》，北京，中央文献出版社，1989 年

《周恩来传》，金冲及主编，北京，中央文献出版社，2000 年

《周恩来统一战线文选》，中共中央统一战线工作部、中共中央文献研究室编，北京，人民出版社，1984 年

《周恩来选集》，北京，人民出版社，1980 年

《张学良文集》，毕万闻等编，北京，新华出版社，1991 年

《张学良在一九三六》，远方编，北京，光明日报出版社，1991 年

《张学良年谱》，张友坤、钱进主编，北京，社会科学文献出版社，1996 年

《张学良的政治生涯》，傅虹霖，沈阳，辽宁大学出版社，1988 年

《总统蒋公思想言论总集》，秦孝仪主编，台北，中国国民党中央委员会党史委员会，1984 年

《徐永昌日记》第 3 册，台北，"中研院"近代研究所，1991 年

《蒋总统集》，蒋总统集编辑委员会编，台北，"国防研究院"，1960 年

《剿共与西安事变》，台北，"国史馆"编印，2002 年

《遵义会议文献》，北京，人民出版社，1985 年

回忆资料

《历史的回顾》，徐向前，北京，解放军出版社，1985 年

《孔从周回忆录》，孔从周，北京，解放军出版社，1989 年
《西安事变三忆》，澳门，大地出版社，1962 年
《西安事变与周恩来》，罗瑞卿等，北京，人民出版社，1978 年
《西安事变亲历记》，吴福章编，北京，中国文史出版社，1986 年
《"西安事变"的真相：张学良将军卫队营长孙铭九自述》，孙铭九，南京，江苏文艺出版社，1993 年
《西安事变亲历记》，李金洲，台北，传记文学出版社，1976 年
《西安事变前一年国共两党关于联合抗日问题的一段接触》，谌小岑，北京，《文史资料选辑》，第 71 辑
《访问严佐民同志记录》，李海文整理，1984 年 6 月 22 日
《我的回忆》，张国焘，北京，中国现代史料编刊社，1980 年
《参加抗战准备工作之回忆》，陈立夫，台北，《传记文学》，第 31 卷第 1 期
《张学良与西安事变》，应德田，北京，中华书局，1980 年
《南京和谈始末》，吕振羽，《群众论丛》，1980 年第 3 期
《冒险犯难记》，邓文仪，台北，学生书局，1973 年

报刊资料

Chinese Law and Government, vol. 30, no. 1, January—February, 1997
《文献和研究》，1985－1986 年
《中共党史研究》，1988 年
《中共党史资料》，第 33 辑
《近代史资料》，总第 79－80 号
《近代史研究》，1990 年
《党的文献》，1990 年
《救国时报》，1935、1936 年
《群众论丛》，1981 年

专著

《一个西方记者眼中的西安事变》，詹姆斯·门罗·贝特兰，上海，东方出版中心，2000 年

《东北军史》，张德良、周毅主编，沈阳，辽宁大学出版社，1987年

《北上——党中央与张国焘斗争纪实》，刘统，南宁，广西人民出版社，2004年

《失去的机会？——战时国共谈判实录》，杨奎松，桂林，广西师范大学出版社，1992年

《西安事变史实》，李云峰，西安，陕西人民出版社，1981年

《西安事变纪实》，申伯纯，北京，人民出版社，1979年

《西安事变始末之研究》，李云汉，台北，近代中国出版社，1982年

《西安事变的前因后果》，右军，香港，春秋出版社，1971年

《西安事变简史》，全国政协文史委员会西安事变史领导小组，北京，中国文史出版社，1986年

《红色中华散记》，埃德加·斯诺著，奚博全译，南京，江苏人民出版社，1992年

《杨虎城将军传》，米暂沉，北京，中国文史出版社，1986年

《张国焘和〈我的回忆〉》，于吉楠，成都，四川人民出版社，1982年

《张学良与东北军》，陆军、赵云声，北京，新华出版社，1987年

《张学良在台湾》，郭冠英，北京，中国友谊出版公司，1994年

《张学良·共产党·西安事变》，苏墱基，台北，远流出版事业有限公司，1999年

《张学良评传》，司马桑敦，香港，星辉图书公司，1986年

《张学良传》，张魁堂，北京，东方出版社，1991年

《细说西安事变》，王禹廷，台北，传记文学出版社，1982年

《挽救危亡的史诗——西安事变》，张魁堂，南宁，广西人民出版社，1994年

《彭德怀传》，王焰等，北京，当代中国出版社，1993年

《震惊世界的一幕：张学良与西安事变》，李义彬，上海，上海人民出版社，1998年

论文

《也谈〈刘鼎在张学良那里工作的时候〉》，邱路，《党的文献》，

1990 年第 2 期

《中央红军北上方针的演变过程》,丁之,《文献和研究》,1985 年第 5 期

《中共在西安事变前后的军事战略防御》,宋毅军,《军事历史研究》,1992 年第 2 期

《叶剑英同志在西安事变前后》,陈力,《中共党史资料》,第 9 辑

《红军东征战略方针的提出过程及其演变》,邱路,《党史研究》,1986 年第 3 期

《刘鼎在张学良那里工作的时候》,张魁堂,《党的文献》,1988 年第 2—3 期